Eleonora Kohl
Hajo Seng
Tobias Gatti (Hrsg.)

Typisch untypisch
Berufsbiografien von
Asperger-Autisten

Individuelle Wege und
vergleichbare Erfahrungen

Verlag W. Kohlhammer

Dieses Werk einschließlich aller seiner Teile ist urheberrechtlich geschützt. Jede Verwendung außerhalb der engen Grenzen des Urheberrechts ist ohne Zustimmung des Verlags unzulässig und strafbar. Das gilt insbesondere für Vervielfältigungen, Übersetzungen, Mikroverfilmungen und für die Einspeicherung und Verarbeitung in elektronischen Systemen.

Die Wiedergabe von Warenbezeichnungen, Handelsnamen und sonstigen Kennzeichen in diesem Buch berechtigt nicht zu der Annahme, dass diese von jedermann frei benutzt werden dürfen. Vielmehr kann es sich auch dann um eingetragene Warenzeichen oder sonstige geschützte Kennzeichen handeln, wenn sie nicht eigens als solche gekennzeichnet sind.

1. Auflage 2017

Alle Rechte vorbehalten
© W. Kohlhammer GmbH, Stuttgart
Gesamtherstellung: W. Kohlhammer GmbH, Stuttgart

Print:
ISBN 978-3-17-032617-0

E-Book-Formate:
pdf: ISBN 978-3-17-032618-7
epub: ISBN 978-3-17-032619-4
mobi: ISBN 978-3-17-032620-0

Für den Inhalt abgedruckter oder verlinkter Websites ist ausschließlich der jeweilige Betreiber verantwortlich. Die W. Kohlhammer GmbH hat keinen Einfluss auf die verknüpften Seiten und übernimmt hierfür keinerlei Haftung.

Studie eines Gesichts, Zeichnung von Hajo Seng

Inhalt

Geleitwort	**11**
Zum Buchgeläut	**15**
Johannes	**55**
Johannes: Interview	57
Seven	**60**
Seven: Interview	64
Benjamin	**68**
Benjamin: Interview	81
Franziska	**86**
Franziska: Interview	96
Annabelle	**101**
Annabelle: Interview	109
Joachim	**113**
Joachim: Interview	122
Sarah	**128**
Sarah: Interview	144

Inhalt

Uli	**151**
Uli: Interview	153
Birgit	**157**
Birgit: Interview	171
Pedro	**177**
Pedro: Interview	188
Hermine	**193**
Hermine: Interview	205
Frank	**210**
Frank: Interview	213
Sonja	**220**
Sonja: Interview	228
Hajo	**234**
Hajo: Interview	243
Jimmy	**248**
Jimmy: Interview	258
Emma	**262**
Emma: Interview	272

Garibaldi	**275**
Garibaldi: Interview	285
Steffi	**290**
Steffi: Interview	297
Jürgen	**302**
Jürgen: Interview	313
Christiane	**317**
Christiane: Interview	325
Thomas	**330**
Thomas: Interview	336
Ulrich	**341**
Ulrich: Interview	349
Sind Asperger-Autisten zu exklusiv für Inklusion?	352

Geleitwort

Kaum etwas ist so wichtig wie Erwerbsarbeit: gesellschaftlich, sozial und psychologisch. Vielleicht war sie es schon immer, vielleicht ist sie das auch erst mit der Moderne geworden, in der gesellschaftlicher Zusammenhalt, soziale Zugehörigkeit und in nicht geringem Umfang auch Sinn und Wert eines Lebens verstärkt über Erwerbsarbeit definiert wurden. Karl Marx wird beispielsweise das folgende Zitat zugeschrieben: »Die Gesellschaft findet nun einmal nicht ihr Gleichgewicht, bis sie sich um die Sonne der Arbeit dreht.« Alles andere im Leben – das wird aus der Metapher deutlich – sind nur Planeten ... Man kann sich darüber streiten, ob es so sein und so bleiben sollte, dass sich so vieles im Leben um die Arbeit dreht und die zentralste und kräftigste Zeit des Tages, des Jahres und des Lebens hauptsächlich ihr gewidmet wird. Man kann sich mit Fug und Recht darüber streiten, ob Erwerbsarbeit nicht maßlos überschätzt wird. Dieser Streit ist angemessen und richtig, aber er ändert nichts daran, dass denjenigen, die nicht oder nur prekär am Erwerbsleben teilhaben, die »Sonne« der Arbeit nicht mehr leuchtet oder sie sich dauernd zu verfinstern droht. Ob Erwerbsarbeit nun naturgegeben oder gesellschaftlich bedingt das Zentrum unseres Lebens ist, ist für den einzelnen von Exklusion Betroffenen irrelevant, da kaum ein Mensch – auch nicht die autonom denkenden Autistinnen und Autisten – sich von dieser inneren wie äußeren Vorgabe freimachen können. So wünschenswert Muße als Ergänzung zur Arbeit ist, sie kann unser gesellschaftliches Zentralgestirn nicht ersetzen. Arbeit sollte an für sich niemandem vorenthalten werden.

Das vorliegende Buch beschäftigt sich mit dem Thema Erwerbsarbeit bei Menschen mit Asperger-Autismus. Die zentralen Fakten zu diesem Thema sind – aus verschiedenen internationalen Studien – schnell zusammengefasst: Menschen mit hochfunktionalem Autismus sind oft sehr begabt und haben gute Ausbildungsabschlüsse; gleichzeitig gelingt es ihnen häufig nur unter höchsten Anstrengungen – die mit einem guten Leben kaum vereinbar sind –, auf ausschweifenden Umwegen oder gar nicht, auf dem ersten Arbeitsmarkt Fuß zu fassen. Warum denn das?, fragt man sich. Was sagen diese Statistiken über die Autisten aus? Und was über unsere Gesellschaft? Um hier zu Antworten zu kommen, reicht die Befragung der Statistik nicht aus, dafür braucht es die lebendige Fülle individueller Geschichten, die darin enthaltenen persönlichen Analysen der

Geleitwort

Problemstellungen und die originellen und kreativen Problemlösungen. Und genau das bietet uns dieses Buch an.

Die biografischen Texte und Interviews zeigen eine bunte Vielfalt autistischen Lebens und lassen verschiedenste Klischees schnell verblassen: zum Beispiel dasjenige, dass annähernd alle Menschen mit Autismus gerne und gut mit Computern arbeiten. Nein, die Begabungen von Menschen mit Autismus können in den unterschiedlichsten Bereichen liegen, auch im Bereich des Sozialen und Mitmenschlichen. Auch mit dem Bild des an Bindung desinteressierten, empathiefreien Autisten räumt das Buch gründlich auf: In den autobiografischen Skizzen wird immer wieder deutlich, dass hier keine isolierten Subjekte sprechen, keine bindungslosen Marktteilnehmer und keine solipsistischen »Kopfgeburten«. Wie alle Menschen brauchen die hier zu Wort Kommenden Bezüge und Beziehungen, in denen sie sich und ihre Begabungen und ihre Berufungen entfalten können. Konkret wird bei der Lektüre immer wieder deutlich, dass eine weniger normierte Gestaltung der Arbeitsplätze, Arbeitszeiten und Arbeitsgruppen dem Wertschöpfungsprozess die großen Potenziale erhalten könnte, die in den Biografien gespiegelt sind.

Der Band ist dabei nicht – oder gar nur im unwesentlicheren Sinne – ein Buch über Autismus, welches das Leben autistischer Menschen für autistische und interessierte neurotypische Leser vielgestaltig beschreibt und autismustypische Schwierigkeiten beim Arbeiten plastisch werden lässt. Es ist vielmehr ein bunter prismatischer Spiegel unseres Zusammenlebens und Zusammenarbeitens. Es zeigt uns, wie wir mit Andersheit umgehen und wie wir sie immer wieder exkludieren; es zeigt uns auch die neurotypischen Ängste vor Menschen, die intuitiv nicht so einfach zu verstehen sind, und die Ängste vor fachlicher Unterlegenheit. Und es zeigt uns – mal explizit, mal implizit – wie es bessergehen könnte.

Die Texte werfen Fragen auf, die weit über das Thema Autismus hinausgehen. Zum Beispiel diejenige, nach der Psychiatrisierung oder des »Labelings« des Normabweichenden als Etikett einer Exklusion. Da es wahrscheinlich in der Natur des Menschen liegt, dass er zuerst einmal davon ausgeht, alle anderen seien so wie er selbst, stolpern die meisten Menschen sehr darüber, wenn jemand nicht so ist wie sie selbst. Dies wendet sich leider immer wieder ins Normative und führt zu der Forderung, dass alle gleich sein sollten. Wie stark diese Ansicht in der Tiefenschicht einer an der Oberfläche liberalen Gesellschaft weiterwirkt, können wir den Reaktionen der Umwelt auf die schreibenden Betroffenen immer wieder entnehmen. Und wir lesen immer wieder davon, dass das Label »Autismus« ein Stück weit Erleichterung brachte, sozusagen den Krampf des

»So-wie-alle-sein-Müssens« etwas löste – sowohl innen als auch außen. Es scheint so, als könnten wir alle (Autisten wie Nicht-Autisten) die Besonderheit und Andersheit dann besser so wie sie ist sein lassen, wenn sie einen Namen hat. Auch wenn es aus übergeordneter Perspektive vielleicht besser wäre, dies auch ohne Label zu können, scheint in der jetzigen Realität die Benennung »Autismus« doch zumindest in einigen Fällen zu einem guten Leben beizutragen und damit einen pragmatischen Sinn dieser Praxis zu rechtfertigen. (Damit soll die Frage nach dem »Labeling« keineswegs endgültig beantwortet werden, das genannte ist nur ein Argument unter vielen anderen.)

Auch die Frage, ob die Arbeit so, wie sie aufgeteilt ist, sinnvoll aufgeteilt ist, geht weit über das Thema Autismus hinaus. Ist es sinnvoll, dass einerseits diejenigen, die sich nicht genug »anpassen« können, ihre Begabung gar nicht oder nur marginal ins Erwerbsleben einbringen können und auf der anderen Seite viele Menschen stehen, die viel, oft zu viel, aktuell gerne bis zum »Burnout« arbeiten? Ist es sinnvoll, bis zum 67. Lebensjahr die allermeiste Zeit der Arbeit zu widmen und dann plötzlich gar nicht mehr zu arbeiten? Und was ist mit den Millionen von Arbeitslosen in Südeuropa und den Millionen von Ruhe- und Mußelosen bei uns? Wären wir nicht produktiver, gelassener und glücklicher, wenn wir die Erwerbsarbeit besser verteilen könnten?

Neben der Relevanz des Inhalts möchte ich abschließend noch einen weiteren Punkt nennen, der das Buch wirklich lesenswert macht: Dies ist die in den Bann ziehende, individuell-originelle und zeitlose Sprache selbstdenkender Menschen. In diesem Sinne wünsche ich dem Buch eine breite, geneigte und offene Leserschaft.

PD Dr. med. Dr. phil. Andreas Riedel

Spezialambulanz für Autismus-Spektrum-Störungen im Erwachsenenalter
Klinik für Psychiatrie und Psychotherapie am Universitätsklinikum Freiburg i. Br.

Zum Buchgeläut

Alternative zum Fernsehprogramm

Es gibt zahlreiche wichtigste Fragen mit evidenzorientiertem Objektivitätsanspruch, die zu Asperger-Autisten (und ja, auch zu den viel selteneren Autistinnen im Besonderen, z. B. von Preißmann, 2013a; Baldwin & Costley, 2015) gefragt und beantwortet werden möchten – so ist es für Forschende durchaus von Interesse zu wissen, ob AutistInnen annehmen, mehr oder weniger zum favorisierten Fernsehprogramm zu wissen als eine Vergleichsperson (Dritschel et al., 2010). Dies könnte hypothetisch – mit einem Zwinkern in diesen einläutenden Buchraum gestellt – bezogen werden auf die bestens erforschte Problematik von autistischer Einsamkeit und exklusiver sozialer Isolation (z. B. Muller et al., 2008), denn mit etwas muss die Leere ja gefüllt werden. Wenn dem so wäre, könnte dies den Erfolg der gemeinschaftsstiftenden inklusiven Gruppentherapien für Autisten anschaulicher erklären, als es die inhaltlichen Konzepte dieser sozialen und kommunikativen Kompetenztrainings (u. a. Matzies, 2010; Gawronski et al., 2012; Ebert et al., 2013; Freitag et al., 2013, van Elst, 2016) nahelegen. Bölte (2011, S. 593) beschreibt sein Trainingskonzept arztserienreif als den »*Versuch des Trainings fehlender μ-Suppression durch Neurofeedback und der Reanimation von Gyrus fusiformis und Amygdala durch Förderung fazialer Affekterkennung*«. Derzeit werden im deutschen Fernsehen dreiundzwanzig Arzt-/Krankenhausserien ausgestrahlt, inklusive der herzigwarmen Tierarztserien.

Hat ein, von einigen der Mitautoren absolviertes, therapeutisches Gruppentraining nun beruflich wie privat geholfen, mittels gefilmter Rollenspiele zukünftig ein nicht funktionierendes Fernsehgerät beim Händler reklamieren zu können oder mit dem Chef über Sonderurlaub zum Überstundenabbau zu verhandeln? Gab es in den Videos mehr zu bestaunen als selbst für Privatsender fernsehuntauglichePeinlichkeiten? Oder fand der signifikanzhaschende Weg aus isolierender Fernsehsessel-Depression über den Austausch mit anderen statt? Autistinnen selbst zumindest wundert es nicht, dass Freundschaften und berufliche Zugehörigkeiten auch für Autisten wichtig sind, auch, aber nicht vorrangig, um Einsamkeit zu überwinden. Und auch nicht, um sich über Fernsehserien zu unterhalten, die zumindest niemand aus dieser Autorengruppe je regelmäßig gesehen hat.

Einen Beruf zu erlernen und einem Erwerb nachzugehen ist von selbstverständlicher Wichtigkeit – die Lebenswege von Asperger-AutistInnen in der Ausbildungs- und Berufswelt sind allerdings oft von Verständnislosigkeit, Niederlagen trotz fachlich sehr guter Leistungen sowie von Kompromissen zwischen eigentlichen Interessen und absolvierbaren Möglichkeiten geprägt. Sie gehören zu den unfreiwilligen Berufswechslern, von denen Reutter (2004) spricht: zu der Gruppe mit einem deutlich höheren Diskontinuitätsrisiko in der Erwerbsbiografie, als es die Gesamtheit aufweist.

Als wir mit der Zusammenstellung der Beiträge dieses Buches begannen, war uns bewusst, dass kaum eine Asperger-Autistin/ein Asperger-Autist einen unkomplizierten kontinuierlichen Ausbildungs- und Berufsweg gegangen ist oder einen solchen für die Zukunft antizipiert. Überrascht hat uns dann aber dennoch die Realität, die recht deckungsgleich einen großen Teil der von den Individuen abstrahierten wissenschaftlichen Ergebnisse widerspiegelt; eine Lebensrealität, die sich in vergleichbaren Schwierigkeiten und Erfahrungen sowie auch Reaktionsweisen zeigt. Es finden sich – ganz losgelöst von den individuellen Talenten und damit fachlichen Verortungen – einander ähnelnde Lerngewohnheiten, Entscheidungsgrundlagen zur Berufswahl, Erfahrungen mit Sozialkontakten in der Arbeitswelt, förderliche und hinderliche Faktoren im Arbeitsumfeld sowie aus der Grundkonstitution entstandene gesundheitliche Schwierigkeiten, hier vor allem im psychischen und psychosomatischen Bereich. Und autistische Gendereffekte, die finden sich ebenfalls. Allein dies zu wissen, zu erkennen: da sind andere Menschen mit ähnlichen Berufs- und damit Lebenswegen, mit Talenten und Nichterfüllbarkeiten, das führt zum einen zu einer Erleichterung zur eigenen Person im Sinne einer befriedenden Entschuldung der ganz individuellen Versagtheiten und zum anderen zu einer kooperativen, selbstbewussten Forderung nach einem Arbeitsumfeld, das für AutistInnen, als rund einem Prozent der Mitgesellschaftsbildenden, notwendig wäre, um die Arbeitsinhalte auf Dauer und in guter Qualität zu erfüllen – und das bei einem durchaus eigenen Kompetenzportfolio. Die Berufsbiografien in diesem Buch zeigen eine spannende Bandbreite. Eine Vielfalt von Talenten agiert in oft zufälligen, mehr oder weniger optimalen, beruflichen Kontextbedingungen – die aber dennoch immer wieder entscheidend sind für erfolgreiche, komplizierte oder auch scheiternde Berufswege. Es ist nicht das fachliche Können, sondern es ist das Aushaltenkönnen von reizüberflutenden Situationen, von sozialen Überforderungen und unplanbaren Arbeitsinhalten, das entscheidend für den Berufserfolg ist – und manchmal ist es auch bereits die örtliche Erreichbarkeit des Arbeitsplatzes, der durch eine verwirrende, übervolle öffentliche Verkehrswelt führt. Oft werden ganz individuelle Tricks (und Tics) entwickelt, um sich in der Berufswelt dennoch zu behaupten; manchmal helfen auch diese nicht, einer Erschöpfungsreaktion bis hin zur Frühberentung vorzubeugen. Immer wieder erweist sich eine erst im Erwachsenenalter, nach einer Berufsodyssee, erhaltene Diagnose »Sie sind Asperger-Autist« als zu spät, um noch einen Berufsweg zu planen, der auch bis zum Ü-60-Rentenalter gegangen werden kann. Dieses Buch gibt Beispiele, zeigt Typisches auf von untypischen Menschen. Die Biografien sind eine Alternative zum Fernsehprogramm, sie sind nicht serienreif und dennoch interessant für Menschen, die Fragen haben zu möglichen und unmöglichen Berufswegen von Autisten.

Umgangsformen kränke(l)n

Es scheint in der IT-Branche chic, sich einen sonderlingigen Autisten zu halten, der als PC-Gräuling informationstechnische Herausforderungen löst, weil er (♂!) sowieso bereits in binären Codes denkt. IT-Firmen, bis hin zu SAP, die daraus werbewirksame Öffentlichkeitsarbeit machen, stellen Autisten ein, denn »*Detailgenauigkeit, Akribie, ein hervorragendes Gedächtnis und eine besondere Art, logisch zu denken, seien häufige Eigenschaften. Was im normalen Umgang nur krankhaft erscheint, ist das perfekte Profil, um Software zu testen oder technische Geräte«* (wirtschaftswoche, IT-Firmen wollen Autisten, 21.06.2013). Was einen nicht krankhaften, also den normalen Umgang mit KollegInnen betrifft, so hätte eine normal-sensible Formulierung durchaus nichtbinäres Feingefühl bewiesen – entsprechend einem respektvollen Umgang der Personalverantwortlichen mit autistischen BewerberInnen. Manchmal ist ein kleiner Wortersatz entscheidend. Sozial und journalistisch krankhaft könnte es sein, nicht mit empathischer Sensibilität beispielsweise »sonderbar«, »ungewohnt« oder »sehr eigen« zur Kennzeichnung autistischer Besonderheiten zu wählen.

Wenn wir in diesem Buch Berufsbiografien von Asperger-AutistInnen beschreiben, dann sind diese im Autismus-Spektrum eher auf der Seite der milden Formen autistischer Merkmalsausprägungen siedelnd. Um dies zu kennzeichnen, haben wir den Begriff »Asperger« beibehalten. Viele Autisten lassen sich nicht gerne den Hans Asperger nehmen, nicht nur, weil er damit dann endgültig gestorben ist, seine Grundlagenarbeit allerdings überlebenswert und alltagstauglich ist. Mit dem DSM-5 (Diagnostic and Statistical Manual of Mental Disorders) wurde im Jahr 2013 das Asperger-Syndrom als eigenständige Diagnose gestrichen und fällt seitdem unter die »Autismus-Spektrum-Störungen« (ASS). Im ICD-10 (International Statistical Classification of Diseases and Related Health Problems) konnte sich der Asperger als eigenständige Form des Autismus unter F84.5 noch halten, soll aber und wird wohl in der Version ICD-11 ebenfalls den Asperger zugunsten eines Spektrums verlieren: 7A20 Spektrum autistischer Störungen (Autism spectrum disorder, ASD). Ob es für die dann ehemaligen »Aspies« beruflich von Vorteil ist, sich nicht mehr von anderen, auch den nicht so funktionalen Formen des Autismus zu unterscheiden, das ist zu bezweifeln. Die Entnamisierung und dann Zuordnung zu einer krankhaften »Störung« bereits im Namen führt weiter weg von der akzeptierenden Sichtweise des Autismus als einer Normvariante der Informationsverarbeitung (Attwood, 2008). »Störung« ist keine gute Selbstwerbung für fitte Employees – es ist einfacher, sich als guter Mitarbeiter zu vermarkten, wenn nicht ein genereller Defekt mitverkauft werden muss. Auch für Personalverantwortliche ist es einfacher, eine präzisierte Asperger-Autistin vor sich zu haben, als einen Menschen irgendwo auf einem sehr weiten Spektrum.

Massen meidende Spektrumsautisten werden so durch DCM-5 und ISD-11 auf fast tragikomische Weise in einer Masse vereint. Es gibt auch massenhaft mehr Autisten. Die sehr deutlich steigenden Zahlen für die Prävalenz der ASS von 0,04 % im Jahr 1965 auf aktuell fast 1 % werden gerne mit den Weiterentwicklungen der Untersuchungsinstrumente, der Klassifikationskriterien sowie mehr Wissen zum Autismus durch wissenschaftliche Untersuchungen erklärt (vgl. Sinzig, 2015, S. 673) – aber gibt es wirklich ein so weites Spektrum, das rund das Fünfundzwanzigfache an Autistinnen dort hineinpasst? Welche Umgangsformen mit Autismus werden sich dann entwickeln?

Viele Asperger-Autisten haben hohe kognitive Fähigkeiten oder kreative Talente. Wenn es um berufstätige AutistInnen geht, dann wird das Fähige anschaulich gerne auch als »hochfunktionaler Autismus« betitelt. »Funktional« bedeutet dennoch nicht gleichzeitig auch »funktionierend«, insbesondere wenn es auf die Berufswelt bezogen wird. Ob die normalen und somit gängigen Umgangsformen berufsbereiter Autistinnen siechend sind, wie in der oben zitierten Presse zu lesen, wäre eine Diskussion wert. Der Umgang mit funktionalen AutistInnen ist es jedoch immer wieder. Wie kann es normal sein, dass rund 70 % der Asperger-Autistinnen als Schulabschluss das Abitur vorweisen – der Bundesdurchschnitt liegt bei 30 % – und 35 % der Asperger-Autisten sehr fachkompetent einen Hochschulabschluss erreichen – der Bundesdurchschnitt liegt derzeit bei 27 % –, um dann mit rund 18 % Arbeitslosenquote dreimal so häufig ohne Job zu sein wie der hierlandige Durchschnittsmensch? Etwas funktioniert nicht mit der Integration, denn auch sehr gut ausgebildeten Autistinnen begegnen auf dem Arbeitsmarkt große Schwierigkeiten. Trotz der Qualifizierung wird überdurchschnittlich oft kein Arbeitsplatz auf dem normalen Arbeitsmarkt gefunden oder dieser kann nicht für eine längere Zeit gehalten werden. Wahrscheinlich liegt es nicht allein daran, dass AutistInnen nicht generell Technikfreaks sind oder »allein« in Binärwelten leben.

Dass der Ausgleich zum sozialen Anderssein nicht immer auch den Hang zu abstrakten unbelebten Themengebieten der Technik, Mathematik oder Naturwissenschaft inkludiert, das hat bereits Hans Asperger, in seiner grundlegenden, typologisierenden Abhandlung angemerkt:

> »Sie haben, vor allem die intellektuell gut Begabten unter ihnen, ein besonders schöpferisches Verhältnis zur Sprache, sind imstande, ihr originelles Erleben, ihre originellen Beobachtungen auch in einer sprachlich originellen Form auszudrücken – sei es nun durch ungewöhnliche Wörter, von denen man annehmen müßte, daß sie dem Lebenskreis dieser Kinder ganz fernliegen, oder sei es durch neugebildete oder wenigstens umgeformte Ausdrücke, die oft besonders treffsicher und bezeichnend, oft freilich auch recht abwegig sind.[...] Hinter der Eigenständigkeit der sprachlichen Formulierung steht die Originalität des Erlebens. [...] Als weiterer »aparter« Zug findet sich bei manchen autistischen Kindern eine sonst nicht zu beobachtende Reife des Kunstverständnisses.« (Asperger, 1944, S. 115 f.)

Der kreativen Kunst von AutistInnen wird sogar eine eigene, hohe Qualität zugesprochen, die sich unter anderem in der sehr authentischen, autopoietischen und nicht manipulierbaren Ausdruckweise zeigt. Eine Kunst, die ohne den Paradigmenüberbau der Bildenden Kunst auskommt und dann, losgelöst von zeitgenössischen Gestaltungsprinzipien und Strömungen, ihrerseits andere Künstler inspiriert (Theunissen, 2010).

> »Was diese Kunst so ungewöhnlich macht und uns in ihren Bann zieht, sind vor dem Hintergrund besonderer (impliziter) Gedächtnisleistungen [...] Entstehungsbedingungen und Darstellungsfähigkeiten [...], bestimmte Stilmittel wie Präferenzen für Formalisierung, Schematisierung, Formwiederholung, manieristische Deformation und auffällige Farbigkeit.« (Theunissen, 2010, S. 113).

Die hier versammelten Berufsbiografien bilden es ab, diese weite Spektrumsansiedlung möglicher Talente, vom Künstlerischen über das Sprachliche bis hin, natürlich, auch zum Technischen.

So verschieden damit die »gesunden« Interessen und Begabungen von Asperger-Autisten, und damit ihre beruflichen Themenpräferenzen, sind, es gibt weitere unkränkliche Gemeinsamkeiten, die als Basis für eine zukunftskluge Wahl des Berufs mit dienlich sein können. Neben den flotten kognitiven Fähigkeiten zum logischen und kreativen Denken – was bei fachlichen Problemen zu unkonventionellen Lösungen führen kann – bilden Konzentrationsfähigkeit und hohe Arbeitsmotivation bis hin zum Perfektionismus eine starke Arbeitsfitness. Detailorientiertheit und Sorgfalt lächeln beim Gedanken an nicht benötigte Arbeitspausen und Small-Talk-Ablenkungen, sie machen Autisten, zusammen mit schneller Auffassungsgabe und Merkfähigkeit zu einem effektiven Fachpersonal, das auch noch loyal und gerechtigkeitsliebend ist (Sünkel, 2013). Dieses Profil ist wieder nicht nur für technische Berufe ideal, aber damit diese Stärken genutzt werden können, sollten Arbeitsbedingungen in besonderer Form gestaltet werden – und das meint nicht die Festlegung auf einen durch externe Annahmen bestimmten Berufsinhalt für Kranke, sondern die gemeinsame Gestaltung der Kontextfaktoren im Rahmen eines wertschätzenden und tolerierenden Umgangs mit Eigenarten.

Malemployment unterm Apfelbaum

Die Möglichkeit, einen Beruf gemäß dem eigenen Können zu erlernen und mit diesem dann seinen Lebensüberhalt zu verdienen, ist ein wichtiges, salutogenetisches Element der positiven Selbstsicht sowie Bestandteil der ganz persönlichen Würde und Welthaltung. Wenn das Grundgesetz in Artikel 12 festlegt »*Alle Deutschen haben das Recht, Beruf, Arbeitsplatz und Ausbildungsstätte frei zu wählen*«, so meint dies genau diese Möglichkeit, die Option einer, in der Chance gleichberechtigten Teilhabe am Arbeitsmarkt. Den Beruf zur Grundlage der eigenen Lebensgestaltung zu machen, sich im fachlichen Wettbewerb zu behaupten, weil Autistinnen nicht einer sozialen Umwelt gegenüberstehen, sondern ein mitgestaltender Teil derselben sind. Autisten benötigen die Aussicht zum beruflichen Dasein. Das bedeutet, trotz der Eigenarten, das jeweilige fachliche Können in einem Beruf unter Beweis zu stellen. Ein Beruf, für den eine Person sich als geeignet empfindet, in dem die notwendigen Rahmenbedingungen gemeinsam einrichtbar sind und in dem ein Beitrag zur gesamtgesellschaftlichen Leistung erbracht werden könnte. Der Weg dorthin ist oft länger und beinhaltet mehr Umwege für autistische Berufstäter, weil die Lebensphase bis zu einer Diagnosestellung oft weit ins Erwachsenenalter reicht – und bis dahin weder die Person selbst noch die umgebenden Menschen einschätzen können, was es ist, das einen so angreift, wo denn eigentlich die zu lösende Problemlage zu verorten ist. Solange das Seltsame keinen Namen hat, besitzt es keinen nennbaren Umgangscharakter.

Produktiv tätig zu sein ist somit ein Grundrecht, das nicht mit dem Erhalt eines Schwerbehindertenausweises endet, den einige Autistinnen, unter Abwägung des Für und Wider, beantragt und dann auch erhalten haben. Asperger-Autisten benötigen inhaltlich keine »Behindertenarbeit« mit geringstem fachlichen Anspruch, sondern haben stattdessen einen hohen Anspruch an die Umgebungsfaktoren. Benötigt wird ein individuell abzusprechendes Umfeld des Arbeitsplatzes, das gegeben sein sollte, um qualitätsvolle bis exzellente Arbeitsleistung zu erbringen. Autistinnen können arbeiten. Sie können dies aber nicht in jeder übervollsozialen oder reizüberflutenden Umgebung. Entscheidend für den beruflichen Erfolg ist nicht die Aufgabe, sondern deren begleitender Kontext. Das wird in diesem Text noch mehrmals betont, denn es ist eine fest zu verankernde Aussage. Was beispielsweise, ohne ein leichtes Spiel zu sein, in einem Einzelbüro gelingt, kann in einem Gruppenbüro zur unlösbaren Qual werden. Diese Erfahrung zieht sich durch alle Erwerbsbiografien: Immer und immer wieder sind es die entscheidenden Kontextfaktoren, die hier und da zufällig ideal sind oder auch ein andermal zufällig – zumeist aus eigenem Unwissen – nicht erfüllbare Hürden beinhalten. Selten jedoch sind diese Arbeitsfeldfaktoren selbstverständlich gestaltbar; Flexibilitätswillen ist nicht allzu oft auf Seiten der Arbeitgeber gepflanzt.

«Work was an important factor in the lived experience of ASD, particularly finding a job that matched their interests and skill sets. In this last theme, we found that individuals with ASD were particularly well suited for some jobs and it is in these jobs that they had the most success. [...] That is, visual thinkers with ASD may be well suited for being a photographer, web designer, or auto mechanic, whereas non-visual thinkers with this disorder may be well suited for being a researcher, engineer, or electrician. [...] With respect to the drawbacks associated with work, adults with ASD reported unemployment or under-employment as well as a lack of opportunity for career advancement. The social aspects of a job were also challenging, such as interacting with supervisors and customers, which led to some workers with ASD being fired.« (DePape & Lindsay, 2016, S. 9)

Eine Entrüstung ist nachvollziehbar, wenn begabte und hochqualifizierte Mitautisten der selbstbetrachtenden Erniedrigung ausgesetzt sind, in Behindertenwerkstätten verbannt zu sein, um dort dann promovierte Kugelschreiberzusammenschrauber ohne Weitblicksoption zu sein. Abgesehen von der Abwechslung, dass die Farben der Kugelschreiberhüllen wöchentlich wechseln. Inhaltlich weit unter dem Möglichen zu arbeiten, weil es nicht ermöglicht wird, den regulären Arbeitsplatz von den Kontextbedingungen und Sozialanforderungen her so zu gestalten, dass langfristig dort Leistung erbracht werden kann – das ist das eigentlich Krankhafte an der Vergräulichung von AutistInnen und zudem gesellschaftlich betrachtet eine Talent- und Ressourcenverschwendung.

Renty und Roeyers (2006) berichten weitergehend, dass die spezifischen institutionalisierten Unterstützungsstrukturen der Werkstätten die erlebte Lebensqualität nicht steigern, weil diese zumeist nicht die entfaltungswilligen Möglichkeiten und individuellen Bedürfnisse berücksichtigen und erfüllen. Sie ermöglichen im besten Falle ein Einkommen und damit das Gefühl, in nicht vollständiger staatlicher oder familiärer Abhängigkeit zu leben. Diese Aufrechterhaltung eines Mindestmaßes an Würde ist sicher auch ein Wert für sich. Eine Erfahrung, die sich auch in den Biografien der MitautorInnen widerspiegelt, deren Ausweg aus nicht gestaltbaren Berufskontexten in eine Behindertenwerkstatt oder vergleichbare Angebote für psychisch Kranke führte. Als resultierende Forderung – allerdings würden die meisten Autistinnen die im Zitat verwendete Formulierung »mit einer autistischen Behinderung« streichen und gegen ein »Menschen, die behindert werden aufgrund ihres Autismus« austauschen – ausgedrückt:

»Das gern proklamierte integrative Selbstverständnis der heutigen Behindertenpolitik kann nur umfassend gelingen, wenn Menschen mit einer autistischen Behinderung ihre Persönlichkeit in allen Facetten und in allen Lebensbereichen entfalten können. Und wenn ihnen dafür die entsprechenden Unterstützungen und individuellen Begleitungen zugesagt und ermöglicht werden.« (Nolte, 2008, S. 96)

Beim Lesen der Biografien fällt auf: Auch wenn es nicht um Kugelschreiberwerkstätten geht, es ist ein charakteristisches Merkmal der beruflichen Lage, dass Autisten häufig Tätigkeiten ausüben, für die sie überqualifiziert sind. Sie werden zudem oft nicht leistungsgerecht entlohnt für ihre gleichzeitig übergute Joberfüllung und arbeiten eher in Berufen mit einem geringen sozialen Status (vgl. dazu auch Rollet, 2011, S. 11; Barnhill, 2007). Das diesen Zustand treffend bezeichnende Wort »Malemployment« (Romoser, 2000, S. 246) setzt sich aus dem lateinischen »malus« als Attribut des schlechten, unheilvollen, nachteiligen Übels und dem eingedeutschten »Employment« zusammen. Erquicklicher wäre natürlich, wenn hier »malus«, die Pflanzengattung der Äpfel, bezeichnet würde: Apfelarbeit ergibt zumindest saftigeren Output. Ironiefreie Autisten würden in dem Kontext anmerken, dass zumindest der »malus domestica«, der Kulturapfel, besser sozialisiert sei als man selbst, wobei Autistinnen, zugegeben, ein wütevoller Zankapfel sein können.

Um auch diesen Abschnitt mit einem versöhnlichen Ausblick zu beschließen: Es harrt der Blick auf der sich vollziehenden Veränderung. Vor drei, immer noch mitschwingenden Generationen, als das autistische Sein noch indifferent der Schizophrenie zugeordnet wurde, war ein chancengleiches Grundrecht gänzlich unthematisiert, es ging um berufungslose Arbeit als ablenkende Therapiemaßnahme:

> »In Fällen, die ein Bild schizophrener Verödung und Interessenabstumpfung bieten, kann die Arbeitsfähigkeit manchmal die innere Öde durch einen gewissen formellen Inhalt ausfüllen und auf diese Weise das Gefühl der Langeweile und der Entfremdung von dem Leben herabmindern. Am ausgleichbarsten erweisen sich die autistischen Erlebnisrichtungen [...] Die Ablenkung von dem pathologischen Erleben durch Umschaltung der Aufmerksamkeit auf reelle Inhalte bildet den gewöhnlichsten und einfachsten Mechanismus bei dem Ausgleich der genannten pathologischen Erscheinungen durch den Arbeitsprozeß. In gewissen Fällen sieht man, wie die Fähigkeit der Schizophrenen zu sogenannter Doppelorientierung es ihnen ermöglicht, ihre innere autistische Welt neben der praktischen Arbeitstätigkeit aufrechtzuerhalten.« (Kamenewa, 1933, S. 187)

Positiv ist auch: Wenn es überhaupt nicht funktionieren will mit der öden beruflichen Ablenkung, dann gibt es immer noch »Das Ausmalbuch für Autisten« (Myers, 2016), in dem Detailverliebte ihrem Dasein ironiefrei Sinnfarben geben können.

Gedankengängerumweg

In einem Gedankenganz gefasst: Die empfohlenen Behandlungsmöglichkeiten für Asperger AutistInnen reichen von Psychotherapien unterschiedlicher paradigmatischer Richtungen, über Selbsthilfegruppen, Kompetenztrainings zur beruflichen und sozialen Eingliederung bis hin zum medikamentösen Treatment (vgl. Vogeley, 2012), umrahmt von Diätratschlägen zur Vermeidung von glutenhaltigen Getreiden und Milchprodukten, Horch- und Klangtherapie, Ausleitung toxischer Metalle, Einleitung von mehr Sauerstoff ins Blut, Neubalancierung der impfgeschädigten Darmflora und natürlich einer Stammzellentherapie in Bangkok zur Wiederherstellung einer ordnungsgemäßen Hirnfunktion.

Welche Therapien in welchem Umfang und in Kombinationen tatsächlich gesund(heitsfördernd) und damit berufsermöglichend sind, wird hier unbeantwortet bleiben – wichtig ist, sich deutlich zu machen, dass Autistinnen in einem Spannungsfeld von Krankheit und menschlicher Vielfalt arbeitserleben. Und dabei sind Autisten weit davon entfernt, dass sich ihr Umfeld an die individuellen und zusätzlich auch autismusspezifisch gegebenen Stärken und Schwächen anpasst und anpassen kann, um Krankheit zu verhindern. Keine Therapie (egal wie unwirksam!) verhindert die Behinderung der Entfaltung autistischer Möglichkeiten jedoch so effizient, wie die dahinterliegende Zuschreibung von Therapiebedürftigkeit.

Als chronisch therapiebedürftig gesehen zu werden, beinhaltet immer Diskriminierung. Eine pauschaliert zugesprochene Bedürftigkeit des Austherapierens zementiert gesellschaftliche Machtverhältnisse. Es zielt auf eine Normierung und verunmöglicht soziale Enthinderungen. Akzeptanz und Respekt auf Augenhöhe werden durch die Zuschreibung von kranken Kategorien und (un)heilbaren Eigenschaften ebenso verhindert wie auch der selbstbewusste Wunsch vieler Autisten, so zu sein, wie sie sind. Sie wollen nicht »geheilt« werden. Wovon auch? Ohne Umweg gesagt: Das verantwortungsdüngende Argument einer krüppeligen Produktivität als Begründung für eine in Demut anzunehmende Zuschreibung des Behindertseins gilt für Autisten zumindest nicht; anders als bei anderen Gruppen Behinderter, liegt bei Asperger-Autistinnen keine niedrigere berufliche Leistung als im Durchschnitt vor. Arbeitgeber können also doppelte Gewinner sein, wenn sie Autisten als Mitarbeitende einstellen: Erfüllung des Anteils einzustellender Behinderter gemäß dem Behinderteneinstellungsgesetz bei voller Produktivität ihrer Quotenbehinderten. Aber wie werden Autistinnen als Arbeitspersönlichkeit betrachtet – abseits der Betrachtung durch Autismusexperten?

Fragt man, was Mitbürger über Autisten wissen und denken, so findet man zum einen ein verbreitetes Wissen über Grundzüge autistischer Persönlichkeiten, neben koexistenten Vorstellungen, die eher aus Filmen und Fernsehserien zu stammen scheinen. Jensen et al. (2016) haben diese Vorstellungen erhoben, das folgende Vorstellungsbild wird gezeichnet: 40,1 % der Befragten assoziieren Autismus mit einer höheren Intelligenz als bei Normalbürgern und 27,3 % sehen Autisten als sehr kreativ an. Drei Viertel der Befragten nannten die Hauptkriterien des ICD-10 als Kennzeichen von AutistInnen und genauso viele nehmen an, dass Autisten ein ganz normales, erfolgreiches und selbstständiges (Berufs-)Leben führen. Dabei sind sie allerdings Einzelgänger ohne sozialen Kontaktbedarf, welche die Gefühle und Bedürfnisse der Menschen in ihrem Umfeld nicht wahrnehmen. Charakteristisch in der außensichtigen Vorstellung ist der introvertiert-stolze Charakter, der sich mit einem genialen Ausnahmewissen zu einem Spezialgebiet paart. Dazu gehören ein rein sachbezogener Kommunikationsstil mit hundertzehnprozentiger Treffsicherheit, sehr rigide Tagesabläufe und einzelgängerische Eigenheiten, welche Autistinnen ein wenig ruppig und sehr unbeteiligt erscheinen lassen. Das ist durchaus oftmals eine überzogene Typenbildung, aber eine mit sympathisierenden Beiklängen, auf deren Akzeptanzbasis ein berufliches, auf eine Realität bezogenes Miteinander möglich sein könnte. Wenn da nicht der aktuelle Hype der sozialen Kompetenzen wäre. Bei der Allerwelts-Betrachtung des Autismus steht die soziale Kompetenz-Inkontinenz von Asperger-Autisten als herausragende, aber leider nicht hervorragende Schlüsselschwäche im Vordergrund der Gedankengänge, auch von Personalentscheidern.

Social skills kill autistische Psychopathen

»Steht auch in vielen Fällen das Versagen an der Gemeinschaft im Vordergrund, so wird es doch wieder in anderen Fällen kompensiert durch besondere Originalität des Denkens und Erlebens, die oft auch zu besonderen Leistungen im späteren Leben führen. [...] In dem Bemühen, jene Grundstörung zu finden und begrifflich zu fassen, [...], haben wir die Bezeichnung ›Autistische Psychopathen‹ gewählt.« (Asperger, 1944, S. 84)

«The hallmark of Asperger syndrome is a failure to develop social competence despite relatively normal language and cognitive development.« (Gutstein & Whitney, 2002, S. 161)

«Although high-functioning people with autism or Asperger syndrome may succeed well as adults, such achievements rarely come easily. [...] Above all, there may be constant pressure to ›fit in‹ with the demands of a society that fails to understand their needs or difficulties. Inability to meet these demands may lead to stress and anxiety and even psychiatric breakdown«. (Howlin, 2000, S. 79)

In Zeiten, in denen Netzwerkeln, Teamkompetenzen, Kooperationsbezogenheit, Konfliktmanagment-Fähigkeiten, Gruppeninteraktionsüberblick, einfühlender Umgang mit ad-hoc-emotionalen Situationen in der Kollegen- und Kundenwelt, Supervisionsreflexionswilligkeit, empathieschwingende Perspektivenübernahme, kritikfähigkeitsoptimiertes Teambuilding und Gruppendynamisierung bei der Berufsausübung stolperfrei gefragt sind, ist es schwer für Autistinnen auf dem Arbeitsmarkt.

Social skills, soziale Kompetenzen, sind der zusammenmenschliche Holperbereich der ansonsten durchaus von Asperger-Autisten normerfüllbaren Soft-skills-Flutung; unter anderen gehören im soften Bereich dazu: Einsatzbereitschaft, Neugierde, Zivilcourage Gerechtigkeitssinn, Verantwortungsbewusstsein, Eigenverantwortung, Kreativlogik. Der Fokus auf ebbende Sozialkompetenzen ist für die meisten Asperger-Autistinnen befremdlich und bleibt es zumeist auch. Ausweg ist oft ein geselliges Anpassungstheater mit Mundwinkel-nach-oben-Ziehen – dabei nicht vergessen die Augenmuskeln zu Krähenfältchen zusammenzuziehen, damit das Lächeln authentisch wirkt – und dann bis drei zählen vor dem erlösenden Wieder-Wegschauen.

Die sozialen der umfassenderen soft skills bilden die eigentlichen hard skills für AutistInnen – es ist extrem unsoft, und damit schwierig, mit den sozialen Anforderungen umzugehen: die Erwartungen an eine vorgenormte Gesellschaftlichkeit zu erfüllen und faktisch oft auch genau an diesen zu scheitern. Die Fähigkeit zur angemessenen Gestaltung sozialer Situationen im Berufsumfeld, beispielsweise durch Kooperation und Teamarbeit, durch eine gezähmte soziale Interaktion mit Kollegen und Kunden, zudem mit einem empathischen Verständnis für die Bedürfnisse und Erwartungen der anderen und auch von einem selbst. Integriert werden möchte das alles auch noch miteinander – das ist Autisten nicht gegeben.

Der Mangel an sozialen Kompetenzen ist ein Aspekt, der teilweise dazu führt, dass auch eine fachlich sehr gute Qualifizierung, eine erkennbar hohe Motivation sowie Einsatzbereitschaft nicht ausreichen, um in der Berufswelt einen erfolgreichen Weg gehen zu können. In diesem Buchprojekt finden sich erstaunlich viele Autistinnen (♀!), die sich für einen Beruf im sozialen oder medizinisch-pflegerischem Bereich entschieden haben – insgesamt scheint es so, dass bei Autistinnen die soziale Wahrnehmung und das Interesse an Themen des Mitmenschseins im Schnitt stärker ausgeprägt ist als bei Autisten. Doch dessen ungeachtet, führt das nicht zu einem stärkeren Erfolg im Beruf: »*Die Tatsache, dass Mädchen und Frauen mit Autismus über mehr soziale Kompetenzen verfügen als betroffene Männer, bedeutet nicht, dass sie weniger Schwierigkeiten haben.«* (Preißmann, 2013b, S. 19)

Das Ausmaß des beruflichen Stolperns über die sozialen Erwartungen des Arbeitsumfeldes mag beim Lesen der der Biografien erstaunen – oft wird diese Schwäche erst im Laufe des Lebens und/oder mit der Auseinandersetzung mit der Autismus-Diagnose benennbar und wechselt das unbestimmte Gefühl ab, irgendwie anders zu sein, ein Außerirdischer vielleicht oder eine im Kreißsaal versehentlich ausgetauschte Katze, die dann unter vielen Hunden aufwächst und sich über deren fortgesetztes sinnfreies Bellen wundert. Sind die schwachen social skills erst einmal bewusst als Problemlage erkannt, entwickeln sich oft individuelle Umgangsweisen mit dieser Schwäche. Neben einem kompensierenden Ausgleich, beispielsweise durch die sehr häufige Sozialimitation, findet sich auch eine Reihe an pfiffigen Ausweichstrategien bis hin zum erklärten Anderssein. Dies wäre nicht die erste Katze mit extradichten Hörstöpseln, die ihren Ghettoblaster mit einer Endlosschleife von Hundegebellaufnahmen dröhnen lässt.

Humorvoll klappt es nicht immer, vor allem nicht das mit der Kompensationsstrategie des willentlich gespielten Sozialtheaters: Bereits der alltägliche Umgang mit Kolleginnen und Kunden benötigt dann eine anstrengende Mimikri, ein mühsames und hochkonzentriertes »Handeln als ob« wie ein Schauspieler. Daraus folgen Händeschütteln, Blickkontakt, Small Talk, Nichtauthentizität (in klarem Deutsch: rollengeschuldete Verlogenheit), Wettbewerb und Ellenbogenhetzereien, genauso wie das antrainierte Erhören der vier Seiten einer Nachricht (gemäß dem gequälten 4-Ohren-Modell-Monster von Schulz von Thun) und die korrekte Interpretation botoxzahmer Gesichtsmimik bei gleichzeitig so herzlich aktivierendem Balzverhalten. Das alles bleibt im Weltempfinden verwunderlich und teilweise auch nicht erstrebenswert. Einstudierte und bewusst angebrachte Verhaltens-, Handlungs- und Sprachsegmente werden dennoch oft der kraftraubende Ersatz für fehlende soziale Kompetenzen und empathische Reaktionen – und das kann, als dauernde Überforderung sowie sich immer neu füllende Quelle von Misserfolgen, vorzeitig aufgrund steter Belastung psychosomatisch krank machen. Und diejenigen, die sich entscheiden, das soziale Theater nicht zu spielen? Die haben entweder eine berufliche Nische gefunden, die Authentizität ermöglicht, oder geben sich mit einem sehr bescheidenen Lebensstil außerhalb des ersten Arbeitsmarktes zufrieden. Frauen bleibt zumindest der Ausweg, ein Kind zu gebären – oder auch mehrere aufeinanderfolgend – zur Sicherung des Rückzugs. Das ist der kalte Fakt der berufserfolgstötenden social skills.

Typisch untypisch

Fehlende hard skills sind es nicht, die den Weg durch eine kontinuierliche Berufsbiografie falllöchrig machen – der Erwerb von fachlichen Kenntnissen und Qualifikationen ist zumeist einfach möglich. »Wenn diese Autisten also gutes Können haben«, so fragen sich Außenstehende, »sind denn dann diese Schwierigkeiten mit den sozialen Anforderungen, der Reizüberflutung und was da sonst noch so hakt, nicht handhabbar? So mit ein wenig Zusammenreißen, weil: gestresst ist ja jeder mal!«

Eine bessere Verständigungsgrundlage als die vergleichende Sicht auf einen selbst kann ein Blick auf das Symptombild des Asperger-Autismus aus medizinisch-objektiver Perspektive als objektive Antwort dienen. Van Elst et. al. (2014, S. 51, Tab. 1) beschreiben fünf Bereiche, in denen typische Schwierigkeiten oder zumindest Besonderheiten auftreten, die sich als Herausforderung für Autisten, wie auch für deren Berufswelt, erweisen können. Die medizinische Symptomatik konkretisiert sich und wird hier konkretisiert in einigen Problemlagen berufstätiger Asperger-AutistInnen. Die Bedeutungen und Konsequenzen, die sich aus dem autistischen Typus entwickeln, können allerdings sehr unterschiedlich sein, je nach Persönlichkeit und individuellen wie sozialen Ressourcen – das wird in den Biografien dann deutlich. Diese individuelle Ausgestaltung, das, was aus dem typischen Untypischsein für einen selbst und in der Gesellschaft gemacht wird, das ist nicht vorherbestimmt durch eine Symptomatik. So wie bei der Katze aus dem vorherigen Abschnitt. Sie setzt sich inzwischen krallenwetzend dafür ein, Bäumeklettern als special skill zu etablieren.

Bereich 1 des Typischen ist die qualitative Beeinträchtigung der sozialen Interaktion.

Diese Besonderheit zeigt sich in Schwierigkeiten bei basalen sozialen Wahrnehmungen, wie dem Erkennen und korrekten Deuten von Gesichtsmimik, Körpergestik, Sprachmelodien und dahinterliegenden Emotionen. Komplexe Situationen mit einer Vielzahl von Menschen, und damit konfligierenden Reizen, erschweren die soziale Interaktion zudem – eine adäquate Reaktion auf soziale Stimuli ist dann kaum mehr möglich. Beeinträchtigt sind oft auch die sozialen Kognitionen, wie die Fähigkeit, den mentalen Zustand des Gegenübers, wie auch den eigenen, zu erkennen. Wenn die Bewusstseinsvorgänge, die Gedanken und Gefühle anderer Menschen, ihre Bedürfnisse, Ideen, momentanen Absichten, Erwartungen und Einstellungen nicht ausreichend erkennbar und damit handhabbar sind, so sind Konflikte, Distanzierungen, negative Zuweisungen oder schlicht kopfschüttelndes Unverständnis eine logische und zugleich nicht vermeidbare Folge. Die soziale Sehschwäche entzieht den beruflich erwünschten Kompetenzen zu viel ihrer Verhaltensgrundlage: In einem Team konfliktarm zu agieren, mit schwierigen Kunden lösungsorientiert umzugehen und Patientinnen die erwartete Allroundzuwendung geben zu können, benötigt diese erkennenden Fähigkeiten, sonst bleibt jede Aktion und jede Reaktion ein blindes Tappen. Ein aktives Handeln begründet sich dann nur in einer rein logischen Situationsanalyse, nicht in einem Wahrnehmen der vielschichtigen Beweggründe des Gegenübers. Und nicht zu vergessen, es wäre auch wichtig, sich selbst wahrzunehmen, die eigenen Bedürfnisse in die Interaktion einzubringen.

Bereich 2 des Typischen ist die qualitative Beeinträchtigung der Kommunikation.

Nicht nur das Erkennen von den inneren Zuständen, von Intentionen und Bedürfnissen des Gegenübers, sondern auch die Wahrnehmung und die eigene Umsetzung von Kommunikation und deren Begleitverhalten sind teilweise beeinträchtigt. Viele Autisten lernen sehr früh und selbsttätig Lesen und Schreiben. Aus noch nicht bekannten Gründen verweigern einige gleichzeitig das Sprechen in den ersten Kindheitsjahren, die sich äußernde Sprachentwicklung ist dann verzögert – sie beherrschen die Sprache aber perfekt in Struktur und Wortwahl, was spätestens beim Schreiben deutlich wird. Während rund 20 % der Autisten jenseits des Aspergers nonverbal bleiben, bildet sich die Sprachwilligkeit bei Asperger-Autistinnen im Laufe der Zeit, sie kommen auch noch ausführlich zu Wort. Nur die Aussprache bleibt manchmal auch im Erwachsenenalter eher gleichförmig moduliert, wirkt dann wenig empathisch.

Viele AutistInnen haben Schwierigkeiten, sich Gesichter zu merken und somit auch darüber Personen wiederzuerkennen. Das betrifft nicht nur Menschen, die selten einmal wieder getroffen werden – es kann auch sein, dass ein jahrelanger Kollege außerhalb der Firma nicht erkannt wird, weil er dann nicht seinen Helm mit GRÜNE-Aufkleber trägt; oder ein Physiotherapie-Patient wird auf der Straße nicht wiedererkannt, weil sein Muttermal auf der Schulter nun verdeckt ist. Dies erschwert die Qualität einer Kommunikation für beide Seiten: der Nichterkennende weiß nicht, wo er thematisch anknüpfen soll, und der Nichterkannte ist zumindest erstaunt bis beleidigt und wird dies auch zeigen.

Zudem ist die zutreffende Interpretation von Gesichtsmimik jenseits eines Erkennens der Grundgefühle Freude (Mundwinkel nach oben) und

Ärger (Mundwinkel nach unten) deutlich erschwert. Differenzierte Gefühlszustände können nicht »abgelesen« werden – entsprechend sind Kommunikationsabläufe von Missverständnissen und nicht erfüllten Erwartungen bezüglich einer adäquaten Reaktion bedroht. Gespräche werden gerne sachbezogen sowie auf Logik basierend geführt – das reicht für viele Gesprächsanlässe nicht. Wird ein Gegenüber schon nicht als bekannt erkannt (»Ich bin doch Ihre Chefin!«), so könnte und wird durch das nicht Ablesenkönnen der emotionalen Reaktion die Situation ungut eskalieren oder gleich enden.

Bei der qualitativen Beeinträchtigung der Kommunikation ist das Miteinander sowohl in dem Verstehen des anderen, in dessen gestischem und gesprochenen Ausdruck, wie auch in der Reaktion, dem eigenen kommunikativen Ausdrücken, erschwert. Es ist unklar, wann ein Lächeln Worte begleiten muss, was eine angemessene Sozialdistanz sein könnte, wie eine Sprachmelodie entsteht. Es ist für Asperger-AutistInnen oft schwer zu erkennen, wann jemand (endlich) ausgesprochen hat oder wie lange es danach angebracht ist, selbst zu reden, bis dann wieder ein Sprecherwechsel ansteht.

In Gruppen ist das Erkennen einer angemessenen Redeübernahme und Sprechdauer noch schwieriger umzusetzen. Spätestens bei drei Gesprächspartnern werden selbst die ausgefeiltesten Kompensationsstrategien wegrutschen – dann gelingt die kognitiv geleitete, analysierende Interpretation der Intentionen der Gegenüber, parallel zum eigentlichen Gesprächsinhalt, nicht mehr. Was die Einzelnen für Stimmungen, Ziele und Informationen außerhalb der Sachinformation sprachlich und gestisch verpacken, bleibt dann ungewiss. Gewiss ist nur, es geht eine Menge an nicht wahrgenommenen Metainformationen verloren – und damit ist eine adäquate Reaktion in Gesprächssituationen kaum mehr möglich. Verständlicherweise steigert sich über das eigene Wissen um das kommunikativ Außenstehende das Stressempfinden – die Erfahrung sagt zu Recht, die eigene Kommunikation wird nicht den Erwartungen entsprechen.

Beim Telefonieren zeigen sich die qualitativen Beeinträchtigungen ebenfalls deutlich: weil bei der synchronen und spontanen Fernkommunikation alle Metainformationen und sonstige bewusst angewendete Ausgleichstrategien wegfallen. Viele Asperger-Autisten telefonieren darum nicht gerne, sie wissen nicht, ob der Gesprächspartner eine Denkpause macht oder auf eine Reaktion wartet oder interessiert oder doch gelangweilt klingt. Wann ist die eigene Aussage angekommen? Ironie, Metaphern, Alltagswitz werden oft wörtlich genommen, das sorgt für Verwirrung. Nicht einmal die visuelle Interpretation der auswendig gelernten

Gesichtsmuskelmuster ist möglich. Und wer legt eine Projektskizze schon auf Eis, wenn doch gar keine Gefriertruhe im Büro steht.

Bereich 3 des Typischen sind die sich wiederholenden oder gleichen Abläufe bei gern fokussierten Interessen.

Routinen und in sich geschlossene Themenflows sind die Festen im Tagesablauf. Sie schützen vor der Chaotisierung durch ein Zuviel an Veränderungswahrnehmung, schützen auch vor zu vielen neuen Details, die sich in den Fokus drängen und einen Handlungs- oder Denkablauf verunmöglichen. Nur wenn es »still« ist, nichts Neues ruft, ist ein konzentriertes Denken möglich. Das oft ausgeprägte Bedürfnis nach Planbarkeit von Tagesabläufen, Arbeitsinhalten, Reisen und Zusammentreffen liegt konträr zur Arbeitswirklichkeit der meisten Berufe. Sich wiederholende Tagesabläufe geben allerdings nicht nur Sicherheit, sie befreien die Gedankenressourcen zum Wohle der sehr effektiven Arbeitsleistung. Sich nicht auf die Frage konzentrieren zu müssen, wer mit wem wann in die Mittagspause geht, befreit zu sein von den verwirrenden Eventualitäten einer Reise oder nicht »mal eben« zu einer anderen Tätigkeit rübergerufen zu werden, ermöglicht das Schöpferische wie auch das schnell und konzentriert Abarbeitende. Und wenn dann die Arbeitsinhalte mit den eigenen Interessensgebieten übereinstimmen, ist eine Struktur willkommen, die den störungsfreien Raum ermöglicht, sich intensiv in ein Thema oder eine Herausforderung zu vertiefen.

Einmalige wie auch spontane Aktivitäten hingegen bedeuten, wie alles Neue und Unvorhergesehene, erst einmal Ablehnung, Verwirrung und Stress. Sie bergen eine innere Chaotisierung, einen Verlust an Orientierung und der Sicherheit, nichts erheblich Überforderndes aushalten zu müssen. Aus der Überlast werden schnell Angst und Ermüdung (Gillott & Standen, 2007), die sich beim Versuch der Konzentration auf vieles Gleichzeitige und nicht mehr eines Details, einer umrissenen Arbeitsaufgabe, ergeben. Der Hang zu einem sich wiederholenden Grundtakt eines Tages, der wie ein Bordun durch die Herausforderungen führt, wirkt oft rigide. Diese Routinen erscheinen für Kollegen sicher auch zugleich seltsam, freut mensch sich doch immer über Abwechslung und neue Erfahrungen – und was macht dieser Asperger? Zumindest freut er sich nicht. Wenn der dann ein bevorstehendes Ereignis, wie eine Reise, ein Gruppentreffen, eine Feier, bis ins Detail durchplant, im Vorweg durchlebt, bis an alles gedacht wurde, ... ist es mit der Geduld der Umgebenden nicht mehr weit bis zu deren Erliegen.

Wird ein zu flexibles Reagieren auf unvorhergesehene Ereignisse oder auf ein Wegfallen von Erwartetem gefordert, wird diese Forderung nicht selten nicht nur nicht erfüllt, sondern mit sehr negativen Reaktionen quittiert. So kann eine kurzfristige Dienstreise ein Fiasko werden, weil es nicht möglich war, sich im Internet zumindest Bilder des Hotels und der Zimmer anzusehen, in das am Abend eingecheckt werden soll. Auch ist Google Maps hilfreich, um sich über die zu überbrückenden Wege und die Lage des Gebäudes zu informieren. Wie kommt man um die übervolle U-Bahn zur Rushhour herum? Wie kann ich verhindern, mich orientierungslos zu verirren? Was, wenn der Besprechungsraum so klein ist, dass Berührungen nicht ausbleiben? Vielleicht gibt es auch keine geschnittenen drei Sorten Äpfel zum Frühstück, wie man es jeden Tag zu Hause gewohnt ist, was also einen guten Tagesstart ausmacht. Dann ist die Konzentration auf die berufliche Sache nur schwerlich möglich, selbst das eigentlich Interessierende rückt bei solch unplanbar unstrukturierten Tagesabläufen in konzentrativ unerreichbare Fernen. Das Abgehaltenwerden von der eigentlichen Arbeitsaufgabe durch die Eigenheiten ist extrem frustrierend und wird von AutistInnen durchaus als Niederlage verbucht. Wie viel einfacher ist es da, auf einen redundanten, planbaren Tagesablauf zu beharren.

Was als eingeengtes Interessensgebiet, als eine Spezialisierung auf ein Thema in beliebige, befreite Tiefen bezeichnet wird, beinhaltet auch eine enorme Expertise genau für diesen Bereich. Das macht die Kommunikation mit anderen teilweise einseitig – es gibt sehr wenige Gesprächspartner, die sich für die Anzahl der Haare auf dem Kopf asiatischer Mückenarten interessieren, auch wenn das zu deren differenzierter Kennzeichnung dient. Und auch das Lächeln über deren durchaus variierende Penisformen erstirbt, wenn dem Gegenüber klar wird, das hier nun ausweglos der Inhalt eines vierundzwanzigbändigen Buchwerkes zu den Culicidae rezitiert wird. Die Eigenschaft des Themenvertiefseins kann im Berufsleben allerdings auch von Vorteil sein, wenn eine Berufswahl sehr bewusst so getroffen wurde, dass die Spezialinteressen störfrei zur Anwendung kommen, quasi ein profilgebendes Alleinstellungsmerkmal bilden: »*The repetitive and restrictive interests displayed by those with ASD also shaped their identity. Critically, making use of these interests in the workplace was identified as a success factor for adults with ASD who were involved in employment*« (DePape & Lindsay, 2016, S. 8).

Bei milderen Formen des Autismus erfolgt die Diagnosestellung oft erst im Laufe des Erwachsenenalters, nach einigen Misserfolgen oder nach einem Zusammenbruch. Daher haben viele Asperger-Autistinnen nicht die

Möglichkeit, ihre Berufswahl gemäß Interessen, Möglichkeiten und bewusstgewordenen Grenzen getroffen zu haben. Sie scheitern dann aufgrund der zuvor nicht nutzbaren, aber benötigten Hilfssysteme sowie an einer passenden Gestaltbarkeit der Umfaktoren. Oft war es der Zufall, der in einen Beruf geführt hat, in dem sich die Eigenarten nicht als hinderlich erweisen und die Interessensgebiete keine unlösbaren Kommunikationshindernisse bei der beruflichen Umsetzung beinhalten.

Den Bereich 4 des Typischen bilden die sensorischen Besonderheiten.

Diese drücken sich zumeist in einer hohen Sensibilität bis hin zu Überempfindlichkeiten gegenüber Reizen beim Sehen, Hören Riechen, Schmecken oder Fühlen (z. B. von Wärme, Kälte oder Berührungen) aus. Eine Lichtstärke, die andere als angenehm hell bis erhellend empfinden, mag bereits blenden und Kopfweh hervorrufen – was in Büros mit heller Neonbeleuchtung ein Aus bedeutet für die Produktivität. Ein Haarfön im Hotelzimmer, der in den Obertonbereichen unharmonisch zu dem Grundgeräusch des Motors summt, wird als so unerträglich wahrgenommen, dass ein resultierendes Erscheinen mit nassen Haaren beim internationalen Meeting für deutliche Befremdung sorgen wird. Diese steigert sich, wenn der Nasskopf das Meeting dann nach einer halben Stunde plötzlich verlässt, denn der penetrant empfundene Geruch des Parfüms des Nebensitzers war nicht mehr erträglich, blockierte sämtliche Gedankenmitgänge. Das mag übertrieben klingen, sensorischer Terror ist für viele Autisten allerdings tägliche Realität.

Die Empfindlichkeit und das starke Reagieren auf Reize führen zu Stress und quälender Reizüberflutung, auch weil es keine ausreichenden Reizfilter gibt, die das Außen auf ein erträgliches Maß an Wahrnehmung reduzieren und so durch gnädige Sinnesscheuklappen die Aufmerksamkeit fokussieren lassen. Jedes Geräusch, jeder Geruch, jedes Detail drängt sich gleichberechtigt und massiv in die Wahrnehmung, auch das Gespräch, das am anderen Ende des Großraumbüros geführt wird. Was wichtig ist und was unwichtig, unterscheidet sich nicht, es gibt keine Nebengeräusche, es gibt kein Ausblenden in der autistischen Wahrnehmung. Diese Empfindlichkeit gegenüber einer Überreizung hat seine Verbindung zu dem Wunsch der Planbarkeit des Arbeitstages. Spontanität und Flexibilität sind schwer zu realisieren, wenn immer auch ein Schutz gegen Überreizung mitgedacht werden muss Wenn das Erleben der Welt zu intensiv, zu überlastend ist, bis hin zu einem vegetativen Zusammenbruch, braucht es eine schützende Struktur als Prävention.

Autistinnen werden verschlungen von Sinneseindrücken, die nicht miteinander integrierbar erscheinen und bei einigen auch Synästhesien hervorrufen. Eine fast romantische Vorstellung von Ganzheitlichkeit und dennoch trügerisch wie die friedlich zwitschernde Waldlichtung am sonnigen Morgen, denn dort wird gerade ein Hase erlegt: Wenn eine Sinneswahrnehmung automatisch eine andere auslöst, können gelesene Buchstaben zu begleitenden Farben werden, kann Musik ein Geschmackserleben hervorrufen oder Zahlen unterschiedliche Temperaturen haben. Bei einer Synästhesie löst ein angeregter Sinn automatisch einen anderen mit aus. Rund 20 % der Autisten haben entsprechende Empfindungsübersprünge, erfreuen sich an den Klangbildern und Wortfarben im wahrsten Sinne – und dennoch wird es immer wieder ein Zuviel der Eindrücke. Die anderen 80 % haben eh übergenug damit zu tun, die sonstige Reizüberflutung zu kanalisieren, und sind froh, wenn die Stimmlage des Chefs die Welt nicht in ein Veilchenlila taucht, denn der ist nicht Mitglied im gut gestimmten Symphonieorchester. Sinnesübersprünge sind anstrengend.

Eine weitere schräg wahrgenommene Eigenart einiger AutistInnen: das periphere Sehen aus dem Augenwinkel heraus, und damit das eher seitliche Schauen mit einem Auge beim Betrachten. Das ist für diese Autisten angenehmer als ein beidäugiges, frontales Ansehen des Anzublickenden. Teilweise funktioniert die Koordination zwischen dem linken und rechten Auge nicht optimal, was beim eher einäugigen Fokussieren weniger Probleme bereitet, das Sehen also angenehmer macht. Aber welcher Kunde freut sich schon über ein Beäugen aus dem Augenwinkel heraus, es sei denn, er ist gerne eine dann empfundene Nebensache und das ist selten. Dafür sind komplizierte Muster zumeist gut durchschaubar und auch kleinste Veränderungen eines gewohnten Bildes fallen direkt ins Auge. Details werden mit Vorrang gesehen und sind konkurrenzlos vorne bei der somit erschwerten Wahrnehmung eines großen Ganzen. Diese Details müssen allerdings nicht immer dem Gegenüber genannt werden. Wobei es für viele authentisch-offene AutistInnen unklar ist, was im Rahmen der Datailwahrnehmung gesagt werden sollte und was besser nicht. Und manche haben auch einfach ihren eigenen Humor daraus entwickelt und sagen es, trotz besseren Wissens.

Es mag daher vorkommen, als Kollege mit dem freundlich interessierten Satz im Montagsteam begrüßt zu werden »Guten Morgen, Sie haben also das genetische Glück, zu den vierzig Prozent der hiesigen Menschen zu zählen, welche die schwefelhaltigen Eiweißverbindungen des Spargels, vor allem die Asparagusinsäure, zu S-Methyl-thioacrylat und S-Methyl-3-thiopropinat und dann weiter zu Methandiol, Dimethylsulfid, und -disulfid abbauen können. Das ist dem Geruch und der Chemie des Analsekrets eines Skunks durchaus ähnlich. Wobei Stinktiere davon ja nur gezielt, im wahren Sinne des Wortes, Gebrauch machen und wir die Abbauprodukte über den Urin und die Haut ganz ungezielt an die Allgemeinheit ausscheiden. Welche Zubereitungsart haben Sie denn für den Spargel beim gestrigen Abendessen gewählt? Ich mag gebackenen Spargel am liebsten.«

Das im Rahmen der allgemeinen Sensitivität ebenfalls leicht zu überreizende vestibuläre Gleichgewichtssystem macht manche Autistinnen empfindlich gegenüber zu schnellen Bewegungen und Lageveränderungen. Diese werden nach Möglichkeit entsprechend gemieden, um das unangenehme Gefühl des Schwindels oder einer empfundenen Tappigkeit zu vermeiden. Die räumliche Wahrnehmung ist zudem in einigen Fällen erschwert bis nicht vorhanden, augenscheinliche Informationen zu Bewegungen und Entfernungen werden nicht fehlerfrei verarbeitet, was weitere Auswirkungen auf Körperhaltung und Bewegungsabläufe hat. Ungeschickt und langsam zu wirken, ist dann ein des Öfteren resultierendes Problem – teilweise können auch motorische Tätigkeiten, wie das Schreiben, nicht gut von der Hand gehen.

Es gibt auch das sensorische Gegenteil: Einige Autisten besitzen sensorische Unterempfindlichkeiten. In dem Fall ist die Wahrnehmung von Temperatur und Schmerz beispielsweise gedämpft, was dazu führt, dass die Kleidung nicht angemessen ausgewählt oder das Spülwasser zu heiß eingestellt wird (Häußler, 2015, 28 ff.). Dies bedeutet bei Berufen, die mit Hitze, Kälte oder Chemikalien verbunden sind, eine Gefahrenquelle und ist nur bei der Forschung zu Mephitidae (das sind die zwölf Arten der Stinktiere in vier Gattungen) oder auch wahlweise zum genannten Spargelstoffwechsel von geruchsfestem Vorteil.

Für alle gilt: Zu viele konkurrierende, neben den gegebenenfalls ganz fehlenden Informationen können nicht adäquat integriert und hierarchisiert werden, so dass das Erleben schnell chaotisiert und an Struktur verliert, geordnete Handlungsabläufe sind dann schwierig beizubehalten. Stress, Angst, Wut oder Rückzug sind Folgen dieser Reizüberflutung und zugleich Zeichen einer Überlastungsreaktion.

Ein sensorisches Praliné ist die bei vielen AutistInnen ausgeprägte räumlich-bildliche Vorstellung, das Denken in Bildern und ein intuitives Hineinfühlen in Strukturen – auch Erinnerungen und Wissen sind eher in einer räumlich-bildlichen Vorstellung organisiert. Das Bildhafte hat den Vorrang. Dieses Eingedachtsein in die Struktur verschiedenster Phänomene ersetzt gerne auch das neuroübliche zeitliche Bezugssystem. Ein Bild, eine Struktur ist im Jetzt, Vergangenes wird nicht alt, es ist ein Agieren in Gleichzeitigkeit. Dieses Nichtgeprägtsein auf ein zeitliches System zur Einordnung des Erlebten erlaubt viele, sich anhäufende Details. Das hat Vorteile für Berufe, bei denen es um das Verstehen komplexer Zusammenhänge geht, und Nachteile, wenn es um die Organisation von Arbeitsabläufen geht, die in viele kleine, verteilte und unzusammenhängend erscheinende Elemente einer Abfolge zergliedert sind (vgl. Häßler, 2015, S. 31).

Kurz noch zum Typischen des 5. Bereichs, zu den motorischen Besonderheiten.

Diese ergeben sich zum Teil aus den sensorischen Eigenheiten, wurden also bereits als Besonderart genannt. Motorische Ungeschicktheit kann, muss aber nicht, einiges von der Teilnahme am Sportunterricht bis hin zum Event-Rafting der Manageretage erschweren – zumeist ist bei Asperger-Autisten eher die Grobmotorik beeinträchtigt.

Viele AutistInnen sind nicht gleichmütig und reagieren auch nicht so, wenn Stress und muskuläre Anspannung in reizlastigen Situationen die motorische Ungeschicklichkeit sowie Koordinationsprobleme verstärken. Denn aus den massiven vegetativen Aktivierungsreaktionen resultieren immer wieder auch urig wirkende Körperhaltungen und Ausgleichshandlungen, die bewusst oder unbewusst eingesetzt werden, um mit der Überspannung umzugehen. Hier ergeben sich vielerlei, teilweise sehr kreative Eigenarten. Das Tragen einer gut gefüllten Tasche, auch beim kürzesten Weg zur Firmentoilette, erlaubt beispielsweise das Abreagieren des Adrenalins, das sich durch unterwegige Flurgespräche und andere Unvorhersehbarkeiten summiert. Das ständige Laufen auf Zehenspitzen ist auch kein Hype aus dem Fitnessstudio zur Erlangung von knackigen Waden, sondern der Versuch, die körperliche Anspannung zu kanalisieren und sich aufrecht zu halten, eine Gegenspannung zu erzeugen. Und wenn motorisch total verkrampfende Orientierungslosigkeit in menschenvollen Räumen, bereisten Zügen oder auf dem Berufsweg drohen, kann das Schlagen einer taktgebenden kleinen Trommel oder der Einsatz eines anderen konstanten Impulsgebers den sich verungeschicklichenden Bewegungen den notwendigen Halt geben. Halt gibt auch das Mitführen eines Begleithundes, der dann zusätzlich – bei genügender Größe und kämpferischer Verwegenheitsästhetik – auch einen größeren und damit angenehmeren Sozialabstand in einer Menschentraube garantiert. Dies ist nur ein kleiner Ausschnitt aus den Möglichkeiten, die zeigen, wie AutistInnen mit motorischer Ungeschicklichkeit, vegetativer Überspannung und deren Alltagszähmung umgehen. Was das für den Berufsalltag bedeutet, das mag noch mit einer großen Portion an Toleranz im Kollegenkreis mit einem leicht spöttischen Grinsen handhabbar sein. Wenn da nicht auch die selbstberuhigenden Bewegungsmuster wären, das Stimming. Einige AutistInnen reagieren bei hohem Stress in nicht ausweichbaren Situationen mit monotonen, sich wiederholenden Bewegungen, wie dem Vor- und Zurückschaukeln des Körpers, Wippen auf den Zehen oder mit dem Stuhl, starkem Händegestikulieren oder auch mit sich wiederholenden Geräuschen, intensiven Gesichtsmimikbewegungen oder anderen Formen des Sich-selbst-Beruhigens, beispielsweise über das Streicheln des immer mitgeführten Stofftiers – was spätestens beim Rang einer Professorin seltsam unwirklich wirkt. Stimming – Self-stimulatory behavior – ist eine Form der monotonen Selbsteinschläferung in einer Reizkakophonie.

Der spontan zugefügte 6. Bereich des Typisch-Untypischen widmet sich den nicht gleichgestellten Besonderheiten von Autistinnen (♀).

Bei Mädchen und Frauen wird typischerweise weit weniger oft das Asperger-Syndrom diagnostiziert, die Zahlenverhältnisse schwanken zwischen 1:9 für Autistinnen ohne intellektuelle Beeinträchtigung und 1:4 für das gesamte Spektrum an Ausprägungsformen – und das dann auch erst später im Lebenslauf. Je klüger die Damen sind, desto seltener wird ihr Autismus anscheinend entdeckt. Vielleicht ist dieser so gut versteckt und/oder Autistinnen sind so selten, dass das typische Weibliche durch die Wissenschaft noch nicht in objektiv valider Weise und mit verlässlicher Methodik beschrieben werden konnte – für Effekte, die als gesichert evident gelten, werden eine bestimmte Anzahl an »Untersuchungsobjektinnen« benötigt. So betonen Grove et al. (2016): »*In addition, research may not capture the full range of women on the spectrum, given the delay in diagnosis experienced by autistic females [...] and few studies to date evaluating sex differences in adult samples.*«

Die wenigen wissenschaftlichen Studien, die es gibt, liefern aktuell noch widersprüchliche Ergebnisse. Und weil Grove et. al. das kompakt gut formulieren, kommen sie hier nochmals direkt zitiert zu Wort (2016, S. 1–2):

> «For example, some studies have indicated that autistic females display more severe social and communication difficulties compared to autistic males (Hartley and Sikora, 2009), while others have indicated that these difficulties are less severe in autistic women (McLennan et al., 1993), or report no sex differences (Wilson et al., 2016). Likewise, some studies suggest that autistic males show more stereotyped and repetitive behaviours than females (Hartley and Sikora, 2009; Hattier et al., 2011; Van Wijngaarden-Cremers et al., 2014) and that females on the spectrum display more socially acceptable special interests.« (Gould and Ashton-Smith, 2011).

Das Folgende bezieht sich daher vornehmlich auf das durch Erfahrung basierende Wissen von Experten im Autismusbereich, auf Selbstaussagen und auf kleine, eher qualitative angelegte Untersuchungen. Dort ist man sich sicher:

> »We have a stereotype of typical female and male behaviour. Girls are more able to verbalise their emotions and less likely to use physically aggressive acts in response to negative emotions [...] We do not know whether this is a cultural or constitutional characteristic but we recognise that children who are aggressive are more likely to be referred for a diagnostic assessment to determine whether the behaviour is due to a specific developmental disorder and for advice on behaviour management.« (Attwood, 1999, S. 1)

Neben dem Diagnoseeilzug für aggressive Autisten mag das Nichtauffallen von Autistinnen auch daran liegen, dass das »zurückgezogene« Verhalten dem erwarteten und damit akzeptierten Klischee eines ruhigen, schüchternen Mädchens, so einem Girl mit ein paar Seltsamkeiten, entspricht (Preißmann, 2013a, b); bei Autistinnen ist angepasster Rückzug somit ein Merkmal, das sich im Austausch der Revolte bei Autisten symptomatisch präsentiert. Rückzug und (der Versuch einer) Angepasstheit zeigen sich bereits in der Schule und sind auch hier in den Biografien bis weit in die Erwerbstätigkeit hinein zu entdecken. Im autistischen Rückzug liegen dennoch ständige Missverständnisse, wenn sich dieser mit dem Typischen der vorher geschilderten Bereiche paart. Blickkontakt zu meiden und ein vermeintlich neckischer Blick aus dem Augenwinkel heraus, das kann in diesem Kontext beispielsweise als quasi urweibliches Flirtverhalten missverstanden werden, ist es doch der Blick eines fliehenden Rehs, das vor dem männlichen Wollen keusch davonhüpft und »Fang mich« kichert. Bei Prosopagnosie kann sich das wöchentlich wiederholen.

Interessanterweise bleiben erwachsene Autistinnen oft »mädchenhaft jung« im Klang ihrer Stimme (Attwood, 1999) – aber nicht in der Wortwahl, die kann durchaus eine jahrelange Berufsexpertise auf Professorinnenniveau beinhalten. Es scheint, als ob das einmal kopierte jugendliche Sprachverhalten, dessen Sprachmuster und Sprachmelodie beibehalten werden wie ein eingeübtes Gedicht. Das mag im beruflichen Kontext verwirrend wirken, denn gerade Autistinnen fallen durch ihr logikbetontes Denken auf – viele sehen sich selbst im Denken und Handeln als eher männlich an, sind sehr akkurate Problemlöserinnen. Autistinnen setzen ihre sensible Sinneswahrnehmung, das durchstrukturierte Fachwissen und oft auch eine hohe intuitive Kreativität beruflich ungeschminkt und gezielt ein. Das wirkt dann wie eine verrutschte Camouflage, wenn sie auch mit bereits grauen Haaren und in Doktorwürden stimmlich noch wie ein Mädchen reden (und ihren Stimming-Teddy dabei haben).

Asperger-Autistinnen zeigen insgesamt nicht nur sehr häufig ein eher passives Persönlichkeitsprofil, sie können ihre Emotionen zugleich besser wahrnehmen und teilweise auch äußern (Attwood, 1999). Sie versuchen, sich an die gesellschaftlichen Konventionen anzupassen, entschuldigen sich für soziale Patzer, lernen Verhaltensweisen auswendig und erstellen lange Gefühlsausdruckstabellen, in denen neben den Gesichtern von Menschen jeweils der dazugehörige Gefühlsausdruck und seine Erkennungsmerkmale notiert sind: als Vorlage adaptierten Sozialverhaltens mit maximaler Differenzialität. Eine Mitautorin dieses Buches erstellte im Laufe des Erwachsenenalters eine Tabelle zum Verstehen der sozialen Welt, die weit über 200 Gefühlsausdrücke beinhaltet. Leider findet dieses Werk keinen Raum in diesem Buch, aber dafür Beachtung hier im Buchgeläut. Es ist ein Beispiel für den immer wieder sehr engagierten Einsatz, die Welt dieser anderen zu verstehen und korrekt zu agieren. Auch das hilft beruflich wenig weiter, hier gibt es eine deutliche Geschlechtsdisparität: Autistinnen verlieren und wechseln häufiger als Autisten ihre Berufstätigkeit (Taylor et al., 2015).

Das eher Angepasste besiedelt sogar die Wahl der Spezialinteressen. Diese sind oft nicht so exotisch und damit aus dem Rahmen fallend, da wird nicht nach der (♂) Weltformel gesucht, aber das Interesse an Hunden, das bedeutet für sie die ganze Welt. Zugleich schaffen es Autistinnen im hochfunktionalen Bereich leichter als Autisten (und machen davon rege Gebrauch), die Schwächen erfolgreich und sehr kreativ, aber unglücklich, zu maskieren (Kreiser & White, 2014); so haben viele Autistinnen die Fähigkeit, gut und differenziert zu beobachten und soziales Verhalten recht perfekt zu kopieren. Selbst einem Studium im psychologischen oder sozialen Bereich liegt oft das Interesse, und die innere Not, zugrunde, die Menschen und die umzingelnde Gesellschaft in einer Weise zu verstehen, dass sie selbst unauffällig und funktionierend darin agieren können. Leider führt gerade der weibliche Versuch des Verstehens, Leistens und Anpassens immer wieder zu extremen, vorher nicht erwarteten oder symptomatisch falsch assoziierten Erschöpfungssituationen bis hin zur Berufsunfähigkeit.

Allerdings benötigt es keinen überzogenen Gedanken eines »Oh weh, das arme Kind« zu dem weiter oben erwähnten strategischen Ausweichberuf der hausfraulichen Mutter als Wahl-Reaktion auf die berufliche Erschöpfungssackgasse. Diese Aufgabe wird in der Regel gut erfüllt: » *[...] in general, mothers with Asperger's Syndrome appear to have more ›maternal‹ and empathic abilities with their own children than men with Asperger's Syndrome*« (Attwood, 1999, S. 2–3)

In Folge der weiblichen Bedecktheit folgen typischerweise entsprechend sekundäre Diagnosen aus dem komorbiden Bereich – wie Angststörung, Essstörung, verzögerte Sprachentwicklung –, welche die eigentliche Ursache des Asperger-Autismus jedoch nicht treffen. Diagnostisch sind Autistinnen insgesamt also oft schwer zu fassen, da sie ein etwas unterschiedliches autistisches Erscheinungsbild zeigen:

> «[…] on the whole these reviews suggest some converging evidence for a subtly altered ASD phenotype in females relative to males. Particular points of difference may include (for females) a greater interest in socialisation, fewer stereotypical and repetitive behaviours, restricted interests that are more in line with social and gender norms, and higher levels of comorbid psychopathology and emotional difficulties.« (Baldwin & Costley, 2015, S. 483)

Von Attwood (2011) wurden ergänzende diagnostische Kriterien entwickelt, um junge Autistinnen zu identifizieren. Dazu gehören das Imitieren von Gleichaltrigen zur Verhinderung sozialer Verwirrungen und die Flucht in eine fiktive Welt bzw. in die Natur. Imitation und Imagination sind die beiden Schlüsselwörter, die es sich lohnt beim Lesen der Autorinnentexte im Gedächtnis zu haben. Sie sind dort wieder zu finden.

Allerdings können auch Autistinnen ganz unsozial »explodieren«, was dann allerdings etwas Endgültiges hat und im überberstenden Impuls sämtliche Brücken für ein mögliches Zurück mit einreißt. Es gilt dann keine Kündigungsfrist im Job, kein Mietvertrag, keine Mitgliedschaft oder Beziehungsbande (Simone, 2012, S. 229 ff.). Alles wird hingeworfen und manches neu angefangen, die Diskontinuität ihrer Lebensläufe wird noch etwas bunter. Und niemand versteht, warum diese Unauffällige mit einem Mal so auffällig reagiert.

Problemvernetzung, Folgenabschätzung, fehlende Partizipation

Die geschilderten Bereiche der autistischen Besonderheiten sind nicht nebeneinanderstehend, sie bewirken miteinander eine Verunsicherung und ein Nichteinschätzenkönnen des Selbst und seiner Bedürfnisse. Das Wissen über sich selbst ist oft zu gering und gleichzeitig ist die Einschätzung des Gegenübers erschwert. Verständlicherweise kann auch das Gegenüber die Besonderheiten oft nicht als durch Autismus bedingt erkennen, weil diese Hintergrundinformation (für beide Seiten) fehlt. Darüber formen sich die Schwächen in der sozialen Interaktion zu kleinen bis großen Verständigungs- und Verstehenskatastrophen aus.

Dritschel et al. (2010) haben nicht nur zum eingangs zitierten Wissen über Fernsehsendungen gefragt, sondern gezielt über Facetten des Wissens über sich selbst und das Wahrnehmen von Gefühlszuständen. Hier geben AutistInnen an, dass die andere Person mehr über das ihrige innere Erleben an Gedanken und Gefühlen weiß als man selbst – Neurotypische hingegen sehen sich selbst als Experten zum eigenen Fühlen und Wissen. Das ist ein erstaunlicher Gegensatz: Autisten meinen, sich selbst nicht so gut zu kennen, wie andere Menschen sie kennen – Nichtautisten sehen das genau umgekehrt, sie kennen sich selbst am besten, andere Menschen hingegen kennen nur Teilbereiche. Und das ist nicht nur gefühlt so. Dieser reale Unterschied ist mit entscheidend dafür, dass aus der Problemlage, die aus dem Typischen des Autismus resultiert, in Folge eine erschöpfte Überlast werden kann. Denn insbesondere für ein gelingendes Berufsleben ist es wichtig, sich auch selbst mit den eigenen Gefühlen, Wirkungen, Grenzen und Möglichkeiten wahrzunehmen.

Die Ausübung eines Berufs ist immer auch mit Überlastungen verbunden, die sich die Waage mit den eigenen Ressourcen und den Erholungsmöglichkeiten halten müssen. »Stopp« zu sagen und sich schützende Grenzen zu setzen, ist wichtig und geht nur, wenn das Ausmaß einer Überlastung auch an sich selbst wahrgenommen wird. Aus nicht adäquat gespürter Überforderung können in Folge sekundäre psychische und psychosomatische Krankheiten entstehen – spätestens, wenn Intelligenz und gute Kompensationsstrategien nicht mehr ausreichen, um den Alltagsherausforderungen im Beruf gerecht zu werden (Koelkebeck et al., 2014) oder die alleinige Erfüllung des bereits völlig erschöpfenden Berufs keine privaten Kontakte und Freizeitaktivitäten mehr zulässt. Die Erschöpfung führt dann zur Einsamkeit und die verlorene Partizipationsmöglichkeit wiederum erhöht die Gefahr von Begleiterkrankungen (van Elst, 2016).

Genau dies ist den an diesem Buch mitschreibenden Autisten im Laufe der Berufsjahre passiert und wird noch passieren: Aus einer langen Phase der Überlastung und verstärkt durch ein zu geringes Wissen um sich selbst wird ein Zusammenbruch. In Folge kann eine eingeschränkte Leistungsfähigkeit bleiben und dies Bleibende führt zu einer negativen Veränderung, manchmal bis in Richtung einer teilweisen oder vollständigen Berufsunfähigkeit.

Die Balance zwischen Leistungserbringung und schützenden Erholungselementen im beruflichen wie privaten Alltag zu finden, ist eine zentrale Herausforderung, an der Autisten in ihrer Art der Selbstwahrnehmung oft scheitern. Entsprechend erkannten einige der hier vertretenen Autoren oft erst nach einem Zusammenbruch und dem darauffolgenden (An-)Erkennen des eigenen Autismus, wie überlastend das Berufsumfeld gewesen ist. Es ist ein oft jahreslanges, höchst frustrierendes und sich addierendes Lernen am Misserfolg. Wahrscheinlich hat das angeborene erhöhte Hirnvolumen bei AutistInnen (Nickel-Jokschat & Michel, 2011) dabei nicht den Sinn oder die Auswirkung, besonders viel Raum für das Wegstecken reichlich fruchtloser Bemühungen zu schaffen.

Denn eine aus der Überlastung und dem empfundenen Scheitern resultierende Depression, eine Angststörung, ein Burnout, mit Folgen bis hin zur Berufsunfähigkeit, sie sind bei Autisten häufig anzutreffen. Bei 76 % der AutistInnen findet sich eine Angsterkrankung und bei 75 % eine Depression – die Vergleichszahlen liegen bei 70 % und 36 % in der Normalbevölkerung (Gotham et al, 2015). Die hohe Zahl korreliert mit einem sehr starken Stresserleben, das oft durch berufliche Alltagssituationen (Unvorhergesehenheiten, Veranstaltungen, Veränderungen im Tagesablauf, Gruppensituationen) ausgelöst wird, die als nicht erfüllbare Herausforderungen empfunden werden (Gillot & Standen, 2007). Die Hälfte aller Autisten berichtet von Selbstverletzungen (Maddox et al., 2016) als einem weiteren Weg des Umgangs mit quälend unguten Lebensbedingungen.

Im Bereich der Berufsfindung und Berufsausübung fehlen – im Falle des Erkennens eines Unterstützungsbedarfs – allerdings in vielen Regionen Strukturen für ein Jobcoaching. Insbesondere für hochqualifizierte Autistinnen fehlt eine Begleitung, die gezielt die Schwächebereiche ausgleicht. Benötigt wird ein Jobcoaching, das mit der Entscheidungsfindung für einen geeigneten Beruf beginnt, die Phasen von Ausbildung, Bewerbung und Berufseinstieg begleitet und im Krisenfall eine Moderation mit den Beteiligten am Arbeitsplatz oder andere, punktuelle Hilfen für den langjährigen Berufsalltag bietet (Cos, 2016). Noch immer liegt der Zielgruppen-Fokus für Therapie- und Arbeitsbefähigungsangebote bei Jugendlichen und jungen Erwachsenen mit starken autistischem Symptomfeld; es fehlen perspektivische Angebote, jenseits der Selbsthilfeinitiativen, für Asperger-Autisten im mittleren und fortgeschrittenen Alter. Diese sind beruflich teilweise bereits hoch qualifiziert, haben Ausbildung, Studium und/oder Promotion fachlich gut abgeschlossen, erlebten gleichzeitig bereits eine Reihe an negativen Rückschlägen und konfliktreichen Versagens im Berufsumfeld – und ihnen wird selten zugehört.

»Will man die Situation von Menschen mit Autismus verbessern, so ist ein umfassendes Verständnis ihrer Situation, ihres Verhaltens und ihrer Besonderheiten notwendig. Dieses Verständnis lässt sich erreichen, indem man Betroffenen zuhört und ihre Erfahrungen in zukünftige Maßnahmen einbezieht. […].« (Preißmann, 2013b, S. 19)

Ein auf Asperger-AutistInnen abgestimmtes ergänzendes Training von Berufskompetenzen ist durchaus möglich, was sich nachweislich produktiv auch auf die Beschäftigungsquote auf dem ersten Arbeitsmarkt auswirkt (Wehmann et al., 2016). Denn dort kommen bislang noch zu wenig Autisten an, so sind nur 20 % der Asperger-AutistInnen auf dem allgemeinen Arbeitsmarkt berufstätig, 30 % arbeiten in einer Werkstatt für Behinderte oder ähnlichen Einrichtungen und 50 % sind entweder arbeitslos, berufsunfähig oder befinden sich grade im Studium oder einer Ausbildung. Diese Zahlen sind hoch und müssen auch kritisch betrachtet werden, da durchaus die Möglichkeit besteht, dass Asperger-Autisten statistisch unentdeckt auf dem allgemeinen Arbeitsmarkt beschäftigt sind – entweder weil bei ihnen nie das Asperger-Syndrom diagnostiziert wurde oder weil sie sich selbst nicht als autistisch zu erkennen geben, um nicht mit den Vorurteilen gegenüber autistischen Menschen konfrontiert zu werden (vgl. Sünkel, 2013, S. 332). Dennoch bleibt die Tatsache, dass in Relation zur Norm nur einige Autistinnen auf Dauer erfolgreich in einem Beruf tätig sind und die Berufsbiografien sich oft durch Diskontinuitäten kennzeichnen.

Nach Kompetenzbergsteigen ein Winken

Die Vorstellung von dem, was als »Beruf« zu verstehen ist, unterliegt einer steten Wandlung. Im Mittelalter war gut, wer sein Handwerk verstand und produktiv war – das war verbunden mit der Vorstellung der göttlich vorgesehenen Sinnstiftung einer überweltlichen Berufung zu einem Beruf. Die staatlichen Berufsschulen wurden erst Anfang des 20. Jahrhunderts eingeführt, und das mit einem amtlichen Ruf statt dem vormals göttlichen Interesse. Im Dienst einer geregelten Gesellschaftsordnung werden seitdem homogenisierte Berufsausübertypen ausgebildet. Der Beruf dient gleichzeitig, und das wirkt fast konträr zur staatlich pädagogisierten Beruflichkeit (Kutschka, 1992), auch als Identifikationsanker für die individuelle Sinnstiftung und als Prüflatte geglückter Persönlichkeitsentwicklung (Kraus, 2007, S. 143). Seit Ende der 1990er Jahre kleidet sich Berufsausübung im Konzept der Employability. Employability beherbergt als Beschäftigungsfähigkeit – oder dynamischer: Arbeitsmarktfitness – eine Betonung auf die vom Berufstätigen einzubringenden Voraussetzungen für eine erfolgreiche Integration und Sozialisierung in das staatliche Berufs- und Qualifizierungssystem. Seitdem wird manches Bewerbungsgespräch zu einer Selbst-Marketing-Verkaufsschau.

»Beschäftigungsfähigkeit wird so zu einem Indikator für den Grad an Übereinstimmung zwischen qualifikatorischen und sozialpsychologischen Attributen (Dispositionen) der Arbeitskraft und Flexibilitäts- und Kompetenzerwartungen der Beschäftiger« (Hendrich 2004, S. 265).

Dabei waren Kompetenzen in den 80er Jahren zunächst, auf damals noch Guteinfachdeutsch, ausgebildete Fähigkeiten und Fertigkeiten, um damit Probleme und Herausforderungen zu lösen: Man kann halt was. Dieses tatkräftige Kompetenzverständnis (und damit auch die Kompetenzerwartungen der Beschäftiger) hat sich in den letzten zwei Jahrzehnten in den verschiedenen Wissenschaftsdisziplinen in neue Höhen ausdifferenziert (Kaufhold, 2006, S. 21 ff.), bis keine einheitliche Basis mehr möglich war. Nach psychologisch geprägter und derzeit vorherrschender Sichtweise erweiterte sich der Kompetenzbegriff um »*die damit verbundenen motivationalen, volitionalen und sozialen Bereitschaften und Fähigkeiten, um die Problemlösungen in variablen Situationen erfolgreich und verantwortungsvoll nutzen zu können*« (Weinert, 2001, S. 27). Seitdem geht es darum, was Menschen mit Inbrunst an beidseitig angestrebten Zielen hochbringen können. Daraus werden dann, kombiniert mit einem planvollen Selbst-in-den-Hintern-Treten, beeindruckende Resultate. Beeindruckend können die Ergebnisse allerdings nur werden, wenn das moderne Kompetenzbündel ebenfalls mitgebracht wird, wichtig ist die den Arbeits-Teig bearbeitende Gesellschafts-Form. Auch Autisten müssen sich von der Vorstellung verabschieden, die soziale Einordnung folgt aus einer Berufsleistung; so wie es Hans Asperger vor rund 80 Jahren noch für seine Autisten sah.

> »Wenn also [...] mit diesen Menschen nicht leicht auszukommen ist, [...], so wird das Urteil über sie ganz anders, wenn man ihre Berufsleistung ins Auge fasst. In der ganz überwiegenden Zahl der Fälle kommt es nämlich zu einer guten Berufsleistung und damit zu einer sozialen Einordnung, oft in hochgestellten Berufen, oft in so hervorragender Weise, daß man zu der Anschauung kommen muß, niemand als gerade diese autistischen Menschen seien gerade zu solchen Leistungen befähigt. Es ist, als seien ihnen in einer Art kompensatorischer Hypertrophie besondere Fähigkeiten gegeben, als Ausgleich für ihre beträchtlichen Defekte. Die Unbeirrbarkeit und die Durchschlagskraft die in der ›spontanen‹ Aktivität der Autistischen liegt, die Eingeengtheit auf einzelne Gebiete des Lebens, auf ein isoliertes Sonderinteresse – das erweist sich hier als positiver Wert, der diese Menschen auf ihren Gebieten zu besonderen Leistungen befähigt. Gerade bei den Autistischen sehen wir [...], daß sie von frühester Jugend an für einen bestimmten Beruf prädestiniert erscheinen, daß dieser Beruf schicksalhaft aus ihren besonderen Anlagen herauswächst.« (Asperger, 1944, S. 133)

Vielleicht hat ein Autist die Prädestination für ein bestimmtes Tätigkeitsfeld, für ein Spezialgebiet – aber die Umsetzung als Beruf ist unter den gesellschaftlichen, sozialfokussierten Rahmenbedingungen oft nicht möglich. In der Berufsausübung agieren Menschen kaum allein. Der Job ist Treffpunkt des Mobs, so würden das in conclusio dann aber nur Soziopathen, und somit nicht Autisten, ausdrücken. Dennoch, die Ausübung eines Berufs ist zugleich Chance wie Zwang zur Integration in eine zwischen- und mittendrinmenschliche Gesellschaft. Zu dem Zwang ist viel Erlebtes in den Biografien zu lesen, mühsam werden die Sozialkompetenzberge erklommen. Gleichzeitig winkt dort oben auch die Möglichkeit des Austauschs. Zugehörigkeit und der Rhythmus von Arbeit und Freizeit stärken, zusammen mit der Erfüllung der beruflichen Aufgabe, nicht nur die unabhängige Haushaltskasse, sondern geben auch dem Empfinden von Selbstwirksamkeit und Selbstachtung ein Hochgefühl. In dem Moment, indem Asperger-Autismus nicht mehr als Behinderung eines Menschen ad personam verstanden wird, sondern als Behinderung dieses Menschen an der gesellschaftlichen Teilhabe ad publica, beispielsweise durch unpassende Umstände, Erwartungen und verhindernde Umgangsformen – von dem Moment an können Asperger-Autisten ein besser funktionierendes berufliches Miteinander finden: Sie können sparsam unverbogen und energiesparend selektiv die erlernten und angecoachten sozialen und kommunikativen Kompensationskompetenzen einsetzen, wenn es für den Arbeitsinhalt notwendig ist (Matzies, 2010; Aarons et al., 2011). Vielleicht eine Utopie.

Modellierung der Berufswelt

> »Autismus ist Ausdruck einer neurobiologischen Diversität, die zu einer spezifischen Ausprägung von Verhaltensweisen, Fähigkeiten und Persönlichkeiten führt, die sich von einer neurotypischen Entwicklung unterscheidet.« (Dalferth, 2015, S. 5)

Über Autisten im Berufsleben zu schreiben ist nicht nur eine Gratwanderung auf dem Kompetenzgipfel. Je nach Blickwinkel wechselt sich die Eigenperspektive mit der Fremdperspektive ab und nicht alles ist Ansichtskartenglück. Es finden sich selbstbewusste Sichtweisen eines »autistic pride« – denen die Auffassung zugrunde liegt, Asperger-Autismus ist keine Behinderung, sondern eine Normvariante des gängigen Neurotypus; ein Anderssein mit fälschlicherweise zugeschriebenem Krankheitswert und sehr vielen Potenzialen. Die NTs dieser Welt (die Neuro-Typischen) werden dann zu der »gegenüberstehenden« Gruppe einer Mehrheit. Denen stellen sich die neurountypischen AutistInnen mit Forderungen nach Akzeptanz und Wertschätzung in etwa so kämpferisch gegenüber wie die

Feministinnen der 70er Jahre, die in einer von Männern dominierten Welt für Gleichberechtigung, Akzeptanz und Würde kämpften. Sich behindert zu verhalten, macht behindert – sich der eigenen Stärken bewusst zu verhalten, meint im Gegenkonzept, sich aufwerten statt abwerten zu lassen und ein berufliches Selbstbewusstsein zu entwickeln. So geschehen Veränderungen. Da ist etwas Wahres dran.

Eine weitere steinige Perspektive ist die an den Schwierigkeiten und gesundheitlichen Folgen des Asperger-Autismus orientierte, medizinisch-psychologische Sichtweise. Hier stehen die autistischen Eigenarten als Symptome im Fokus, die zu einer Behinderung beitragen. Die Nachteile, die sich für Asperger-Autistinnen aus ihrer Art der Weltwahrnehmung und Form des Denkens und Agierens ergeben, können einen behindernden Krankheitswert haben oder im Laufe der Zeit erhalten – unabhängig davon, wie einzigartig, wertvoll und originell diese sind. Ein Hering, der nordseelos in der Wüste landet, der fühlt sich nicht wohl, das ist Fakt und es ist auch nicht unmittelbar hilfreich, dann mit »herring pride« auf seine wirklich einzigartigen Silberschuppen zu verweisen. Darin steckt auch etwas Wahres.

Und wo dazwischen passt die Berufswelt?

Wenn für Autisten selbst ein differenzierter Umgang mit dem Terminus »Behinderung« möglich ist, Behinderung nicht mehr als sich zuschreibende Wesensart, sondern als faktische Folge der Verortung in einer »Normgesellschaft« empfunden wird, dann kann es durchaus von Nutzen sein, die Schwierigkeiten durch einen Behindertenausweis erklärbar zu machen. Es macht durchaus Sinn, über den offiziellen Grad an Behinderung einen sehr kurvenreichen beruflichen Lebenslauf zu erklären. Das Kosten-Nutzen-Verhältnis eines beruflichen Outens über einen Behindertenausweis muss stimmen. Es ergeben sich Fragen, die jede Asperger-Autistin für sich selbst beantworten muss: Werde ich durch die formale Zuschreibung einer offiziellen Behinderung meine Fähigkeiten besser zur Geltung bringen können? Gibt es über eine nachteilsausgleichende Entlastung eine berufliche Verbesserung? Oder wird es zu weiteren Problemen und damit beruflichen Nachteilen kommen, weil Arbeitgeber, Behörden, Behandelnde den gängigen Vorurteilen folgen? Viel hängt sicher davon ab, wie ein Asperger-Autist dann die Bedürfnisse im beruflichen Kontext anbringt: Zu sagen »Wenn ich ein Büro und einen Arbeitsbereich für mich allein erhalte, dann kann ich in der Hälfte der Zeit das Pensum erarbeiten, das im Normalfall erwartet wird« ist ein anderes Auftreten, als zu sagen »Ich kann mich in einem Gruppenbüro nicht konzentrieren und im Team keine gute Leistung erbringen«. Das eine lockt zur einstellenden Tat, das andere entlockt nur ein Seufzen. So geschehen Veränderungen. Daran ist ebenfalls etwas Wahres.

Die dritte Perspektive ist die Talebene der neurotypischen Gesellschaft. Dalferth fasst diese in einer Reihe von Problemlagen zusammen, die von unzureichenden berufs- oder arbeitsvorbereitenden Maßnahmen, einem Fehlen von speziellen berufs- oder arbeitsbegleitende Unterstützungsangeboten, zu wenigem Wissen über Autismus bis hin zu ablehnenden Umgangsformen reichen. Befürchtet wird, der Mehraufwand einer Arbeitsplatzgestaltung rechnet sich bei einer möglicherweise schlechten Leistungsbilanz nicht – oder die autistischen Mitarbeiter sind für Kollegen wie Kunden unzumutbar (Dalferth 2012, S. 15). Vor dem Hintergrund dieses Wustes an Vorstellungen und Befürchtungen wird nochmals deutlich, wie wichtig und über den Einzelfall hinaus zentral die Einbindung von Job Coaches zur individuellen Begleitung wie auch zur überpersonalen Mitveränderung des vorherrschenden Meinungsbildes ist. Das Coaching würde Angebote bereithalten, die über Trainings zur Berufsfähigkeit, Hilfen beim Finden und Ausgestalten des passenden Berufsfeldes bis hin zu einer weiterführenden Karrierebegleitung reichen (siehe dazu Nicholas et al., 2015). Soziale Aspekte sind eine große Hürde – aber pfiffig angegangen auch eine Möglichkeit zur Stabilisierung eines freundschaftlichen Umfeldes. Ein Coach könnte durch seine Erfahrung helfen, den Arbeitsplatz individuell auszugestalten, so dass eine Überflutung durch Reize (sensorischer Overload) vermieden werden kann sowie dem Bedarf nach Struktur und Ordnung entsprochen wird (ausführlich dazu Blodig, 2015). Ob nun ein Einzelbüro mit indirekter Beleuchtung oder ein Rückzugsraum innerhalb eines Mehrmenschengeschehens, das wird sich im Einzelfall gemeinsam besser einrichten lassen. Eine über einen längeren Zeitraum abrufbare Arbeitsassistenz oder Mentorin sind hilfreich, wenn hohe soziale Anforderungen gestellt werden, die zu Belastungen, Unsicherheiten und Konflikten führen könnten. Ein aktives Feedback von den Kollegen einzuholen, ist sicher für das Arbeitsklima besser, als Erfahrungen zu einem Schwelbrand werden zu lassen. So geschehen gemeinsam Veränderungen. Und ja, auch hierbei findet sich Wahres.

Einsam bei vollem Winken

»Während Kinder mit AS oft noch relativ gut diagnostizierbar sind, haben die meisten intellektuell gut begabten Erwachsenen mit AS bereits gelernt, viele ihrer Defizite zu kompensieren, so dass sie auf den ersten Blick relativ unauffällig erscheinen können. Als zentral erscheint die Tatsache, dass erwachsene Personen mit AS meist nicht von sich aus den Rückzug wählen, sondern oftmals sehr darunter leiden, dass es ihnen nicht gelingt, Beziehungen herzustellen und aufrecht zu erhalten [...].« (Hippler et. al, 2010, S. 20)

Einsamkeit. Diesen Zustand als eine Schwingung an den intendiert lesemotivierenden Anfang eines Buchs zu setzen, mag gewagt sein. Allerdings sind wir thematisch schon mittendrin und dieses Wort wird auf den folgenden Seiten immer wieder zu lesen sein. Im Kontext einer hohen Anforderung und Erschöpfung durch die Berufsausübung wird für viele Autisten aus dem ausgleichend benötigten Alleinsein eine nötigende Einsamkeit.

Einsamkeit als lebensbegleitende Grundstimmung und deprimierende Erfahrung nimmt der autistischen Fähigkeit zu einem wunderbaren Fürsichsein das Licht des Flows. Konzentriert bei einem Tun oder Denken zu bleiben, das ist auch eine Kompetenz: die Gabe eines guten Mitsichseins, einer sinnproduktiven Auszeit, eines lebendigen Rückzugs in die inneren Welten – dort zu sein ist stark und selbstbeschützend, ist ein weiterer Ausdruck einer kraftvollen Persönlichkeit; so sagt es nicht nur der Urlaubs-Innenwelt-Katalog. Autistische Menschen brauchen und genießen ein solches Alleinsein in verstärktem Maße. Ein Rückzug in die inneren Welten, Raum für Ruhe- und auch Arbeitsphasen ohne Lärm und Ablenkung, ohne Kompensationsanstrengungen, dafür mit einem facettenreichen, sensorisch und emotional lebendig-flutenden Erleben, Konstruieren und Denken. Es sind für viele Asperger-Autisten die Momente, in denen die eigenen Stärken sehr bewusst erlebt werden, es ist für viele ein bildhaft präsentes Erleben, bei dem es kaum ein Vergangenes oder Vergessenes gibt (O'neill, 1998).

Und dennoch, neben dem Bedürfnis nach Auszeiten und Mitsichsein: Es gibt sie, die Sehnsucht vieler Autisten nach einem intensiven, vertrauenden und überdauernden Kontakt zu zumindest einem anderen Menschen. Eine verlässliche Beziehung über eine lange Zeit hinweg, die aber nicht fortdauernde zusammenhängende Zeiträume des pausenlosen Miteinanders beinhaltet. Immer wieder statt immer. Oft gelingt dies nicht. Und berufliche Kontakte, in all ihrer Oberflächlichkeit, sind spätestens dann ein zentrales Erleben eines Miteinanders, einer Dazugehörigkeit. Was für Kolleginnen eine unwichtige Dreiworte-Begegnung an der Kaffeemaschine ist, bedeutet für Autistinnen zum Teil den intensivsten Kontakt des Tages. Aus dem Alleinsein kann bei solcher Kontaktdiät Einsamkeit werden. Es ist etwas demütigend, das Folgende hier zu erwähnen, wären da nicht die vielen Vorurteile gegenüber den logischen Autisten: Das ist doch die Gattung mit nur einem biologischen, aber keinem mitmenschlichen Herzen. Es gibt manchmal ein »Und« sowie ein »Auch«. So kommt auch Hartl (2010, S. 142) zu dem etwas platt formulierten Schluss:

> »Auf ein eingeschränktes, wenig differenziertes Repertoire an Emotionen im Erleben von Menschen mit Autismus kann nicht geschlossen werden. Die Analyse der Texte hat gezeigt, dass Menschen mit Autismus nicht weniger unterschiedliche Emotionen kennen und erleben können wie andere Menschen auch. Sie empfinden nicht nur Freude und Traurigkeit, Ärger und Angst oder Zuneigung, sondern viel mehr sehr differenzierte Emotionsqualitäten und unterscheiden in ihren Berichten auch Nuancen ähnlicher Gefühle wie Vertrauen und Liebe oder Freude, Glück und Begeisterung.«

In den Biografien, die eigentlich die Berufsseite fokussieren sollen, blitzt es immer wieder durch: das Bedürfnis nach Zugehörigkeit, nach einem Mitsichsein ohne Einsamsein. Das könnte nachdenklich machen für ein Weiterdenken, weist es doch über die Mitarbeitenden als Employees hinaus, hin zum untypisch typischen Menschen.

Nachgeläut der Herausgeber

Aus der Idee, die Berufsbiografien von Asperger-AutistInnen zusammenzustellen, um Gemeinsamkeiten, Unterschiede, übliche Herausforderungen und mögliche Lösungswege sichtbar – und in der Miteinanderschau auch verstehbar – werden zu lassen, entwickelte sich ein Buchprojekt. Ein Projektmammut, das uns fast drei Jahre begleitet hat. Im Nachhinein eine dennoch kurzgefühlte Zeit vom ersten Konzept bis hin zum Druck.

Dazwischen lagen Begegnungen mit Menschen, die in vielen Aspekten gleich einem etwas versetzten Spiegel unseres Selbst waren – viele Ähnlichkeiten erfuhren wir und jedes Gegenüber war für sich dennoch ganz anders, eigen und kontrastreich. Wir hoffen, diese Spannung aus autistischen Gemeinsamkeiten und individueller Berufswegfindung wird die Leser und Leserinnen immer wieder in den Bann ziehen und ein Grundverständnis legen für die wiederkehrenden Problemlagen, mit denen Autisten in der Schul- und Arbeitswelt konfrontiert sind.

Das Buch hat uns nicht nur mit dem Schreiben der eigenen Kapitel und der Entwicklung des Gesamtkonzepts beschäftigt – es war viel Kommunikation notwendig, manche AutorInnen brauchten Hilfe beim Aufschreiben der Gedanken und sollten doch nicht ihre je ganz eigene Ausdrucksweise verlieren dabei – die Wortgestalten sind so einzigartig wie die erdenkenden Menschen. Texte wollten gelesen und korrigiert werden, ein guter Verlag wollte gefunden sein – alles Tätigkeiten, die nicht nur aber auch für AutistInnen eine Herausforderung sind.

Am Ende und damit mit dem Erscheinen dieses Buchs bleibt eine Berührtheit und Dankbarkeit gegenüber den Autoren, die diese weite Strecke mitgegangen sind. Die sich nicht scheuen, über ihr Leben zu schreiben, sich zu öffnen und sich in dieser Dichte weniger Seiten zu konfrontieren mit dem, was gelungen war, wie auch mit dem, was nicht möglich wurde im Berufsleben. Die sich in das Konzept des Buches einpassten – auch wenn das Zugeständnisse erforderte, sei es bei Text(über)längen oder auch beim Nennen eines Namens als Beitragstitel.

Einige hätten gerne ihren realen Vor- und Nachnamen genannt, hätten Firmennamen und Orte genannt, weil sie zu ihrem Autist-Sein öffentlich stehen – andere, die meisten, müssen sich vor beruflichen und privaten Nachteilen schützen, ihnen war eine Anonymität wichtig. Nach einem längeren Diskurs haben wir uns entschieden, jedem Text nur einen Vornamen voranzustellen. Dies kann der reale oder ein gewählter Name sein. Auf Nachnamen haben wir verzichtet, vielleicht auch, weil die Inhalte der Texte auf der gedachten Basis einer direkten Ansprache entstanden sind: einer Erzählung von Mensch zu Mensch. Sie sind etwas Persönliches. Dort, wo Ortsbezeichnungen zusammen mit Angaben zu Ärzten, Ausbildungsstätten, Kliniken oder Firmen die Möglichkeit ergeben hätten, eine Person zu identifizieren, haben wir die Namen abgekürzt.

Den frei geschriebenen Biografien haben wir ein Interview angefügt. Alle Autoren haben dabei die gleichen Fragen beantwortet – wobei freigestellt war, auch Antworten auf Fragen auszulassen, die als nicht passend oder beantwortbar empfunden wurden. Die Fragen beziehen sich auf die Bereiche Lerngewohnheiten, Berufswahl, Sozialkontakte im Arbeitsfeld, Faktoren am Arbeitsplatz und Gesundheit. Diese Interviews stellen eine Vergleichbarkeit der Erfahrungen und Lebensweisen her. Auch hier überrascht die Bandbreite an Reaktions- und Aktionsmöglichkeiten, die sich aus einem analogen Welterleben ergibt. Die Ausgestaltung des individuellen Autist(in)-Seins, die Reaktionen und Aktionen bezüglich der sich bei allen wiederholenden Problemlagen, macht die sehr eigenen Menschen noch unverwechselbarer – es gibt nicht »den Autisten« und nicht »die Autistin« – es gibt eine Vielzahl an Interpretationsmöglichkeiten der Lebensbedingungen. Je nach Ressourcen, Talenten und Zufällen ergibt sich daraus ein soziales Inderweltsein. Auch wenn das oft nicht als »in«, sondern als »neben« empfunden wird. Und oft auch genau dort verortet ist. Nebenderweltsein.

In dem Sinne sind die Texte ein Zeugnis mit hoher Authentizität und Transparenz hinsichtlich eines Einblickes in eine sonst in sich geschlossene Erlebensweise. Mit diesen Texten in ihrer Vielfalt könnte – das ist unser Wunsch – ein grundlegendes Verständnis für das »Neurountypische« wachsen: eine Sympathie für das Anderssein oder zumindest eine Akzeptanz, wenn für die Sympathie der Humor nicht ausreicht. Wie erwähnt: Es ist zumindest eine Alternative zum Fernsehprogramm.

Dr. Eleonora Kohl, im Namen des Herausgebertrios

Zitat zum Selber-Einordnen in passende Biografien:

> »Jede Berufseinstellung ist ein Zwang zur Einseitigkeit, bedeutet ein Aufgeben von Möglichkeiten – was von vielen sehr quälend empfunden wird; manche Jugendliche scheitern ja aus dem Grund an der Berufswahl, weil sie, in verschiedenen Richtungen in gleicher Weise begabt, nicht zur Entscheidung kommen können, nicht die Stoßkraft in eine einzige Richtung aufbringen. Bei den Autistischen Psychopathen jedoch hat man den Eindruck, daß sie mit gesammelter Energie und selbstverständlicher Sicherheit – ja mit Scheuklappen gegenüber den reichen Möglichkeiten des Lebens – ihren Weg gehen, zu dem sie meist schon von Kind an nach ihren Anlagen vorbestimmt erscheinen.« (Asperger, 1944, S. 134 f.)

Literatur

Aarons, M., Gittens, T., Rudert, E. & Koch, R. (2011). *Autismus kompensieren: Soziales Training für Kinder und Jugendliche ab drei Jahren.* Pädagogik. Weinheim: Beltz

Asperger, H. (1944). Die »Autistischen Psychopathen« im Kindesalter. *Archiv für Psychiatrie und Nervenkrankheiten,* 117(1), 76–136

Attwood, T. (1999). *The Pattern of Abilities and Development of Girls with Asperger's Syndrome.* Asperger Syndrome Foundation. Online abrufbar unter http://www.act-community.ca/resource/393/ (Okt. 2016)

Attwood, T. (2008). *Ein ganzes Leben mit dem Asperger-Syndrom. Alle Fragen – alle Antworten.* Stuttgart: TRIAS

Attwood, T. (2011). *Asperger's, Autism, and Girls. DVD: Understanding and Appreciating the Female Perspective.* Arlington: Future Horizons

Baldwin, S. & Costley, D. (2015). The experiences and needs of female adults with high-functioning autism spectrum disorder. *Autism,* 483-495

Barnhill, G. P. (2007). Outcomes in Adults With Asperger Syndrome. *Focus on Autism and Other Developmental Disabilities,* 22(2), 116–126

Blodig, I. (2015). *Job-Coaching für autistische Menschen: Navigationshilfen durch die Arbeitswelt.* Paderborn: Junfermann Verlag

Bölte, S. (2011). Psychobiosoziale Intervention bei Autismus. *Der Nervenarzt*, 82(5), 590–596

DePape, A.-M. & Lindsay, S. (2016). Lived Experiences From the Perspective of Individuals With Autism Spectrum Disorder: A Qualitative Meta-Synthesis. *Focus on Autism and Other Developmental Disabilities*, 31(1), 60–71

Dalferth, M. (2014). *Berufliche Chancen für Menschen aus dem autistischen Spektrum*. Institut für angewandte Sozialfragen Göttingen. Online abrufbar unter www.ifas-goettingen.de/upload/pdf/AUT_Fachtag_Goettingen_Dalferth_2014.pdf. Stand 15.12.2015

Dalferth, M. (2015). *Mythen und Fakten zur Inklusion bei Menschen aus dem autistischen Spektrum in Schule, Arbeit und Gesellschaft*. Vortragsmaterialien, Veranstaltung »Autismus und Inklusion«, 29. Februar 2015 in Schwäbisch Gmünd

Dritschel, B., Wisely, M., Goddard, L., Robinson, S. & Howlin, P. (2010). Judgements of self-understanding in adolescents with Asperger syndrome. *autism*, Vol. 14(5), 509–518

Ebert, D., Fangmeier, T., Lichtblau, A., Peters, J., Biscaldi-Schäfer, M. & van Elst, Ludger Tebartz (2013). Asperger-Autismus und hochfunktionaler Autismus bei Erwachsenen: Ein Therapiemanual der Freiburger Autismus-Studiengruppe. Göttingen, Niedersachs.: Hogrefe Verlag

Freitag, C. M., Cholemkery, H., Elsuni, L., Kroeger, A. K., Bender, S., Kunz, C. U. & Kieser, M. (2013). The group-based social skills training SOSTA-FRA in children and adolescents with high functioning autism spectrum disorder – study protocol of the randomised, multi-centre controlled SOSTA-net trial. Trials, 14(1), 6

Gawronski, A., Pfeiffer, K. & Vogeley, K. (2012). *Hochfunktionaler Autismus im Erwachsenenalter. Verhaltenstherapeutisches Gruppenmanual.* Beltz Verlag

Gillott, A. & Standen, P. J. (2007). Levels of anxiety and sources of stress in adults with autism. *Journal of intellectual disabilities: JOID*, 11(4), 359–370

Gotham, K., Marvin, A. R., Taylor, J. L., Warren, Z., Anderson, C. M., Law, P. A. & Lipkin, P. H. (2015). Characterizing the daily life, needs, and priorities of adults with autism spectrum disorder from Interactive Autism Network data. *Autism: the international journal of research and practice*, 19(7), 794–804

Grove, R., Hoekstra, R. A., Wierda, M. & Begeer, S. (2016). Exploring sex differences in autistic traits: A factor analytic study of adults with autism. *Autism*, 1–6

Gutstein, S. E. & Whitney, T. (2002). Asperger Syndrome and the Development of Social Competence. *Focus on Autism and Other Developmental Disabilities*, 17(3), 161–171

Häußler, A. (2015). *Der TEACCH®-Ansatz zur Förderung von Menschen mit Autismus: Einführung in Theorie und Praxis.* Dortmund: Borgmann Media

Hartl, M. (2010). *Emotionen und affektives Erleben bei Menschen mit Autismus.* Wiesbaden: VS Verlag für Sozialwissenschaften

Hendrich, Wolfgang. (2004). Beschäftigungsfähigkeit oder Berufsbiographische Gestaltungskompetenz?. In Behringer, F., Bolder, A., Klein, R., Reutter, G. & Seiverth, A. (Hrsg.) *Diskontinuierliche Erwerbsbiographien: Zur gesellschaftlichen Konstruktion und Bearbeitung eines normalen Phänomens* (S. 260–283). Baltmannsweiler: Schneider

Hippler, K., Sousek, R. & Hackenberg, B. (2010). Das Asperger-Syndrom bei Erwachsenen. *Psychopraxis*, 13(2), 18–23

Howlin, P. (2000). Outcome in Adult Life for more Able Individuals with Autism or Asperger Syndrome. *Autism*, 4(1), 63–83

Jensen, C. M., Martens, C. S., Nikolajsen, N. D., Skytt Gregersen, T., Heckmann Marx, N., Goldberg Frederiksen, M. & Hansen, M. S. (2016). What do the general population know, believe and feel about individuals with autism and schizophrenia: Results from a comparative survey in Denmark. *Autism: the international journal of research and practice*, 20(4), 496–508

Kamenewa, E. N. (1933). Zur Frage der Arbeitsfähigkeit der Schizophrenen. *Zeitschrift für die gesamte Neurologie und Psychiatrie*, 144(1), 166–188

Kaufhold, M. (2006). *Kompetenz und Kompetenzerfassung. Analyse und Beurteilung von Verfahren der Kompetenzerfassung.* Wiesbaden: VS-Verlag

Koelkebeck, K., Riedel, A., Ohrmann, P., Biscaldi, M. & van Tebartz Elst, L. (2014). Autismusspektrumstörungen mit hohem Funktionsniveau im Erwachsenenalter. *Der Nervenarzt*, 85(7), 891–902

Kraus, K. (Ed.). (2007). *Vom Beruf zur Employability?: Zur Theorie einer Pädagogik des Erwerbs.* Wiesbaden: VS Verl. für Sozialwiss.

Kreiser, N. & White, S. (2014). ASD in females: are we overstating the gender difference in diagnosis? *Clinical Child and Family Psychology Review* 17(1): 67–84

Matzies, M. (2010). *Sozialtraining für Menschen mit Autismus-Spektrum-Störungen (ASS).* Stuttgart: Kohlhammer

Myers, P. (2016). *Das Ausmalbuch für Autisten. Und andere Detailverliebte.* Stuttgart: TRIAS

Nicholas, D. B., Attridge, M., Zwaigenbaum, L. & Clarke, M. (2015). Vocational support approaches in autism spectrum disorder: a synthesis review of the literature. *Autism*, 19(2), 235–245

Nolte, K. (2008). Arbeit und Tagesstruktur als Sinnstiftung. In: Müller-Teusler, S. (Ed.). *Autistische Menschen: Leben in stationärer Betreuung.* Freiburg, Br.: Lambertus

Maddox, B. B., Trubanova, A. & White, S. W. (2016). Untended wounds: Non-suicidal self-injury in adults with autism spectrum disorder. *Autism: the international journal of research and practice*, 1–11

Muller, E., Schuler, A. & Yates, G. B. (2008). Social challenges and supports from the perspective of individuals with Asperger syndrome and other autism spectrum disabilities. *Autism*, 12(2), 173–190

O'neill, J. L. (1998). Family and Personal Section: Autism: Isolation Not Desolation-A Personal Account. *Autism*, 2(2), 199–204

Preißmann, C. (2013a). *Überraschend anders – Mädchen und Frauen mit Asperger.* Trias Verlag Stuttgart

Preißmann, C. (2013b). Mädchen und Frauen mit Autismus-Spektrum-Störung. *Psychopraxis*, 16(4), 17–19

Renty, J. O. & Roeyers, H. (2006). Quality of life in high-functioning adults with autism spectrum disorder: The predictive value of disability and support characteristics. *Autism*, 10(5), 511–524

Reutter, G. (2004). *Diskontinuierliche Erwerbsbiographien – Realität oder Konstrukt?* Deutsches Institut für Erwachsenenbildung. Reihe DIE Fakten

Romoser, M. (2000). Malemployment in autism. *Focus on Autism and Other Developmental Disabilities*, 15, 246–247

Simone, R (2012). Aspergirls – Die Welt der Frauen und Mädchen mit Asperger. Weinheim: Beltz

Sünkel, U. (2013). Autismus-Spektrum-Störungen und die Arbeitswelt. In: L. T. von Elst (Hrsg.), *Das Asperger-Syndrom im Erwachsenenalter* (S. 331–345). Berlin: Medizinisch Wissenschaftliche Verlagsgesellschaft

Taylor, J. L., Henninger, N. A. & Mailick, M. R. (2015). Longitudinal patterns of employment and postsecondary education for adults with autism and average-range IQ. *Autism: the international journal of research and practice*, 19(7), 785–793

Theunissen, G. & Schubert, M. (2010). Starke Kunst von Autisten und Savants: Über außergewöhnliche Bildwerke, Kunsttherapie und Kunstunterricht. [S.l.]: Lambertus-Verlag

Sinzig, J. (2015). Autismus Spektrum Störungen. *Monatsschrift Kinderheilkunde*, 7-2015, S. 673–680

van Elst, L. T., Biscaldi, M. & Riedel, A. (2014). Autismus als neuropsychiatrische Entwicklungs- und psychiatrische Basisstörung. *In|Fo|Neurologie & Psychiatrie*, 16 (4)

van Elst, L. T. (2016). *Das Asperger-Syndrom im Erwachsenenalter und andere hochfunktionale Autismus-Spektrum-Störungen.* Zeilenwert GmbH

Vogeley, K. (2012). *Anders sein: Asperger-Syndrom und hochfunktionaler Autismus im Erwachsenenalter; ein Ratgeber.* Weinheim: Beltz

Wehman, P., Schall, C. M., McDonough, J., Graham, C., Brooke, V., Riehle, J. E. & Avellone, L. (2016). Effects of an employer-based intervention on employment outcomes for youth with significant support needs due to autism. *Autism: the international journal of research and practice*

Weinert, F. E. (2001). *Vergleichende Leistungsmessung in Schulen – eine umstrittene Selbstverständlichkeit.* In F. E. Weinert (Hrsg.), Leistungsmessung in Schulen. Weinheim und Basel: Beltz-Verlag

Johannes

Meine Schulzeit begann ganz normal mit dem Besuch der örtlichen Grundschule. Danach wollte ich auf die sechsstufige Realschule in einem 25 km entfernten Ort wechseln, was damals nur im Rahmen eines Modellversuches möglich war. Ich habe dafür dann eine Aufnahmeprüfung machen müssen, welche ich auch erfolgreich absolvierte. Anschließend wollte ich das Abitur machen, weshalb ich auf ein 35 km entferntes informationstechnisches Gymnasium wechselte. Dort machte ich dann mein Abitur.

Nach dem Abitur studierte ich im Fach Physik. Die Noten im Grundstudium waren gut. Fachlich konnte ich das Wissen teilweise aus den Vorlesungen mitnehmen, den Großteil musste ich mir selber zu Hause beibringen. Kontakte mit Kommilitonen oder Professoren kamen bei mir eigentlich nicht vor. Ich hätte sie sowieso nicht erkannt. Die wenigen Kontakte mit anderen Personen waren, dass ich immer mal wieder eine Mail an das Prüfungssekretariat schreiben musste, weil ich irgendeine Prüfungsanmeldung verpasst hatte und sie mich nachmelden sollten.

In der vorlesungsfreien Zeit habe ich die ersten Jahre für einige Wochen in einer Firma für hochwertige Elektronikbauteile, die hauptsächlich im Verkehrssektor Verwendung finden, Ferienarbeit gemacht. Dabei habe ich mich um meine Aufgaben gekümmert und hatte eigentlich so gut wie keinen Kontakt mit den Arbeitskollegen. Nur hin und wieder habe ich meinem Vorgesetzen, der gerade seinen Techniker gemacht hat, Nachhilfe gegeben.

Im Studium wurden dann ab einem bestimmten Punkt die Probleme für mich größer, da es Laborkurse gab, die in Zweiergruppen bearbeitet werden mussten und jeder Versuch von einem anderen Betreuer betreut wurde. Dies stellte mich vor eine fast unlösbare Aufgabe, wohingegen die ganzen fachlichen Prüfungen für mich problemlos waren. Als die Probleme immer größer wurden, so dass sie das Studium als solches bedroht haben, haben meine Eltern mit mir zusammen das Gespräch mit der Uni gesucht, um herauszufinden, ob ich für das Studium geeignet bin. Die Professoren an der Uni waren dann überrascht, wie gut meine Noten waren, wobei ich die ganzen Vorlesungen und Übungsaufgaben allein bearbeitet hatte und sie sich sicher waren, dass, wenn man es allein versucht, scheitern wird. Dahingegen war an den Praktika bisher noch niemand gescheitert.

Parallel habe ich noch die eigentliche Ursachensuche angestrebt. Ich bin dann erst einmal zur Beratungsstelle der Universität gegangen. Die dortige Psychologin hatte zufälligerweise vorher in einer Spezialambulanz für Autismus gearbeitet und konnte mich dann so an die entsprechenden Fachleute verweisen. So kam ich sehr schnell auf einen Weg, der dann schließlich zur Diagnose Asperger-Syndrom geführt hat.

Die Fachbereichsleitung und einige andere Leute an der Uni unterstützen mich nun. Ich bekam einen Nachteilsausgleich und konnte mein Studium fortsetzen. In den Praktika bekam ich genauere Anweisungen und mir wurde gesagt, was gefordert wird. Nachdem ich die Praktika absolviert hatte, konnte ich meine Bachelorarbeit anfertigen. Dafür habe ich dann zum ersten Mal in einer Forschungsgruppe mitgearbeitet, in der der Professor von meinen Problemen wusste. Die Arbeit lief gut, da ich einen festen Ansprechpartner hatte.

Nach dem Bachelorstudium habe ich mit dem Masterstudium weitergemacht. Während des Masterstudiums habe ich in einer Forschungsgruppe nebenher im Labor als Hilfskraft gearbeitet. Daraus hat sich dann auch das Thema meiner Masterarbeit ergeben. Diese habe ich dann problemlos erledigen können. Somit konnte ich das Studium erfolgreich zu Ende bringen.

Nach dem Studium wollte ich weiter in der wissenschaftlichen Forschung bleiben. Dafür habe ich mir eine Promotionsstelle gesucht. Diese habe ich dann an einer anderen Universität gefunden.

Mit Beginn der Promotion war dann alles neu an der neuen Universität. Meinen Autismus zu verstecken hatte keinen Sinn, da ich im Rahmen eines Projektes für behinderte Akademiker promoviere, war es allen Kollegen bekannt. Sie wissen auch, dass ich feste Regeln habe, wann ich gestört werden darf und wann nicht. Wenn die Bürotüre offensteht, darf ich angesprochen werden, wenn sie zu ist, will ich nicht gestört werden. Sie können mir dann eine Mail schreiben und ich komme vorbei, sobald ich Zeit habe. Zusätzlich stellt mir die Unileitung einen Ansprechpartner für nicht fachliche Fragen zur Seite.

Johannes: Interview

Wenn Du Dich in ein neues Arbeits-/Wissensfeld einarbeiten musst, wie lernst Du die Inhalte am liebsten?
Ich bevorzuge den strukturierten Unterricht, da ich mit Texten schlecht lernen kann, weil für mich das Wissen visualisiert vermittelt werden sollte.

Asperger sind oft pragmatisch und rational, was die Studien-/Berufswahl angeht. »Träume« werden hintangestellt. Stimmt das auch für Dich? Warum ist das so?
Ich habe mich für das entschieden, von dem ich glaubte, dass es für mich gut zu bewältigen ist.

Wo siehst Du Dich beruflich in 5 Jahren?
In einem Forschungszentrum.

Was löste berufliche Krisen aus? Wie wären diese im Nachhinein vielleicht verhinderbar gewesen?
Die meisten Probleme bei der Arbeit und auch im Studium kamen wohl daher, dass ich Fragestellungen und Aufgaben nicht so oder als solche erkannt habe. Seit der Diagnose frage ich diesbezüglich auch häufiger mal nach.

Welche Strategien hast Du für einen konfliktarmen und vielleicht sogar freundschaftlichen Umgang mit KollegInnen?
Ich habe als Strategie, dass man mich nur dann stören darf, falls meine Bürotüre offen ist. Wenn sie zu ist, brauche ich meine Ruhe.

Viele Aspies haben eine Schwäche beim Wiedererkennen von Gesichtern und damit von Menschen. Du auch? Was ist ein guter Umgang mit dieser Schwäche?
Ich habe auch ein Problem damit. Ich erkenne Personen, mit denen ich viel zu tun habe, an ihrer Stimme. Somit müssen sie mich zuerst ansprechen.

Viele Aspies haben eine Schwäche beim Erkennen von Intentionen und Gefühlen von KollegInnen. Du auch? Was ist ein guter Umgang mit dieser Schwäche?
Ich tue mich schwer, Gefühle einzuordnen. Eine Lösung habe ich nicht.

Hast Du im Beruf Menschen wahrgenommen, die ähnlich »einsam« oder »seltsam« erschienen wie du selbst? Wie würdest Du damit umgehen, Asperger als KollegInnen zu haben?
Solche Menschen habe ich nicht wahrgenommen. Es kann auch daran liegen, dass ich es nicht mitbekommen habe.

Hast Du auch das Gefühl, eine Art soziales Theater zu spielen, bei dem Du neurotypisches Verhalten kopierst? Welche Erfahrungen hast Du damit gemacht?
Mache ich auch manchmal, das halte ich aber maximal ein bis zwei Stunden durch, wobei ich noch nicht sonderlich gut bin.

Es heißt ja oft, Aspies seien besonders ehrlich, hätten einen ausgeprägten Gerechtigkeitssinn. Trifft das auf Dich zu?
Ich glaube schon, zumindest wurde es schon öfter zu mir gesagt.

Hast Du einen hohen Perfektionsanspruch an Dich in Deinem Job? Bist Du nur zufrieden, wenn Du alles perfekt erledigt hast?
Ja.

Was schätzen Deine KollegInnen an Dir?
Mein gigantisches fachliches Wissen. Ich kann vieles einfach so sagen, wo die meisten erst stundenlang in Fachbüchern nachlesen müssen.

Kannst Du in einem Satz zusammenfassen, welche Rolle die Familie/der Partner für Dich beim Erfüllen der Berufstätigkeit spielt/e?
Meine Eltern haben mich dorthin gebracht, dass ich heute dort bin, wo ich sein will.

Wie meinst Du wirkst Du auf andere Menschen? Eher empathisch oder nicht empathisch? Eher logisch denkend oder intuitiv handelnd? Woran machst Du das fest?
Eher logisch denkend. Ich habe für alles und immer einen Plan und mindestens einen Ausweichplan.

Wie gehst Du mit den Unvorhersehbarkeiten im Team um?
Habe noch nicht wirklich in einem Team gearbeitet.

Hast Du Schwierigkeiten, dem Arbeitsinhalt Struktur zu geben? Wenn ja, was hilft Dir?
Ich nutze meinen Kalender und trage dort die unterschiedlichen Termine/Tätigkeiten in unterschiedlichen Farben ein, so dass ich an der Farbe sofort sehe, was ich tun will/soll/muss.

Was war Auslöser dafür, das Asperger Syndrom diagnostizieren zu lassen? Welche Auswirkungen hatte die Diagnose?
Ich hatte sehr große Probleme im Studium und irgendwie wollte ich das Studium abschließen, sah aber keine Möglichkeit, es zu schaffen.

Hast Du an psychologischen, sozialen oder berufsfördernden Angeboten speziell für Aspies teilgenommen? Welche Erfahrungen hast Du gemacht?
Ja. Es war insofern nützlich für mich, dass ich jetzt eher verstehe, warum andere Menschen in einigen Bereichen auf mich nicht so reagieren, wie ich es erwartet hätte, und kann versuchen, mich ihnen einigermaßen anzupassen.

Leidest Du manchmal an Reizüberflutung? Wenn ja, wie gehst Du damit um?
Ja. Wenn es geht, gehe ich in den Wald. Wenn es nicht geht, suche ich mir einen stillen Ort und versuche dort mit meinem Kuscheltier abzuschalten.

Seven

Ich habe mich aufgrund meines bereits schon in der Kindheit vorliegenden Interesses für Medizin für einen Beruf in diesem Bereich entschieden und hierbei völlig danebengegriffen. Nach dem Schulabschluss (Fachschulreife) im Alter von 20 Jahren und einem Jahr Auslandsaufenthalt habe ich nach der Rückkehr nach Deutschland zuerst eine Ausbildung als Arzthelferin angefangen – mitten im Lehrjahr. Nach vier Wochen wurde mir gekündigt. Direkt im Anschluss begann ich eine Ausbildung als Zahnarzthelferin – diese habe ich selbst nach vier Monaten gekündigt. Neben den Problemen mit einem cholerischen Chef habe ich besonders im direkten Kontakt mit den Patienten bei mir Defizite bemerkt, die ich nicht klar benennen konnte, die im Vergleich zu meinen Kolleginnen aber deutlich vorhanden waren. Nach der Kündigung begann ich ein Praktikum in einem Pflegeheim für drei Monate und bewarb mich parallel um einen Ausbildungsplatz als Krankenschwester.

Das Praktikum lief so einigermaßen im Vergleich zu den beiden Ausbildungsversuchen als Arzthelferin, obwohl ich mich im Kontakt mit Patienten und Kollegen unwohl fühlte. Vor allem der Kontakt zu den Patienten lief schleppend und der Vergleich mit meinen Kollegen war wieder geprägt von einem Gefühl, irgendwas nicht so zu können, wie es sein sollte. Zu der Zeit dachte ich noch, dass ich das ja alles erst noch lernen müsse ...

Die darauffolgende Ausbildung zur Krankenschwester war ein regelrechtes »Trainingslager« für soziale Kompetenzen und emotionale Zuwendungsfähigkeit, bei beidem scheiterte ich immer wieder. Eine Kündigung wurde mir mehrmals angedroht, man hielt mich für komisch und nicht geeignet – meine Argumentation war zu diesem Zeitpunkt noch immer, dass ich ja in Ausbildung wäre und das alles erst noch lernen müsse. Dass hier Verhaltensmöglichkeiten erwartet wurden, die andere in die Wiege gelegt bekommen, das wusste ich nicht zu diesem Zeitpunkt. Ich dachte, die anderen sind zu ungeduldig mit mir, was das Zwischenmenschliche betrifft, ich geriet hierbei immer mehr unter Druck, während die Arbeitsleistung an sich nie bemängelt wurde. Nur das ICH, meine Persönlichkeit, war das Problem, was mir direkter als je zuvor vor Augen geführt wurde. Auch wurde ich mit Kritik konfrontiert, die dem Inhalt nach in den Diagnosekriterien des Asperger-Syndroms zu finden sind, wie mir Jahre später bewusst wurde.

Ich begann wegen der nun mehrmals direkt erwähnten Defizite durch andere und auch weil mir die Kündigung des Ausbildungsverhältnisses wegen »psychischer Probleme« mehrmals angedroht und von mir gefordert wurde, mich in psychologische Behandlung zu begeben, mein Verhalten zu optimieren.

Ich beobachtete gezielt beliebte Schwesternschülerinnen oder examiniertes Personal im Umgang untereinander und vor allem im Umgang mit den Patienten. Ich übte Mimik, Körperhaltung und Gestik vor dem Spiegel, weil vor allem mein Gesichtsausdruck immer wieder Angriffsfläche für Kritik bot, ebenso wie meine Körperhaltung. Ich übte, ich kopierte, ich ahmte nach – und wurde darüber krank. Unbemerkt entwickelte ich zum ersten Mal in meinem Leben eine Bulimie. Das war der Preis für das Überspielen meiner Persönlichkeit.

Das antrainierte Verhalten kam auch recht gut an, nur dauerhaft gelungen ist mir das nicht, zumal mir bei manchen Gelegenheiten die antrainierte spontane Reaktion abhandenkam (bspw. spontanes Lächeln, Zurückgrüßen). Es gab also immer noch Kritik, aber nicht mehr so viel wie zuvor.

Den Abschluss der Krankenschwesterausbildung schaffte ich mit der Note »Gut«.

Seven

Ich blieb noch weitere eineinhalb Jahre in diesem Krankenhaus angestellt. Von der ersten Station wurde ich weggemobbt und über einen Änderungsvertrag gezwungen, auf eine unbeliebte Station zu wechseln oder die Kündigung anzunehmen. Ich wechselte auf die unbeliebte Station und kam dort auch mehr schlecht als recht zurecht. Zumindest wurde ich geduldet, gemocht hat man mich wohl nicht und die Kollegen beschwerten sich über meine Art. Ich wusste nicht, was sie meinten, daher strengte ich mich noch mehr an und rutschte in die zweite bulimische Phase.

Ich wechselte darauf in eine ambulante Dialyse; nach drei Monaten im extrem direkten Kontakt mit Kollegen und Patienten gab ich den Arbeitsbereich auf und ging in die ambulante Pflege.

Hier gab es bereits zu Anfang ebenfalls Schwierigkeiten und ich fühlte mich aufgrund der Erfahrungen der letzten Jahre in diesem Berufsfeld wie die größte Sozialversagerin. Ich wusste gar nicht mehr, wie ich Patienten und Kollegen begegnen sollte, spürte zunehmend meine sozialen Defizite – anders als zuvor gedacht, lernte ich den Umgang eben nicht – fühlte mich nutzlos, nicht tauglich und für diesen Beruf gänzlich ungeeignet. Meine Kritiker zeigten mir diese Defizite regelmäßig auf, ohne zu ahnen, dass diese Defizite Jahre später den Namen Asperger-Syndrom erhalten sollten. Ich fühlte mich zunehmend unfähiger, diese Arbeit zu machen und das Nichtkönnen zu kompensieren. In dieser Zeit wurde ich schwanger, was mir aus der beruflichen Sicht als ein Ausweg aus misslicher Lage sehr gelegen kam. Drei Jahre Auszeit als Mutter bedeuteten eine eventuelle berufliche Neuorientierung.

Nach dem Erziehungsurlaub – ein Antrag auf Umschulung beim Arbeitsamt wurde abgelehnt und ich musste wieder zurück in diesen ungeliebten Beruf – bewarb ich mich bei einer anderen Pflegestation und zog in eine andere Stadt. Ich nahm mir fest vor, dass nun alles besser würde, ich mich entsprechend zusammenreißen müsse – ich wollte es endlich schaffen, für diesen Beruf geeignet zu erscheinen. Leider schaffte ich es nicht, gegen meine Persönlichkeit zu handeln und die Person zu mimen, die ich nicht bin, sondern sein sollte. Der Kontakt mit den Patienten war schwergängig, ich stand regelmäßig vor einem »schwarzen Loch«, einem Graben, der sich da auftut und mich trennte von den anderen.

Da war was an mir, was nicht sein sollte, bzw. da fehlte was, was da sein sollte, etwas das alle haben, nur ich nicht. Nach sechs Monaten erhielt ich die Kündigung.

Nach einem zweimonatigen Arbeitsversuch in einem Krankenhaus bin ich dann an die Ostsee gezogen – mein Traum, seit ich zur Kur auf Rügen war. Ich habe damit allem den Rücken gekehrt und hoffte, dass ich an einem fremden Ort Fuß fassen kann, wieder mit dem Vorsatz, jetzt wird alles besser, ich muss mich nur bemühen und zusammenreißen. Die ostdeutschen Patienten empfand ich größtenteils als umgänglicher, dennoch half auch das nicht über mein Grundproblem hinweg, denn das war ich selbst. Zunehmend lebte ich zurückgezogener, hatte Angst, wieder zu scheitern, traute mir den Job nicht mehr zu – die dritte bulimische Phase begann. Nach einem Meniskusriss mit anhaltenden Beschwerden und einem nicht lösbaren Problem mit der Kinderbetreuung bekam ich endlich offiziell das »Aus« für die Krankenpflege vom arbeitsamtsärztlichen Dienst verordnet: Ich durfte kündigen, ohne eine Sperrzeit zu riskieren. Ich war einerseits froh, dass einer Umschulung nun nichts mehr im Wege stand. Die Unfähigkeit für den Krankenpflegeberuf aber nun »schwarz auf weiß« vor mir liegen zu haben, das hat mir dann doch ein paar Tränen entlockt: Dennoch wusste ich im Grunde, so ist es besser für mich, weil ich mittlerweile psychisch höchst belastet war.

Ich absolvierte eine Umschulung zur Bürokauffrau und bekam meine Unfähigkeit bereits bei den Bewerbungsgesprächen zu spüren. Doch eine kleine Firma nahm mich dann und ich konnte in einem Büro ganz alleine für mich – ohne Kollegen und ohne Chef (die waren den ganzen Vormittag weg), ohne Kunden- und Telefonkontakt – meine Arbeit erledigen. Zum ersten Mal fühlte ich mich beruflich richtig wohl, trotz dieser stupiden, langweiligen Büroarbeit, die auch eine Praktikantin hätte machen können. In diesem Umfeld merkte ich nun sehr deutlich, dass ich funktionieren kann, wenn dieses ganze Sozialzeugs wegfällt und ich mich ausschließlich auf die Arbeitsinhalte konzentrieren darf. Die Arbeitszeit beschränkte sich auf 15 Stunden, verteilt auf drei Vormittage die Woche, das war ein idealer Arbeitsumfang – mehr hätte ich nicht geschafft. Auch wenn dieser Job alles bisher Dagewesene im positiven Sinne toppte, ich war psychisch schon zu angeschlagen und mein Kind hatte ich ja auch noch zu versorgen. Nach eineinhalb Jahren verlor ich den Job, weil die Firma insolvent war.

Sämtliche Bewerbungen als Bürokauffrau scheiterten, daher begann ich mich wieder in der ambulanten Pflege zu bewerben, für den hauswirtschaftlichen Bereich. Eine Krankenschwester, die sich für hauswirtschaftliche Tätigkeiten bewirbt, das war den Pflegediensten aber wohl doch suspekt – ich wurde zwar eingeladen zu Vorstellungsgesprächen, aber nur, um mich im Gespräch zu überreden, doch besser in der Pflege zu arbeiten. Hier geriet ich dann in Erklärungsnot, weil ich dort keinesfalls wieder arbeiten wollte. Ein Pflegedienst hat mich dann doch überredet – ich arbeitete im Umfang nur an zwei Wochenenden im Monat, dies mit einer

Aussicht auf Aufstockung auf 15 bis 18 Stunden. Doch dazu kam es nicht mehr –Schlafstörungen, Depressionen, Selbstzweifel und die Bulimie kamen bald zurück, darum kündigte ich nach nur zwei Monaten.

Diese Kündigung war das Ende meines Erwerbslebens – ich bewarb mich zwar hin und wieder, wurde hier und da auch eingeladen, merkte aber zunehmend, wie mich diese Vorstellungsgespräche erschöpften. Meine Sprechfähigkeit ließ immer mehr nach und in der Folge machte sich eine zunehmende mentale und körperliche Erschöpfung breit, die darin gipfelte, dass ich nicht mal mehr telefonieren konnte, ohne hinterher in einen mehrstündigen, komatösen Erschöpfungsschlaf zu fallen. Die Nächte jedoch durchwachte ich immer noch unfreiwillig. Die ärztliche Diagnose lautete »Erschöpfungssyndrom, Depression«, ich war insgesamt drei Jahre krankgeschrieben und bin anschließend berentet worden mit voller Erwerbsminderung.

Während dieser drei Jahre im Krankenstand kam dann die Diagnose Asperger-Syndrom hinzu. Und als ich mir die Klinikberichte aus meiner Kindheit habe zuschicken lassen, musste ich feststellen, dass ich bereits im Alter von 15 Jahren eine Diagnose erhielt, die dem heutigen Asperger-Syndrom entspricht – mir war diese Diagnose nicht bekannt. Inwieweit der (mir unbekannte) Autismus in meinem Erwerbsleben eine Rolle gespielt hat, kann ich nur so versuchen zu beschreiben: Die Symptome standen meinem Berufsweg im Wege, und insbesondere im Berufsleben wurde ich mir meiner Defizite sehr stark bewusst, ohne das Problem jedoch benennen zu können.

Seven: Interview

Wenn Du Dich in ein neues Arbeits-/Wissensfeld einarbeiten musst, wie lernst Du die Inhalte am liebsten? Warum kommt Dir gerade das entgegen?
Grundsätzlich lerne ich neue Arbeitsschritte besser, wenn ich es direkt selbst tue, als wenn man mir etwas zeigt und ich es danach selbst machen soll. Theoretisches, das im Unterricht vermittelt wird, kann ich schlecht behalten. Ich muss zu Hause in Ruhe alles nochmal selbst durcharbeiten. Also im Prinzip wäre die Frage mit »selbstständig erarbeitet« beantwortet.

Was löste berufliche Krisen aus? Wie wären diese im Nachhinein vielleicht verhinderbar gewesen?

Die Kritik an meiner Persönlichkeit als Auslöser der beruflichen Misserfolge umfasste die fehlende Mimik, eine monotone (unfreundliche) Stimme, zu wenig Gespräche mit Patienten und Kollegen, eine unübliche Körperhaltung, die für die anderen Desinteresse signalisierte, kein Zurückgrüßen im Vorbeilaufen. Der Versuch der Verhaltensoptimierung gelang nur mäßig und nicht dauerhaft. Insofern waren diese Krisen nicht verhinderbar, es sei denn durch das Wählen eines anderen Berufs, in dem autistische Defizite nicht so stark wahrgenommen werden. Eine frühere Diagnose hätte wohl zu mehr Verständnis geführt und sicher zu einem anderen Beruf.

Welche Strategien hast Du für einen konfliktarmen und vielleicht sogar freundschaftlichen Umgang mit KollegInnen?
Ich hatte keine Strategien, außer Anpassungsversuche wie beschrieben. Dazu kommt das Vermeiden von konfliktgefährdenden Situationen, das Arbeiten für sich allein und das Ausweichen vor Kollegenkontakten.

Viele Aspies haben eine Schwäche beim Wiedererkennen von Gesichtern und damit von Menschen. Du auch? Was ist ein guter Umgang mit dieser Schwäche?
Ich würde mich als gesichtsblind bezeichnen. Ich erkenne selbst gut bekannte Personen nicht oder bestenfalls zu spät, wenn ich sie außerhalb des gewohnten Umfeldes treffe. Ich erkenne Personen dann nicht mehr, wenn sie ihr äußeres Erscheinungsbild ändern, eine andere Brille, eine neue Frisur etc. erschweren das Wiedererkennen. Mein Kind habe ich im Kindergarten anhand seiner Kleidung gesucht, welche ich mir morgens eingeprägt habe – selbst ihn habe ich inmitten der vielen Kinder nicht am Gesicht erkannt. Früher wurde mir öfter gesagt, ich sei unhöflich, weil ich nicht auf Grüßen reagiert habe, wenn mich jemand bspw. in der Stadt gesehen hat – manchmal erinnerte ich mich an den Gruß und fragte mich, wer das wohl gewesen ist. Mittlerweile grüße ich einfach zurück, es wird schon richtig so sein. Problematisch wird es, wenn ich in ein Gespräch verwickelt werde und mir einfach nicht einfallen will, wer diese Person ist, die mich offensichtlich gut kennt.

Viele Aspies haben eine Schwäche beim Erkennen von Intentionen und Gefühlen von KollegInnen. Du auch? Was ist ein guter Umgang mit dieser Schwäche?
Erkennen von Intentionen ist mir nicht möglich, das Erkennen von Gefühlen ist schwierig. Teilweise erkenne ich sehr deutlich erkennbare Gefühle

wie Ärger und Freude. Subtilere oder sich ähnliche Gefühle wie Traurigkeit, Enttäuschung und Erschöpfung sind für mich nicht erkennbar, außer sie werden verbalisiert. Abhängig von der Person helfen Nachfragen oder Ausweichen – das ist wohl auch kein guter Umgang damit.

Hast Du im Beruf Menschen wahrgenommen, die ähnlich »einsam« oder »seltsam« erschienen wie Du selbst? Wie würdest Du damit umgehen, Asperger als KollegInnen zu haben?
Ja, zu diesen Personen hatte ich auch ein besseres Verhältnis, teilweise auch kurzen privaten Kontakt. Aspieähnlich war keine dieser Personen, sie hatten andere Persönlichkeitsmerkmale, die sie anders erscheinen ließen. Ich kann nicht sagen, ob ich mit Aspies am Arbeitsplatz hätte umgehen können. Ich könnte mir aber vorstellen, dass die Kommunikation besser geklappt hätte, und angelächelt werden muss dann auch nicht unbedingt.

Oft heißt es, Aspies seien ehrlichere Menschen als Neurotyptische und hätten einen stärkeren Gerechtigkeitssinn. Siehst Du das auch so, bzw. gilt das auch für Dich? Warum?
Für mich selbst sehe ich es so, dass ich mich als ehrlich bezeichne, mir fallen sogar Notlügen schwer oder Höflichkeitslügen. Absichtliche Unehrlichkeit lehne ich für mich ab, auch wenn es mir zum Nachteil wird, woraus wiederum ein Vorteil wird, weil man mir dann auch mehr vertraut. Mein Gerechtigkeitssinn ist ganz gut ausgeprägt. Ich tue mich schwer, diese Eigenschaften bei Autisten höher oder als besser ausgeprägt zu bewerten als bei neurotypischen Menschen.

Wie meinst Du wirkst Du auf andere Menschen? Eher empathisch oder unempathisch? Eher logisch denkend oder intuitiv handelnd? Woran machst Du das fest?
Wohl eher unempathisch, wenn man mich nicht richtig kennt. Zweite Frage: eher logisch denkend, das Intuitive fehlt mir, was diverse Situationen schwierig macht.

An wen hast Du Dich mit Deinen psychischen Problemen wie Depression und/oder Ängsten gewandt? An wen wendest Du Dich aktuell?
Während meiner Berufstätigkeit an niemanden – ich habe alles mit mir selbst ausgemacht. Später dann an meinen späteren Hausarzt, der bei mir schon AS vermutete. Aktuell bin ich regelmäßig in einer auf Autismus spezialisierten psychiatrischen Praxis.

Was war Auslöser dafür, das Asperger-Syndrom diagnostizieren zu lassen? Welche Auswirkungen hatte die Diagnose?
Der AS-Verdacht bei meinem Sohn und die Beschäftigung mit diesem Thema. Entsprechende Rückmeldung mich betreffend von der Kinderpsychiaterin meines Sohnes und von meinem Hausarzt. Dazu kamen die alten Psychiatrieberichte aus der Kindheit. Auswirkungen: Ich bin in ein tiefes Loch gefallen, war aber vorher schon depressiv und litt an schwerer Erschöpfung.

Hast Du an psychologischen, sozialen oder berufsfördernden Angeboten speziell für Aspies teilgenommen? Welche Erfahrungen hast Du gemacht?
Nein.

Leidest Du an Reizüberflutung? Wie äußert sich das? Was ist Deine Strategie, um mit Situationen der Reizüberflutung umzugehen?
Reizüberflutung erlebe ich, wenn mehrere Unterhaltungen in einem Raum geführt werden. Dann kann ich Gesprächen nicht folgen, keine eigenen Gespräche führen, ich höre nur einen Stimmenbrei. In einer solchen Situation ziehe ich mich in mich selbst zurück, reagiere nicht mehr und bin nicht mehr ansprechbar; wenn möglich, verlasse ich die Situation. Werde ich dennoch nicht in Ruhe gelassen, reagiere ich mitunter gereizt.

Sonnenlicht und helle Lampen (Deckenlampen) stören mich – draußen trage ich meistens eine Sonnenbrille, in der Wohnung mache ich keine Deckenbeleuchtung an, die Vorhänge bleiben meistens geschlossen.

Lärm unterschiedlichster Art belastet mich, insbesondere wenn mehrere Geräuschquellen zusammentreffen (z. B. Wind, Blätterrauschen, Wasserrauschen und Sonnenschirmflattern gleichzeitig am Strand), oder die Geräusche im Straßenverkehr mit unterschiedlichen Fahrzeugen. Ich vermeide Lärm, wenn möglich, oder höre Musik über Kopfhörer.

Benjamin

Erwerbsleben ...

Der Lebensabschnitt, in dem man sein Brot durch Verwertung seiner Arbeitskraft verdient.

Im erweiterten Sinn auch die Zeit der Vorbereitung darauf – Schule, Ausbildung, Studium.

Aus meiner Perspektive: die Zeiten im Leben, in denen ich gezwungen bin, mit anderen Menschen zu kommunizieren, mit anderen Menschen zusammen zu sein, ohne die Kontrolle über die Situation zu haben.

Aus meiner Perspektive beginnt das Erwerbsleben mit dem Kindergarten: 60er Jahre, Süddeutschland. Ich will nicht dorthin. Ich werde gezwungen, gegen meinen, durch verzweifeltes Heulen bekräftigten Widerstand. Dies ist das Einzige, woran ich mich aus dieser Zeit erinnere. Habe ich mit anderen Kindern gespielt? Unwahrscheinlich, ich habe das auch sonst nicht getan. Andere Kinder sind fremd und rätselhaft und angsteinflößend. Und sie interessieren mich auch nicht wirklich.

In der Schule dann weine ich nicht mehr. Freunde habe ich gleichwohl keine, ich suche auch keine Kontakte. Viel interessanter ist der Lehrstoff, den ich aufsauge wie ein Schwamm. Und kaum habe ich Lesen gelernt, entdecke ich ein Universum, das weitaus spannender ist als alles, was mir meine reale Umgebung bieten kann: Landkarten, Stadtpläne, später Fahrpläne, Statistiken, schließlich Lexika. Eine neu gekaufte Bücherwand im Wohnzimmer meiner Eltern, die gefüllt werden muss, versorgt mich für Jahre mit Nachschub.

Mit Beginn der Pubertät, nach dem Wechsel aufs Gymnasium, wird mir allmählich bewusst, dass es noch andere Menschen um mich herum gibt. Menschen, die miteinander reden, spielen, lachen, Spaß haben, Cliquen bilden, sich streiten. Und ich merke: Ich gehöre nicht dazu. Mir machen diese anderen Kinder Angst. Ich fühle mich im Klassenzimmer völlig verloren, innerlich auf meinem eigenen Planeten mit seinen Landkarten und Statistikzahlen. Äußerlich völlig isoliert.

Irgendwas stimmt nicht mit mir. Nur: Was? Ich verstehe es nicht. Die Welt ist mir ein Rätsel – und meine Rolle darin auch.

Diese Erkenntnis ist niederschmetternd, und ich bin allein damit. Mit 15 geht es mir seelisch so schlecht, dass ich nicht mehr zur Schule kann. Auf Anraten des Arztes bringt mein Vater mich in die psychiatrische Klinik. Ich bleibe ein halbes Jahr. »Entwicklungsstörung« lautet schließlich der Befund. Verordnete Therapie: Umzug in ein Heim für Problemjugendliche.

Das ist nicht ganz die richtige Therapie, denn in dem Heim geht es mir nicht anders als zuvor in der Schule und mit Menschen überhaupt. Auch in dieser Einrichtung bin ich isoliert, habe keine Kontakte, weil ich nicht weiß, wie man die knüpft. Ich sitze in meinem Zimmer über Karten und Statistiken. Und über Sprachlehrbüchern, denn ich habe ein neues Universum entdeckt: Linguistik, genauer gesagt: grammatische Strukturen. In den kommenden Jahren würde ich mir – mehr oder weniger gut – Dänisch, Schwedisch, Spanisch, Italienisch, Quechua, Arabisch, Hindi und Bengali aneignen oder mich zumindest intensiv damit befassen.

Auf dem Gymnasium komme ich in eine neue Klasse und dort gelingt es mir erstmals, Kontakte zu knüpfen, Freundschaften zu schließen, darunter eine, die noch heute, vierzig Jahre später, Bestand hat. Das ist eine Erfahrung, die mich regelrecht euphorisiert. Ich gehöre dazu! Ich bin Teil dieser Welt!

Das Glück hält drei Jahre, bis zum Abitur. Mit einem psychiatrischen Attest aus der Bundeswehr ausgemustert, kann ich direkt zum Studium übergehen. Ich gehe nach Berlin. Sabine aus meiner Schulklasse, mit der ich mich eng angefreundet habe, in die ich verliebt bin, mit der ich sogar ein romantisches Wochenende in Paris verbracht habe, Sabine geht auch nach Berlin. Ich will dort sein, wo sie ist. Was ich studieren soll, weiß ich nicht so recht. In der Warteschlange am Immatrikulationsschalter der Freien Universität blättere ich im Vorlesungsverzeichnis und entscheide mich in letzter Minute für Romanistik und Ethnologie.

Sprachen und fremde Länder. Ich habe mich ohnehin nie für etwas anderes interessiert.

Der Gebäudekomplex der Freien Universität wird bald zu einem Ort, den ich fürchte. Der mir jedes Mal Übelkeit und Magenschmerzen bereitet, wenn ich die U-Bahn Richtung Dahlem besteige, eine körperliche Reaktion, die noch heute, 30 Jahre später, zu spüren ist, wenn es mich mal nach Dahlem verschlägt. Die Flure voller Menschen. Wie der berühmte Bienenkorb. Hörsäle und Seminarräume gleichen der viel zitierten Sardinenbüchse. Ich bin nicht in der Lage, mir irgendeinen meiner Mitkommilitonen einzuprägen. Ich erkenne niemanden wieder, bin in jedem Seminar wieder unter völlig Fremden. Nach einem Jahr sind die Mitstudenten immer noch Unbekannte für mich. Wir sollen Referate erarbeiten und vortragen. Meine Angst, öffentlich zu sprechen, ist zu groß. Der bloße Gedanke löst Panik aus. Ich melde mich krank und gebe meine Referate schriftlich ab.

Es ist eine Situation konstanter Überforderung. Es ist das, was ich in meinen Schuljahren, der Zeit vor der Psychiatrie, erlebt habe, nur potenziert. Ich kann mit niemandem darüber reden. Ich schäme mich. Ich bin ein Versager.

Irgendwann gebe ich auf. Ich fahre nicht mehr nach Dahlem. Ich mache keine Scheine mehr. Ich ziehe mich zurück in mein Moabiter Zimmer, in Bücher mit Tabellen, Statistiken und Sprachlehrbüchern aller Art.

Als ich die schwarzen Wolken wiedersehe, die sieben Jahre zuvor mein Leben schon einmal verfinstert hatten, als ich nachts nicht mehr schlafen kann und stundenlang aus meinem Fenster starre, weiß ich, dass es Zeit ist, Berlin zu verlassen.

Zwei Jahre nach meiner Berlin-Emigration bin ich zurück in der süddeutschen Provinz. In der Hoffnung, mein Studium irgendwie doch noch zu Ende zu bringen, schreibe ich mich an der Uni für die gleichen Fächer ein. Eine frühere Schulkameradin bietet mir ihre 1-Zimmer-Innenstadt-Wohnung an, sie zieht aus – ich ziehe ein. Ich will nicht länger von der finanziellen Unterstützung meiner Eltern abhängig sein, die ohnehin nie gereicht hat, und begebe mich auf Jobsuche.

»Hauptpostamt« heißt das zu einer Zeit, als die Deutsche Bundespost noch eine Behörde ist und mich nun als Briefsortierer einstellt. Ein Teilzeitjob am Abend, mit anderen Studenten als Kollegen und älteren Nebenerwerbswinzern aus den umliegenden Weinbaudörfern. Die Winzer haben rote Nasen, sprechen breiten Dialekt, vertreten Stammtischansichten und mögen die Studenten nicht. Ich mag die Postleitzahlen und die Fächer in den Sortierschränken, die jeder einem anderen Postleitzahlenbereich zugeordnet sind. Die Ortschaften kenne ich seit meiner Kindheit ohnehin alle. Jetzt legt sich über meine innere BRD-Karte ein Gitterwerk mit PLZ-Bereichen und Postleitzahlen.

Ich beginne eine Therapie. 300 Stunden auf der Couch, Psychoanalyse. Ich will endlich verstehen, was mit mir los ist, was mit mir nicht stimmt.

Dreieinhalb Jahre später, am Ende der Therapie, habe ich unendlich viel erzählt und auf vielen, vielen Kommentaren, »Deutungen«, meiner Analytikerin herumgekaut. Verstanden, was mich so »komisch« macht, was mir das Dasein in dieser Welt so erschwert, habe ich nicht. Ich bin, mit dieser Frage, genauso weit wie vor der Therapie.

Schließlich exmatrikuliere ich mich an der Uni und lasse mich beim Arbeitsamt beraten. Irgendwas muss ich ja tun mit meinem Leben. Ich will nicht noch 40 Jahre Briefe sortieren. Der Berufsberater schlägt »was mit Sprachen« vor, als er meinen Lebenslauf sieht. Das Arbeitsamt veranstalte gerade eine Wirtschaftsübersetzer-Umschulung, Englisch, Französisch, Spanisch, zwei Jahre, mit Abschlussprüfung der IHK.

Eine Klasse mit sieben Damen und drei Herren, alles Studienabbrecher oder Spätaussiedler. Wir verstehen uns, ich lerne meine Mitschüler kennen und erkennen, ich schaffe es sogar, vor der Gruppe vorzutragen.

Bei der Bundespost wechsle ich zur gleichen Zeit in die Fernsprechauskunft. Ein riesiger Saal voller Damen, die in halboffenen Boxen sitzen und mit Kopfhörern telefonieren. Wir arbeiten mit Mikrofilmen, die wir in ein Lesegerät mit Monitor einlegen. Die Ortschaften kenne ich ja schon, und auch die Vorwahl- und Telefonbuchbereiche habe ich schnell im Kopf. Ich frage kaum jemals, wo ein Ort liegt oder wie er sich buchstabiert. Die Belegschaft wundert sich und scheint mich für eine Art Genie zu halten. Ich kann mir einfach nur Zahlen und Landkartendetails merken.

Zwei Jahre nach Kursbeginn bestehe ich die IHK-Prüfung zum Übersetzer. Als ich wieder zum Arbeitsamt gehe, diesmal als Stellensuchender mit meinem neuen Berufsabschluss, erfahre ich, in meiner Branche würden eigentlich nur Frauen gesucht. Ob ich nicht noch eine weitere Fortbildung machen wolle. PC-Programmierung, anderthalb Jahre. Das sei jetzt das ganz große Ding auf dem Arbeitsmarkt. Das Arbeitsamt übernehme die Kosten, nur der Lebensunterhalt sei, wie gehabt, meine Sache.

Wieder eine Schulklasse, diesmal zwölf Herren und drei Damen. Cobol, Pascal, dBase, C. Am Programmieren habe ich immensen Spaß. Ich bin der Beste im Kurs, ohne mich anzustrengen. Ich sehe den Algorithmus sofort vor meinem inneren Auge – und er funktioniert. Und die rhythmisch-monotone Lyrik des Programmcodes liebe ich aus ganzem Herzen. Eine neue Welt tut sich auf. Eine Welt aus lauter Symbolen.

Privat bin ich zu dieser Zeit völlig vereinsamt. Ich habe zu niemandem mehr Kontakt. Die Bekannten von früher habe ich aus den Augen verloren. Beruflich möchte ich jetzt beste Karten haben, als frischgebackener Programmierer, nur interessiert mich das nicht. Ich will als Mensch dazugehören, anerkannt sein, geachtet. Geliebt.

Doch alles, was mir andere immer wieder signalisieren, alles, was ich auch in Zukunft immer hören würde, ist: Du bist komisch. Wir wollen dich nicht. Ich passe einfach nicht rein. Nicht in die linksautonome Hausbesetzerszene, bei der ich jahrelang Anschluss gesucht habe, nicht in die schwule Subkultur, mit der ich über Jahre einen Großteil meiner Abende verbracht habe, nicht in die Szene der Buddhisten, in der ich ebenfalls aktiv gewesen bin.

Ich bin gerade mal 29, und mein Leben ist, nüchtern betrachtet, zu Ende. Gescheitert. Es gibt nichts, was ich noch erwarten könnte. Da kommt nichts mehr. Nichts Schönes. Die Erkenntnis erschlägt mich. Sie stürzt mich in ein Tal der Verzweiflung, aus dem es keinen Ausgang gibt. Ich gehe mechanisch meinem Tagwerk nach und ziehe mich innerlich zurück. Ich nehme meine Umwelt kaum mehr wahr. Es sind Landkarten, Tabellen und Grammatik-Lehrbücher, die mich, wie zuvor, durch den Tag bringen. Und nun sind es auch Zeilen mit Programmcode, für meinen ersten eigenen Computer.

Wieder gehe ich zum Arbeitsamt. »Sie haben sich doch damals bei der Zentralstelle für Arbeitsvermittlung im Ausland registrieren lassen.« Da sei ein Stellenangebot hereingekommen. Für eine Verwaltungskraft mit Fremdsprachen- und PC-Kenntnissen. Bei einer deutschen Organisation, die gerade ihr Büro auf EDV umgerüstet habe und nun jemanden brauche, der die Computer bedienen könne.

Wo?

In Indien. Sie haben nur eine Woche Bedenkzeit, denn die Stelle soll schnellstmöglich besetzt werden.

Ich brauche keine Bedenkzeit. Ich habe nichts zu verlieren. Es gibt nichts, was ich zurücklasse, wenn ich fortgehe. Und wenn ich fortgehe, dann für immer. Zurückkehren werde ich nicht, nicht in diesen Teil der Welt, in dem ich 30 Jahre lang nichts als einsam war.

Außer meinem cholerischen Chef, der zum Glück die meiste Zeit auf Reisen ist, bin ich der einzige Deutsche in dem Büro in Delhi. Meine indischen Kollegen wiederum sind so kontaktfreudig, dass niemand hier in die Isolation geriete. Alle um die zehn Jahre älter als ich, zwei Damen und ein Herr im Bürobereich, ein Rezeptionist, ein Chauffeur, ein Hausmeister.

Vor Ort sind mein Chef und ich aber nicht die einzigen Deutschen. Rund 300 Deutsche, Österreicher und Schweizer bilden eine verschworene Gemeinschaft, hier bei den »Wilden«. Jeder kennt jeden. Jeder weiß alles über jeden. Sie haben tagtäglich miteinander zu tun, tagsüber im Rahmen ihrer Arbeit, abends auf Cocktailempfängen. Das Leben besteht aus deutschem Büro und allabendlichem Herumstehen mit Small Talk unter lauter Deutschsprechern. Ich bin in einem deutschen Dorf gelandet, und mein Chef macht mir unmissverständlich klar, dass ich mich an dessen Sozialleben zu beteiligen habe. Fortan stehe ich jede Woche mit einem Cocktail auf einem Empfang herum und warte, bis der Kelch an mir vorübergegangen ist.

Auf der Suche nach einer Bleibe lande ich in einer 6-Zimmer-Wohnung in einem Villenviertel. Ich hatte eigentlich etwas Kleineres gesucht, in einer nicht ganz so nach Geld riechenden Wohngegend. Mir wird jedoch zu verstehen gegeben, dass man von mir erwarte, standesgemäß zu residieren. Immerhin kämen ja auch gelegentlich Besucher.

Meine Büroarbeit läuft problemlos. Ich bearbeite deutsche Akten, führe deutsche Bücher und kümmere mich um die neu installierten PCs und ihre Software. Privat flüchte ich bei jeder Gelegenheit aus dem deutschen Dorf. In der kühlen Jahreshälfte mache ich Spaziergänge in einer gigantisch großen Stadtlandschaft. Sie ist laut, dreckig, vom Autoverkehr verstopft und alles andere als fußgängerfreundlich. An jeder Ecke jedoch stößt man auf Überbleibsel der fast sieben Jahrhunderte muslimischer Herrschaft: Moscheeruinen, verfallene Paläste, Grabmäler.

In der heißen Jahreszeit nutze ich den frühen Morgen für Spaziergänge in den vielen großen Parks und Gärten. An jedem Freitagnachmittag verreise ich für zwei Tage, per Zug oder Flug. Ich will dieses riesige, spannende Land kennenlernen.

In Delhi finde ich schon bald einen Hindi-Lehrer, einen emeritierten Hindi-Professor, der seine Pension mit Sprachunterricht aufbessert. Nach einem Dreivierteljahr kann ich einfache Alltagsunterhaltungen führen. Doch trotz netter Kollegen und sprachlicher Fortschritte: Das erste Jahr in Indien ist mühsam, nicht nur wegen des mörderischen Klimas. Ich begreife nicht, wie die Menschen um mich herum, die Einheimischen, funktionieren. Warum sie das tun, was sie tun. Was sie meinen, wenn sie etwas sagen. Was sie tun, wenn ich das und das sage. Was ich tun soll, wenn ich das und das gesagt bekomme. Was es bedeutet, wenn sie mich so und so anschauen, die und die Geste machen.

War das in Deutschland nicht dasselbe gewesen …?

Ich fange noch mal ganz von vorne an. Ein Neustart, zweiter Anlauf in ein Leben, in dem ich die Menschen um mich herum begreifen muss, um überleben zu können. In meinen ersten dreißig Jahren hat das nicht funktioniert. Jetzt fange ich noch einmal ganz von vorne an. Auf ein Neues.

Es ist ein langer, mühevoller Weg. Indien ist die älteste noch bestehende Hochkultur. Die Menschen hatten viel Zeit, ein ausgeklügeltes System von Regeln und Tabus, von Gesten und Doppeldeutigkeiten, von kulturellen Codes aller Art zu entwickeln. Und ich muss mir jeden einzelnen dieser Codes ganz rational, analytisch, erarbeiten. Irgendwann habe ich es verstanden, wenngleich ich auch Jahre später noch in bis dato unbekannte Fettnäpfchen trete. Irgendwann übernehme ich die eine oder andere Geste, Redewendung, Tonmelodie, respektiere die Tabus, befolge neue Regeln und vergesse – je nach Umgebung – Regeln, die ich aus Deutschland mitgebracht habe.

Neustart. Und nicht nur das: Ich habe die eine Außenseiterrolle gegen eine andere eingetauscht. War ich davor ein komischer Kauz, der nicht dazugehörte, der keinerlei Ansehen genoss, so bin ich nun jemand, dem man sofort an der Hautfarbe ansieht, dass er nicht dazugehört – doch wird diese Form des Außenseitertums hier mit einem hohen sozialen Status belohnt. Ich komme aus einem reichen Land. Es geht mir in Indien zwar unendlich auf die Nerven, dass ich überall sofort mit Geld und Macht und Einfluss gleichgesetzt werde, doch ist dies nichts im Vergleich zu der Einsamkeit des Ausgegrenzten, die in Deutschland mein tägliches Brot gewesen war.

Einige Monate nach meiner Ankunft in Indien steht eines Tages ein junger Mann vor meiner Tür. Er sieht indisch aus, spricht aber Deutsch mit leicht hessischem Tonfall. Es ist der Studienfreund eines Bekannten aus Deutschland. Armin, heißt er, der Vater Inder, die Mutter Deutsche. Er will an der Uni in Delhi seine Diplomarbeit schreiben und hat von unserem gemeinsamen Bekannten meine Anschrift bekommen.

Er zieht bei mir ein. Ich bin eine Person und habe sechs Zimmer, von denen ich für mich nur eines brauche. Ein weiteres Zimmer ist schon bewohnt: Abhijeet. Bei einem meiner Morgenspaziergänge sind wir uns in einem Park begegnet. Wir mögen uns. Wir mögen uns sehr. Ich habe wohl noch nie einen Menschen so gemocht – und er sagt das Gleiche von mir.

Mein Vertrag mit meinem deutschen Arbeitgeber ist auf zwei Jahre befristet. Irgendwann rückt das Auslaufen des Arbeitsvertrags näher, die Verlängerung steht zur Debatte. Ich bekomme nur noch ein halbes Jahr.

Dann will mein Chef jemand anderen hier haben. Meine Arbeit sei zwar tadellos, aber es fehle mir halt leider etwas an Engagement.

Abhijeet, Armin und ich begeben uns auf Wohnungssuche. Den 6-Zimmer-Palast kann ich mir jetzt nicht mehr leisten. Wir finden eine Zwei-Zimmer-Wohnung auf einer großen Dachterrasse mit herrlichem Blick. Dann gehen Abhijeet und ich erst einmal für ein halbes Jahr auf Reisen. Ich will Indien endlich richtig kennenlernen, jeden Winkel des Subkontinents, mit genug Zeit an jedem Ort.

Die Engländer haben ein Eisenbahnnetz hinterlassen, das in jeden Teil des Landes führt.

Nach drei Jahren Indien muss ich schließlich nach Deutschland. Pass und Visum sind abgelaufen. Ich will eigentlich nur die paar Wochen bleiben, die nötig sind, um neue Papiere zu besorgen. Ich habe ja auch noch die Wohnung mit Armin und Abhijeet. Wovon ich dann in Indien aber leben will ...?

Ein Sommer in Deutschland, in dem ich viel herumreise. Ich besuche Freunde und Bekannte von einst. Sie haben alle ihr Studium abgeschlossen, und einige sitzen jetzt in Buchverlagen als Lektoren. »Könntest du nicht mein englisch- und französischsprachiges Sachbuchprogramm fürs übernächste Jahr mit nach Indien nehmen und übersetzen?«, fragt mich ein Bekannter, der bei einem großen Verlag gelandet ist. Ja klar, kann ich das. Ein Laptop der ersten Generation besitze ich inzwischen auch.

Er wird nicht der einzige bleiben. Bald arbeite ich für ein halbes Dutzend Sachbuchverlage. Anfänglich nehme ich die Arbeit im Sommer mit und bringe sie im Jahr darauf zurück, auf Diskette. Oder schicke das Manuskript von Indien aus per Fax. Je weiter die IT-Technologie sich entwickelt, desto leichter wird im Lauf der Jahre die Übermittlung der Daten.

Auch in Delhi werden Übersetzer für Deutsch gesucht. Das Außenministerium will seine Verlautbarungen ins Deutsche übertragen haben. Die Fremdenverkehrsbehörde möchte deutsche Touristen bewerben. Eines Tages lerne ich einen Fotografen aus Kalkutta kennen Wir könnten doch gemeinsam Fotoreportagen über Indien für deutschsprachige Publikationen erstellen, schlägt er vor.

Eine Schweizer Tageszeitung ist an solchen Reportagen interessiert, für die Wochenendbeilage. Bald erscheint fast jeden Monat eine Reportage, nicht zu politischen Themen, sondern über Kultur und Gesellschaft. Andere Publikationen folgen. Ich habe Spaß am Schreiben und verfasse auch einen kombinierten Sprach- und Landesführer, von dem ich schließlich fast 4 000 Exemplare verkaufe.

Fünf Jahre komme ich damit finanziell irgendwie hin. Es bleibt nichts übrig, aber da die indischen Lebenshaltungskosten niedrig sind, muss ich mich auch nicht einschränken. Mitte der 90er Jahre wird der finanzielle Spielraum deutscher Verlage jedoch immer enger. Und die Konkurrenz auf dem Übersetzermarkt größer. Es gibt immer mehr Anglisten und Romanisten, die erfolglos nach einer Festanstellung in ihrem Fachgebiet suchen und sich derweil mit Übersetzungen durchschlagen. Die Honorare für Sachbuchübersetzungen fallen. Die Aufträge werden weniger. Auch meine Kontakte in die Lektorate verringern sich. Die Lektoren, für die ich gearbeitet habe, sind entweder in leitende Positionen aufgestiegen und dort mit anderen Aufgaben betraut, oder haben sich selbstständig gemacht, als freie Autoren und Lektoren. Die, die nachrücken, bringen schon einen Schwung eigener Leute mit, die sie »erst mal versorgen müssen«, wie sich eine frischgebackene Lektorin unumwunden ausdrückt. Wäre ich vor Ort, sähe das noch mal anders aus. Ich habe schließlich Erfahrung. Meine Übersetzungen werden allgemein gelobt. Von Deutschland aus könnte ich herumreisen, Kontakte knüpfen und pflegen.

Ich will aber nicht nach Deutschland zurück. Ich fühle mich in Indien zuhause, nach nunmehr fast acht Jahren. Ich habe meine Zeit in Deutschland als zu schrecklich und zu schmerzhaft in Erinnerung, als dass ich dort noch einmal leben wollte. Und hier in Indien werde ich geliebt. Abhijeet.

Als weitere Einkommensquelle erscheint auf weiter Flur nur eine einzige Tätigkeit, von der ich schon seit Jahren weiß, die mir jedoch eine Heidenangst macht: Reiseleiter. Studienreisen, Trekkingtouren, was es so gibt. Ich bin mein Leben lang jeder Gruppensituation aus dem Weg gegangen. Ich habe immer noch große Angst, vor Gruppen von Menschen zu sprechen.

Ich könnte das ja auch als Therapie sehen …

In meinem nächsten Sommer in Deutschland klappere ich Studienreisen- und Trekkingveranstalter ab. Als ich diesmal nach Indien zurückfliege, ist der Flug von einem Reiseveranstalter bezahlt. Und am Frankfurter Flughafen muss ich fast zwei Dutzend meist ältere Herrschaften in Empfang nehmen. Ich war noch nie im Leben so nervös und aufgeregt, wie die Tage davor. Nicht einmal die Indien-Auswanderung damals hat mich in solche Panik versetzt. Ein Psychiater, den ich konsultiere, verschreibt mir Valium. Das hilft in den Tagen davor. Als ich dann am Flughafen stehe und zu der Meute etwas sagen soll, hilft das Valium nicht mehr.

Doch es geht. Und noch erstaunlicher: Es macht sogar Spaß, mit lauter Stimme und entschlossenem Ton zu einer Horde Menschen zu sprechen.

Es macht Spaß, der Boss zu sein. In dieser Rolle kann ich Gruppen auf einmal besser ertragen. Die Kontrolle über die Situation habe ich in der Hand. Und Touristen in einem fremden Land, wo sie sich nicht auskennen, wo sie die Sprache nicht beherrschen und die Kultur nicht verstehen, sind meist handzahm. Sie regredieren auf eine Art Kleinkindniveau. Verlust der Kontrolle, die ich dann gerne übernehme. Und ich genieße auf einmal eine Gruppensituation ohne Kontrollverlust.

Ich spiele auch eine Rolle, die nur wenig Raum lässt für spontane Kommunikation. Vielmehr kann ich spontaner Kommunikation in dieser Rolle wunderbar aus dem Weg gehen – ich habe als Reiseleiter ja so viel zu tun, den ganzen Tag. Habe ich wirklich. Eine Drei-Wochen-Tour durch Indien ist Schwerstarbeit in jeder Hinsicht. Auch Reiseleiterkollegen, die, anders als ich, gesellig und kommunikativ gestrickt sind, ziehen sich zum Abendessen – der einzigen Gelegenheit für längeren Small Talk – auf ihr Hotelzimmer zurück, weil sie komplett erschöpft sind, nach einem typischen Reiseleitertag. Einem Tag, der so vollgepackt ist mit Transfers und Besichtigungen, dass man mindestens zehn Stunden auf Achse ist.

Als ich die erste Tour hinter mir habe, denke ich begeistert: Ich bin geheilt! Ich bin meine sozialen Ängste los, hurra! Jetzt wird alles gut.

Nun ja: Ich habe seither nicht mehr von vornherein schon Angst vor einer Gruppe, wenngleich ich es bis heute als Stress erlebe, viele Menschen um mich herum zu haben, Stress und nichts als Stress. In keinem Fall Genuss. Ich habe heute auch keine Scheu mehr, zu einer Gruppe zu sprechen. Ich bin mit einer lauten Stimme ausgestattet und verbal nicht auf den Mund gefallen. Und ich erzähle gern von Dingen, bei denen ich mich auskenne. Ich merke nur nicht, wann es dem Zuhörer reicht.

Diese damals erworbenen Kompetenzen helfen mir jedoch in keiner Weise, wenn es darum geht, Kontakte zu knüpfen, unverfänglich zu plaudern, Gefühle zu zeigen, die ganze Klaviatur zu spielen, die in privaten Kontakten vonnöten ist. Im privaten Kontakt bin ich auch nach Jahren der Reiseleitertätigkeit so unerreichbar wie eh und je …

Nun bin ich also während der Saison – Oktober bis April – mit Reisegruppen in Indien und Nepal unterwegs. Studienreisen zu den Höhepunkten indischer Baukunst und Kamelsafaris durch die Wüste von Rajasthan. Der ganze Subkontinent in drei Wochen, die zum großen Teil auf trostlosen Provinzflughäfen abgelungert werden, und Busrundreisen mit schier endlosen Tagesetappen auf den holprigen Straßen und Pisten des indischen Nordwestens. Tibetische Klosterburgen auf dem Hochplateau von Ladakh und 5-Sterne-Hotelbunker mit korruptem Personal und scheußlichem Essen.

Am meisten mag ich die Wüste. Die Weite. Die Monotonie der Farbgebung mit ihren vielen Abstufungen von Braun. Die Einsamkeit.

Zwischen den Reisen erhole ich mich in meiner Wohnung in Delhi. Den Sommer verbringe ich in Deutschland und akquiriere Übersetzungsaufträge. So gehen die Jahre dahin. Ich werde 40. Das mühsame Leben in Indien mit seinem anstrengenden Klima, seiner desolaten Infrastruktur und den ständigen Krankheiten zehrt an meiner Substanz. Die jahrelange Reiseleiterarbeit überfordert chronisch meine Ressourcen, ohne dass ich mir das eingestehen mag. Irgendwann aber kann ich nicht mehr. Ich habe über Jahre hinweg Raubbau betrieben an meiner körperlichen und seelischen Substanz. Mein Organismus streikt. Ich bin jetzt 40 Jahre alt.

»Das Leben hier tut dir nicht gut!«, mahnt Abhijeet schon seit Jahren ...

Ich fliege nach Deutschland, um mich zu erholen und Abstand zu bekommen zu den anstrengenden Lebensumständen in Indien. Die Krise legt sich nach ein paar Monaten, irgendwann auch medikamentös unterstützt, um dann von Neuem zuzuschlagen und mich wieder komplett außer Gefecht zu setzen. Es beginnt als Erschöpfung, Depression, Hoffnungslosigkeit, später kommen Angstzustände hinzu, fürchterliche Angstanfälle, ich kann nicht mehr schlafen, und als die Krise schließlich ihren Höhepunkt erreicht, fange ich an, zu spinnen. Ich fühle mich verfolgt.

In jener Zeit, um die Jahrtausendwende, ist es, als mein Bruder seine spottbillige innenstadtnahe Wohnung aufgibt und ich denke: So eine günstige, gut gelegene Wohnung darf man sich nicht durch die Lappen gehen lassen. Die nehme ich, selbst wenn ich eigentlich gar nicht vorhabe, mich wieder in Deutschland niederzulassen. Ich kann sie ja immer noch untervermieten, während ich weiter in Indien lebe.

Genauso zufällig läuft mir dann jedoch ein Job über den Weg, hier, in meinem süddeutschen Heimatort: die Verwaltung einer Deutsch-Sprachschule. Deutsch für Ausländer, fast 200 Schüler aus beinahe 100 Nationen.

Ich liebe diesen Job. Ich bin für die Organisation des Ganzen verantwortlich, und organisiert und verwaltet habe ich immer schon mit Begeisterung. Ich habe Kontakt mit jungen Leuten aus der ganzen Welt, kann alle Sprachen sprechen, die ich je gelernt habe.

Anderthalb Jahre später, im Herbst 2002, ist die Schule über Nacht insolvent. Die Visabestimmungen für Chinesen sind verschärft worden. Für Deutschkurse gibt es jetzt kein Visum mehr. Und fast die Hälfte unserer Schüler kommt aus China.

Ich gehe wieder ein Jahr nach Indien, leite zum letzten Mal eine Wüstentrekkingtour und übersetze ein umfangreiches kulturgeschichtliches Fachbuch. Das Honorar dafür hätte mich mehrere Monate finanziert.

Kaum habe ich das Manuskript abgeliefert, meldet der Verlag Insolvenz an – und ich habe ein enormes Loch in meinem Budget.

Ich bin wieder in Deutschland mit dem festen Vorsatz, nur ein paar Wochen zu bleiben – und nun bin ich pleite. Da ergibt es sich, dass eine Bekannte einen Job in einer Fachbuchhandlung für Landkarten und Reiseführer bekommt. Landkarten und Reiseführer ... Sie würden noch eine Teilzeitkraft suchen, erfahre ich von meiner Bekannten. Ob sie mich empfehlen solle.

Wenige Tage später stehe ich in der Buchhandlung und verkaufe die Objekte, die ich von allen Gegenständen vermutlich immer am meisten geliebt habe: Landkarten und Stadtpläne. Und es ist wohl auch der Job, der mir von allen am meisten Spaß gemacht hat ...

Wieder anderthalb Jahre später wird der Laden verkauft. Die neuen Inhaber entlassen das komplette Personal. Ich fliege wieder nach Indien.

Ein halbes Jahrhundert

Mitte 50 bin ich nun. Führe ein bürgerliches Angestelltendasein in der heimischen süddeutschen Provinz. Nach außen hin eine zu guter Letzt doch noch geglückte Anpassung. Aus meiner Perspektive reine Notwendigkeit, ich muss mich schließlich ernähren.

Nach einem Bewerbungsmarathon auf an die 300 Stellenausschreibungen hin bin ich vor elf Jahren an einer großen Klinik gelandet. Der zehnte Job, der zehnte Branchenwechsel in 30 Jahren. Nun bin ich Medizinischer Dokumentar. Mein Job besteht darin, aus Patientenakten Diagnosen, Krankheitsverläufe und Therapien herauszuklauben und in eine Datenbank einzugeben, unter Verwendung der diversen medizinischen Kodier- und Verschlüsselungssysteme. Ich hatte nie vorgehabt, so viele Jahre in diesem Job zu verbringen. Ich hatte mich eigentlich nur finanziell sanieren wollen, um Deutschland dann so bald wie möglich wieder zu verlassen und mit Abhijeet ins Himalaya-Vorland zu ziehen.

Ich mache die Arbeit weder gern noch ungern, ich erledige sie eben. Sie strengt mich nicht sonderlich an. Vor drei Jahren war ich monatelang krankgeschrieben und wurde dann, während eines Reha-Aufenthalts, teilberentet. Jetzt arbeite ich nur noch sechs Stunden pro Tag und das an nur noch vier Tagen die Woche. Macht das Leben einfacher.

Zu den Kollegen am Arbeitsplatz habe ich praktisch keinen Kontakt. Ich weiß immer noch nicht, wie das geht. Ich bin auch nicht sicher, ob ich wirklich Interesse habe, wenngleich ich unter der Isolation leide. Die Kollegen überhaupt nur wiederzuerkennen, ist in einem großen Klinikum mit Tausenden von Beschäftigten schon die erste Hürde. Einmal kommt ein Kollege in mein Büro und blafft mich wütend an, ob ich eigentlich an meinem Stuhl festgewachsen sei oder weshalb ich mich nie im Aufenthaltsraum blicken ließe. Erst, als er wieder aus der Tür ist, fällt mir ein, um welchen Kollegen, um wen überhaupt, es sich da gehandelt hat. Und was er gesagt, gemeint hat, verstehe ich erst nach einigem Nachdenken. Von einem Aufenthaltsraum weiß ich nichts, entweder habe ich vergessen, dass es so etwas gibt, oder es ist mir nie aufgefallen.

Ich habe jedoch den starken Verdacht, dass der Aufenthaltsraum mit der Kaffeemaschine für meine Kollegen das Zentrum ihres Arbeitsalltags darstellt. Ich lasse mich dort bis heute nicht blicken, auch wenn ich mittlerweile weiß, wo er sich befindet. Ich wüsste nicht, was ich dort zu wem sagen wollte oder könnte. Ich interessiere mich nicht fürs Wetter und kenne den Wetterbericht nie, meine Stimmung hängt vom Wetter nicht ab. Ich kenne keine Prominenten, da ich praktisch nie fernsehe. Ich weiß absolut nichts über Sport oder Fußball und genauso wenig über Autos und andere Konsumartikel. Worüber unterhalten sich die Leute noch? Politik? Da kenne ich mich aus, das interessiert mich. Allerdings habe ich kein Interesse an Politikern. Familie? Ja, Sie haben quasi alle Familie oder wenigstens einen Partner, und zumindest die Heteros unter ihnen lassen einen das auch ganz schnell wissen.

Ich habe keine Familie. Und Abhijeet? Abhijeet ist vor drei Jahren gestorben. Ganz plötzlich und unerwartet. Akute Myeloische Leukämie. Zu spät erkannt, lange falsch diagnostiziert. Als es schließlich erkannt wurde, war es zu spät. Zehn Tage, nachdem er die richtige Diagnose erhalten hatte, war er tot.

Der Schmerz über seinen Tod wird mich nie mehr verlassen, auch wenn ich gelernt habe, damit zu leben, irgendwie eben. Gestorben ist an jenem Tag im März vor drei Jahren auch jede Lebensplanung, die ich noch gehabt hatte: mit Abhijeet ins Himalaya-Vorland ziehen und dort einfach nur die Schönheit der Natur genießen. Und die Einsamkeit.

Vielleicht ziehe ich mich hier, in Deutschland, aufs Land zurück, mit einem Hund. Oder ich kaufe mir einen LKW, baue ihn um, ziehe dort ein und fahre durch die Welt. Das wären noch so etwas wie Lebensträume. Eine langjährige Bekannte, die ich sehr gerne mag, lebt am Rande von Bremen, Teufelsmoor, in einem großen Anwesen mit Garten. Sie will dort eine WG gründen und als Mitbewohner möchte sie mich. Theoretisch eine gute Idee. Dort würde ich gern leben, sehr gern. Nur: Sie denkt gewiss an mehr als zwei WG-Bewohner – Platz hat sie für mindestens sechs.

Die wollen dann auch gemeinsam kochen und essen. Ich esse lieber allein, zu meinen Uhrzeiten. Essen und gleichzeitig Reden finde ich anstrengend. Die wollen dann auch gesellig beisammensitzen. Ab und an mag ich das, aber nicht ständig, jeden Tag. Und sie wollen gemeinsam alles Mögliche unternehmen. Ich unternehme alles, was mir Spaß macht, am liebsten allein. Und ich weiß genau: Ich kann es noch so lang und breit erklären, dass ich halt nun mal so bin, wie ich bin, laut psychiatrischem Befund Asperger-Autist, dass es nicht persönlich gemeint ist – früher oder später werden sie es persönlich nehmen. Sich als Person zurückgewiesen fühlen. Mich zur Rede stellen, endlose Debatten, die nicht weiterführen, weil ich mich heutzutage nicht mehr anpassen mag und die anderen nicht nachvollziehen können, wie ich nun mal ticke …

Der Traum von der WG im Teufelsmoor bleibt damit wohl … ein Traum.

Es ist ein gleichförmiges Dasein, das ich heute mit meinem Klinikjob führe. Das heißt nicht, dass ich unter Monotonie leide, ganz und gar nicht. Ich fühle mich wohl, wenn jeder Tag verläuft, wie der Tag zuvor.

Nun bin ich also doch hier, wieder in Deutschland. Angekommen? Für immer irgendwo anzukommen, ist in meinem Lebensplan, glaube ich, nicht vorgesehen. Einen wirklichen Platz gibt es nicht auf dieser Welt. Nicht für jemanden wie mich, der von Anfang an immer nur »komisch« war und heute noch genauso komisch ist wie eh und je.

Der sich heute aber sein Komischsein nicht mehr vorwirft. Nicht mehr übelnimmt …

Benjamin: Interview

Wenn Du Dich in ein neues Arbeits-/Wissensfeld einarbeiten musst, wie lernst Du die Inhalte am liebsten? Warum kommt Dir gerade das entgegen?
Am allerliebsten selbstständig. So, dass ich mir das Material von Grund auf selbst erarbeiten kann, in meiner Geschwindigkeit, meinem Stil usw. Ich lerne hochgradig strukturiert, doch ist meine Struktur meist eine andere als die eines organisierten Unterrichts. Wenn Unterricht, dann am liebsten im Stil einer Vorlesung (ohne PowerPoint!).

Asperger sind oft pragmatisch und rational, was die Studien-/Berufswahl angeht. »Träume« werden hintangestellt. Stimmt das auch für Dich? Warum ist das so?
Besonders pragmatisch bin ich nicht, eher ein wenig realitätsfremd. Nach dem Abitur hatte ich keine Ahnung, was ich machen wollte – nur so vage Ideen wie: »irgendetwas mit Sprachen ... fremden Ländern/Kulturen ...« Alles Weitere in meiner beruflichen Biografie ergab sich dann mehr oder minder zufällig.

Wo siehst Du Dich beruflich in 5 Jahren?
In Rente – Erwerbsunfähigkeits- oder vorgezogene Altersrente – an einem anderen Ort in Deutschland (irgendwo in der Nähe der großen Metropolen Hamburg und Berlin).

Was löste berufliche Krisen aus? Wie wären diese im Nachhinein vielleicht verhinderbar gewesen?
Es war immer das soziale Umfeld, das mich überforderte. Verhinderbar? Wenn, dann eigentlich nur so wie in meinem jetzigen Job: in einem eigenen Büro, für mich allein, weitab, weitab von jedem Kollegentrubel.

Hast Du Sozialkontakte im Arbeitsfeld?
Wenige. Zwei, drei Leute gibt es meist, mit denen ich zurechtkomme, also ab und an mal etwas zu reden habe, doch ansonsten halte ich Distanz, aus Erfahrung heraus.

Welche Strategien hast Du für einen konfliktarmen und vielleicht sogar freundschaftlichen Umgang mit KollegInnen?
Ich bin schon froh, wenn es konfliktarm ist. Anders als durch Distanz weiß ich Konflikte aber nicht zu verhindern.

Viele Aspies haben eine Schwäche beim Wiedererkennen von Gesichtern und damit von Menschen. Du auch? Was ist ein guter Umgang mit dieser Schwäche?
Ja, ich auch. Ich erkenne Menschen am ehesten daran, wie sie sprechen, intonieren – ich habe mich lange mit Phonetik befasst und höre seither kleinste Aussprachevarianten. An meinem Arbeitsplatz – Großbetrieb mit über 10 000 Beschäftigten – meide ich ansonsten die Hauptwege, damit mich nicht jemand anspricht, den ich dann nicht erkenne. Mittlerweile kenne ich dort sämtliche Schleichwege.

Viele Aspies haben eine Schwäche beim Erkennen von Intentionen und Gefühlen von KollegInnen. Du auch? Was ist ein guter Umgang mit dieser Schwäche?
Ganz gezielt nachfragen und mitdenken. Analysieren, was der andere gesagt hat, und bewusst mit möglichen eigenen Erfahrungen abgleichen. Dauert nur immer eine Weile ...

Hast Du im Beruf Menschen wahrgenommen, die ähnlich »einsam« oder »seltsam« erschienen wie du selbst? Wie würdest Du damit umgehen, Asperger als KollegInnen zu haben?
Nein, mir ist niemals jemand derartiges begegnet. Würde ich von einem Kollegen mit der gleichen Diagnose erfahren, würde ich ihn vielleicht darauf ansprechen und schauen, ob wir auch sonst etwas gemein oder vielleicht sogar etwas zu reden haben.

Warum prägt das Gefühl der Einsamkeit oder des Nichtdazugehörens so oft das Leben? Wächst da nicht die Akzeptanz, halt ein Einzelgänger zu sein?
Bei mir war dieses Gefühl von Anfang an da. Die Akzeptanz meiner Einzelgängerrolle kam mit der Erkenntnis, dass ich es gar nicht anders will – dass die Lebensmodelle, die meine Umwelt mir als erstrebenswert präsentiert, gar nicht dem entsprechen, wie ich mich selber am wohlsten fühle. Dass ich dadurch für viele Menschen sozial nicht mehr akzeptabel oder interessant war, darunter habe ich in jungen Jahren manchmal sehr gelitten. Inzwischen jedoch orientiere ich mich schon lange nicht mehr an anderen und bin dadurch mit mir im Reinen.

Hast Du auch das Gefühl, eine Art soziales Theater zu spielen, bei dem Du neurotypisches Verhalten kopierst? Welche Erfahrungen hast Du damit gemacht?
Kopiert habe ich es, als ich jung war. Kam nie so ganz überzeugend an, glaube ich. Habe dadurch aber andererseits viele Verhaltensweisen erlernt, die ich heute bei Bedarf einsetzen kann. Kann im Leben sehr nützlich sein.

Es heißt ja oft, Aspies seien besonders ehrlich, hätten einen ausgeprägten Gerechtigkeitssinn. Trifft das auf Dich zu?
Das mit dem ausgeprägten Gerechtigkeitssinn auf jeden Fall. Ich erkenne heutzutage auch, wann es besser ist, zu lügen, als mit der Wahrheit die Gefühle anderer zu verletzen. Aus rein egoistischen Motiven zu lügen, fällt mir schwer, dazu kann ich nicht gut genug schauspielern.

Hast Du einen hohen Perfektionsanspruch an Dich in Deinem Job? Bist Du nur zufrieden, wenn Du alles perfekt erledigt hast?
Oh ja, nicht nur im Job. Und das kann ich auch nicht kontrollieren, leider.

Was schätzen Deine KollegInnen an Dir?
Ich habe sie nie gefragt. Keine Ahnung.

Wie meinst Du wirkst Du auf andere Menschen? Eher empathisch oder unempathisch? Eher logisch denkend oder intuitiv handelnd? Woran machst Du das fest?
In jedem Fall eher logisch denkend.

Wie gehst Du mit Schwierigkeiten bei der Orientierung im Arbeitsalltag und in den Strukturen um?
Anschauen, zuhören, analysieren.

Wie gehst Du mit den Unvorhersehbarkeiten im Team um?
Nervös, gestresst.

Hast Du Schwierigkeiten, dem Arbeitsinhalt Struktur zu geben? Wenn ja, was hilft Dir?
Nein, überhaupt nicht.

An wen hast Du Dich mit Deinen psychischen Problemen wie Depression und/oder Ängsten gewandt? An wen wendest Du dich aktuell?
Das meiste habe ich immer schon mit mir selber ausgemacht. Wenn das nicht half: Therapeuten und/oder Psychiater. Früher auch einige wenige Freunde. Aktuell wäre mir ein Schamane am liebsten.

Was war Auslöser dafür, das Asperger-Syndrom diagnostizieren zu lassen? Welche Auswirkungen hatte die Diagnose?
Jemand, der sich mit psychiatrischer Diagnostik gut auskannte, nannte mich einen »Autisten wie aus dem Lehrbuch!« Um zu verstehen, wie das gemeint war, las ich selber ein bisschen nach und entdeckte dabei das Asperger-Syndrom. Das war so etwas wie eine Offenbarung – zum ersten Mal erkannte ich mich in einer psychiatrischen Diagnose wirklich wieder. Ich ließ mir dann bei einer auf Autismus spezialisierten Einrichtung einen Diagnosetermin geben, und die Diagnose wurde bestätigt. Die erste Reaktion war ungemeine Erleichterung darüber, dass es nicht mein Versagen, meine Schuld war, dass ich mich im Leben so schwergetan hatte und dass

ich offenbar auch nicht der einzige Mensch auf diesem Planeten war, der so komisch war, wie ich bis dahin immer gedacht hatte. In meinem Alltagsleben hat sich durch die Diagnose nichts geändert, dafür war ich mit damals Mitte 40 wohl auch schon zu alt.

Hast Du an psychologischen, sozialen oder berufsfördernden Angeboten speziell für Aspies teilgenommen? Welche Erfahrungen hast Du gemacht?
Nein, da sah ich in meinem Alter keinen Sinn mehr darin.

Leidest Du manchmal an Reizüberflutung? Wenn ja, wie gehst Du damit um?
Zum Beispiel, indem ich abends nicht mehr aus dem Haus gehe, um vor dem Schlafengehen meine Ruhe zu haben – sonst könnte ich nicht einschlafen. Und indem ich ganz früh aufstehe, wenn es noch dunkel ist und alle anderen schlafen. Tagsüber entziehe ich mich dem Zuviel an Reizen dann, so gut es geht. Wenn das aus irgendwelchen Gründen nicht geht, werde ich sehr übellaunig und aggressiv.

Was würdest Du Dir an Unterstützung (privat wie institutionell) wünschen, um mit den Schwierigkeiten im Berufsleben besser umgehen zu können oder diese zu lösen?
Es würde schon reichen, wenn die Umwelt einem zugestehen würde, dass man ein bisschen aus dem Rahmen fällt, dass jeder Mensch anders ist und niemand sich ausgesucht hat. Wenn dieser Druck der modernen Industriegesellschaft à la: »Wer will, der kann!«, »Jeder hat sein Leben selbst in der Hand, jeder kann alles!« etc. pp. nicht da wäre. Mehr Unterstützung hätte ich eigentlich nie gebraucht.

Franziska

Als Geisteswissenschaftlerin im autistischen Spektrum

1

»Meine Erwerbsbiografie«?! ... Als ich gefragt wurde, ob ich Interesse hätte, zu diesem Band etwas beizutragen, zögerte ich zunächst. Ich habe keine »Erwerbsbiografie«, die dem Namen gerecht würde. Neben und nach meinem langen Studium habe ich in meinem Leben einiges getan, vieles zu geringem Lohn oder ehrenamtlich, aber wie viele spätdiagnostizierte Autisten nie wirklich den Weg in die Berufswelt gefunden.

Nach längerer Überlegung entschloss ich mich dennoch, hier mitzuwirken. Wie ich denke, illustrieren meine Erfahrungen Aspekte, die zumeist unberücksichtigt bleiben, wenn die Situation »hochfunktionaler« Autisten in der Arbeitswelt diskutiert wird.

Mit einem formal hohen Abschluss – einem PhD in English Literature einer britischen Uni – aber ohne »richtigen« Job bin ich vermutlich ein klassischer Underachiever. Dennoch versuche ich (meistens) mein Möglichstes, optimistisch und lebensbejahend zu bleiben, unter anderem, weil ich über mein Engagement im Bereich Autismus Wege gefunden habe, mich einzubringen und mir, wie ich hoffe, langfristig neue Perspektiven zu erschließen.

2

»Anders« – so habe ich mich fast mein Leben lang gefühlt. In meinem ersten Kindergarten – im Alter von vier Jahren – konnte ich die anderen Kinder nicht voneinander unterscheiden, sie waren laut und machten mir Angst. Zum Glück wurde ich dort bald wieder abgemeldet. Beim zweiten Versuch im nächsten Jahr wusste ich, dass von mir erwartet wurde, mit anderen Kindern Kontakt aufzunehmen, aber meine Versuche verliefen eher ungeschickt. Ich bemerkte, wie andere »von selbst« miteinander spielten, während ich größtenteils Zuschauerin blieb. Auch meine Ungeschicklichkeit und Unsportlichkeit wurden mir hier zum ersten Mal bewusst. Kurz vor der Einschulung lernte ich dann durch Vermittlung einer Erzieherin die »beste Freundin« meiner Grundschulzeit kennen. Für die nächsten Jahre wurde sie zu meiner »inoffiziellen Schulbegleiterin«. Das Zusammensein mit Gleichaltrigen empfand ich als anstrengend. Über meine »Andersartigkeit« dachte ich schon zu jener Zeit viel nach. Oft erklärte ich selbst sie mir mit meiner motorischen Unbeholfenheit. Teilweise nahm ich die Aussagen meiner Familie und einiger mir »gewogener« Lehrer und Bekannten meiner Eltern auf, die mich für begabt und daher eben ungewöhnlich hielten. Am meisten identifizieren konnte ich mich jedoch mit Kindern aus Fantasy-Romanen oder -Filmen. Oft stellte ich mir solche Erlebnisse für mich selbst vor. Dieses Leben in Gedanken kam mir häufig »wirklicher« vor als die Außenwelt.

Etwa zwischen 10 und 12 Jahren machte ich einen großen »Sprung nach vorn«, den ich selbst als Weiterentwicklung empfand. Zwar blieb ich weiterhin ungeschickt und unsportlich, war aber weniger »tapsig« und nicht mehr so auffällig. Die »Tagträumereien« meiner Grundschulzeit gingen ebenso zurück wie meine Reizempfindlichkeit. Vor allem jedoch wurden meine Mitmenschen für mich »realer«. In dieser Zeit begann ich, aus eigenem Antrieb mit Gleichaltrigen Kontakt zu knüpfen. Zumindest, es zu versuchen. Kurzzeitig war ich sogar in eine Clique Gleichaltriger in meiner Klasse integriert. Mit der Pubertät jedoch kam das Ende dieser kurzen »guten« Phase. Die körperliche Entwicklung erlebte ich als verunsichernd und irritierend. Zugleich wurde mir bewusst, wie sich meine »Freundinnen« von mir entfernten. Immer seltener waren sie bereit, sich mit mir über »meine Themen« auszutauschen. Mit ihren neuen Interessen konnte ich hingegen nichts anfangen. Versuche, daran anzuknüpfen, fühlten sich für mich künstlich an. Kaum hatte ich »die anderen« einigermaßen verstanden, so mein Gefühl, schon galt das, was ich nun begriffen hatte, nicht mehr. Stärker als je zuvor nahm ich mich in dieser Zeit als Außenseiterin wahr, die sich anstrengen musste, zumindest oberflächliche »Freundschaften« zu haben. Und stärker als früher litt ich unter diesem Gefühl. Auch bei Lehrern polarisierte ich weiterhin. Den krassen Gegensatz zwischen meinen guten Leistungen in theoretischen Fächern und meinen immensen Schwierigkeiten bei allem, was praktisches Geschick verlangte, konnten sie nicht einordnen. Während manche mich als gute und interessierte Schülerin schätzten, hielten mich andere für eine renitente oder überbehütete Streberin.

Insgesamt erlebte ich diese Jahre als sehr schwierig, die Stimmung in meiner Klasse zunehmend als aggressiv, und war froh, nach dem Ende der 10. Klasse zur Oberstufe auf eine andere Schule wechseln zu können. Ich hoffte auf einen Neuanfang.

Wie sich herausstellte, funktionierte das nur bedingt. Mit dem Kurssystem in der Oberstufe kam ich gut zurecht. Ich empfand es als erleichternd, keinen Klassenverband mehr zu haben, bis auf den verhassten Sportunterricht alle praktischen Fächer abwählen und die Pausen im Schulgebäude verbringen zu können. Auch mit meinen Lehrern hatte ich Glück. Von vielen wurde ich positiv beurteilt – was sicher damit zusammenhing, dass die Inhalte der Kurse mich vielfach interessierten. Unter meinen Mitschülern fand ich in dieser Zeit gute Gesprächspartner, schloss teilweise auch Freundschaften. Dem Ruf, komisch zu sein, konnte ich jedoch nicht entfliehen. In einem meiner Leistungskurse erlebte ich zeitweise sogar massives Mobbing. Am Ende wurde mir meine Außenseiterstellung noch einmal bewusst, als ich die Bestellfrist für das Abi-T-Shirt verpasste.

Aus der Rückschau betrachtet war ich die gesamte Schulzeit über recht auffällig. Durch meine Interessen und meine Auffassungsgabe konnte ich meine Konzentrations- und Organisationsprobleme jedoch unbewusst verstecken. Mein Ausweichen bei Konflikten wurde oft sogar als Zeichen von Reife und Vernunft missverstanden. Besondere Förderungen bekam ich weder in den für mich schwierigen Bereichen noch für meine Potenziale. Letztlich bin ich trotz (oder gerade wegen) meiner guten Schulleistungen »durch's System gefallen«.

3

Schon lange hatte ich den Plan gehabt, nach dem Abitur zu studieren. Meine Fächerwahl ergab sich für mich ganz natürlich aus meinen Interessen für Literatur, Sprachen und Geschichte. Es erschien mir logisch, mich mit dem zu befassen, was mich begeisterte, worin ich mich »zu Hause« fühlte. Meine Vorstellungen vom »Studentenleben« waren in erster Linie von Romanen, Spielfilmen und Biografien geprägt und – aus heutiger Sicht – ziemlich idealistisch und naiv. Vom Studium versprach ich mir einen Neubeginn an einem Ort, wo ich endlich problemlos Gleichgesinnte treffen würde, Menschen, die so wären wie ich, die meine Interessen teilten. Vom Berufsleben dagegen hatte ich nur diffuse Vorstellungen. All das erschien mir noch weit entfernt zu sein – doch ich hatte den Wunsch, zu lesen, zu recherchieren und zu schreiben.

Wie sich herausstellte, hatte meine Umgebung für meine Vorstellungen nur wenig Verständnis. Die Entscheidung für ein Studium oder eine Ausbildung, so wurde mir zu verstehen gegeben, sollte von einem konkreten Berufswunsch ausgehen, nicht umgekehrt. Meine Eltern hätten es gerne gesehen, wenn ich zunächst eine Ausbildung oder ein Freiwilliges Soziales Jahr gemacht hätte. Ich kannte jedoch keinen Ausbildungsberuf, der mir reizvoll erschien, und die Vorstellung, wieder in einem Klassenverband lernen zu müssen, schreckte mich ab. Praktische Tätigkeiten wie in einem FSJ hingegen, zumal im Team und im engen (Körper-)Kontakt mit anderen Menschen erschienen mir ausgeschlossen.

Insgesamt war ich enttäuscht von den Reaktionen meiner Umwelt. Es schienen, als seien meine Interessen, die zuvor zumindest von Erwachsenen immer so positiv gesehen worden waren, plötzlich wertlos geworden. In der Schulzeit waren sie ein Marker für Eigenschaften wie »gute Schülerin, braves Mädchen, macht keine Probleme« gewesen. Nun standen sie – schon da ich definitiv nicht auf Lehramt studieren wollte (das zumindest wusste ich) – für »brotlose Kunst«. Aus heutiger Perspektive kann ich die Vorbehalte der Erwachsenen, vor allem meiner Eltern, gut verstehen. Dennoch hatten, wie ich heute denke, auch meine eigenen Überlegungen ihre Berechtigung. Eine Orientierungsphase wäre tatsächlich sinnvoll gewesen. Doch keine der damaligen Möglichkeiten erschien mir nur im Entferntesten geeignet. Individuellere Angebote wie das Freiwillige Kulturelle oder Ökologische Jahr oder der Bundesfreiwilligendienst mit Optionen außerhalb des sozialen Bereichs existierten noch nicht. Ohne das für mich so zu formulieren, wusste ich, dass ich nach einer passenden, individuellen Nische suchte. Statt Verunsicherung und für mich unbrauchbaren Vorschlägen, hätte ich Unterstützung dabei gebraucht, meine Stärken und Interessen in konkrete und für mich realistische Berufsperspektiven zu konvertieren. Damit jedoch, das sehe ich heute, war mein Umfeld überfordert. In meiner Schule wurden die Themen Studium und Ausbildung so gut wie überhaupt nicht behandelt. Auch die Berufsberatung brachte mich nicht wirklich weiter. Bei einem Gespräch begegnete man mir ebenfalls mit Skepsis, bei einem anderen waren die Informationen zwar ermutigend, aber oberflächlich und sogar irreführend.

So setzte ich meine Studienwünsche durch, weil meine Eltern mir keinen Weg gegen meinen Willen aufzwingen wollten. Trotz der Skepsis in meinem Umfeld startete ich voller Vorfreude und Enthusiasmus einen Magisterstudiengang mit den Fächern Anglistik und Geschichte. Ursprünglich hatte ich – auf Empfehlung der Berufsberatung – vorgehabt, zusätzlich dazu Medienkultur zu studieren, auch, um mehr Praxisbezug zu haben. Doch durch falsche Informationen über den Bewerbungsprozess und die Zugangsvoraussetzungen kam ich nicht in diesen kleineren Studiengang hinein. Versuche, das doch noch zu ändern, stellten sich leider als vergeblich heraus. Den »Apparat« Univerwaltung empfand ich als unübersichtlich und chaotisch. Auch in anderer Hinsicht verlief mein Studium unerwartet »holprig«. Die Atmosphäre an der anonymen Massenuniversität empfand ich als kalt und unpersönlich, in den »schmuddeligen«, überfüllten Hörsälen und Seminarräumen (wo wir oft auf dem Fußboden saßen) ebenso wie in der lauten Mensa. Meine Erwartung, hier Gleichgesinntemit ähnlichen Interessen zu finden, erfüllte sich zumindest zu Anfang meines Studiums nicht. Während andere in den ersten Sitzungen schnell Kontakte knüpften, blieb ich meiner Wahrnehmung nach »außen vor«. Mich verunsicherten zudem meine Probleme mit der Strukturierung und Organisation meines Studiums. Ich konnte kaum einschätzen, wie und in welchem Umfang ich mich auf Klausuren vorbereiten musste, wann es mit der Recherche für eine Hausarbeit genug war. Vielfach entwickelte ich Schreibblockaden – auch, weil ich den »wissenschaftlichen Anspruch«, den eine Seminararbeit ja haben sollte, sehr hochhängte.

Mehrmals überlegte ich, an eine kleinere Universität zu wechseln, da ich mir dort persönlichere Betreuung und mehr Kontakte erhoffte. Allerdings erhielt ich auch hierzu keinerlei hilfreiche Beratung – die Dozenten und Mitstudenten, die ich auf das Thema ansprach, rieten mir explizit davon ab. Auch bei den Unis, wo ich mich erkundigte, erhielt ich keine Aussagen darüber, welche Studienleistungen mir anerkannt würden. Angesichts der »gefühlt« allgegenwärtigen Bemerkungen über die zu langen Studienzeiten von Geisteswissenschaftlern (an der Uni selbst ebenso wie im privaten Umfeld) verunsicherte mich dieser Punkt sehr. So verschob ich das Vorhaben, bis es sich von selbst erledigt hatte.

Beim Schreiben dieser Zeilen klingt es für mich selbst erstaunlich, dass ich mein Studium nicht abbrach. Doch die beschriebenen Erfahrungen waren nur ein Teil der Wahrheit. Dass ich trotz aller Schwierigkeiten bei meinem Studium blieb, lag wohl zu einem Teil an einer gewissen Sturheit, einem Unwillen, mich »geschlagen zu geben«. Noch mehr jedoch lag es an meiner Liebe zu meinen Fächern, mit denen ich mich nach wie vor stark identifizierte. Während ich die Einführungsveranstaltungen als zäh empfunden hatte, entdeckte ich in späteren Semestern viele faszinierende Übungen und Seminare. Mit meiner Auswahl war ich dabei wenig systematisch. Ich entschied mich für die Veranstaltungen, die mir spannend erschienen, schon, weil ich merkte, dass mein Leistungsvermögen und überhaupt die Fähigkeit, mich ausführlicher mit einem Thema zu befassen, extrem von meinen Interessen abhingen. Sofern mich ein Thema begeisterte, beteiligte ich mich unbekümmert und ausführlich, ohne zu merken, dass ich damit bei vielen Kommilitonen eher aneckte (wie ich einmal auf einer Exkursion erfuhr) und auch manche Dozenten das nicht als angebracht empfanden. Aber ähnlich wie in der Schule polarisierte ich nun wieder. Während ich für Referate in Bereichen, die mich interessierten, oft gutes Feedback erhielt, blieben weiterhin viele Hausarbeiten trotz umfangreicher Recherche ungeschrieben. Ohne die Gründe dafür benennen zu können, bemerkte ich, dass meine Schwierigkeiten anders gelagert waren als die der meisten meiner Mitstudenten. Gruppenarbeiten waren ebenfalls oft ein Problem. Zumeist versuchte ich, mein eigenes Unterthema gleich zu Beginn abzugrenzen und allein zu bearbeiten. Zuweilen kam es auch vor, dass ich den größten Teil der Gruppenarbeit selbst übernahm. Wirkliche Teamarbeit dagegen funktionierte nur bei günstigen Konstellationen.

Angesichts dieser ambivalenten Erfahrungen überrascht es vielleicht, dass ich mich an ein Auslandssemester wagte. Aber als in einem Seminar zur Geschichte der frühen römischen Kaiserzeit der Dozent die Möglichkeit erwähnte, über ein Erasmus-Programm des Instituts an einer italienischen Universität zu studieren, war ich neugierig. Ich ging in seine Sprechstunde, und seine Darstellung des Programms war so sympathisch, dass ich spontan zusagte. Heute bin ich froh über diese Naivität. Zwar gab es durchaus Schwierigkeiten – etwa WG-Konflikte oder Sprachkurse, in denen ich in der schon aus der Schulzeit bekannten Weise plötzlich Außenseiter war. Gleichzeitig erlebte ich in der malerischen kleinen Studentenstadt aber eine wunderbare, inspirierende Zeit. Die internationalen Studenten empfand ich als offener als meine Kommilitonen in Deutschland. Schon, weil sich viele interessante Gesprächsthemen über die unterschiedlichen Länder und Kulturen ergaben. Vor allem wohl jedoch, weil viele »unsichtbare« Codes aus den Herkunftsländern im internationalen Kontext nicht galten und subtile Andersartigkeiten hier weniger auffielen. Zurück an meiner deutschen »Massenuni« war ich schnell wieder auf dem Boden der Realität. Doch hat diese Zeit für mich einen weiteren Entwicklungssprung bedeutet, für den ich dankbar bin.

4

Trotz meiner oft widersprüchlichen Erfahrungen im Studium, bekam ich mehrmals die Gelegenheit, in Proseminaren als Tutorin zu unterrichten. Das sagte ich immer gerne zu. Doch auch hier zeigten sich schnell wieder zwei Seiten. Angenehm war es, wenn die Teilnahme an den Tutorien freiwillig war. In diesen Fällen kamen nur die regelmäßig, die Interesse am Thema hatten und ernsthaft mitarbeiteten. Das Unterrichten in diesen Gruppen machte mir Freude, und ich bekam mehrfach positives Feedback. Anders war es jedoch bei verpflichtenden Tutorien mit größeren Gruppen. Schon den Geräuschpegel empfand ich hier oft als anstrengend. Es fiel mir schwer, die Studierenden zu »disziplinieren« und souverän zu bleiben, wenn ich hinterfragt wurde. Zu diesem Zeitpunkt hakte ich endgültig die Überlegung ab, aus Vernunftgründen auf Lehramt zu wechseln. Da es dennoch auch in den größeren Gruppen interessierte Teilnehmer und positive Erfahrungen gab, bestätigten mich die Tutorien ebenso wie temporäre Hilfskraftstellen jedoch in der Vorstellung, meine eigene berufliche Zukunft an der Uni zu sehen. Leider erlebte ich meine Dozenten, was das Thema Einstieg in die Wissenschaft betraf, als wenig ermutigend.

Auch meine Erfahrungen in Seminaren zur Berufsorientierung für Geisteswissenschaftler brachten mich kaum weiter. Fast alle Optionen, die dort vorgestellt wurden, erschienen mir ungeeignet. Überall wurden Schnelligkeit, »Flexibilität«, »Multitasking«, Teamarbeit und Organisationstalent erwartet. Zudem frustrierte mich die Aussicht, im Beruf so gut wie nichts mehr mit meinen Inhalten zu tun zu haben. Zwei Praktika bei Tageszeitungen bestätigten das. Zwar interessierte mich die inhaltliche Ausrichtung speziell einer Redaktion, und ich bekam dort die Chance, längere eigenständige Artikel zu schreiben. Allerdings fiel es mir schwer, das »richtige« Maß zwischen Eigeninitiative und Zurückhaltung bzw. Anpassung als Praktikantin zu finden, so dass ich »dumme Fragen« stellte, aber auch mit meinen Vorschlägen mehrmals aneckte. Zudem empfand ich die Atmosphäre in den Redaktionen in beiden Fällen als extrem hektisch, mit häufigen Teamsitzungen, Zeitdruck und wenig Gelegenheit zu tiefergehender Recherche. Schnell erkannte ich, dass hier kein dauerhaftes Arbeitsumfeld für mich zu finden war.

In Erinnerung an meine Erfahrungen als Erasmus-Studentin wagte ich mich an ein zweites Auslandsstudium. Ich war bisher nie länger im englischsprachigen Ausland gewesen und mir meines Nachholbedarfs bewusst. Ich suchte mir eine britische Universität, deren interdisziplinäres kulturwissenschaftliches Profil genau meinen eigenen Interessen entsprach. Auch hier standen meine Erfahrungen in starkem Kontrast zu dem, was ich in Deutschland erlebt hatte. Die Seminare waren viel kleiner, die Anforderungen an Referate und Essays klar kommuniziert und generell die Betreuung viel individueller. Ein großes Angebot an Veranstaltungen, »extracurricular activities« und »student conferences« machte es leichter, Menschen mit ähnlichen Interessen kennenzulernen. Endlich erlebte ich Universität als den Ort des Austausches mit Gleichgesinnten, den ich mir immer gewünscht hatte. Mehrfach wurde ich ermutigt, mich für ein PhD-Stipendium zu bewerben. Schon die im Vergleich deutlich besseren Berufsaussichten mit zahlreichen unbefristeten Stellen unterhalb der Professur ließen diesen Weg realistischer erscheinen.

5

Auch meine Erfolge im Studium und mein guter Abschluss schienen meine Pläne zu bestätigen. Und mit dem Stipendium klappte es tatsächlich. Leider entwickelte sich mein Weg nun jedoch wieder holpriger als erwartet. Gleich zu Beginn entwickelte sich das Themenfeld meiner Arbeit in eine Richtung, in der mein Supervisor sich nur wenig auskannte. Sein Feedback bewegte sich hauptsächlich auf stilistischer Ebene – was für mich als Nicht-Muttersprachlerin teilweise noch hilfreich war, mich aber nicht wirklich weiterbrachte. Ich wünschte mir eine andere, vom Forschungsansatz her modernere Kollegin als Ko-Betreuerin. Doch hier bemerkte ich nun wieder meine Schwierigkeiten, in komplexen Situationen strategisch zu agieren, so dass ich meine Wünsche nicht durchsetzen konnte.

Bei einem einwöchigen Seminar für Doktoranden zur Erkundung möglicher Karrierewege wurden mir auch meine Probleme mit Gruppendynamiken wieder schmerzlich bewusst. Nach Zufallsprinzip wurden wir in

Teams eingeteilt. Und am Ende wurde ich von meinem Team mehr oder weniger geschnitten, ohne, dass ich hätte sagen können, ab welchem Punkt das »aus dem Ruder gelaufen« war. Im Abschlussgespräch erwähnte ich die Erkenntnis, dass Teamarbeit wohl grundsätzlich nicht das Richtige für mich sei – was mir von den Mentoren bestätigt wurde.

Längere Aufenthalte in Deutschland – auch bedingt durch den Tod meines Vaters in dieser Zeit – zogen mein Projekt in die Länge. Ich besuchte jedoch weiterhin Konferenzen, hielt Vorträge und veröffentlichte auch wissenschaftliche Aufsätze, so dass ich mich nicht entscheiden konnte, meine Pläne fallen zu lassen. Zum Glück kam es schließlich zu einer überraschenden Wendung. Bei der Recherche stieß ich auf einen bisher unbeachteten Text, der »mein« Material in anderem Licht erscheinen ließ. Mit neuer Begeisterung gelang es mir, meine Arbeit abzuschließen. Auch als ich kurz nach Abschluss meiner Dissertation ein mehrmonatiges Arbeitsstipendium an einer Forschungsbibliothek erhielt, bestätigte das meine Pläne, an der Uni zu bleiben. Dort fand ich für mich ideale Arbeitsbedingungen vor. Ich hatte die Möglichkeit, mir meinen Tag nach meinem Gusto einzuteilen und arbeitete für mich allein. Auf der anderen Seite wurde von mir als »visiting researcher« erwartet, dass ich anwesend war und mich mit dem dortigen Material befasste – und auch ich selbst wollte meine Zeit dort ja auch nutzen. Wie ich merkte, war das genau die für mich richtige Kombination aus Freiheit und äußerer Struktur. Solche Konstellationen sind in der Arbeitswelt leider wohl die Ausnahme.

Während ich weiter Tagungen besuchte und kleinere Aufsätze publizierte, gestaltete mein Bewerbungsprozess sich zäh. Von meiner Universität gab es kaum Rückhalt, auch da mein Doktorvater inzwischen in Pension gegangen war. Zwar wurde ich mehrmals zu Bewerbungsgesprächen eingeladen, zumeist für Stellen als wissenschaftliche Mitarbeiterin, doch auch dort machte ich ambivalente Erfahrungen. Zwei- oder dreimal lief es zwar (auch laut Feedback) ziemlich gut, aber man entschied sich doch für andere Kandidaten. Oft fiel es mir schwer, mich in dieser künstlichen Situation gut darzustellen und natürlich zu verhalten. Schließlich gelang es mir doch, einen spannenden Lehrauftrag zu ergattern. Doch hier machte ich ähnlich gemischte Erfahrungen wie in Deutschland. Von den interessierten und engagierten Studierenden bekam ich positive Rückmeldungen. Diejenigen zu disziplinieren, die nur unregelmäßig zu den Sitzungen erschienen, fiel mir jedoch schwer. Bei der Leiterin des Moduls hatte ich keinen Rückhalt, was zu Missverständnissen führte. Auch hier holten mich meine Schwierigkeiten ein, in Konfliktsituationen strategisch zu reagieren und mich effektiv zu verteidigen. Je länger ich so beruflich auf der

Stelle trat, desto unsicherer wurde ich. In Deutschland hatte ich meine Kontakte in der Wissenschaft weitgehend verloren, für eine Aufbauqualifikation in Großbritannien fehlte mir das Geld. Wieder entwickelte ich Blockaden, Zweifel an meinen Fähigkeiten und – aus heutiger Sicht – Depressionen.

6

In diese Zeit kam ich auf Autismus als Erklärung für meine lebenslang empfundene Andersartigkeit. Schon Jahre zuvor hatte ich selbst meine Konzentrations- und Organisationsprobleme als Symptome von ADHS erkannt, das jedoch nie medizinisch abklären lassen. Autismus hingegen hatte ich für mich ausgeschlossen, weil die Darstellungen, die ich dazu kannte, stets die Gefühlsblindheit autistischer Menschen betonten. Nun jedoch entdeckte ich die Schriften von Tony Attwood und Hans Asperger – sowie zahlreiche autobiografische Berichte autistischer Menschen. Mir eröffnete sich eine neue Welt. Nach anfänglichem Enthusiasmus, nun endlich eine Erklärung für meinen Weg zu haben, erlebte ich die Erkenntnis und dann die Diagnose jedoch als ambivalent. Beides führte zu einer tiefgreifenden Auseinandersetzung mit mir selbst. Auch der Austausch mit anderen Autisten – zunächst im Internet, später auch persönlich – tat mir gut. Allerdings beschäftigte mich das Thema auch lange Zeit. Zudem wurde mir auch die Grundsätzlichkeit meiner Probleme bewusst. Statt Hilfen und Antworten taten sich noch mehr Fragen auf. Oft haderte ich damit, die Diagnose nicht früher bekommen zu haben. Viele Unsicherheiten und Blockaden hätten sich dann vielleicht gar nicht erst entwickelt. Als ich dann aus finanziellen und persönlichen Gründen nach Deutschland zurückkehrte, tat ich das mit einem Gefühl völliger Lähmung, Hoffnungs- und Perspektivlosigkeit. Mehr denn je schienen mir alle gangbaren Wege verbaut.

Zum Glück führte mein Weg mich in Deutschland schnell in die Selbsthilfe. Hier konnte ich mich aus der Lähmung lösen und wieder inhaltlich arbeiten, auf einem Gebiet, das nicht durch Misserfolge und Versagen kontaminiert war. Leider stellte ich fest, dass Unterstützungsmöglichkeiten für spätdiagnostizierte Autisten mit Interessenschwerpunkten jenseits von IT und Technik quasi nicht existieren. Das gilt insbesondere für Menschen, für die enge Gruppendynamiken, praktische Arbeiten oder auch Routinetätigkeiten ungeeignet sind. Für Geisteswissenschaftler, aber auch Künstler und andere Freiberufler, müssten in der Unterstützung neue

Wege gegangen werden. Oft würde schon die Möglichkeit eines begleitenden Jobcoachings eine Kombination etwa aus freiberuflicher Tätigkeit und Minijob ermöglichen. Für einen zukunftsweisenden Weg für autistische Geistes- und Sozialwissenschaftler halte ich den Aufbau von Möglichkeiten zur Peer-Arbeit mit fließenden Übergängen zwischen Ehrenamt und Professionalität.

Ich selbst kann mir einen Weg als professionelle Peer-Arbeiterin gut vorstellen. Diese »Lizenz zum Anderssein« würde viel von dem Anpassungsdruck nehmen, der in regulären sozialen Berufen herrscht. Es würde mich reizen, einen für AutistInnen angepassten Kurs mit zu konzipieren und dann als eine der ersten zu durchlaufen. Zugleich bin ich dabei, wieder verstärkt Anknüpfungen an die kulturelle und literarische Welt zu suchen. Eine Nische in der Peer-Arbeit könnte ich, bei passenden Rahmenbedingungen, mit Tätigkeiten als Autorin und Übersetzerin kombinieren, ohne bei letzteren den Druck zu haben, langfristig allein davon leben zu müssen. Beides wären Aufgaben, mit denen ich mich identifizieren und bei denen ich das einsetzen könnte, was ich zu geben habe.

Das »empowert« mich und erfüllt mich mit Freude. Und so schaffe ich mir meinen eigenen Weg.

Franziska: Interview

Wenn Du Dich in ein neues Arbeits-/Wissensfeld einarbeiten musst, wie lernst Du die Inhalte am liebsten?
Wenn mich ein Thema »packt«, eigne ich mir selbstständig in kurzer Zeit viel Wissen dazu an. Muss ich mich aus äußeren Gründen mit etwas befassen, hängt meine Motivation davon ab, ob ich für mich interessante Aspekte finden kann. Am günstigsten ist für mich eine Mischung aus selbstständiger Arbeit bzw. Lektüre und Seminaren/Kursen.

Wo siehst Du Dich beruflich in 5 Jahren?
Ich hoffe, in 5 Jahren einen Weg für mich gefunden zu haben, bei dem ich mein Engagement in der Selbstvertretung professionalisieren, gleichzeitig aber auch wieder einen Bezug in die wissenschaftliche und/oder kulturelle Welt finden konnte. Idealerweise stelle ich mir eine Kombination aus Recherche, Schreiben, Beratung und Lehraufträgen vor.

Was löste berufliche Krisen aus? Wie wären diese im Nachhinein vielleicht verhinderbar gewesen?
Schwierig waren die Anonymität und Strukturlosigkeit im Studium. Eine frühere Diagnose und ein unterstützendes Coaching hätten wohl viele ungünstige Entwicklungen verhindert.

Welche Strategien hast Du für einen konfliktarmen und vielleicht sogar freundschaftlichen Umgang mit KollegInnen?
Ich bemühe mich, freundlich zu sein, anderen konstruktives Feedback zu geben. Aus Konflikten halte ich mich möglichst heraus, ergreife nur dann Partei, wenn meinem Eindruck nach eine Seite eindeutig im Recht ist. Dann versuche ich, ausgleichend zu wirken. Ich höre anderen zu und achte darauf, sie nicht zu unterbrechen.

Viele Aspies haben eine Schwäche beim Wiedererkennen von Gesichtern und damit von Menschen. Du auch? Was ist ein guter Umgang mit dieser Schwäche?
Diese Schwäche kenne ich gut. Meine Strategie, wenn mir jemand vage bekannt erscheint, ist, zu überlegen, ob derjenige, an den ich denke, in diesen Kontext passt. Erkennt mich jemand, den ich selbst nicht einordnen kann, versuche ich aus dem Kontext des Gespräches, herauszufinden, um wen es sich handelt.

Viele Aspies haben eine Schwäche beim Erkennen von Intentionen und Gefühlen von KollegInnen. Du auch? Was ist ein guter Umgang mit dieser Schwäche?
Ich kenne das gut, insbesondere aus hektischen, unübersichtlichen Situationen mit vielen Menschen. Im Einzelkontakt wurde ich schon als einfühlsam und sensibel bezeichnet. Letztlich hilft mir, auszuweichen und komplexe Gruppendynamiken zu vermeiden.

Hast Du im Beruf Menschen wahrgenommen, die ähnlich »einsam« oder »seltsam« erschienen wie Du selbst? Wie würdest Du damit umgehen, Asperger als KollegInnen zu haben?
Engere Freundschaften hatte ich größtenteils zu Menschen, die selbst »anders« waren. Asperger als KollegInnen wären für mich absolut okay – wichtig ist, ob die Chemie stimmt.

Warum prägt das Gefühl der Einsamkeit oder des Nichtdazugehörens so oft das Leben? Wächst da nicht die Akzeptanz, halt ein Einzelgänger zu sein?

Damit, ein Einzelgänger zu sein, habe ich keine Probleme. Ich brauche auch viel Zeit für mich allein. Auf der anderen Seite unterscheide ich zwischen Alleinsein und Einsamkeit. Ich wünsche mir Austausch und soziale Kontakte und leide darunter, wenn mein Leben in dieser Hinsicht nicht funktioniert.

Hast Du auch das Gefühl, eine Art soziales Theater zu spielen, bei dem Du neurotypisches Verhalten kopierst? Welche Erfahrungen hast Du damit gemacht?
Als Teenager imitierte ich kurzzeitig ein beliebtes Mädchen in Bezug auf Verhalten, Sprache und Kleidungsstil. Damit machte ich eher schlechte Erfahrungen. Außerdem begann ich früh, soziales Verhalten von Figuren aus Büchern und Filmen zu kopieren. Das sehe ich aus heutiger Perspektive eher als ein nützliches soziales Training.

Oft heißt es, Aspies seien ehrlichere Menschen als Neurotyptische und hätten einen stärkeren Gerechtigkeitssinn. Siehst Du das auch so, bzw. gilt das auch für Dich? Warum?
Ich kann nur schwer lügen und vermeide es möglichst. Gleichzeitig versuche ich, andere nicht mit negativen Aussagen zu »verprellen«. Einen starken Gerechtigkeitssinn sehe ich bei mir auch. Wenn andere ungerecht oder unfair behandelt werden, trete ich oft für sie ein.

Was schätzen Deine KollegInnen an Dir?
Positives Feedback bekomme ich für mein konstruktives Feedback, mein Verständnis, die Fähigkeit, zuzuhören, mein Wissen und mein Talent, Zusammenhänge zu erkennen.

Kannst Du in einem Satz zusammenfassen, welche Rolle die Familie/der Partner für Dich beim Erfüllen der Berufstätigkeit spielt/e?
Ich lebe aktuell nicht in einer Partnerschaft.

Wie meinst Du wirkst Du auf andere Menschen? Eher empathisch oder unempathisch? Eher logisch denkend oder intuitiv handelnd? Woran machst Du das fest?
Das ist anhängig von Situation und Tagesform. Ich wurde schon als »verkopft« etc. bezeichnet, aber ebenso als empathisch, verständnisvoll und sensibel.

Wie gehst Du mit Schwierigkeiten bei der Orientierung im Arbeitsalltag und in den Strukturen um?
Schwierigkeiten führten bei mir oft zu negativen Eigendynamiken. Inzwischen versuche ich, damit gelassener umzugehen. Heute würde ich schneller um Unterstützung bitten.

Wie gehst Du mit den Unvorhersehbarkeiten im Team um?
Das empfinde ich als schwierig. Hilfreich wäre für mich ein persönlicher Ansprechpartner, an den ich mich bei Unsicherheiten wenden und der bei Konflikten vermitteln könnte.

Hast Du Schwierigkeiten, dem Arbeitsinhalt Struktur zu geben? Wie äußern sich diese? Was hilft Dir?
Das fällt mir leider ebenfalls schwer. Inzwischen versuche ich, größeren Projekten vorab eine Struktur zu geben. Oft mache ich mir dazu genaue Ablaufpläne.

An wen hast Du Dich mit Deinen psychischen Problemen wie Depression und/oder Ängsten gewandt? An wen wendest Du Dich aktuell?
In erster Linie wende ich mich an mein engstes familiäres Umfeld. Häufig tausche ich mich jedoch auch im Internet im Selbsthilfe- und Selbstvertretungskontext aus.

Was war Auslöser dafür, das Asperger-Syndrom diagnostizieren zu lassen? Welche Auswirkungen hatte die Diagnose?
Auslöser war ein Artikel über autistische Frauen. Es erleichterte mich, eine Erklärung für meine »Andersartigkeit« zu haben, andererseits wurde mir die Tiefe meiner Probleme bewusst. Gleichzeitig eröffnete dieser Weg mir neue Perspektiven in der Selbsthilfe.

Hast Du an psychologischen, sozialen oder berufsfördernden Angeboten speziell für Aspies teilgenommen? Welche Erfahrungen hast Du gemacht?
Meine Beschäftigung mit der Thematik führte mich schnell in die Selbsthilfe- und Selbstvertretungsszene. Dort machte und mache ich größtenteils sehr positive Erfahrungen.

Leidest Du an Reizüberflutung? Wie äußert sich das? Was ist Deine Strategie, um mit Situationen der Reizüberflutung umzugehen?

Reizüberflutung erlebe ich bei großem Druck oder längerem Zwang zur Interaktion. Ich versuche dann, mir Rückzugsmöglichkeiten zu schaffen bzw. den Raum zu verlassen.

Was würdest Du Dir an Unterstützung (privat wie institutionell) wünschen, um mit den Schwierigkeiten im Berufsleben besser umgehen zu können oder diese zu lösen?
Wichtig wäre mehr Wissen um die Situation spätdiagnostizierter Autisten, die den Einstieg in ein reguläres Berufsleben nicht geschafft haben. Auch für die Komorbiditäten ADHS und Dyspraxie/starke motorische Unbeholfenheit wünsche ich mir mehr Verständnis.

Annabelle

Im drückenden Sumpf der Sinneseindrücke verschlucken sich meine zu sprechenden Worte. Sie kommen nicht so an, wie ich sie denke. Es ist, als würden sie kleben bleiben, sich verwirbeln, sich umdeuten und verirren auf dem Weg vom modulierten Denken hin zum Gesprochenwerden. Und mein stottrig Gesagtes öffnet mich zur Welt, als sei ich eine Dose mit Billig-Ravioli, in die sie reingabeln. Dann dringt diese laute, verwirrende Flut an Informationen in mich ein, überspült mich und nimmt mir den Atem.

Ich muss mich abkapseln können, verschließen und in mir sein, es braucht diese Barriere, um mich von der Umwelt selbsterhaltend abzugrenzen. Nicht mit gesprochenen Worten zu kommunizieren, ist eine Art Notwehr. Ich habe keine andere Schutzschicht, die mich abgrenzt vor der Sinnenflut. Es muss eigentlich nicht Sintflut heißen in der Bibel, das dachte ich schon als Kind, es ist eine Sinnenflut, die alles ertränkt – und das Nichtreden ist wie die Arche, die mit meinen Gedanken gefüllt ist. Die meine Wahrnehmung trägt und dann als Bilder erscheint.

Ich denke in Bildern, die bestehen aus Details. Das Wichtige sind die Farben, alles hat eine physikalische Farbe und gleichzeitig auch eine Anmutungsfarbe, die ganz anders sein kann, mehr das Wesen trifft und nicht Sklavin einer Lichtbrechung ist. Und die Farben geben zusammen einen Klang, eine Bildmelodie.

Auch Melodien haben Farben, eine Melodie kann das Sprechen erleichtern, denn die Töne des Gesummten oder Gesungenen ordnen die Worte, die sonst drohen durcheinanderzupurzeln, zu einem Satz. Wenn Sprechen ins Stocken gerät, gelingt mir ein Summen, das durch sich ordnende Farben begleitet wird, und ich erhalte darüber eine Orientierung zurück.

Wahrscheinlich ist das oben Geschriebene nicht verständlich, weil andere Menschen einfach drauflosplappern können. Ich lasse es dennoch stehen und fange jetzt mit der Biografie an.

Als Kind wurde mir eine Sprachentwicklungsverzögerung, also eine Sprachentwicklungsstörung attestiert. Niemand verstand, warum ich nicht sprach. Augenscheinlich war ich intelligent genug dafür – nur etwas in mich gekehrt und mit dem Schauen beschäftigt. Ich fing früh an zu kritzeln und zu singen. Bevor ich mehr als seltene Ein-zwei-Wort-Sätze sprach, konnte ich augenscheinlich lesen, denn ich verstand die Inhalte der Bücher, die ich mir ansah, und setzte das Gelesene in passende Reaktionen um. Ich habe viel gelesen. Als würde sich das Gelesene mit den gemalten »Bildern« verbinden und meine Basis für dieses Leben ergeben. Ich war eingebettet zwischen Sätzen und Farbklängen. Es gab nur kein Aussprechen. Das war so der Stand mit etwa 4 bis 5 Jahren.

Dort begann auch die Sprachförderung mit dem Ziel, mir die Sprachhandlung abzutrotzen, die meiner Wortschatzentwicklung wohl entsprechen möge.

Spätestens im Kindergarten wurde bereits deutlich, dass ich auch sonst seltsam bin, in mich gekehrt, auf Routinen geeicht, nur Lebensmittel mit bestimmten Farben essend, ohne Interesse an anderen Menschen (dafür auch im Kindergarten stundenlang mit Farbstiften kritzelnd und dazu summend) und in Panik geratend, wenn ich von Fremden berührt wurde. Es war ein Drama, ich wollte auch nicht von einer Kindergärtnerin geknuddelt werden und sie soll mir auch nicht die Mütze auf den Kopf ziehen! Es wurde also klar, ich bin nicht, wie es von einem Kind erwartet wird. Es war aber auch klar, dass ich nicht einfach dumm bin, sondern dummerweise »schweigsam« mit vielen Gedanken in mir, die aus unbekanntem Grund nicht rauskommen.

Ich kam auf eine Förderschule für Kinder mit Sprachentwicklungsstörungen (Sprachheilschule), weil ich auch mit sechs Jahren kaum redete, es sei denn, es waren Bedürfnisse, die ich anmeldete, wie Hunger oder Spaziergang. Es war nicht klar, ob es körperliche oder psychische Ursachen hat, dass ich nur wenige Worte auf einmal sprach und am liebsten ganz schwieg. Auch in der Grundschule attestierte man mir Intelligenz, die eigentlich zum Sprechen genutzt werden könnte. Die kleinen Klassen kamen meiner Ängstlichkeit und dem Bedarf nach Rückzug zu Gute – vor allem Lärm und Unordnung konnte ich nicht ertragen. Ich wurde dann ganz flattrig. Aber im Großen und Großenganzen war ich im Verhalten unauffällig und angepasst, ich schaute, was die anderen machen und machte das nach.

Der Unterricht hatte das Niveau einer Regelschule. Ich war oft verträumt im Unterricht: Wenn ich die Sonnenreflexionen auf den Tischen beobachtete, hatten die so viel zu erzählen, ich bekam vom Unterricht selbst eher weniger mit. Ich interessierte mich sehr für Tiere und Natur und kritzelte und malte ständig. Ich malte immer noch nicht ganze Szenen alla »Papa, Mama, Kind und ihr Hund«, sondern immer Details, also nur die Tür von einem Haus oder nur den Hintern von dem Hund. Da mein Können noch nicht sehr weit war, waren die Ergebnisse eher lustig.

Ich hatte nicht viel Kontakt zu anderen Schülern und freute mich immer, wenn ich wieder nach Hause in meine gewohnte Umgebung durfte. Dort roch es auch besser.

Nach der vierten Klasse kam ich dann auf eine Werkrealschule, die Schüler mit sonderpädagogischem Bedarf aufnimmt. Die Klassen waren auch hier klein. So mit ca. 11 Jahren begann ich, vermehrt kurze, sachliche Sätze zu reden. Dies gelang, wenn ich nicht unter Druck oder Stress war am besten – oder, wenn ich nicht gerade mit dem Anschauen von etwas beschäftigt war. Ich blieb introvertiert und lebte sehr in Imaginationen, in den farblichen Gedanken zu den Details, die ich so gerne betrachtete, die ich spannend fand. Die schriftlichen Arbeiten waren immer im Durchschnitt. Gut war ich in Deutsch, schlecht in Mathematik. Im Sport war ich irgendwie unbeholfen, hatte aber Freude an Sportarten, die man alleine machen kann, wie z. B. Tanzgymnastik. Geräteturnen, bei dem man durch die Hilfestellung von anderen Schülern angefasst wurde, verweigerte ich. Wettkampfspiele/Teamsportarten wollte ich auch nicht machen.

Mein Interesse galt weiterhin der Natur und den Tieren. Meine Bilder wurden deutlicher, blieben aber immer sehr »bunt« und auf Details fixiert. Inzwischen konnte man aber erkennen, wenn ich den Hintern von einem Hund malte.

Jetzt war klar, dass ich eigentlich sprechen kann, dies aber nicht ausführen konnte, wenn ich in sozialen Stresssituationen bin. Ich blieb fakultativ

»nonverbal«, weil die meisten Situationen für mich zu viele Reize enthalten. Es ist dann alles zu verwirrend und die Gedanken kommen nicht als geordnete Sätze bis in den Mund oder aus diesem raus. So ein wenig ist es wie ein angsterstarrtes Kaninchen, das kann auch eigentlich hoppeln, aber wenn es im Stress ist, bleibt es einfach hocken, denn der Hoppelgedanke kommt nicht bis in die Läufe. Ich überlege, womit sich die Gedanken eines Kaninchens dann befassen.

Es war auch erkennbar, dass ich von Wortschatz und Grammatik her die Sprache beherrsche und im Schriftlichen gut wiedergeben kann. Deutlich wurde, dass es nicht das Sprachproblem ist, welches die Kontaktaufnahme zu anderen Menschen behindert, sondern ich insgesamt sehr auf mich bezogen bin und in neuen Situationen oder den üblichen Kindersituationen überlastet bin und mich zurückziehen muss. Ich nahm weiterhin kaum Kontakt zu den anderen Kindern, die dann neben mir Gleichbleibende zu Jugendlichen wurden, auf, ich hängte mich manchmal einfach an eine Gruppe hintendran und machte nach, was diese so tun. Mehr aber nicht. Beliebt war ich als Möglichkeit, sich etwas malen zu lassen, es gab ein Spiel: Ich zeichnete ein Detail aus einer komplexen Szene und die anderen mussten das Detail finden.

Die Lehrer, Pädagogen und Psychologen fanden keinen Namen für meine Eigenart; meine verspätete Sprachentwicklung rechtfertigte meine sozialen Schwierigkeiten nicht mehr. Es war dann mein Bruder (er ist sechs Jahre älter), der auf die Idee mit dem Asperger-Autismus kam. Er hatte eine Sendung gesehen, in der ein Junge gezeigt wurde, der aus dem Gedächtnis sehr detailreiche Bilder malt und wohl auch nicht oder selten spricht. Daraufhin hatte er sich vertieft informiert und fand mich in den Beschreibungen des Asperger-Autismus wieder. Daraufhin wurden Termine zur Diagnose in einem Universitätsklinikum gemacht. Dort wurde dann aus der Vermutung eine Feststellung, ich war also eine Autistin. Zu dem Zeitpunkt war ich 14 oder 15 Jahre alt. Mir wurde darüber eine Behinderung zugesprochen.

Ich schloss die Realschule mit einem mittelguten Zeugnis ab. Danach kam ich in ein Berufsbildungswerk (BBW), das auch spezielle Angebote für Autisten hatte. Nach einer berufsvorbereitenden Maßnahme entschied ich mich für eine Ausbildung als Bürokauffrau. Eigentlich waren es eher meine Eltern, die für mich »mitentschieden«. Ich hätte natürlich lieber etwas Künstlerisches gemacht oder mich zumindest als Korbflechterin ausbilden lassen. Meine Eltern waren da eher rational und sagten, ich solle eine Ausbildung machen, mit der ich in ihrer Firma arbeiten kann, damit ich versorgt sei. Wahrscheinlich wäre ich nicht in der Lage, mich auf dem Arbeitsmarkt sonst zu behaupten. Damit hatten sie wahrscheinlich Recht.

Die Ausbildung beinhaltete Praxis und Berufsschule, beides war im BBW vereint. Zudem gab es die Möglichkeit eines autonomen, aber betreuten Wohnens. Das war das eigentlich Wichtige an der Ausbildung für mich, ich lernte Selbstständigkeit.

Wegen der nun offiziellen Diagnose war die Ausbildungszeit recht einfach zu schaffen. Ich hatte genügend Rückzugsräume, konnte meine Eigenarten und Bedürfnisse leben, es störte niemanden, dass mein Zimmer bis an den Rand mit Malutensilien gefüllt war. Besuch wollte ich eh nicht haben, also musste auch nur ich noch reinpassen. Ich lebte zwar schon in den Abläufen der Ausbildung und die Struktur war auch hilfreich – aber gleichzeitig blieb ich in meiner Gedankenwelt, in meiner Betrachtung von Details, in meinen Bildern. Es genügte mir, am Wochenende meine Familie zu haben, ich suchte keine Freundschaften.

Meine Bilder wurden wohl besser, es gelang mir zunehmend, das, was ich wahrnehme, auch in seinen Farbklängen auf die Leinwand zu bringen. Mein Spüren dafür wurde deutlicher mit der Übung. Inzwischen wusste ich (auch hier war es mein Bruder, der das anbrachte), diese Eigenschaft nennt sich Synästhesie. Für mich waren diese gesehenen Details oft mit eigenen Farben und Klängen verbunden. So wie Klänge auch immer Farben erzeugen in meiner Vorstellung. Dieses Wahrnehmen baute ich aus. Ich experimentierte mit mir selbst.

Es kamen Lehrer, die gerne ein Bild von mir gemalt haben wollten, ich verkaufte erste Bilder – für kaum mehr als den Materialwert, aber immerhin. Es sprach sich herum – und so begann ich, auch für »Kunden« zu malen und nicht nur für mich als meine Art der Kommunikation und Ordnung. Das machte mir Freude – was immer eher als störend empfunden wurde, weil es mein Verträumtsein und damit meine Abgrenzung und Sprachverweigerung symbolisierte, das war auf einmal doch auch ein Weg des Austausches mit anderen, es gab ein Thema, das war das betreffende Bild und die Vorstellung des Kunden.

Ich schloss die etwas schnöde Ausbildung zur Bürokauffrau ab. Mein Werdegang hätte sich nach dieser Schullaufbahn in einer Werkstatt für Behinderte oder einer ähnlichen Einrichtung fortgesetzt. Für mich bestand aber ja das Glück, dann in der Firma meiner Eltern in der Verwaltung zu arbeiten. Das ist viel wert, denn über die Bürotätigkeiten habe ich Grundeinkommen und bin auch gut eingebunden, nahe den mir wichtigen Menschen.

Ich arbeite rund drei Stunden am Tag als Bürokauffrau in der Buchhaltung, oft arbeite ich auch von zu Hause aus, die EDV ist entsprechend eingerichtet, ich kann direkt auf dem Server der Firma arbeiten. Aber auch der Weg in die Firma ist sehr kurz, ca. 1 km, ich arbeite dennoch lieber in meiner ruhigen Wohnung. Die Kollegen dort kennen mich, es ist klar, dass ich eigen bin, und als Tochter des Chefs lässt man mich machen.

Meine Eltern zahlen die Kosten der Finanzierung einer kleinen Wohnung, in der ich und mein Freund wohnen. Meine Eltern haben mir diese Wohnung gekauft, damit ich immer ein eigenes Zuhause habe – nah bei ihnen und doch selbstständig. Mir ist es wichtig, in der gewohnten Umgebung zu bleiben. Ich habe über meine Tätigkeit einen Mini-Job als offizielles Einkommen, meine Eltern zahlen auch die Krankenkassenversorgung. Ich habe also sehr viel Glück, dass ich über meine Familie abgesichert bin.

In meiner Selbstsicht bin ich nun Kunstwerkerin. Zum einen produziere ich »abstrakte« Bilder, die eher pastöse Farbcollagen mit Acrylfarben oder wasserlöslichen Ölfarben sind, in die ich auch beispielsweise Vogelsand, Teile toter Insekten (von selbst gestorben!) oder Holzspäne einarbeite, damit die Farben einen Ort haben, sich Tiefe und Struktur zu geben, eine einfache Geschichte zu erzählen. Das sind zumeist Tagträume, ich fange an ein Bild zu gestalten, ein Detail gibt dem nächsten die Idee und am Ende ist seine Geschichte erzählt. Diese Bilder sind eher spannend zum Betrachten, es passen auch immer zwei oder drei als eine Reihe zusammen. Für mich würde ich sagen, das ist Kunsthandwerk und kann ein Wohnzimmer oder einen Flur gut zieren. Diese Bilder gefallen vielen Menschen, das ist Absicht. Die Wohnbilder werden von einem Bekannten einmal im Monat abgeholt, er verkauft diese, zusammen mit weiteren Bildern sowie kleinen Skulpturen, Filzereien und Schmuckdingen, auf Kunsthandwerker-Märkten. Für das Verkaufen bekommt er einen Teil von dem Verkaufspreis.

Neben diesen Wohnbildern male ich Wesensbilder. Diese sind mir wichtiger und ich bezeichne sie auch als Kunst. Darin liegt mein Ich, weil das Ich sich durch das Begreifen des Wesenhaften – das sind die Details, die aus dem sich Wiederholenden ein Individuelles machen – bewusst wird. Also, es gibt ganz wiederholt Schmetterlinge. Oberflächlich betrachtet sind diese gleich in einer Art, alles Kohlweißlinge beispielsweise. Schaut man aber genau hin, so finden sich Details, wie eine Kerbe im Flügel, ein anklebender Pollenfleck oder ein etwas ungleiches Flügelpaar. Diese Details machen aus dem sich Wiederholenden ein Individuelles. Sie geben diesem Tier eine ganz eigene Anmutung, weil dort etwas nicht so Erwartetes miteinander ins Gespräch kommt, sich eine Geschichte erzählt.

Oft, eigentlich so ziemlich immer, male ich nicht ein ganzes Tier oder eine ganze Szene, sondern immer nur diesen Ausschnitt. Das sich Wiederholende ist nicht das Spannende. Oder ich male einiges des Ganzen, aber das nur andeutungsweise und dann darin ein mich faszinierende Detail ganz akribisch.

Jede Form und Farbe hat einen Klang, wenn ein Bild gut wird, dann klingt es beim Betrachten in verschiedenen Farb-Tönen. Ich bin dann in einem Meer aus Farben, bin in den Wellen ihrer vielen Klänge. Wenn ich so eintauche, vergesse ich Worte zu denken, wie »die Nase ist braun«. Ich denke nicht darüber nach, wie etwas gestaltet ist in seinem physikalischen Aufbau, wie es gemalt werden soll, welche Grundfarben nun in einer Mischung das gesuchte Blau ergeben und so weiter. Es ist ein losgelöstes Fühlen, das von selbst zu Farben und Formen wird. Wenn ich male, wäre es sinnlos zu sprechen, ich würde dann untergehen als Meersein ohne das »h«.

Wenn ich mit dem Blick über ein fertiges Bild wandere, kommt es mir vor wie eine Tonfolge. Ein gutes Bild ist allerdings keine kitschige Heilewelt-Melodie. Heile Welten gibt es nicht, es ist unschön, diese in der Kunst vorzugaukeln, das wäre eine Lüge. Kunst darf nicht lügen, es sei denn, ein Malen gehört zu einer Therapieform. Wahrscheinlich ist das dann aber nur ein künstlerischer Ausdruck eines Vielleichts, eines Traums, der Gestalt annimmt.

Meine Bilder beinhalten keine heilen Welten, darum sind sie auch im Farb-Klang nie perfekt. Es gibt immer eine Dissonanz, das ist wichtig. Es muss etwas Störendes in einem Bild geben!

Das muss nie so ganz bewusst im Vordergrund erkennbar sein – aber das Dargestellte muss etwas haben, das den Blick aufhält, das beim gefälligen Betrachten stört, das zu einem »Ich hätte das anders gesehen«-Denken provoziert. Die Farben haben deshalb nie nur eine Harmonie, sie kämpfen auch miteinander, sind unrein hier und da und verlassen ihre Form. Das ergibt den spannenden Klang eines Wesensbildes. Wenn ich es schaffe, die Dissonanz, das ausfallende Detail eines Wesens mit zu erfassen und in den Farbworten umzusetzen, dann ist es ein gutes Bild.

Es gibt Wesensbilder, die male ich nur für mich. Es sind dann die Details, die ich aus einem Tag mitbringe von dem, was ich gesehen habe. Und dann gibt es die Auftragsbilder. Menschen, das sind dann also Kunden, beauftragen mich, ihnen ein Bild zu malen. Dazu schicken sie mir Fotos. Ich betrachte diese und wenn sich in mir aus einem Detail etwas Wesenhaftes ergibt, dann biete ich an, ein Bild zu malen, mache vielleicht noch eine Skizze zur Veranschaulichung.

Ich male also nicht ein Foto so ab, wie es ist, ein reales Abbild kann man besser als Foto ausdrucken oder via Photoshop mal eben in ein Gemälde umwandeln und dann drucken lassen.

Am liebsten male ich Tiere, gerne auch Pflanzen oder Häuser. Ungern male ich Menschen und wenn, dann nie ein Gesicht, sondern beispielsweise eine Hand in ihrer Gestik. Ich kann den Ausdruck in Gesichtern nicht fassen, sie sprechen nicht zu mir. Natürlich möchten viele Kunden, dass ich ein gestorbenes Tier male, an dem sie hingen. Das mache ich gerne, denn so kann ihre Erinnerung immer wieder wurzeln und die Erzählung bricht nicht ab. Tierköpfe kann ich malen.

Wenn ich einen Auftrag annehme, dann nenne ich einen Preis für das Bild. Das Geld wird mir dann vorab via Paypal überwiesen. Die Kommunikation verläuft insgesamt über das Internet. Manche hören von anderen über die Möglichkeit, sich ein Bild malen zu lassen, andere finden mich über eine Suchmaschine oder über verlinkte Seiten. Alle landen irgendwie auf meiner Homepage, dort sind nur Beispiele meiner Bilder und ein paar meiner Texte. Darüber kommen dann die Anfragen. Offiziell bin ich keine »freiberufliche Künstlerin«, sondern gebe Malerei als Hobby an. Vielleicht schaffe ich das aber eines Tages und kann mich etwas etablieren darin. Das bräuchte einen Manager. Ich maile mit den Kunden ein paar Mal hin und her, bekomme Bilddateien und fange dann an, mich mit dem Gesehenen zu beschäftigen. Ich telefoniere nie. Wenn das Bild fertig ist, wird es via Paket zugesendet. Mehr als ein Bild pro Monat schaffe ich allerdings nicht. Es sind eher weniger. Nur zu Weihnachten wird es eng.

Wahrscheinlich würde ich immer gerne »nonverbal mit fakultativer Verbalität« bleiben. Wenn es sein muss, dann spreche ich, aber viel lieber schreibe ich oder drücke mich in den Farben und Klängen des Bildhaften aus. Diese Vorliebe nenne ich auch so, wenn ich Menschen kennenlerne. Das fasziniert viele erst einmal. Warum auch immer, das klingt nach einer Verzauberten und spricht Sehnsüchte an. Aber es ist dann nicht einfach, mir ein Freund oder eine Freundin zu sein. Dieses Miteinander Reden, das kann ich nicht gut, ich bin in dem Moment des Bedarfs nach unmittelbarem Austausch nicht in der Lage, eine Gesprächspartnerin zu sein, weil ich die Integration aus Gehörtem, Gesehenen und die Interpretation dessen, was vielleicht nun erwartet wird, nicht so schnell schaffe. Das enttäuscht dann. Wenn man mir Zeit gibt zu schreiben, dann kann ich viel gezielter und passender kommunizieren. Daher habe ich eher Austausch über Mail, Facebook, Foren und Blogs.

Mein Freund hat es nicht leicht, er ist ein gerne sprechender Mensch. Wir unterhalten uns auch über ein gleichzeitiges spontanes Malen (ich) und Musizieren (er). Wir sprechen oft nachts, wenn alles dunkel ist und es keine weiteren Reize gibt, dann liegen wir da und die Worte gehen mir einfacher vom Denken bis zur Aussprache. Oder wir schreiben uns. Wir haben eine Kladde, in der wir so ziemlich jeden Tag niederschreiben, was uns beschäftigt, was wir brauchen, was nervt, was ansteht. Inzwischen haben wir schon fünf Kladden vollgeschrieben.

Ich bin mir darüber im Klaren, ich habe sehr viel Glück, weil ich in einer gesellschaftlichen Nische leben kann – ich bin relativ »abgesichert«. Ich werde immer in der Büroabteilung in der Firma meiner Eltern arbeiten können. In einem Umfang, den ich möchte. Mit nun Mitte Zwanzig habe ich statistisch gesehen noch 30 Jahre meine Eltern im nahen Nebenan. So wie es aussieht, wird mein Bruder die Firma übernehmen – ich gehe also davon aus, dass ich eine »Lebensarbeitsstelle« als Bürokauffrau sicher habe. Vielleicht hätte ich mehr über die Bürotätigkeiten als Bürokauffrau und über das Personalwesen schreiben sollen. Ich weiß nicht, was daran interessieren könnte, diese Arbeitsinhalte gehören halt in meinen Tagesplan und ich habe die Abläufe gut strukturiert, alles ist geordnet und auch digital gut gesichert. Mein Arbeitsgebiet ist deutlich von dem der anderen Mitarbeiterinnen abgrenzbar. Ich mache wenig Fehler und meine Eltern sind mit meiner Leistung zufrieden, und das nicht, weil ich ihre Tochter bin.

Annabelle: Interview

Wenn Du Dich in ein neues Arbeits-/Wissensfeld einarbeiten musst, wie lernst Du die Inhalte am liebsten?
Ich lerne gerne selbstständig, weil dann die Ablenkung durch äußere Faktoren nicht so groß ist. Auch sind diese gesprochenen Lerndialoge mit Lehrern bei mir ja nicht so möglich, wie diese es erwarten. Wenn ein Problem auftaucht, dann suche ich nach Lösungen und lerne dabei.

Es heißt, Asperger seien oft pragmatisch und rational, was die Studien-/Berufswahl angeht. »Träume« werden hintangestellt. Stimmt das auch für Dich?
Ich lebe ja beides. Rational war es, eine Ausbildung zu machen, mit der ich in der Firma meiner Eltern gut unterkommen kann. Mein Traum ist die Malerei. Das lebe ich ja auch parallel. Es wäre nicht möglich gewesen,

nur den Weg der »Künstlerin« zu gehen. Und ich kann das auch nur so versteckt leben.

Wo siehst Du Dich beruflich in 5 Jahren?
Noch immer als Bürokauffrau in unserer Firma arbeitend. Und vielleicht ergibt sich ein Weg, mehr aus der Malerei zu machen, einfach, weil ich auch eine Stimme in der Gesellschaft haben möchte, eine bildhafte.

Welche Strategien hast Du für einen konfliktarmen und vielleicht sogar freundschaftlichen Umgang mit KollegInnen?
Ich begrüße alle freundlich, inhaltlich habe ich wenig mit den anderen zu besprechen, das geht, wenn, dann alles über meinen Vater.

Viele Aspies haben eine Schwäche beim Wiedererkennen von Gesichtern und damit von Menschen. Du auch? Was ist ein guter Umgang mit dieser Schwäche?
Ja, ich erkenne Gesichter nicht gut wieder, wenn die Menschen nicht eng zu mir gehören. Ich erkenne oft Details wieder, wie eine Narbe, ein Muttermal, den Haaransatz. Tiere und Pflanzen erkenne ich leicht wieder.

Hast Du auch das Gefühl, eine Art soziales Theater zu spielen, bei dem Du neurotypisches Verhalten kopierst? Welche Erfahrungen hast Du damit gemacht?
Ich habe in der Schul- und Ausbildungszeit die anderen Mädchen oft kopiert. Ich habe mir Details gemerkt und das dann nachgespielt. Das ist sehr anstrengend. In meinem jetzigen Leben muss ich das nicht mehr.

Es heißt ja oft, Aspies seien besonders ehrlich, hätten einen ausgeprägten Gerechtigkeitssinn. Trifft das auf Dich zu?
Ja, das trifft auf mich zu. Ich kann nicht gut lügen und mich schon gar nicht »verstellen«.

Was schätzen Deine KollegInnen an Dir?
Das weiß ich nicht. Meine Kunden schätzen sicher meine Zuverlässigkeit und freuen sich, wenn sie ein Bild erhalten, das sie schön finden und das handwerklich geschickt gemacht ist.

Kannst Du in einem Satz zusammenfassen, welche Rolle die Familie/der Partner für Dich beim Erfüllen der Berufstätigkeit spielt?

Meine Familie hat mir eine »Nische« ermöglicht, in der ich sicher und ruhig leben und arbeiten kann. Ohne den Einsatz meiner Familie wäre sicher auch die Diagnose »Asperger« nicht so früh in meinem Leben gekommen, was alles komplizierter gemacht hätte. So gab es z. B. Menschen, die haben zu mir gesprochen, als sei ich geistig retardiert. Nur weil ich nicht (oder später dann zunächst sehr wenig) gesprochen habe, dachten sie, ich verstehe auch nicht, was man zu mir sagt. Dann reden Menschen sehr langsam und laut und wie zu einem Baby. Das hätte ich sicher nicht über Jahre ausgehalten.

Wie meinst Du wirkst Du auf andere Menschen? Eher empathisch oder unempathisch? Eher logisch denkend oder intuitiv handelnd? Woran machst Du das fest?
Wenn ich mit Menschen schreibe, wirke ich sachlich und freundlich. Mit meiner Familie bin ich auch emotional sehr verbunden. Meine Büroarbeit ist logisch strukturiert. Mein Malen eher intuitiv.

Wie gehst Du mit Schwierigkeiten bei der Orientierung im Arbeitsalltag und in den Strukturen um?
Habe ich nicht mehr, alles ist geordnet.

Wie gehst Du mit den Unvorhersehbarkeiten im Team um?
Ich habe kein Team, sondern einen eigenen Arbeitsbereich. Bei Unvorhersehbarem im privaten Bereich ziehe ich mich meist zurück, weil ich in Angst und Unruhe und Chaos verfalle. Gut ist dann, mich einen Moment in meinem Zimmer allein zu lassen. Und als Liste aufzuschreiben, was nun als Nächstes zu tun ist, also das dann abarbeitbar zu machen.

An wen hast Du Dich mit Deinen psychischen Problemen wie Depression und/oder Ängsten gewandt? An wen wendest Du Dich aktuell?
Es gab in Schule und Ausbildung entsprechende Fachkräfte und Begleiter. Ich bin nicht depressiv. Ich bin froh, dass ich schon recht früh einen geschützten Weg gehen konnte. Angst habe ich nur in der Reizüberflutung und dann gibt es situative Hilfen.

Was war Auslöser dafür, das Asperger-Syndrom diagnostizieren zu lassen? Welche Auswirkungen hatte die Diagnose?
Nachdem klar war, dass mein Problem nicht einfach eine verzögerte Sprachentwicklung ist, aber von Fachseite keine Ideen kamen, warum ich so »eigen« bin, kam der Impuls zur Diagnose von meinem Bruder. Durch

die Diagnose war klar, was ich benötige, um mich gut weiterentwickeln zu können. Ich konnte gezielt an Angeboten für AutistInnen teilnehmen. Es war ganz hilfreich, um die Kommunikationsstrukturen zu verstehen. Aktuell spielt das keine Rolle mehr, ich habe mich »etabliert« in meiner Lebensnische.

Leidest Du an Reizüberflutung? Wie äußert sich das?
Ja, ich reagiere sehr empfindsam auf Reize (Licht, Lärm, Bewegung, Gerüche ... Berührungen von Fremden) und mein Inneres chaotisiert dann. Es ist, als würde alles an Wahrnehmung durcheinandergeworfen, und ich möchte dem nur noch entfliehen. Töne, Farben, Gerüche, die stehen nicht nebeneinander, sondern verweben sich, es wird laut und nicht mehr differenzierbar. In dem Moment bin ich nicht in der Lage, einen Gedanken so zu fassen, dass der aussprechbar wird. Oder es entweicht dann eher ein Stammeln, wenige aneinander gereihte Worte in nicht guter Satzstruktur. Daher schweige ich dann besser. Ich bin allerdings toleranter geworden, als Kind war die Reizüberflutung stärker.

Was ist Deine Strategie, um mit Situationen der Reizüberflutung umzugehen?
Rückzug. Oder halt in Kauf nehmen, z. B. beim Einkaufen, und für den Moment durchhalten, danach dann erholen. Ich male dann oft ein Detail, das ich in meiner Erinnerung aus der Situation zuvor »mitgenommen« habe.

Joachim

Zu Beginn des Schuljahres 1971/1972 war ich fünfeinhalb Jahre alt und konnte bereits lesen und rechnen. Das hatte ich mit der Hilfe meiner Eltern gelernt. Ich fragte viel und wollte wissen, was auf Reklameschildern, Orts- und Straßenschildern oder Ladenbeschriftungen steht. Ich ließ es mir vorlesen, sprach es nach und lernte so zu lesen. Als ich fünfeinhalb Jahre alt war, überzeugten meine Kindergartenbetreuerinnen meine Eltern, dass es sinnvoll sei, mich bereits in diesem Alter einzuschulen und nicht auf die Vollendung meines sechsten Lebensjahres und damit den Einschulungstermin im nächsten Jahr zu warten. Ich galt als intelligent, wissensdurstig und wurde dann auch mit fünfeinhalb Jahren eingeschult.

In der Grundschule verlief alles relativ normal und unauffällig, was sicher nicht zuletzt daran lag, dass meine Klassenlehrerin sehr verständnisvoll war. Dies äußerte sich unter anderem darin, dass sie mich nicht zwang, Hausaufgaben zu machen. »Ich weiß ja, dass er es kann«, soll sie zu meinen Eltern gesagt haben.

Die Grundschulzeit ging zu Ende und meine Lehrer empfahlen meinen Eltern, mich auf das Gymnasium im Nachbarort zu schicken. Ich war der

Jüngste in der Klasse und ich hatte das Gefühl, anders zu sein als meine Mitschüler. Es gelang mir nicht, meinen Platz in der Klassengemeinschaft zu finden, was zur Folge hatte, dass ich, um Aufmerksamkeit und Akzeptanz buhlend, zum Klassenclown wurde. Das machte mich zwar nicht beliebter, aber Aufmerksamkeit bekam ich. Leider in einer Form, die in Strafarbeiten, Einträgen ins Klassenbuch und Nachsitzen mündete. Es gab aber nicht nur Probleme wegen nicht gemachter Hausaufgaben oder auf dem Schulgelände geworfenen Stinkbomben, sondern auch weil ich frech zu Lehrern war, ihnen im Unterricht widersprach oder mich schlicht weigerte, »Frau Doktor Maier« zu sagen. Letzteres brachte mir die Strafarbeit ein, 100 Mal zu schreiben, »Ich muss Frau Doktor Maier sagen«. Ich bin mittlerweile 50 Jahre alt und lasse bis heute jegliche akademischen Titel in der persönlichen Ansprache bewusst weg.

Die disziplinarischen Probleme wurden für die Lehrer unerträglich und immer häufiger musste ich nachsitzen oder Strafarbeiten machen. Immer öfter hatte ich Angst vor der Schule und auch zuhause fiel das auf. Nach Gesprächen meiner Eltern mit Vertretern der Schule und auch mit meiner Kinderärztin wurde ich zu einem Kinderpsychiater geschickt. Ich hatte im Alter von drei Jahren, nach einer Mumpserkrankung, eine Gehirnhautentzündung und jetzt stellte sich die Frage, ob meine Schwierigkeiten möglicherweise irgendwie mit dieser früheren Erkrankung zusammenhingen. Der Kinderpsychiater bescheinigte mir einen IQ von 135 und dass ich im Übrigen völlig normal sei.

Da die disziplinarischen Probleme in der Schule fortbestanden, wurde mir in Gesprächen mit meinen Eltern die Möglichkeit geboten, an ein Gymnasium im Nachbarkreis zu wechseln und dort eine Klasse tiefer einzusteigen, um den Altersunterschied zu den Klassenkameraden zu eliminieren.

Zunächst ging in der neuen Schule alles gut. Trotzdem gelang es mir auch hier nicht, ein Zugehörigkeitsgefühl zum Klassenverband zu bekommen, und ich begann wieder, mich mit Schwätzen und Unaufmerksamkeit im Unterricht, mit nicht gemachten Hausaufgaben, aber auch mit Streichen unbeliebt zu machen. Auch dass Antworten auf Lehrerfragen im Unterricht einfach so aus mir herausexplodierten, ohne zu strecken, war des Öfteren Grund für Bestrafungen. Die Streiche waren der Versuch, mich cool erscheinen zu lassen, um dann zu der Gruppe zu gehören. Auch wochenlanges Schuleschwänzen wurde nicht wirklich hinterfragt, sondern schlicht disziplinarisch geahndet. Auf dem Pausenhof trieb ich mich grundsätzlich mit höheren Klassenstufen herum und engagierte mich in der Schülermitverwaltung, in der hauptsächlich ältere Schüler tätig waren.

Der psychische Druck, der auf mir lastete, machte sich mittlerweile auch in meinen schulischen Leistungen bemerkbar und meine Noten entsprachen teilweise nicht mehr meinen wirklichen Fähigkeiten. Dies führte zu zwei »Ehrenrunden«. Einer freiwilligen Wiederholung und einem Sitzenbleiben durch eine glatte Sechs im Zeugnis im Fach Russisch. Russisch als zweite Fremdsprache nach Englisch zu wählen, war eine Empfehlung meiner Lehrer, da sie das Gefühl äußerten, mit Französisch sei ich »nicht ausgelastet«.

Meine schlechten schulischen Leistungen waren hauptsächlich meiner versteckten Verweigerungshaltung geschuldet. Mich offen zu verweigern habe ich mich, aus Angst vor Repressalien, nicht getraut. Trotz allem wurde in dieser Zeit der Grundstein für meine berufliche Zukunft gelegt, denn dort hatte ich die Möglichkeit, an einer Informatik-AG teilzunehmen und den Umgang mit Computern und das Programmieren zu lernen. Das hat mir sehr viel Spaß gemacht und meine Leistungen in diesem Bereich waren herausragend.

Nach vielen unterschiedlichen Disziplinarmaßnahmen, wie Strafarbeiten und Arrest, Ausschluss von Klassenunternehmungen wie Schullandheim oder Skilandheim und am Ende der vierwöchige Schulausschluss, wurde mir in der zehnten Klasse ein Ultimatum gesetzt. Ich hatte zwei Möglichkeiten: Ich konnte erklären, dass ich die Schule nach der zehnten Klasse freiwillig verlassen werde, dafür wurde mir die Möglichkeit eingeräumt, die zehnte Klasse regulär zu beenden. Die zweite Möglichkeit war, diese Erklärung nicht zu unterschreiben. Ohne die Erklärung wäre ich aber sofort von der Schule verwiesen worden. Ich gab, gemeinsam mit meinen Eltern, die geforderte Erklärung ab und wechselte nach der Beendigung der zehnten Klasse in ein technisches Gymnasium im selben Landkreis. Dort wurde für mich alles besser.

In meiner Klasse in der neuen Schule waren auch Klassenkameraden, die das Abitur auf dem zweiten Bildungsweg machten. Sie waren wesentlich älter als ich und ich kam gut mit ihnen klar. Die Lehrer verstanden sich nicht als Autoritätspersonen, sondern überließen es weitgehend uns Schülern, wie wir mit dem Unterrichtsstoff umgingen, ob wir unaufmerksam waren oder gar nicht zum Unterricht erschienen. Meine Probleme, Autoritäten und hierarchische Strukturen anzuerkennen, kamen somit überhaupt nicht mehr zum Tragen.

Ich schloss in der neuen Schule die zwölfte Klassenstufe erfolgreich ab und erlangte mittels einer Schulfremdenprüfung an einer anderen Schule die erste Voraussetzung zur Fachhochschulreife. Da ich Trickfilm- und Medientechnik an der Filmakademie Baden-Württemberg studieren wollte und es zur Erlangung der Fachhochschulreife, außer der Schulfremdenprüfung auch einer abgeschlossenen Berufsausbildung bedurfte, entschloss ich mich zu einer Ausbildung zum Siebdrucker und fand auch eine Lehrstelle.

Während der Lehre fiel ich durch gute Leistungen, aber auch durch häufige Krankheitstage auf. Außerdem langweilte mich die einmal in der Woche stattfindende Berufsschule derart, dass ich auch dort durch Störaktionen im Unterricht oder durch Schwänzen negativ auffiel. Ich ging lieber zur Arbeit als zur Schule und musste mehrfach durch die Firma bei der Berufsschule entschuldigt werden, weil ich einfach zur Arbeit erschien, anstatt in die Berufsschule zu gehen. Nach wohlwollenden Gesprächen zwischen mir, meinem Lehrherrn und dem Klassenlehrer durfte ich eine Klassenstufe überspringen und schloss meine Lehre erfolgreich mit einer genehmigten Lehrzeitverkürzung auf zweieinhalb Jahre anstatt von drei Jahren ab. Die Lehre schloss ich mit einem sehr guten Zeugnis und einem Gesellenbrief ab.

Nach der Lehre begann ich mich um einen Studienplatz zu bemühen, nur um festzustellen, dass die Bewerberzahl auf einige wenige Studienplätze enorm ist und ich nur mit weiteren Zugangsvoraussetzungen eine Chance auf einen Studienplatz hätte. Dieser Umstand hat mich so entmutigt, dass ich meine Studienpläne fallen ließ und zunächst als einfacher Arbeiter in verschiedenen Firmen tätig war. Als Tester für Mikroelektronik in einem Testlabor, als Betreuer von Spritzgussmaschinen in einer Fabrik für Kunststoffteile und als Arbeiter im Wareneingang einer Maschinenbaufirma. Aufgrund von Differenzen mit meinem direkten Vorgesetzten wollte ich auch da nicht mehr arbeiten und suchte mir einen Zivildienstplatz, um den Problemen am Arbeitsplatz zu entgehen. Den Wehrdienst hatte ich bereits mit 16 Jahren verweigert.

Meinen Zivildienst absolvierte ich in der Akut-Aufnahmestation einer psychiatrischen Klinik. Auch hier hatte ich Schwierigkeiten mit hierarchischen Strukturen und eckte regelmäßig ernsthaft mit Pflegedienstleitung, Küchenleitung und Chefarzt an. Nach dem Zivildienst bewarb ich mich in einer anderen psychiatrischen Klinik und verbrachte die nächsten vier Jahre als Pflegehelfer in den Akut-Aufnahmenstationen von zwei psychiatrischen Kliniken. Aufgrund von Problemen mit Kolleginnen und Kollegen, weil ich nicht examiniert war, mich aber aufgrund meiner erworbenen Kompetenz und mit Rückendeckung der Stationsleitung einbrachte, als wäre ich ein vollwertiger Krankenpfleger, entstand ein Klima von Eifersucht und Missgunst, welchem ich nicht standhalten konnte. Ich kündigte deshalb Hals über Kopf.

Der Versuch eine Statistentätigkeit am Landestheater zu einer bezahlten Stelle als Regieassistent auszubauen und als Quereinsteiger Schauspieler zu werden, wurde von einem Angebot unterbrochen, nach Amsterdam zu kommen und dort an einem von einem Freund geführten, internationalen Institut die elektronische Datenverarbeitung zu organisieren. Das klang danach, mein Hobby, das Computern, das ich seit meinem vierzehnten Lebensjahr eifrig und mit viel Hingabe betrieb, zum Beruf zu machen. Außerdem reizte mich das Ausland, welches mir erlaubte, eine große Distanz zwischen mich und meine Eltern zu bringen. Das Verhältnis zu meinen Eltern war aufgrund der vielen von mir verursachten schulischen und familiären Probleme äußerst gespannt und ich sah die Gelegenheit dem zu entkommen. Ich nahm das Angebot an und zog nach Amsterdam.

In Amsterdam hatte ich viel Spaß und eine weitgehend stressfreie und glückliche Zeit. Das hatte ich bis dahin nicht erlebt. Ich baute im Alleingang die EDV des Instituts auf und erlernte autodidaktisch den Umgang mit dem Medium Internet, das damals noch in den Kinderschuhen steckte. Die Umstände erlaubten mir allerdings nur ein Jahr, sie auszukosten. Da ich in meiner Wohnung nicht bleiben konnte und keine neue Wohnung in Amsterdam finden konnte, ging ich zurück nach Deutschland.

Mit verschiedenen Bewerbungen in Deutschland hatte ich keinen Erfolg. Um mein Überleben zu sichern, wandte ich mich an das Sozialamt und lebte ein Jahr von Sozialhilfe. Da ich die Situation als unbefriedigend empfand, überzeugte ich das Arbeitsamt, mir eine Fortbildung zu bezahlen, damit ich mein Hobby, das Computern, zum Beruf machen konnte. In einem halben Jahr Vollzeitunterricht erwarb ich die Qualifikation MCSE (Microsoft Certified Systems Engineer) und mit diesem Papier gelang es mir bei einer Unternehmensberatung eine Arbeitsstelle als Netzwerk- und Systemadministrator zu bekommen. Die nächsten sechs Jahre arbeitete ich für diese Firma. Leider wurde ich von einem direkten Kollegen fortgesetzt gemobbt, was bei mir zu großen psychischen Belastungen führte, da ich der Situation nicht gewachsen war. Glücklicherweise erfuhr ich dabei Unterstützung meiner beiden Vorgesetzten. Durch Umfirmierungsmaßnahmen in der Firma veränderte sich in kurzer Zeit sehr viel, was mir große Anpassungsschwierigkeiten bereitete und mich nach sechs Jahren veranlasste, nach einer neuen Arbeitsstelle zu suchen.

Ich fand sie und begann, ebenfalls als Netzwerk- und Systemadministrator, in einer Firma für Heizungsbau zu arbeiten. Zunächst mit großem Erfolg und mit viel Lob meines Abteilungsleiters und des IT-Managers. Ich fühlte mich wohl und ging so gerne zur Arbeit, dass ich mehrfach am Abend nach Hause geschickt werden musste, um meine Überstunden nicht unnötig anwachsen zu lassen. Leider verließen beide Chefs sehr kurzfristig die Firma. Über ein ganzes Jahr wurden die beiden Stellen nicht wiederbesetzt und faktisch leitete ich die IT-Abteilung. Mein Arbeitspensum stieg ins Unerträgliche. Nach einem Jahr wurde ein Mann eingestellt, der sowohl die Abteilungsleitung als auch den Posten des IT-Managers übernahm. Er war ein Karrieretyp, der neu in die IT einstieg und von Datenverarbeitung nur wenig Ahnung hatte. Er trug Anzug und leitete in seiner vorherigen Tätigkeit in einem großen deutschen Konzern Outsourcing-Projekte. Die IT-Leitung war komplettes Neuland für ihn.

Mein Arbeitspensum nahm nicht ab, da ich aufgrund meines Wissens und meiner Fähigkeiten weiterhin die Arbeit des Abteilungsleiters zu erledigen hatte, obwohl ich eigentlich nur ein normaler Angestellter war. Meine anhaltenden Klagen, dass ich überlastet sei, wurden mit dem Hinweis quittiert, ich müsse eben auch mal 50, statt nur 40 Stunden arbeiten. Als ich darauf hinwies, dass ich das seit geraumer Zeit immer wieder mache, wurde mir vorgeworfen, dass ich die so entstandenen Überstunden aber auch immer wieder »abfeiere«. Ich müsse auch bereit sein, Opfer für die Firma zu bringen. Mein Argument, dass ich nur ein normaler Angestellter sei und schließlich nicht zur Abteilungsleitung eingestellt sei, führte zu dem Angebot, die Abteilungsleitung offiziell zu übernehmen. Ich schlug das Angebot mit der Begründung aus, dass ich mich nicht zur Personalführung eigne und außerdem nicht so werden wolle wie mein neuer Vorgesetzter. Diese undiplomatische Äußerung gegenüber meinem Vorgesetzten brachte ihn gegen mich auf und resultierte in einem eineinhalb Jahre währenden Mobbingdruck, den ich letztendlich nicht mehr aushielt.

Eines Morgens stand ich zitternd und weinend an meinem Arbeitsplatz und konnte weder mit der Tastatur noch mit dem Bildschirminhalt irgendetwas anfangen. Ich ging zu meinem Hausarzt, erzählte ihm meine berufliche Situation und wurde sofort für zunächst drei Wochen krankgeschrieben. Als ich nach drei Wochen die Krankmeldung um weitere drei Wochen verlängern ließ, wandte sich die Geschäftsführung meiner Firma an mich und bat um ein Gespräch. Da mein Hausarzt mich über die Wichtigkeit eines Mobbing-Tagebuchs aufgeklärt hatte, bluffte ich und erzählte, ein solches zu besitzen und die letzten eineinhalb Jahre dokumentiert zu haben. Ich zeigte dem Geschäftsführer die Möglichkeit auf, mich an das Arbeitsgericht zu wenden. Aufgrund dieses Bluffs wurde ich, auf eigenen Wunsch, für zwölf Monate bei vollen Bezügen freigestellt und hatte so die Gelegenheit, eine dringend notwendige Hüftoperation durchführen zu lassen, in Ruhe vollständig zu genesen und dann nach einer neuen Arbeitsstelle zu suchen.

Ich bewarb mich an einem renommierten Forschungsinstitut und arbeite nun seit sechs Jahren dort als Netzwerk- und Systemadministrator. Auch hier habe ich einen Kollegen, der mich fortgesetzt mobbt, indem er mich wie Luft behandelt, alle anderen begrüßt und mich gezielt ignoriert. Da er sowieso ein unbeliebter Kollege ist und ich bei diesem Problem die volle Unterstützung meiner Abteilung genieße, belastet mich die Situation nur gering.

Große Probleme habe ich mit Ablenkung durch Geräusche oder laute Unterhaltungen meiner Kollegen. Dies führt regelmäßig dazu, dass ich mich überhaupt nicht mehr konzentrieren kann. Tage an denen ich viel Kontakt mit den zahlreichen Doktoranden im Institut habe, kosten mich sehr viel Energie, was sich darin äußert, dass ich abends völlig erschöpft, müde und ausgelaugt bin und zu nichts mehr fähig bin, was in irgendeiner Form Anstrengung von mir bedeuten würde.

Insgesamt empfinde ich das Konstrukt der Trennung von Arbeit und Leben als unangenehm. Viel lieber wäre mir, wenn das Leben und Arbeiten mehr verflochten wäre, so wie es in der Landwirtschaft der Fall ist.

Dass ich eine Person aus dem Autismus-Spektrum bin, wurde mir erst vor ungefähr fünf Jahren bewusst. Davor habe ich mich immer nur als anders und zum Teil als missraten empfunden, da ich mich oft nicht in der Lage sah, die an mich gestellten sozialen Leistungen adäquat zu erbringen. Leider habe ich die Diagnose »Asperger-Autismus« bisher nicht erhalten. Sie wäre für mich eine große Erleichterung, da mein Anderssein einen Namen hätte und meine große Anpassungsleistung anerkannt würde.

Seit einem Jahr betreibe ich in meiner Freizeit die Jägerei, was mir einen ungeahnten Ausgleich bringt. Beim Jagen kann ich mich von allen Sorgen und Nöten befreien, bin ganz bei mir, im Hier und Jetzt und kann außerdem meine sensorischen Fähigkeiten gut einsetzen.

Der Asperger-Autismus bringt für mich nicht nur Schwierigkeiten, er bringt mir auch Fähigkeiten, die neurotypische Menschen nicht in diesem Maß besitzen. Bei mir ist es vor allem die sensorische Wahrnehmung, die deutlich gesteigert ist. Außerdem besitze ich sehr gute analytische Fähigkeiten. Ohne analytisches Herangehen an meine Schwierigkeiten im Umgang mit meinen Mitmenschen, wäre ich heute nicht da, wo ich bin. Die Ausübung einer geregelten Arbeit wäre mir wahrscheinlich nicht möglich. Nur das dauernde Beobachten und Analysieren von wiederkehrend schwierigen Situationen im Umgang mit meiner Umwelt ermöglichen mir, Kompensationsstrategien zu entwickeln, die mir das Bestehen in der Welt der »Normalen« möglich machen. Das kostet jedoch viel Energie und ist bisweilen sehr anstrengend.

Was ich typisch autistisch an mir finde

Ich lerne anders, ich begreife anders. Ich nehme anders wahr, ich nehme mehr wahr. Ich reagiere in bestimmten Situationen anders und kann das alles nur begrenzt steuern. Ich fühle mich oft von der Flut der Sinneseindrücke überfordert, was es mir schwer macht, zum Beispiel einem Gespräch mit einer fremden Person zu folgen. Ich muss mich ständig konzentrieren, den Blickkontakt zu halten, und bekomme dabei die Hälfte des Gesprächs nicht mit. Wenn mehrere Gespräche in einem Raum stattfinden, kann ich mich nicht auf *mein* Gespräch konzentrieren, sondern kann nicht umhin, alle Gespräche zu registrieren, aber eben nur Teile der Gespräche, also auch nur Teile *meines* aktuellen Gesprächs.

Ich habe generelle Probleme mit dem Führen von Small-Talk-Gesprächen. Small Talk kommt mir sinnlos und lächerlich vor. Den sozialen Sinn der Frage »Wie geht es Dir?« als Begrüßungsformel habe ich erst mit 45 Jahren begriffen. Mir fällt es schwer, darauf zu antworten »gut«, wenn es mir nur mit Einschränkungen gut geht. Ich tendiere eher dazu, auch auf diese Frage ausufernd zu antworten, wie ich das gerne bei Fragen, die meine Wissensgebiete betreffen, mache. Den Ermüdungsgrad meines Gegenübers nehme ich dabei meist erst in fortgeschrittenem Stadium wahr. Ich selbst stelle die Frage nach dem Befinden eher selten, da ich erwarte, dass mir mein Gegenüber erzählt, wenn es etwas Wissenswertes gibt. Ich mache gelegentlich unpassende Bemerkungen, die mir selbst erst hinterher auffallen, oder habe plötzlich nichts mehr zu sagen. Diese peinlichen Gesprächsabbrüche hat jeder schon mal erlebt. Ich erlebe sie bei praktisch jeder »Small-Talk-Situation«. Bei Gesprächen, beispielsweise unter Kollegen, kann ich zwar selbst ironisch, sarkastisch und zynisch sein, bin aber schnell nicht mehr sicher, ob andere etwas ironisch, sarkastisch oder zynisch meinen oder nicht, bzw. habe schnell das Gefühl, dass mein Gegenüber nicht mehr mit Ironie, Sarkasmus oder Zynismus spricht, sondern plötzlich tatsächlich meint, was es sagt.

Ich habe Konzentrationsschwierigkeiten und lasse mich leicht durch andere Dinge ablenken. Ich nehme Geräusche oder »Kleinigkeiten« in meiner Umgebung wahr, wie beispielsweise das Ticken einer Armbanduhr, das mir richtig laut vorkommt, das aber niemandem außer mir auffällt und keiner im Raum hört außer mir. Wenn ich dann näher an die Uhr herangehe, ist sie eindeutig als Geräuschquelle auszumachen. Ich höre Fernseher pfeifen, hohe Motorengeräusche empfinde ich als äußerst unangenehm und störend, Staubsauger quälen mich. Mit einem Nachbarn lag ich im Dauerstreit wegen einer Swimmingpoolpumpe, die offenbar nur mir den Schlaf raubt. Überhaupt sind alle unerwartet auftretenden, lauten Geräusche sehr unangenehm, weshalb ich Luftballons nicht mag, weil ich nie weiß, wann einer platzt und mich erschreckt. Beim Zahnarzt war ich schon seit Jahren nicht mehr, weil das Geräusch des Bohrers in mir eine Panikreaktion auslöst.

Ich erkenne schnell Muster und bin sehr sensibel für Veränderungen in Mustern unterschiedlicher Art. Ich spüre bereits kleine Veränderungen oder *Störungen* in grafischen Mustern, Ablaufmustern oder Verhaltensmustern. Ich merke schnell an nur leicht verändertem Verhalten, wenn andere ihre Stimmung wechseln, oft bevor sie es selbst merken, auch wenn ich mir dabei den Grund für den Stimmungswechsel in der Regel nicht erklären kann, den Wechsel nehme ich wahr. Ich *stolpere* beim Lesen förmlich über Rechtschreibfehler. Egal ob in Büchern, Briefen, Werbung, E-Mails oder auf Schildern. Es ist mir unmöglich, einfach darüber hinwegzulesen. Ich lese das falsch geschriebene Wort und merke, dass *grafisch* etwas nicht stimmt. Das gesehene Bild des falsch geschriebenen Wortes stimmt nicht mit dem Bild des Wortes in meinem Kopf überein. Ich lese das Wort nochmal, um den Fehler zu *identifizieren* und kann dann erst weiterlesen. Ich nenne es *Stolpern,* da es immer eine signifikante Verzögerung beim Lesevorgang zur Folge hat. Ganz schlimm sind Sätze mit mehreren falsch geschriebenen Worten. Dann muss ich den ganzen Satz mehrfach lesen, um alle Fehler zu *identifizieren.* Dieses Symptom hat mich letztlich darauf gebracht, dass es die Filterfunktionen meiner Sinneswahrnehmung sind, die anders arbeiten als bei den meisten anderen Menschen.

Vor ungefähr vier Jahren habe ich eine Dokumentation über die *Savants* gesehen und zum ersten Mal vom Asperger-Syndrom gehört. Ich habe zuvor wohl gemerkt und auch anderen gegenüber geäußert, dass ich autistische Züge habe, aber als Syndrom, also sich zu einem Gesamtbild vereinende Einzelsymptome, habe ich es bis zu besagter Dokumentation nicht verstanden. Dort wurde ein Versuchsaufbau gezeigt, der für mich den »Moment des Erwachens« markiert.

Im Versuch wurden nichtautistischen Probanden Sprichwörter mit kleinen Fehlern auf einem Monitor gezeigt

Der Krug geht so lange zum
zum Brunnen bis er bricht.

Die Probanden sollten die Sprichwörter vorlesen. Sie lasen die Sprichwörter durchweg ohne die offensichtlichen Fehler vor. Sie blendeten sie einfach mittels additiver Wahrnehmung aus. Im zweiten Teil des Versuchs wurde nahe der linken Kopfseite eine Spule angebracht, mit der ein starkes elektromagnetisches Feld erzeugt werden konnte. Dieses Magnetfeld beeinträchtigte die Funktion der linken Gehirnhälfte der Probanden offenbar so stark, dass sie unter dem Einfluss des Magnetfelds plötzlich die Fehler bemerkten und auch vorlasen. Das erinnerte mich stark an meine Probleme mit Rechtschreibfehlern, bei denen es mir unmöglich ist, einfach drüber hinwegzulesen, als sei nichts. Diese Parallele zu mir war für mich wie ein Puzzleteil an einer Schlüsselstelle, mit dessen Erscheinen das ganze Bild meines Autismus auf einmal begann Formen anzunehmen. Plötzlich ließ sich für mich so vieles in meinem Leben erklären, was bisher einfach nur seltsam, komisch, definitiv anders und oft sehr belastend war.

Joachim: Interview

Wenn Du Dich in ein neues Arbeits-/Wissensfeld einarbeiten musst, wie lernst Du die Inhalte am liebsten (z. B. selbstständig oder im strukturierten Unterricht)? Warum kommt Dir grade das entgegen?
Reine Wissensinhalte lerne ich selbstständig unter Zuhilfenahme von Medien, die ich mir zusammensuche. Praktische Fähigkeiten bedürfende Inhalte lerne ich bevorzugt durch grafisch anschauliche Beispiele, wie Animationen oder Vormachen. Bildliche Eindrücke kann ich gut mit einem visuellen Kontext zu größeren Konstrukten verbinden, die wiederum miteinander zu komplexeren Wissenseinheiten verknüpft werden können. Die kann ich mir gut merken und, weil sie in einem kontextuellen Zusammenhang stehen, auch voneinander herleiten.

Asperger sind oft pragmatisch und rational, was die Studien-/Berufswahl angeht. »Träume« werden hintangestellt. Stimmt das auch für Dich? Warum ist das so?
Ich bin leider nie meinen beruflichen Träumen gefolgt, sondern habe mein Berufsleben tatsächlich eher pragmatischen Gesichtspunkten folgend gestaltet. Ich habe sich bietende Gelegenheiten ergriffen und bin keinem Plan gefolgt. Berufliche Träume erschienen mir unerreichbar. Ich hatte keinen Weg zum Ziel vor Augen. Das Entwickeln eines Planes und hernach das planvolle Vorgehen fallen mir schwer.

Wo siehst Du Dich beruflich in 5 Jahren?
Ich habe diesbezüglich keine Vorstellung.

Was löste berufliche Krisen aus? Wie wären diese im Nachhinein vielleicht verhinderbar gewesen?
Berufliche Krisen hatte ich immer dann, wenn es schwerwiegende Kommunikationsprobleme zwischen mir, Vorgesetzten oder Kollegen gab. Auch größere strukturelle Veränderungen während meiner Arbeit in einer Firma empfinde ich als für mich kritisch und sie führen bei mir schnell zu einer ablehnenden Haltung. Es ist als sträube sich alles in mir gegen Veränderungen an einer gewohnten Umgebung. Verhinderbar wären solche Krisen beispielsweise durch einen Arbeitsplatz, an dem wenig Zwangskontakt zu anderen besteht und die Möglichkeit, Arbeitsabläufe selbst anzupassen.

Welche Strategien hast Du für einen konfliktarmen und vielleicht sogar freundschaftlichen Umgang mit KollegInnen?
Ich versuche mir grundsätzlich durch Hilfsbereitschaft, Verlässlichkeit und Kooperationsbereitschaft die Sympathie meiner Kollegen zu erarbeiten. Ich hoffe, dadurch einen Puffer für eventuelles Fehlverhalten meinerseits zu schaffen.

Viele Aspies haben eine Schwäche beim Wiedererkennen von Gesichtern und damit von Menschen. Du auch? Was ist ein guter Umgang mit dieser Schwäche?
Ich erkenne häufig Menschen nicht, wenn ich sie in einem ungewohnten Umfeld antreffe. Ich merke dann zwar, dass mir das Gesicht bildlich bekannt vorkommt, aber ich kann es nicht zuordnen. Oft gelingt mir das erst lange danach, nach intensivem Grübeln, oder wenn ich den Menschen wieder in der gewohnten Umgebung treffe.

Viele Aspies haben eine Schwäche beim Erkennen von Intentionen und Gefühlen von KollegInnen. Du auch? Was ist ein guter Umgang mit dieser Schwäche?
Ich bin mir nicht sicher, ob ich einen guten Umgang damit habe. Mir ist es unangenehm oft passiert, dass Menschen in meiner Nähe, beispielsweise Kollegen, aber auch Familienmitglieder, plötzlich ausrasten und für mich aus heiterem Himmel kommend auf »180 Grad« sind. Und ich stehe verständnislos da und frage mich, warum sie nicht eher gesagt haben, dass sie irgendetwas an mir nervt. Ich hätte das ja schließlich auch getan, wäre ich an ihrer Stelle gewesen. Wahrscheinlich haben sie mir im Vorfeld ver-

sucht, zwischen den Zeilen und gesellschaftlich korrekt mitzuteilen, dass sie von mir eine Verhaltensänderung erwarten. Wahrscheinlich habe ich es auch als Auffälligkeit im Verhalten wahrgenommen, aber als »Fehlalarm« interpretiert und verworfen. Ich habe so viele »Fehlalarme«, dass es häufig vorkommt, dass ich sie einfach als Folge einer übersensiblen Beobachtung der Verhaltensmuster eines Gegenübers ignorieren kann.

Meine Strategie dagegen ist es, oft gezielt zu fragen, ob es im Moment irgendwelche Spannungen gibt, die mir vielleicht entgangen sind. Das mache ich vermehrt in Beziehungen, die mir wichtig sind, die aber noch nicht wirklich eingespielt sind. In solchen Beziehungen sind Fehlalarme sehr häufig und ich versuche sie durch Nachfragen zu erkennen.

Hast Du im Beruf Menschen wahrgenommen, die ähnlich »einsam« oder »seltsam« erschienen wie du selbst? Wie würdest Du damit umgehen, Asperger als KollegInnen zu haben?
Ich habe eindeutige Asperger-Kollegen. Einen habe ich vor einigen Jahren direkt darauf angesprochen und er erzählte mir, dass seine Frau das auch schon vermutet habe. Mittlerweile hat er eine ASS-Diagnose, wir sind Freunde und er ist der einzige Kollege, mit dem ich privat Kontakt habe. Wir treffen uns oft bei der Arbeit und reden kurz miteinander und beraten und unterstützen uns gegenseitig bei jeweiligen Problemen mit Kollegen und der Arbeit. Das funktioniert, weil wir uns in vielen Aspekten ähnlich sind. Es ist allgemein auffallend, wie entspannt das Miteinander mit anderen Menschen aus dem autistischen Spektrum sein kann. Wenngleich das bei Weitem nicht für alle Autisten gilt, aber an Menschen, mit denen ich mich spontan sehr gut verstehe, fallen mir häufig autistische Verhaltensweisen auf.

Warum prägt das Gefühl der Einsamkeit oder des Nichtdazugehörens so oft das Leben? Wächst da nicht die Akzeptanz, halt ein Einzelgänger zu sein?
Ich empfinde es nicht als Akzeptanz gegenüber der Stellung des Einzelgängers. Für mich war es vielmehr eine irgendwann erfolgte, zwangsläufig erfolgte Einsicht, dass ich, auch wenn ich die Ursache dafür damals nicht erklären konnte, unbestreitbar anders und oft inkompatibel mit anderen Menschen bin. Daraus folgte, dass unlösbar scheinende Konflikte am besten dann vermieden werden, wenn die zu große Nähe zu anderen Menschen vermieden wird. Bei Menschen, die generell wenig Wert auf gesellschaftliche Konventionen legen und alltägliche Kommunikation nicht als einen zu schmückenden Weihnachtsbaum betrachten, kann ich mich deutlich mehr entspannen und muss die zwischenmenschlichen Interak-

tionen nicht ständig, auf der Suche nach möglichen Fettnäpfchen, bewusst beobachten.

Hast Du auch das Gefühl, eine Art soziales Theater zu spielen, bei dem Du neurotypisches Verhalten kopierst? Welche Erfahrungen hast Du damit gemacht?
Viele Situationen in meinem beruflichen Leben und große Teile meines eher kärglichen sozialen Lebens bestehen daraus, eine Rolle zu spielen. Ich studiere Verhaltensweisen von anderen Menschen, um sie in ähnlichen Situationen, in denen mir selbst kein adäquates Verhalten einfällt, zu kopieren. Das kann aber auch ganz schön schieflaufen. Es gibt nur wenige Menschen, bei denen ich das Gefühl habe, einfach ich zu sein. Ohne das soziale Theater wäre der Umgang mit der neurotypischen Umwelt aus meiner Sicht nicht möglich.

Es heißt ja oft, Aspies seien besonders ehrlich, hätten einen ausgeprägten Gerechtigkeitssinn. Trifft das auf Dich zu?
Das trifft größtenteils auf mich zu. Es fällt mir äußerst schwer, die Unwahrheit zu sagen, selbst wenn es soziale Situationen opportun erscheinen lassen, nicht ehrlich zu sein, bin ich es oft trotzdem, was zwangsläufig zu unangenehmen Konfliktsituationen führt. Wenn ich mich aber entschlossen habe, nicht die Wahrheit zu sagen, dann mache ich das mit hoher Perfektion. Ich bin ein äußerst gerechtigkeitsbewusster Mensch. Selbst bewusst andere ungerecht zu behandeln, lehne ich entschieden ab. Wenn ich oder mir wichtige Personen ungerecht behandelt werden, kann das regelrechte Aggressionswellen in mir auslösen. Insbesondere dann, wenn ich mich ohnmächtig fühle, der Ungerechtigkeit effektiv etwas entgegenzusetzen. Solche Situationen sind für mich nur schwer zu kontrollieren.

Hast Du einen hohen Perfektionsanspruch an Dich in Deinem Job? Bist Du nur zufrieden, wenn Du alles perfekt erledigt hast?
Ich habe, nicht nur beruflich, ein ausgeprägtes Bedürfnis, Dinge möglichst perfekt zu machen. Ich verliere mich dabei auch gerne in unwesentlichen Einzelheiten und es fällt mir schwer im Wissen bestehender Unvollkommenheit im Detail, auf den zielführenden Hauptpfad zurückzukehren.

Was schätzen Deine KollegInnen an Dir?
Meine Kollegen sagen, sie schätzen meine Kompetenz an mir, wobei ich mich dabei regelmäßig völlig überschätzt fühle und meine Kompetenz selbst schwer anerkennen kann. Ich habe ein ausgeprägtes Verantwor-

tungsgefühl und nehme Aufgaben wichtig. Meine analytischen Fähigkeiten und meine Sprachbegabung werden geschätzt.

Kannst Du in einem Satz zusammenfassen, welche Rolle die Familie/der Partner für Dich beim Erfüllen der Berufstätigkeit spielt/e?
In der Regel keine.

Wie meinst Du wirkst Du auf andere Menschen? Eher empathisch oder unempathisch? Eher logisch denkend oder intuitiv handelnd? Woran machst Du das fest?
Ich denke, dass ich als empathisch wahrgenommen werde. Ich versuche ständig, mir bewusst vorzustellen, wie meine Umgebung mich wahrnimmt. Ich habe auch im Laufe der Zeit gelernt, wie Empathie aussieht. So gesehen ist das auch nur ein überzeugend gespieltes soziales Theater. Auf der anderen Seite bin ich sehr wohl zu Mitgefühl fähig. Gelegentlich fast zu viel für meinen Geschmack. Ich bin eigentlich logisch denkend, versuche ich intuitiv zu handeln, dann wird das oft schwierig.

Wie gehst Du mit Schwierigkeiten bei der Orientierung im Arbeitsalltag und in den Strukturen um?
Ich versuche zunächst irgendwie intuitiven Zugang zu Strukturen zu bekommen. Das gelingt mir allerdings oft nicht oder nur scheinbar und ich finde mich früher oder später in einer Situation wieder, in der ich die Welt nicht verstehe, weil sie sich als so anders zeigt, als ich sie mir gedacht hatte. Das resultiert in erhöhter Ablehnung, Misstrauen und Vorsicht gegenüber Strukturen. Insbesondere hierarchische Strukturen irritieren mich und es fällt mir schwer, strukturell begründete Autorität zu akzeptieren.

Wie gehst Du mit den Unvorhersehbarkeiten im Team um?
Neue Situationen oder dauerhafte Änderungen irritieren mich und erfordern viel Anpassungsleistung.

Hast Du Schwierigkeiten, dem Arbeitsinhalt Struktur zu geben? Wenn ja, was hilft Dir?
Ja, oft ist es schwierig, Struktur aufzubauen und nicht einfach draufloszugehen, was meinem Naturell entspräche. Es fällt mir oft schwer, Wichtiges von Unwichtigem zu trennen. Es hilft mir, Aufgaben in einzelne Abschnitte einzuteilen und diese einen nach dem anderen abzuarbeiten.

An wen hast Du Dich mit Deinen psychischen Problemen wie Depression und/oder Ängsten gewandt? An wen wendest Du dich aktuell?
An meinen Hausarzt und an einen Psychiater, der allerdings mittlerweile im Ruhestand ist. Im Moment habe ich einen Termin bei einem Psychiater, der die nächste Station in der ermüdenden Odyssee durch verschiedene Instanzen der Autismusdiagnose ist. Meine Eltern sind glücklicherweise für mich da, wenn ich Halt und Rat brauche. Weiteren Halt erfahre ich durch andere autistische Menschen aus meinem Umfeld. Außerdem bin ich in einem Verein für autistische Menschen und finde auch dort gelegentlich Halt.

Was war Auslöser dafür, das Asperger-Syndrom diagnostizieren zu lassen? Welche Auswirkungen hatte die Diagnose?
Hauptsächlicher Auslöser für das Bemühen um eine Diagnose ist der Wunsch, verstehen zu wollen, was an mir anders ist als an der Vielzahl meiner Mitmenschen. Zum einen fasziniert mich mein Anderssein, auch wenn es anstrengend ist, zum anderen möchte ich es verstehen, weil mir das Wissen um die Eigenheiten ermöglicht, besser mit ihnen umzugehen und nicht davor zu resignieren. Dazu kommt die Sorge, dass mit steigendem Alter und, daraus resultierend, abnehmender Fähigkeit zur Kompensation meiner »gesellschaftlichen Defizite« die Konfliktsituationen zunehmen und die allgemeine Leistungsfähigkeit am Arbeitsplatz abnimmt.

Hast Du an psychologischen, sozialen oder berufsfördernden Angeboten speziell für Aspies teilgenommen? Welche Erfahrungen hast Du gemacht?
Nein.

Leidest Du manchmal an Reizüberflutung? Wenn ja, wie gehst Du damit um?
Ich leide oft an Reizüberflutung und versuche, wo möglich, solche Situationen sofort zu verlassen oder sie schon im Vorfeld zu vermeiden. Wenn sie sich nicht vermeiden lassen, versuche ich alles, um sie zeitlich abzugrenzen, damit ich ein Ziel vor Augen habe, wann die Reizüberflutung aufhören wird. Wenn sie unvermeidbar sind, muss ich mit körperlichem Fluchtdrang und einer genervt aggressiven Stimmung rechnen.

Sarah

Asperger-Artistin – schon wieder! Zum fünften Mal zaubert die automatische Rechtschreibkorrektur aus der zu tippenden Autistin eine Artistin. Dies ist die Berufsbiografie einer unfreiwilligen Asperger-Artistin.

Die Autopoiesis, das »Sich-selbst-Hervorbringen« im steten Wandeln und Lernen eines in sich geschlossenen Systems, liegt nah bei der Autopoesie, wobei zu klären wäre, ob damit ein poetisches Selbst ohne Gefährten bezeichnet ist oder ein Gedicht über ein technisches Gefährt mit Rädern. Das »Oder« könnte ein »Auch« zugesprochen bekommen: Seit ich mich erinnern kann, bin ich eine Autodidaktin, verliebt in Wortklänge, aber nicht in das mit jemandem Reden; autopoietisch formt mich mein Hang zum Selbsterlernen außerhalb der üblichen institutionalisierten Belehrungssettings und Interessiertenclans – und ich verzichte nicht auf ein Auto, weil mich dieser kleine eigene Raum, diese Möglichkeit des pausierenden Abgeschiedenseins vor dem äußeren Rummel, mobil macht. Ohne meinen Raum auf Rädern könnte ich nicht am Berufszirkus teilnehmen;

nur als autopoetische Artistin komme ich autopoietisch bis in die Runden der gesellschaftlichen Manege.

Verzauberte

Es hat mir als Kleinkind gedankensingende Freude gemacht, lesen zu können, egal ob altdeutsche Schrift (Sütterlin) in Uromas Märchenbuch, ihrer Bibel oder die entschnörkelte Glattheit der üblichen Illustriertentypen eines einfachbürgerlichen Zuhauses. Mit der HÖRZU lernte ich das Lesen und wunderte mich im Erkennen, warum die TV-Illustrierte »Hören« beinhaltet, wo es doch ums »Sehen« geht. Das Ummichherum war voller Widersprüche und das blieb auch so. Meine erste soziale Zugehörigkeitswelt war der Kindergarten.

Mit den Kindern im Kindergarten wusste ich nichts anzufangen, ich kannte sie nicht mit Namen und ihre typischen miteinanderverklebenden Spiele und Aktivitäten waren mir fremd, stressten mich bereits beim Mitimraumsein – bis heute durchlebe ich wiederkehrend das Grauen von Stuhlkreisen in all ihrer Entblößungsmacht.

Die gesichtslosen Mitkinder ihrerseits konnten sich nicht vorstellen, wie wundervoll es ist, im Getreidefeld neben dem Kindergartengelände zu sitzen und voller Verzauberung die Körner an den Ähren zu zählen, deren Summen zu vergleichen, Mittelwerte zu finden und diese je nach Wuchsbereich im Feld zu differenzieren. Diese flüsternd berauschte Ruhe zwischen den Ähren, das sicher Versteckte im Rückzug auf ein Sein als sanftlautgekitzeltes Ohr und geankertes Auge in geordneter Ährenstellung. Die Kühle der Erde. Der Geruch des Vegetativen. Stundenlang konnte ich die mäandernden Windwege im wogenden Getreidefeld beobachten und mir immer neue Fragen zu dem spannenden Geschehen erdenken. Die Erzieherinnen interessierte meine Neugierde nicht, ich bekam nur selten Antworten auf meine Fragen, so gab es keinen Anlass mehr zum Reden. Schweigende Artistin in ihrer ganz eigenen klangvollen Verwundertheit – ohne störenden Applaus.

Unsichtbarwerdende

An diesem ersten Tag in der Grundschule, bereits nach zwei Stunden, habe ich aufgehört, mich am Geschehen zu beteiligen, ich wurde unsichtbar. Ich war fünf Jahre alt, galt als intelligent, wurde dann aber umgehend

– meine Lehrerin war offenfroh, um mich herumzukommen, selbst für mich war ihre Ablehnung erkenn- und spitz fühlbar – wieder ausgeschult. Ein Jahr später wieder eingeschult blieb ich in der Unsichtbarkeit meines sich verhüllenden Andersseins. Der Unterrichtsinhalt war für mich keine Herausforderung und ich erkannte keinen Sinn in dem Wettbewerb des Sichmeldens, hervorstechend schnipsende Finger in Verlängerung überstrebender Sichtplatzierung. Als Erste die Antwort auf die, nur das Bekannte hervorziehende Abfragerei der Lehrerin zu geben, das lag fern meiner Einsicht. Das aktive Beteiligen im Unterrichtswirrwarr war zudem Stress, ich verkrampfte noch mehr, als stuhlkippelnd abbaubar war. Unterrichtsbeteiligung war eine Unterbrechung meiner beheimatenden Gedankenwelt, auch mochte ich diesen Moment des im Augenmittelpunktstehens genauso wenig wie das Atemstocken in den nichtgönnenden Blicken der Mitschüler.

Zu den anderen Schülern bekam ich selten und nur oberflächlich Kontakt. Wenn ich mich bedrängt fühlte, so reagierte ich – die sonst so still und in sich gekehrt war – mit unerwarteter, als cholerisch bezeichneter Wut und heftigen Attacken auf die vermeintlich zu nah Kommenden. Sie ließen mir gern meine Ruhe und ich fühlte meine Nichtexistenz in dieser Welt. In den Pausen verbarg ich mich in den Hecken, die um den Pausenhof herum gepflanzt waren. Hecken sind durchaus vorteilhaft gegenüber Getreidefeldern, da es sie ganzjährig auch in Grün gibt und Grün ist ein hüllender e-Moll-Klang. Ich war in diesem Blätterklang nicht mehr wahrnehmbar für diese viel zu laute, harmonielose Schulhofwelt, dieses polternde Rennen, die zu vielen sich übertrumpfenden Geschichten voller Geltungsstreben eines Ich-habe-zum-Geburtstag-fünf-Barbiepuppen-Bekommen. Stattdessen nahm ich sie deutlich wahr, die Veränderung der Blätter im Licht des Tages, die Insekten mit ihren eigenen huschenden, schaukelnden, eiligen oder zögernden Beinen. Ich roch sie intensiv, sie sind ein Geschmack in meinem Mund – wobei Marienkäfer ein abstoßendes, fauliges Aroma haben. Blattläuse hingegen, aber nur die grünen, sind von transparentem Wohlgeruch und haben eine sonnigwarme Dünstung, als hätten sie kein Innen.

Warum, so fragte ich mich, können Marienkäfer so eklig brackige Gesellen sein, wo sie sich doch von den Blattläusen ernähren, also aus deren herrlicher Transparenz aufgebaut sind. Warum ist das, was wächst, nicht so wie das, aus dem es besteht? Wie finden die Wandlungen statt? Ist das der Preis für ein Fliegenkönnen? Es gab viele Fragen und dazu weit weg führende Gedankenwege.

Im Sportunterricht war ich glanzlos und sehr ängstlich, verweigerte – motorisch eher ungeschickt und mit Schwierigkeiten beim Gleichgewichthalten und Einschätzen von Abständen – das Mitmachen und vor allem die Teamspiele. Die anderen weigerten sich ebenfalls, vor allem mich in ihr Team zu wählen, so dass ich regelmäßig als Letzte noch auf der Bank saß und eher als Bürde denn als Gewinnchance zur Mannschaft angefügt wurde.

Im sonstigen Unterricht zeigte ich allein im Schriftlichen das spielerische Beherrschen des Lerninhalts – mündlich galt ich wegen meines lächellosen Schweigens als hinterlistig Verweigernde, was mich bei den Lehrerinnen nicht beliebter machte. Ich konnte vor Anspannung wegen unspannendem, aber umso mehr überreizendem Unterricht selten auf einem Stuhl sitzen, ohne selbstberuhigend zu kippeln – ich wurde im Laufe der vier Grundschuljahre Kippelmeisterin und konnte das wippende Gleichgewicht auch dann halten, wenn ich in den besonders lauten Schulstunden zusätzlich meine Schultasche vor meinen Bauch gepresst auf dem Schoß hielt wie zu meinem haltgebenden Schutz, oder auch als ob ich unhaltbar lieber gehen würde, was wohl beides zutraf. Irgendwann wurde ich ignoriert und es gab keine Versuche mehr, mich für die Unterrichtsbeteiligung zu motivieren. Das stuhlruhige Aufrechtsitzen an einem Tisch blieb für mich eine unlösbare Herausforderung, es erinnert mich an die Qualen nicht enden wollender Unterrichtsstunden und setzt sich mit den Teamsitzungen, Tagungen und vollen Restaurants im Heute fort.

Eine, vielleicht sogar die wichtige Person meiner mittleren Kindheit war die Bibliothekarin in der Stadtbibliothek. Diese erlaubte mir, Bücher aus der Erwachsenenabteilung auszuleihen; jahrelang mit einem Zwinkern und dem Satz »Ist Deine Mutter immer noch krank, es ist so lieb von Dir, dass Du ihr Bücher ausleihen kommst ...«. Ich las mich durch die Nachmittage, zwei oder drei Bücher am Tag waren oft notwendig, Gedankensurfen auf Wissensfluten, auch zum Vergessen der Schultage und zum Verdrängen der Einsamkeit, die ein meinerarts perfekt eingeübtes Unsichtbarsein auf sich trägt. Sachbücher zu Tieren und deren Verhalten waren meine Lesefavoriten. Purzeline, meine Zwerghäsin, war schoßsitzende Lesebegleiterin und über Jahre hin mein wichtigster Sozialkontakt. Insgesamt war mein Talent zum Verstehen von und zum Umgang mit Tieren auffällig – den ersten als unhaltbar geltenden Tierheimhund bekam ich mit zwölf Jahren und half ihm aus seinem Trauma; es folgten viele weitere Tiere. Die Manege füllte sich mit tierisch Achtenswertem.

Ich kam auf meinen drängenden Wunsch hin aufs Gymnasium und zeigte dort ein ähnliches vermeidendes Verhalten im Unterricht und erlebte wieder und wieder das Nichtwahrgenommensein in den Schulpausen sowie vergebliche Versuche, mich in eine Clique zu integrieren. Die Zeit verging sehr langsam. Jeder Tag war eine verwirrende Mühe – aber ich wollte das Abitur unbedingt schaffen, um einmal Wissenschaftlerin werden zu können. Nach dem Schultag war ich zumeist sehr erschöpft, was sich in vielerlei Symptomen äußerte, so dass ich nur ungern nochmals aus der Wohnung ging, zumindest solange der Büchervorrat reichte und ich alles für meine naturwissenschaftlichen Experimente und die Tierdressur vorrätig hatte.

Ich fehlte, aus Schutz vor den Reizüberflutungen, im Unterricht, wann immer es ging, machte selten die Hausaufgaben, weil ich andere Themen interessanter fand und ich dies fokussierte Abtauchen in meine Sachgebiete benötigte, um mich von dem sozialen Zuviel des Gymnasiums und dem Zuwenig an spürbarer Zugehörigkeit zu erholen. Ich sehnte mich nach Freunden, fand jedoch keine, denn ich entdeckte den Eingang nicht zu ihrem Fühlen, Denken und Miteinandersein, dafür entdeckte ich mein musisches Talent und die Möglichkeit, mich über das Musizieren auszudrücken. Gitarre, Klavier und Querflöte – mit Ausflügen zu Harfe, Dudelsack und Klarinette – gehören über viele Jahre mit unterschiedlicher Intensität zu meinem Leben. Der Orchestergraben wurde mir eher ein Zuhause als die beäugte Manege einer eingefrorenen lächelnden Artistin. Durch das Zusammenspielen im Orchester gibt es das Gefühl der Zugehörigkeit in einer recht geordneten, still hockenden und daher aushaltbaren Gruppe. Auch zur Malerei fand ich zurück, die mir in der Grundschulzeit verleidet wurde, weil meine Bilder anders waren, als es von Kindern erwartet wurde, und mich die Kunstlehrerin vor der Klasse bloßstellte mit »Seht mal, welch schreckliche Dinge sie malt – das zeigt, wie dunkel und schlecht ihre Seele ist!«. Meine aus BildKlängen bestehende innere Welt baute mir im Moment ihres Flüggewerdens eine Brücke zum Außen.

Irgendwann ließen mich die Lehrakteure auch im Gymnasium in meiner Gedankenabsenz verschwunden sein, wahrscheinlich fiel es nicht einmal mehr auf, wenn ich auch mit Körperpräsenz im Unterricht fehlte, was ich so oft wie möglich (aus)nutzte, vor allem, als es mir moralisch möglich wurde, für mich selbst Entschuldigungen im Namen der Eltern zu schreiben. Das artistische Unsichtbarsein brachte am Ende der Schulvorstellung ein sehenswertes Abitur, mit den Leistungsbereichen Kunst und Biologie, als Gewinnauszahlung.

Taumelnde

Sich im Kreise zu drehen, wie ein Derwisch, immer schneller, fast zu fliegen, um dann abrupt stehen zu bleiben, beschenkt einen mit ausgeprägten Schwindelgefühlen. Der eigene Körper scheint sich weiter zu bewegen, oder ist es die Welt um Dich herum, die sich bewegt, die nicht halten möchte, die keinen Halt gibt? Auch ohne mich zu kreiseln, empfinde ich seit jeher einen stetigen Schwindel in reizüberflutenden, bewegten Situationen, der extrem eskaliert, wenn ich mich nicht zurückziehen kann – was das gesamte sozial-städtische verkehrungsaktive Alltagsleben umfasst und sich situativ bereits durch eine summende Neonröhre oder eine querredende Teamsitzung auslöst. Eine Party über die artistische Normstunde hinaus durchzustehen oder gar ein Straßenfest oder der Gang durch einen waren- und menschenübervollen Supermarkt, das ist eine Marter, dem nur der Dickkopf des Durchhaltewillens entgegensteht. Berufliche Reisen, Tagungsbesuche, Arbeitstreffen – sie alle sind eine Herausforderung des Überdauerns und bedeuten für mich ein Kaschieren des Taumels. Öffentliche Verkehrsmittel mit ihrer üblichen Überfülltheit, mit ihren vielen Gerüchen und Gesprächen, mit Farben, die nicht zu den Handformen der vielen Bebeinten um mich herum passen, sind in einer Weise verwirrend und erschöpfend, dass für die eigentlich geplante Aktivität am Ziel der Reise keine Kraft mehr bleibt. Dort »unangekommen« kann ich den Erschöpfungsschwindel kaum noch kaschieren und es bedarf kreativster Coverhandlungen zum Überdecken. Oder ich schaffe das nicht und dann benötigt es Humorartistik, um auf die mitfühlend-kritische Bemerkung eines Mitreisenden zu meinem augenscheinlich deliranten Alkoholkonsum in nicht zu nüchterner Weise zu reagieren.

Das meint auch: Ich lebe eine Umfeld-Diät, bin Sozial-Veganerin, um nicht stetig in einer drehten Überlastungssituation zu dauern. Assistenz im Streetfight bringt ein Co-Artist – ich habe einen Begleithund, der sieht so aus, als würde er jeden mir zu nahe Kommenden ins K. o. befördern können. Er garantiert eine für mich angemessene Sozialdistanz zu den vielen, die besser fern auf den Rängen blieben. Eigentlich ist er nur so groß, damit er mich gut führen kann – sein Rücken ist auf meiner Hüfthöhe –, das verraten wir beide aber nicht, wenn wir uns einen Weg bahnen. Manchmal werden wir allerdings durchschaut, das geschieht so drei- bis viermal bei einem Gang durchs Städtische, dann umzingeln uns Hundeliebhaber mit vielen Fragen, kleine Kinder hängen sich an den Assistentenhals, sie wollen mal reiten, und mein Co-Artist lacht breit über beide Lefzen.

Ich benötige immer wieder Zeiten des stillschauenden Alleinseins, ohne Bewegungen um mich herum. Als Jugendliche verlernte ich, parallel zu den Zeitläufen glücklich erstverliebter Mitschüler, dies nicht als bösstarrende Einsamkeit zu empfinden. Erst viele Jahre später, nach meiner Diagnose des Autismus, wurde entdeckt, dass meine Augen, insbesondere nach längerer Sehherausforderung, nicht koordiniert parallel arbeiten, ich kein räumliches Sehvermögen besitze und die Reizweiterleitung im Sehnerv verlangsamt ist. Wenn mein verkrampftes Sehen bei all der detailwahrnehmenden Reizflutung in Addition mit einer Reizung durch Bewegung meiner Selbst oder im Umfeld überfordert wird und ins Stocken gerät, stört dies entsprechend das Gleichgewichtsorgan und die Derwisch gerät ins Drehen. Laut professoraler Aussage eine Funktionsstörung, die insgesamt selten aber dann typisch für Artistinnen ist, die ein »r« im Namen gegen ein »u« tauschen sollten.

Zeltlose

Nach dem Abitur habe ich studiert – in einer großkreisigen tentativen Suchbewegung wanderte ich verschiedene Studiengänge an und ab. Unter keinem dieser Zirkusdächer konnte ich so erfolgreiche Vorstellungen coram publico absolvieren wie die anderen, die Neben-mir-Studierenden. Fachlich war ich immer gut, fiel mehrfach als Ausnahmedenkerin auf, ob nun Psychologie, Pädagogik, Biologie, Anthropologie, Kunst, Sprachen, Gesundheitswissenschaften …. Bereits in den ersten Semestern wurde ich daher in verschiedene Gremien sowie wissenschaftliche Gesellschaften und Verbände (z. B. in die Gesellschaft für Humangenetik, als erste Studentin und Nichtmedizinerin überhaupt) aufgenommen oder als Tutorin eingestellt. Allein bei den sozialen und kommunikativen Herausforderungen, überfüllten Vorlesungen und Seminaren, mündlichen Prüfungen, Gruppenarbeiten, Zeitdruck selbst im Kunststudium (einen Akt in fünf Minuten in einer einzigen schnellen Linie zu malen war mir unmöglich) und dem Erkennen, nicht zwischen den Menschen zu agieren, sondern unverbunden einsamkeitswund in einem zunehmend melancholischen Daneben … das ergab zyklisch das verabschiedende Erkennen, auf der falschen Bühne zu stehen.

Sicher empfanden mich die Mitstudierenden auch als seltsam. Auf der einen Seite war ich fachlich gut – und es kam vor, dass es an der Tür zum Hörsaal klopfte und ein Taxifahrer nach mir fragte, ich würde auf der Intensivstation der Uni-Klinik gebraucht, ob ich mitkommen könne. Zu der

Zeit arbeitete ich nebenher im Bereich der medizinischen Neurologie und machte Elektrodiagnostik, insbesondere EEG-Untersuchungen. Aufgrund meiner sensiblen Sensorik fand ich auch bei schwer Hirnverletzten die Punkte am Schädel, an denen (noch) Hirnströme ableitbar waren, so dass ich zu kritischen Fällen auch außerhalb meiner Arbeitszeit hinzugerufen wurde. Auf der anderen Seite war ich kaum in der Lage, mir die Gesichter meiner KommilitonInnen zu merken, zappelte scheinbar themenunbeteiligt während Vorlesungen und Seminaren vor mich hin – es gab wenig Möglichkeiten bei den festen Hörsaalreihen mit einem Stuhl zu kippeln – und kam täglich in ein mir fremd bleibendes Köpfeumfeld.

Meine Versuche, dauerhaft Freunde zu finden, scheiterten zumeist oder es waren nur kurze Episoden des Miteinanderseins in einem gemeinsamen Tun. Nebeneinander hüpfen beim Hochschulsport beispielsweise, Kooperation in einer aufgezwungenen Gruppenarbeit, Harmoniefindung im Universitätschor oder Beieinandergehen auf einer Demo. Dabei sein und dennoch nicht zugehörig. Das alles ergab ein Außensein, ich fühlte mich als Beobachterin am Rande im besten Falle, zumeist allerdings eher als ein zunächst mit Verwunderung betrachtetes und dann ignoriertes Etwas. Ausgleich war mein Gemeinsamleben mit verschiedenen Tieren, das Verbundensein über das Verstehen ihres Vegetativen. Hier gab es verschiedene Zelte außerhalb des Unbedachten der Berufsmanege: von der Aktivität für Tierheimtiere (nur für Tiere direkt, nicht für diese – und mit diesen – dort häufig dominierenden, vom Leben in mancher Hinsicht enttäuschten Frauen) bis hin zur Mitführung eines großen alten 40-ha-Gestüts, bewohnt mit vergessenen Wesen. Mit den Pferden, Eseln, Schafen, Schweinen fühlte ich mich verbunden. Ich spürte, was sie ausdrücken wollten wie in einem von mir mitbewohnten Bild, wie in einer Wohngemeinschaft des Gleichsamen, erspürte in mir, wo es zwickt am alten Reitrücken oder was ängstigt im Stall. Ich roch, wenn es ihnen gut ging, und das bedachte Galoppieren des alten Zuchthengstes besaß einen blauen Rhythmus. Nur zu den Karpfen in ihrem Brackwasser der zwei Teiche am Gestütsrand bekam ich keinen Zugang – ich denke, sie sind enge Freunde der Marienkäfer.

Unzersägte

Viele Studienjahre habe ich jeden Tag in der Woche gejobbt, mehr als ich Geld benötigte – habe die fehlenden Freunde ersetzt mit Kollegen, füllte die soziale Uneingebundenheit mit der firmigen Zugehörigkeit einer bezeltenden Arbeitsstätte. Beim Job war ich zumindest nicht allein und es gab die basalen, mit etwas Selbstbetrug fast wie freundschaftlich anmutenden Gespräche. Worttauschereien, die sich automatisch in Situationen des gemeinsamen Arbeitens ergeben, dann, wenn sich geteilte Aufgabenziele und verbindende Feinde zu einem Gesprächsnetz mit Gemeinsamkeiten spinnen. Kurze Blitzlichter sozialen Einbezogenseins, des Zuhörens und Mitseitigkeit – für mich war bereits munternde Begegnung, was für die anderen müde Alltagsjobgespräche darstellte. Die Schieflage war mir bewusst, dennoch blieb mir wichtig, was für die anderen nicht einmal ein wahrgenommener Kontaktmoment war: Ich bezog einige der Zuschauer vom Rande mit ein, erfasste sie als Teil meiner artistischen Manege.

Meine Arbeit wurde in den Ergebnissen beharrlich geschätzt, ich war einträglich, wenn auch nicht immer verträglich in meiner manchmal ungeduldigen Wut des Missverstehens – und vor allem des Nichtduldenkönnens des langsamen Denklaufs anderer. Ich hatte gute Ideen, setzte Impulse und konnte mich in wenigen Tagen in ein neues Arbeitsfeld autark einarbeiten, ob nun beim Kochen im Restaurant, beim Umweltamt, in der Gesundheitsberatung, in der Ferienbetreuung für Behinderte, in der Praxis für medizinische Massagen, in der Kunststofffabrik, in der Werkstatt, im Krankenhaus, im Altenheim, im Medienbereich, im Grafikdesign, beim Malen von Theaterkulissen oder in der biologischen Landwirtschaft oder dann auch als wissenschaftliche Mitarbeiterin an der Universität – noch vor offiziellem Abschluss des Studiums.

Letzten Endes beendete ich ein Diplomstudium im sozialen Bereich, das mich inhaltlich unterforderte, nicht interessierte und auch beruflich nicht lockte, aber das ich mit einem Minimum an Präsenz und sozialer Involviertheit durchlaufen konnte: Es reichte, bei den Prüfungen zu erscheinen. Dieses Studium war eine demütigende Ergebenheit an meine Reizintoleranz und soziale Blindheit, an die vegetative Erschöpfbarkeit und deren körperliche Auswirkungen, wenn ich mich nicht an meine verdrehten Grenzen hielt. Ich litt unter diesem Zugeständnis, war es für mich doch zugleich eine Verschwendung meiner kognitiven und kreativen Möglichkeiten. Ich arbeitete als Platzzuweiserin eines ZirkusUniVersums, winkte und wippte weit unter meinen artistischen Talenten. Es entleerte mich, keine herausfordernden Themen und sachlichen Problemlagen bearbeiten und diskutieren zu können. Mein Interesse galt eher den Naturwissenschaften, ich war sehr gut im Bereich der Humangenetik, mein Traum war die Tiermedizin – aber die rahmenden Studienbedingungen waren für mich in beiden Bereichen nicht erfüllbar. Ich schloss das notbezeltende Ausweich-Studium mit »Sehr gut« ab, seufzte darüber und hatte dann zumindest ein fachliches Dach zum Drunterschlüpfen.

Danach blieb ich als wissenschaftliche Mitarbeiterin an drei Universitäten in verschiedenen Projekten. Ich absolvierte neben der Vollzeitstelle als wissenschaftliche Mitarbeiterin ein weiteres Master-Fernstudium und promovierte dabei parallel, beides ebenfalls mit Bestnote. Gleichzeitig brachte ich mein erstes Buch heraus. Lebendig im Dasein fühlte ich mich dennoch nur, wenn ich mit meinem Riesenesel über die Schwarzwaldhöhen tingelte und die Schneesonne auf seinen Langohrenlocken nach Salbeilila duftete.

Je mehr ich geschätzt wurde wegen meiner Denkleistungsfähigkeit, meiner kreativen Ideen und dem sich ergänzenden Wissen aus den verschiedenen Bereichen, desto abgeschiedener wurde ich in meinem Alleinsein. Die mehrfache berufliche Leistung brachte zwar Anerkennung, aber keine Freundschaften und keine Dazugehörigkeit außerhalb der Arbeitsthematik. Es wurde akzeptiert, dass ich kein Teammensch bin und in schwierigeren Kommunikationssituationen nicht den passenden Ton und Inhalt finde. In den unausweichlichen kritischen Situationen konnte ich immer noch, und dann wieder zur Überraschung meiner sozialen Umwelt, von sehr schüchternruhig zur präzisbösen Worttöterin umschalten. Dies Ungehaltene tat mir im Nachhinein sehr leid, auch für mich selbst. Das Zerteilen des Gegenübers mithilfe präzis schneidender Wortlogik, das zielgenaue Messerwerfen mit unwiderlegbaren Argumenten, hatte leider nicht den gleichen Effekt wie die beliebte Gaukelei der »Zersägten Jungfrau« im Zauberzirkus, sondern verstärkte mein Einsamkeitsranddasein durch das desillusionierte Erschaudern auf den Tribünenreihen. Im Laufe der ersten Berufsjahre schaffte ich es, zunehmend kompensatorisch, zunehmend müde und damit zunehmend leidenschaftsloser in einem Einsatz für eine Arbeitsaufgabe zu agieren, als es mir eigentlich entspricht. Zahm und lahm reimen sich fatal und dies an mir zu spüren, verstärkte meine seufzende Rückzugstendenz, aber zumindest eckte ich nicht mehr an. Ich wurde irgendwann wegen überdurchschnittlicher Leistungen verbeamtet und damit waren die zirkulären Wanderjahre im Außen vorüber. Auf dem verhärteten Betonfundament einer Hochschule lastet seitdem das ganze Gewicht meiner artistischen Kontorsionen.

Entfesselte

Was mich beruflich auf der Ebene der Kommunikationshindernisse befreite, war die zunehmende Verwendung von medialer, verschriftlichter Kommunikation, vor allem als Mail oder Chat. Im tanzend Schriftlichen gelang es mir, was im schwerschrittigen Dialog oder am Telefon so oft misslang:

eine gute Mischung aus Sachinformation mit basalen empathischen Annotationen, sei es durch die Verwendung von Emoticons, humorvollen Ergänzungen oder Wortkünstlereien. Mein Stil der virtualisierten Kommunikation, mit ihren eingeübten Satzszenen aus dem immer gleichen Sozialdrehbuch, kam bei den anderen an, nicht mehr nur bei beruflichen Schreibanlässen, aber auch dort. Durch die Trampolin-Schriftlichkeit ergaben sich Nahschreibereien, aus denen entstanden im Laufe der Zeit tiefergehende Freundschaften und damit auch ein reger persönlicher Austausch. In den Wortgedanken fand sich ein Verstehen der Gefühle, Bedürfnisse und Handlungsentscheidungen der mir nicht mehr Anderen, sondern zunehmend Wichtigen. Ich konnte frohartistisch stuhlkippelnd in meinem ruhigen geschlossentürigen Umfeld bleiben und war dennoch dabei, ich war ein virtueller Ikarier; wie ein zirkistischer Antipode jonglierte ich mit den Gedanken aus den Satzwelten, fing sie auf, ließ keinen fallen, spielte sie zurück. Ich musste nicht in die typischen überflutenden Unterhaltungsszenarien eintauchen oder gar eingepfropft in einem Restaurant zu viele Wahrnehmungen gleichzeitig bändigen: das Gespräch, Zuhören in einem Wirrwarr an anderen Gesprächen, die Gerüche von Pizza mit Nivea-Deo am rechten und altem Zigarettenqualm zu gebratenem Fisch am linken Nebentisch. Und dabei natürlich noch selbst etwas mit Appetit essen, das ich so nicht auf einem Teller vereint hätte. Nein, ich näherte mich anderen im Schreiben und Lesen, begann diese besser zu verstehen, konnte mich konzentrieren auf einen wesenhaften Gesprächsfaden, fand meinen Humor und der Sprung gelang schließlich, diese Freundschaftsbande dann auf Basis der gewachsenen Vertrauensbasis auch mit der nicht medial vermittelten Realität zu verknüpfen.

Direkt auf den Berufsinhalt bezogen beinhaltete die zunehmende Medialisierung für mich eine weitere Chance in der großen Berufsmanege. Ich entwickelte und leitete Fernstudienstudiengänge und stand alsbald im regen, mich durch den medialen Puffer nicht mehr zu sehr stressenden Kontakt mit Studierenden, Dozierenden sowie Zugehörigen der Hochschulverwaltung. Für mich ergab sich die ideale Situation, in Unabhängigkeit und Selbstverantwortung zu arbeiten. Dazu gehörte es, ein still gelegenes Büro an der Hochschule für mich allein zu haben und in einem »Team« zu agieren, dessen Mitglieder – ich inbegriffen – zum größten Teil vom Homeoffice aus arbeiten und sich nur einmal in der Woche kurz treffen. Leiterakrobatik wurde möglich. Ich konnte konzentriert zu den (Un-)Zeiten arbeiten, die mir von der Leistungskurve her liegen – Nachtvorstellungen liegen mir eher und ich mag auch die Durcharbeit an den Wochenenden; es ist beruhigend, wenn sich Wochentage und Wochenendtage nicht unterscheiden, sondern sich im Ablauf möglichst redundant gleichen.

In diesem virtuellen Zirkus medial gestützter Zugehörigkeit fühlte ich mich erstmals nicht begrenzt durch ungünstige Umweltfaktoren. Ich begann auf meinem artistischen Seil zu tanzen, umgeben von meinen mitspringenden Wesensgleichtieren, die Schreibtisch und Umland bevölkerten. Die von Reizüberflutung und sozialem Zuviel befreite Berufssituation und die meinem Rhythmus angepasste Arbeitsweise erlaubte es mir, die realen sozialen Bezüge im Privaten geordnet zu strukturieren und auch das Verhältnis zu den Kollegen besser zu gestalten. So notierte ich mir im Kalender zu den jeweiligen Personen, was derzeit für diese wichtig ist, um dann gezielt die Sachkommunikation anzureichern und den jeweiligen Bedürfnissen auf der emotionalen Ebene entgegenzukommen: Suses Kind hat Grippe – nachfragen, ob gesundet. Stefan Urlaub auf Sylt – nachfragen, wie Baden im Meer möglich war. Claudia hat Liebeskummer – eine Tafel Trostschokolade hinlegen. Ich wurde nicht mehr nur als leistungsstarke Alleinhirn-Kollegin wahrgenommen, sondern als Mit-Menschin (mit Eigenheiten, die auch spannend sein können). Ich erkannte, dass ich die Arbeitsaufgaben in sehr viel kürzerer Zeit erledigte als meine Kollegen – und es von Vorteil ist, nicht durch eine Mehrleistung pro Arbeitstag aufzufallen. Daher passte ich die Arbeitsleistung einem normalen Output an und reduzierte meine Arbeitszeit entsprechend selbstbestimmt. Ich erarbeitete in 4 bis 5 Stunden in etwa das Äquivalent eines 8-Stunden Arbeitstages meiner Kollegen. Neben der Arbeit blieb daher dann noch Tatkraft, um mich in verschiedenen Freizeitaktivitäten einzubinden, wie das Mitspielen in Orchestern, Performance im künstlerischen Tun und den Aktivitäten im Tier(schutz)bereich. Letztendlich ergab sich aus dem mediengestützten Berufsalltag der Freiraum, meinen eigenpassenden Lebensentwurf zu finden.

Horndrückerin

Aus den leichteren Arbeitsbedingungen und durch die mich aus der Einsamkeit führenden Freundschaften ergab sich nach rund zwölf Berufsjahren die aufgeräumte Innenmanege, in der eine artistische Bestandsaufnahme zu denken möglich wurde: Was kann ich aus meinen nach wie vor engen und stetig selbstcoachenden Möglichkeiten entwickeln und zu einem erweiternden, erwünschten Lebenskonzept bringen? Meine Nähe zu dem vegetativen Wesen der Tiere, meine Sehnsucht nach der Naturbeobachtung, mein fließendes Eintauchen in die erdnahen Welten und grünen Weiten einer Wiese waren nie vergessen und immer begleitend. Jetzt war der zeitliche und finanzielle Raum vorhanden, um ein abgesichertes berufliches Leben mit einer Nebenerwerbslandwirtschaft zu ergänzen – die eher den Charakter eines privaten Streichelzoos mit gefüllter Bratpfanne beinhaltet denn eine Erwerbsabsicht. Es erwuchs ein Archehof, ausgerichtet auf das gemeinsame, sich gegenseitig ermöglichende Leben mit Tieren im Selbstversorgermodus. Ich war glücklich, einige Hektar Land und einen alten Schwarzwaldhof als Zuhause zu finden, mich hier kraftvoll ausagieren zu können bei Stallmisten und Horndrücken mit dem Ziegenbock (nein, er gewann dabei nicht, ich war stark geworden und ich bin sicher, er hätte mich immer gleich als Erste in sein Team gewählt beim Sportunterricht).

Das Imwaldleben wurde mein privates Sanatorium. Ein Stück Erde, welches bald Rückzugsort und Begegnungsstätte zugleich wurde. Hier gab es den Freiraum, mit charaktervollen Tieren zu leben, meinen intuitiven Zugang zu ihrem Wesen zu genießen. Mit kreativen Ideen konnte ich ein Sein ausgestalten, das vom Käsemachen über Eselreiten bis zur Wollspinnerei reichte. Die viele körperliche Arbeit tat mir gut, ich konnte Anspannung und Stress vom Universitätsjob ausagieren und dabei genügend meiner Kreativität einsetzen, um meinen gestalterischen Geist zu befriedigen. Die Tiere gaben mir eine zusätzliche Zugehörigkeit, einen Halt in einem Gefüge des Lebendigen durch ihren selbstverständlichen, verstehenden und integrierenden Umgang. Der Hof mit seiner sehr eigenen Mensch-Tier-Einheit war auch beliebtes Besuchsziel von Freunden, Verwandten und Bekannten. Was zuvor Mail und Chat schafften, das ermöglichte nun das Leben auf dem Aussiedlerhof: eine Begegnung mit menschlichen und tierlichen Lebewesen in einer reizkontrollierten, für mich gut lebbaren und auszugestaltenden Umwelt – ich formte mein eigenes Habitat, meinen artistischen Zirkus mit Namenszugzelt und ausgewählten Besuchern. Wurde Zirkusdirektorin, hornwesenbesiegende Dompteurin, Heutänzerin und Pommesbude in einem.

Rückwärtssaltierende

Mit der Zeit änderten sich meine beruflichen Inhalte an der Universität – auch als Kehrseite von zunehmenden Erfolgen. Ich wurde immer häufiger in sichtbaren Bereichen eingesetzt, die stetige Präsenz-Teamarbeit, Reisen, externe Leistungsvorgaben, feste Arbeitszeiten und oft wechselnde Gesprächs-/Projektpartner sowie ein Drittmittelprojekt zur Habilitation beinhalteten. Ich schaffte es nicht, die neuen Anforderungen gut zu kanalisieren oder auch durch ein Neinsagen abzuwehren. Zum Teil war ich auch geschmeichelt von der Verantwortung und den zunächst zahlreichen Erfolgen, dem wachsenden öffentlichen Interesse an meinen Arbeitsergebnissen. Innerhalb von drei Monaten in der Bekanntheit aufgestiegen zu 56 Interviews und resultierenden Beiträgen in nationalen und internationalen Radio-, Fernseh- und Zeitschriftenmedien, verlor ich mich als Artistin mit schiefem Blick bei einem Rückwärtssalto ohne Raumorientierung. Nach zwei Jahren mit extremen Überlastungen und zunehmenden Schwierigkeiten, die Anforderungen der neuen Arbeitsfelder zu erfüllen, katapultierte mich die mir ausweglos erscheinende berufliche Erfolgssituation in ein erschöpftes Burnout.

Unfähig, einen produktiven Tagesablauf zu leben, tourte ich über mehr als ein Jahr lang durch Therapien, was dazu führte, dass ich auch einen großen Teil meines Erdnah-Lebens mit den Tieren aufgeben musste, mein gemeinsames Sein verlor. Am Ende dieser verunglückten Vorstellung stand nach rund zwei Jahren die Berufsunfähigkeit samt Schwerbehindertenausweis. Nach einer langen Phase der Wiedereingliederung und Neuausgestaltung der Berufsinhalte arbeite ich geringstundig in Teilzeit. Diese rücksaltierende Krisenzeit war dann auch verbunden mit der offiziellen Diagnose des Asperger-Autismus durch das Universitätsklinikum – wobei ich für mich selbst die Wahrscheinlichkeit eines Autismus als Gedankenspiel und Erklärung für meine Eigenheiten bereits seit mehr als zwanzig Jahren mit mir trug: Überreste des Psychologiestudiums. Da ich allerdings nie mit Delphinen geschwommen bin wie ordentliche artistische Kinder und auch nicht immer wippend in der Ecke saß, sondern mich kippelnd auf Stühle vor Tischen begrenzte, sah ich immer nur Teilübereinstimmungen. Vor allem mein Wille, mein Leben selbst und in gesunder Selbstachtung und Kreativität zu bestimmen, der Anspruch auf Eigenkontrolle und Entscheidungsfreiheit sowie auch die Weigerung, mich, die doch einen so guten Kreativkopf hat, irgendwelchen verändernden »Therapien« zu unterwerfen, hatten mich jahrelang dazu bewogen, einen möglichen Autismus für mich nicht als zu mir zugehörig zu denken oder gegenüber den anderen auszusprechen. Ich bin Artistin, eine Lebenskünstlerin, genau das und nichts anderes, so war meine Devise.

Ausschlaggebend für den Weg der Diagnosestellung waren für mich Bücher von Temple Grandin. In ihren Beschreibungen entdeckte ich mich selbst. Das Sehen und Empfinden der Welt aus der Sicht eines Tieres, das Miterleben ihres vegetativen, nicht vornehmlich über das Bewusste gesteuerte Sein, das war wie ein Spüren ihres Welterlebens in meinem eigenen Körper. Auch die autistische Art des bildlichen Denkens und neuronaler Grundfunktionen, die Eigenarten eines störanfälligen Hochleistungshirns, das war ich. Es war wie meine Geburt in eine erste nachvollziehbare soziale Zugehörigkeit – es gibt noch Wesen, die ebenfalls weder Federn oder Fell haben, die dennoch so sind wie ich. Selten und doch existent.

Nach mehr als vierzig Jahren seiltanzender Menagerie saß eine kippelnde Artistin an dem Schultisch der Erkenntnis: Es steht ein Aufrappeln an, außerhalb des Besonderen, aber doch als durchschaut Eigenartige.

Seit diesem Zusammenbruch aus der massiven Erschöpfung heraus ist meine Leistungsfähigkeit deutlich reduziert; was mich sehr belastet, ist die extreme Abnahme der kognitiven Leistungsfähigkeit, Konzentrationsfähigkeit und Kreativität. Ich bin keine hochtalentierte Überfliegerin mehr. Eine Kollegin kommentierte meine erste Zeit zurück im Job mit den Worten »Willkommen im Leben durchschnittlich Denkender. Endlich kann man mit Dir zusammenarbeiten, ohne sich daneben langsam und dumm zu fühlen!«. Leider agiere ich sogar unterhalb des Durchschnittlichen. Ich sehne mich nach der Zeit vor dem Saltoabwärts. Die Zeit der Hochfliegereien, des mühelosen, fast spielerischen und so selbstverständlich zu mir gehörenden kognitiven und kreativen Könnens. Das ist weg, seit nun vier Jahren.

Balancierende

Mit der Realisierung eines Behindertseins ist keine gefühlte Akzeptanz desselben verbunden. Ich kämpfe gegen das Behinderungslabel in mir stärker als gegen das Label an mir. Es stört mich nicht, wenn meine Umgebung weiß, ich bin offiziell schwerbehindert – ich sehe meinen eigenen schiefen Blick, das stört mich in meiner Selbstsicht. Jeder Tag benötigt eine Balance zwischen den nicht mehr gaukelnden Resten der hochfliegenden Artistin und den bewusst genutzten Restmöglichkeiten einer Abgestürzten. Beruflich bin ich im Aus, mehr als das Dasein einer lumpenschwingenden Putzfrau der Wissenschaft blieb von der akademischen Karriere nicht übrig, und das wohl auch nur, weil Beamtinnen nicht so einfach rauszuwerfen sind. Ich wünsche mir eine artistische Manege ohne Zuschauende, ohne störenden Applaus und augenblickende Erwartungen aus allen Richtungen, kein Wettbewerb der Präsentierenden, kein hierarchisierendes Gewähltwerden – nichts von dem, was sich seit dem Kindergarten wiederholt, dem ich mit meinem exzellenten Stuhlwippeln nicht entkommen kann. Stühle stehen, trotz ihrer vier Beine und auch wenn ich sie auf die Hinterbeine stelle, es geht keinen Sprung vorwärts. Eine Jobmanege, in der ich für mich die mir eigenen guten Leistungen erbringen kann, in denen ich mich erspüre als talentiert, ergebnisreich und sinnvoll agierend, als ideentanzend und farbenhörend, das wäre für die Zukunft passend – mein Können wie Nichtkönnen muss mir niemand bestätigen.

Inzwischen lebe ich in einem kleineren Holzhaus mit größerem Renovierungsbedarf, das einen wieder nutzbaren Stall hat und von etwas Weideland umgeben ist, dort wo nicht der Wald gewurzelt ist. Es ermöglicht mir einen Privatzoo mit einigen Tieren aussterbender Nutztierrassen, wobei ich diese nicht nur streichle, sondern auch vermehre und einige dieser Wesen dann den Weg als meine Nahrung gehen – ich bin keine Heile(tier)welt-Romantikerin, eher ein Mit-Tier. Eine morgendliche Dorfzirkusatmosphäre ist eingekehrt, ich bin hier Direktorin im publikumsfreien Raum. Mich lockt es, wieder mehr artistisch Beachtliches zu gestalten und Produktives umzusetzen, in der zweiten Reihe, nicht im Rampenlicht. Meine beruflichen, im Sinne von erwerbsorientierten Gedanken haben sich von der Universität als Aktivitätsort entfernt. Ich habe akzeptiert, dass Wissen, Neugierde auf noch Unbekanntes, kreative Lösungswege sowie ehrliche Erkenntnisliebe nicht ausreichen, um eine Wissenschaftlerin zu sein; das sind archaische Persönlichkeitseigenschaften eines Forscherinnentypus, der so nicht mehr existierfähig ist und vielleicht auch nicht existent war außerhalb einer naiven Wissenschaftssicht. Im Wissenschaftsbetrieb gibt es ein nicht umrundbares Forschungstheater, das auf Vernetzung, Publikationsgemeinschaften mit gewinnbringenden Co-Autorenschaften, Erfolgsdruck samt Themenorientierung und im Vorweg erwünschten Ergebnissen gemäß Drittmittel-Ausschreibung beruht. So stehe ich, 40 Jahre später, statt auf einem Campus wieder inmitten von grünen Hecken als wohlklingendem Versteck. Es sind diesmal die von mir selbst gepflanzten Sträucher und Bäume – Vertreter aussterbender Arten – ich bin zu einer Gestalterin meines idealen Lebensumfeldes geworden.

Ich habe hier eine Einstellung gefunden, mit der ich die Autokorrektur abstellen kann. Ich bin Autistin.

Sarah: Interview

Wenn Du Dich in ein neues Arbeits-/Wissensfeld einarbeiten musst, wie lernst Du die Inhalte am liebsten?
Ich bin eine absolute Autodidaktin und ich arbeite gerne nachts, wenn alles andere ruht. Präsenzunterricht bzw. Weiterbildungen sind immer mit sozialen Herausforderungen, neuer Umgebung mit vielen Reizen und zumeist auch mit einer Inhaltsstrukturierung verbunden, die mir nicht liegt. Ich ertrage Redundanzen und Langsamkeit nicht, ich mag keine Gruppenarbeitsformen. Onlinekurse sind eine Alternative, die ich am ehesten als gewinnbringend empfinde. Man hat mehr Freiheiten und weniger Drumherum, die digitale Kommunikation liegt mir.

Asperger sind oft pragmatisch und rational, was die Studien-/Berufswahl angeht. »Träume« werden hintangestellt. Stimmt das auch für Dich? Warum ist das so?
Es ist ja nicht der kognitive Bereich oder die Fähigkeiten, die fehlen, es sind die Rahmenbedingungen, die ein Studium oder einen Beruf vereinfachen oder erschweren bis hin zur Unmöglichkeit. Daher kann die Berufswahl nicht der Neigung und damit dem Traum folgen, sondern wird vom Kontext des anvisierten Studiums oder des Berufs bestimmt – das geht hin bis zur Prüfung des Vorhandenseins von gebäudenahen Parkplätzen für das eigene Auto, weil die Reizüberflutung in Bus und Bahn nicht ertragen wird. Zudem engen die wenigen zwischenmenschlich relevanten Bezüge, die man hat, die Mobilität ein. Die Gebundenheit an einen, den einen Partner oder an die Familie ist viel stärker als bei anderen Menschen. Daher findet ein Abwägen statt zwischen dem, was man möchte und wofür man ein Talent empfindet, und dem, was einem möglich ist im Kontext der autistischen Schwächen und Eigenheiten.

Wo siehst Du Dich beruflich in 5 Jahren?
Ich habe aktuell keine karrierebetonten beruflichen Ziele mehr, weil ich nur eingeschränkt arbeitsfähig bin. Mein Wunsch ist es, auf meinem Bauernhof und mit meinen Tieren ungestört zu sein und selbstbestimmt meine Talente umzusetzen. Dies kann durchaus gewinnbringend sein, wird sich aber nicht in erster Reihe vor Menschen agierend gestalten. Das wird ein eher künstlerischer, ein kreativer Weg statt dem bis hierher wissenschaftlichen Stolperpfad. Bisher war und ist eine Voraussetzung für einen guten Tag, für das einigermaßen zuversichtliche Verlassen des Hau-

ses, dass ich zwei Äpfel in meinem Rucksack mit dabeihabe – in einen Apfel zu beißen, sein Saures und Süßes zu schmecken, den Apfel zu riechen und die Schale zu fühlen, das gibt mir das Gefühl von Ruhe und Sicherheit, es ist wie eine Flucht aus dem Zuvielen um mich herum, ein Moment, der mich fokussiert. Dieses Jahr habe ich mir einen Apfelgarten angelegt mit 23 verschiedenen, seltenen Sorten aus aller Welt. Die noch jungen Bäume werden bis zu fünf Jahre benötigen, um Früchte zu tragen. Ich sehe diese Äpfel als hier gefragtes Fünfjahresziel, verbunden mit einer dann selbst geschaffenen Ruhe und Sicherheit inmitten des mir immer Fremdbleibenden. Vielleicht möchte ich mit diesen, meinen dann selbst geernteten Äpfeln in der Tasche, nochmals und entgegen aller Vernunft, spontan aus der Lust einer Idee heraus, eine neue Berufslaufbahn wagen.

Was löste berufliche Krisen aus? Wie wären diese im Nachhinein vielleicht verhinderbar gewesen?
Reizüberflutung und vegetative Erschöpfung; ich habe immer am Rand meiner Kräfte und weit darüber hinaus gearbeitet – wenn dann noch eine weitere Belastung dazu kam, ein naher Mensch stirbt oder die Berufsinhalte verändern sich drastisch, dann wurde es zu viel. Ich denke nicht, dass diese Überforderungskrisen verhinderbar waren, weil ich ein Mensch bin, der generell zu viele Ideen hat und immer mehr davon umsetzte, als eigentlich in einen Arbeitstag passen, selbst wenn ich gerne die Nacht, viele Nächte hintereinander, dazu nahm.

Welche Strategien hast Du für einen konfliktarmen und vielleicht sogar freundschaftlichen Umgang mit KollegInnen?
Ich emuliere für KollegInnen einen neurotypischen Umgang. In dem Rahmen konstruiere ich die von Ihnen erwartete Welt des Kollegenseins um uns herum, wie eine Theaterkulisse, und setze meine detailorientierte Wahrnehmung dabei gezielt ein. In dem Kontext spreche ich KollegInnen beispielsweise darauf an, wenn sie ein neues Handy haben oder dem Büroveilchen einen neuen Übertopf gekauft haben, der farblich zu dem vom Mann geschenkten Kuli passt – auch wenn mich diese Dinge und Themen nicht interessieren. Das ist eine Art gespendete Redeleistung als soziale Kompensationsstrategie. In Konfliktfällen versuche ich, auf eine eher schriftliche Kommunikation auszuweichen, da ich darin mehr Struktur geben kann und weniger Augenblickswahrnehmung notwendig ist. Zudem bin ich dann nicht so ungeduldig. Ich habe keine Freundschaften im beruflichen Umfeld. Ich versuche einen freundlichen, zugewandten Umgang.

Viele Aspies haben eine Schwäche beim Wiedererkennen von Gesichtern und damit von Menschen. Du auch? Was ist ein guter Umgang mit dieser Schwäche?
Ja, ich auch. Ich merke mir andere Eigenschaften, wie ein Gangbild, eine Ohrenform, den Ehering oder den Geruch. Leider weiß ich dann nur, welche Funktion ein Mensch hatte und was dieser ggf. erwartet von mir, aber den Namen erinnere ich dennoch nicht. Menschen sind wie Landschaftsbilder im Vorbeifahren – nach zehn Stunden Autofahrt.

Viele Aspies haben eine Schwäche beim Erkennen von Intentionen und Gefühlen von KollegInnen. Du auch? Was ist ein guter Umgang mit dieser Schwäche?
Nun ja, die meisten Menschen haben die gleichen Intentionen und Gefühle, das ist ein wiederkehrendes Raster. Allen geht es um ein Sein in Erfahrungsräumen zwischen Liebe und Verlassenheit, Anerkennung und Nichtwahrgenommensein, Distanz und Nähe, Verpflichtung und Freiheit, Gesundheit und Beeinträchtigung, Status und Verlust. Es ist relativ einfach, mit wenigen Fragen nach bestimmten Informationen oder einem Blick auf das eine oder andere Detail zu erfahren, in welchem Erfahrungsraum sich ein Mensch gedanklich und gefühlt derzeit bewegt, das muss man nicht erahnen, das ist sehr konkretes und beobachtbares Verhalten. Und ich weiß, was Menschen dann gerne an entsprechender Reaktion hätten, um sich verstanden zu fühlen, auch das ist logisch vorhersehbar und abschätzbar, beruht auf Konzepten aus der Psychologie und Biologie. Ich ersetze einen Teil der Empathie durch Wissen, um typisch menschliches Verhalten und Empfinden, das ist meine Strategie.

Hast Du im Beruf Menschen wahrgenommen, die ähnlich »einsam« oder »seltsam« erschienen wie Du selbst? Wie würdest Du damit umgehen, Asperger als KollegInnen zu haben?
Eine interessante Frage. Ich hätte wohl nicht gerne einen Spiegel meiner Schwächen an meiner beruflichen Seite und würde mich unwohl fühlen, an dem Kollegen das wahrzunehmen, was ich als meine Schwächen an mir selbst wahrnehme, z. B. das Zappeln bei Reizüberflutung und diese unschöne Körperspannung mit verkrampfter Haltung. Ich sehne mich nicht nach einem Double. So wie ich mich auch nicht fotografieren oder gar filmen lasse.

Warum prägt das Gefühl der Einsamkeit oder des Nichtdazugehörens so oft das Leben? Wächst da nicht die Akzeptanz, halt ein Einzelgänger zu sein?

Die Akzeptanz wächst schon und mit dieser kommen gelebte Alternativen, wie z. B. das Zusammenleben mit Tieren, was auf eine ganz selbstverständliche Art funktioniert. Aber etwas zu akzeptieren und sich damit einzurichten, meint nicht, dass es anders nicht schöner wäre. Ich bin ein Einzeldenker, aber ich bin kein Einzelgänger. Vertrauen, Nähe, Sexualität, Austausch und Inspiration benötigen ein Gegenüber. Und so mancher Lebensplan funktioniert nur im Wir. Im Privaten habe ich genügend Kontakte, also Freunde, Lebenspartner und ein Kind – die Fähigkeiten dazu aufzubauen, das benötigte, neben der theoretischen Auseinandersetzung im Sinne eines Menschenstudiums, viele Jahre Erfahrungssammeln und Gespräche.

Hast Du auch das Gefühl, eine Art soziales Theater zu spielen, bei dem Du neurotypisches Verhalten kopierst? Welche Erfahrungen hast Du damit gemacht?
Ja, das Sozialtheater ist Teil meines Umgangs mit sozialen Situationen. Es vervollkommnet sich mit den Jahren und mit dem Wissen um innere Strukturen, die dem Verhalten anderer zugrunde liegen. Aber es ist auch anstrengend. Ich muss ständig bewusst interpretieren, logisch schlussfolgern und das dann wieder in neurotypisches Verhalten in Form meiner Reaktion übersetzen. Die kognitiven Ressourcen fehlen dann bei dem eigentlichen fachlichen oder sachlichen Thema.

Es heißt ja oft, Aspies seien besonders ehrlich, hätten einen ausgeprägten Gerechtigkeitssinn. Trifft das auf Dich zu?
Ob ich da ein »besonders« stehen lassen würde, das wäre zu diskutieren. Aber ich bin ehrlich und gerade heraus und ich ertrage Ungerechtigkeiten nicht, wie auch nicht Vorschriften, deren Sinn sich für mich nicht logisch erschließen und die daher willkürliche Zeichen von Machtausübung sind. Gegen solches wehre ich mich und bin dann auch nicht integrationsfähig.

Hast Du einen hohen Perfektionsanspruch an Dich in Deinem Job? Bist Du nur zufrieden, wenn Du alles perfekt erledigt hast?
Ja, das habe ich. Punkt.

Was schätzen Deine KollegInnen an Dir?
Vor allem die fachlichen Kompetenzen. Und meinen spitzfindigen Humor, wenn sie nicht selbst Ziel desselben sind.

Sarah

Kannst Du in einem Satz zusammenfassen, welche Rolle die Familie/der Partner für Dich beim Erfüllen der Berufstätigkeit spielt/e?
Besonders am Anfang meiner Berufslaufbahn brauchte ich immer wieder den Rückhalt und auch die Begleitung meines Partners. Ich habe mir Rat zu kniffeligen Situationen geholt. Und da ich nicht gut mit öffentlichen Verkehrsmitteln reisen kann oder länger selbst Auto fahren kann, wenn ich danach noch einen sehr wichtigen beruflichen Termin schaffen soll, ist mein Partner bei längeren Strecken gefahren. Wir sind oft einen Tag früher angereist, haben es uns entspannt gemütlich gemacht, er war im Hintergrund oder auch als ein Arbeitskollege dabei und gab mir so Struktur und Halt. Seit einigen Jahren schaffe ich alles auch alleine und habe meine ausgleichenden Routinen.

Wie meinst Du wirkst Du auf andere Menschen? Eher empathisch oder unempathisch? Eher logisch denkend oder intuitiv handelnd?
Verwirrend und sehr unterschiedlich, gegensätzlich teilweise – was eng damit verbunden ist, wie mein Energielevel ist. Wenn ich genügend Kraft für Kompensationsstrategien, kognitive Situationsanalyse und Sozialtheater habe, dann wirke ich aufgeschlossen, interessiert und empathisch. Wenn ich das nicht mehr schaffe und bereits ermüdet bin, dann wirke ich eher abweisend, introvertiert und manchmal auch hochnäsig, weil ich die Mitmenschen dann nicht mehr adäquat wahrnehme. Zudem bin ich eine logisch vorgehende Problemlöserin.

Wie gehst Du mit Schwierigkeiten bei der Orientierung im Arbeitsalltag und in den Strukturen um?
Damit habe ich keine besonderen Schwierigkeiten.

Wie gehst Du mit Unvorhersehbarkeiten im Team um?
Ich erwarte keine Vorhersehbarkeiten mehr, weil das Denken und Sprechen der Menschen so sehr variiert, je nach Situation und Gesprächspartner. Ich versuche emotionale Situationen wieder auf die Sachebene zu bringen. Ich bin niemand, der mit Zielen in Gespräche geht und sich dennoch die ganze Zeit in einer Gruppen-/Teamsituation höchst unwohl fühlt – diese kosten so viele kompensierende Ressourcen, dass ich nach wenigen Minuten vom eigentlichen Thema nichts mehr mitbekomme. Ich kann mich also nicht einbringen.

Hast Du Schwierigkeiten, dem Arbeitsinhalt Struktur zu geben? Wenn ja, was hilft Dir?

Ich mache immer das, was am meisten anbrennt. Ich bin nicht gut im Organisieren, aber hole den Nachteil durch schnelles Arbeiten wieder rein.

An wen hast Du Dich mit Deinen psychischen Problemen wie Depression und/oder Ängsten gewandt? An wen wendest Du dich aktuell?
Aktuell wende ich mich an niemanden, ich weiß alles Notwendige über mich, über Grenzen und Möglichkeiten, über Macken und Stärken. Ich sehe mich als »austherapiert« an, wobei Therapien bei mir nie ein spürbares Helfen brachten. Ich muss mich schlicht aushalten.

Was war Auslöser dafür, das Asperger-Syndrom diagnostizieren zu lassen? Welche Auswirkungen hatte die Diagnose?
Die wiederkehrenden Zusammenbrüche aus vegetativer und seelischer Erschöpfung sowie das daraus schließlich resultierende massive Burnout vor vier Jahren waren Anlass, mich innerlich damit einverstanden zu erklären, meinen Autismus offiziell aktenkundig zu machen. Ich wollte mein Leben in einer Weise gestalten, die mir mehr Möglichkeiten schenkt, meine Stärken umzusetzen und gleichzeitig aber weniger der für mich schwierigen Situationen beinhaltet. Das ist auf Dauer hoffentlich gesundheitsfördernd. Allerdings ist es auch demütigend, seine Grenzen nicht zu verneinen.

Hast Du an psychologischen, sozialen oder berufsfördernden Angeboten speziell für Aspies teilgenommen? Welche Erfahrungen hast Du gemacht?
Ich habe an der FASTER-Gruppentherapie teilgenommen, bei der rund ein halbes Jahr lang wöchentlich soziale und kommunikative Kompetenzen trainiert werden. Inhaltlich war das für mich nicht auf meinem Level – ich bringe bereits einige Kompensationsstrategien und Kommunikationsstrategien mit, weil ich mich so viele Jahre durchgeboxt habe und viel über den Verstand selbst lösen konnte. So ganz passte ich also nicht dort hinein. Ich hätte ein Training für »sozial fortgeschrittene Autistinnen« gebraucht und nicht eine Übung zur Reklamation eines defekten Notebooks oder dem Kaufen von Brötchen. Allerdings war FASTER mein erster Kontakt zu anderen Autisten und daraus haben sich im Privaten dann interessante Begegnungen ergeben.

Was ist Deine Strategie, um mit Situationen der Reizüberflutung umzugehen?
Ich begrenze diese Situationen zeitlich und versuche, mir danach eine reizarme Zeit zur Erholung zu gönnen. Im öffentlichen Massenraum schaffe ich mir etwas Platz durch meinen Begleithund. Durch die Distanz

kann ich die vielen Informationen (z. B. Geruch, Plappern) und Berührungen begrenzen.

Was würdest Du Dir an Unterstützung (privat wie institutionell) wünschen, um mit den Schwierigkeiten im Berufsleben besser umgehen zu können oder diese zu lösen?
Ein Berufscoaching für hochbegabte AutistInnen. Eines, das keinen therapeutischen Anspruch hat und keine pathologisierende Sicht, sondern eines, das die Begabung in den Vordergrund stellt und hilft, Hürden zu überwinden und ein Arbeitsumfeld zu gestalten, in welchem die besonderen Talente zur Geltung kommen können. Privat benötige ich keine Unterstützung, die über das übliche Miteinander in einer Beziehung oder Familie hinausgeht – ich genieße hier zudem eine Toleranz in für mich anstrengenden Situationen und deren dann doch eigenwillige Ausgestaltung.

Uli

Alter zur Zeit der Niederschrift: 60 (Jahrgang 1956).
Einschulung im siebten Lebensjahr.
Grundschule – dann Gymnasium bis zur fünften Stufe. Schwierigkeiten wegen zweiter Fremdsprache – keine Ausgleichsmöglichkeit in anderen Hauptfächern – Schulwechsel wird notwendig.
Danach Realschule mit Abschluss der »Mittleren Reife«.

Besonderheiten (im Rückblick) für diese Zeit

Mit Einzug, damals war ich sechs Jahre alt, in ein Neubaugebiet und einem zu dieser Zeit vorherrschenden »Bauboom« auch im Bereich von Schulgebäuden wurde die Schulzeit in insgesamt sieben verschiedenen Gebäuden verbracht. Die Folge davon war, dass eine homogene Klassengemeinschaft – auch über mehrere Jahre – unmöglich war. Nach (fast) jedem Schuljahr gab es neue Klassenkameraden – und meistens auch neue Lehrer. Ein Problem hatte ich eigentlich damit nicht – ich kannte ja nichts anderes.

Auch war damals schon auffallend, dass es mehr Kontakte zu »älteren« Schülern gab als zu Gleichaltrigen. Dieser Kontakt ergab sich über sogenannte »Arbeitsgemeinschaften« (z. B. war ich tatsächlich mit 15 Jahren bereits in einer »Kybernetik-AG«), in denen ich sehr schnell bemerkte, dass ich anscheinend einen ganz anderen »Intellekt« hatte als meine gleichaltrigen Mitschüler.

Ausbildungs- und Berufszeit

Nach Abschluss der Regelschulzeit erfolgte eine Ausbildung zum Elektromechaniker, wobei das Hauptaugenmerk aber auf dem Bereich der Entwicklung von elektronischen Messgeräten lag. Positiv war dabei, dass es einen direkten »persönlichen« Ausbilder gab und keine »Lehrlingswerkstatt«.

Diese Ausbildung beinhaltete natürlich auch den Besuch der dazugehörigen Berufsschule, wobei es in dieser Zeit zu keinerlei nennenswerten Konflikten – oder besonderen Beziehungen – kam. Alles lief sehr »technisch-neutral« ab, was mir selbst (in der Rückschau) doch sehr zugute kam.

Nach Beendigung der Ausbildung begann die Zeit als Zivildienstleistender im Rettungsdienst und Krankentransport beim Deutschen Roten Kreuz. Diese Tätigkeit war so erfüllend, dass sich daran dann eine zehnjährige »Firmenangehörigkeit« anschloss.

Aufgrund beginnender gesundheitlicher Probleme (besonders durch den Schichtdienst) erfolgte dann eine Ausbildung zum Datenverarbeitungskaufmann mit entsprechendem Abschluss vor der IHK.

Nach einer zweijährigen Tätigkeit im IT-Bereich in einem kommunalen Rechenzentrum schloss sich eine fünfundzwanzigjährige Tätigkeit im IT-Bereich bei einer Stadtverwaltung an.

In meinem nun einundsechzigsten Lebensjahr naht das Ende der Lebensarbeitszeit und der Eintritt ins Rentnerdasein.

Besonderheiten

Die letzten zehn Jahre waren geprägt durch lange Ausfallzeiten wegen Krankheit und entsprechenden Reha Maßnahmen, die dann seit drei Jahren in eine Teil-Erwerbsunfähigkeit mündete. Aufgrund der in dieser Zeit diagnostizierten Autismus-Spektrum-Störung wurde (auch wegen weiteren physiologischen Einschränkungen, u. a. im kardiologischen Bereich) ein Grad der Schwerbehinderung von 90 anerkannt.

Die Herausforderungen und Besonderheiten, die sich durch die, relativ spät gestellte Diagnose ergeben haben, sind folgende: Durch sehr zufällige (glückliche) Umstände in dieser »Berufszeit« (incl. Ausbildung) musste niemals ein Bewerbungsgespräch geführt werden.

Erst nach der Diagnose war klar, warum es kaum (oder nur sehr ineffizient) möglich war (wie auch schon in der Jugendzeit), mit dem Medium »Telefon« umzugehen. Daraus ergaben sich natürlich in der Arbeitswelt sehr große Probleme, die erst nach einem »Outing« (insbesondere gegenüber verständnisvollen Vorgesetzten) für alle Seiten doch sehr gut gelöst werden konnte.

Weiterhin wurden das Arbeitsumfeld und das Aufgabengebiet so umstrukturiert, dass eine höhere und für alle Beteiligten zufriedenere Leistung trotz Halbierung der Arbeitszeit erzielt werden konnte. Hier ein Beispiel: Es gibt kein »Teamwork« mehr, sondern klar umschriebene Einzelaufgaben, die mit den Fähigkeiten und dem Fachwissen von mir alleine gelöst werden können.

Sehr hilfreich war eine spezielle Eingliederungsmaßnahme, die, zumindest partiell, auf die Autismus-Situation zugeschnitten war. Weiterhin half eine spezielle, universitäre »Therapie« (mehr ein soziales Kompetenztraining), in der sowohl die individuellen Einschränkungen, aber auch die individuellen Fähigkeiten herausgearbeitet – und entsprechende Wege ermittelt wurden, um die beruflichen Anforderungen (aber natürlich auch die persönliche Situation) besser zu bewältigen. Auch eine langjährige Zusammenarbeit mit einem niedergelassenen Psychotherapeuten hat zu einer spürbaren Stabilisierung geführt.

Uli: Interview

Wenn Du Dich in ein neues Arbeits-/Wissensfeld einarbeiten muss, wie lernst Du die Inhalte am liebsten?
Inzwischen versuche ich die Lerninhalte, die ich für mich benötige, selbstständig zu erarbeiten. Wichtig dabei ist, ein geplantes und geregeltes Zeitmanagement, das auch entsprechende Ruhezeiten beinhaltet.

Asperger sind oft pragmatisch und rational, was die Studien-/Berufswahl angeht. »Träume« werden hinteangestellt. Stimmt das auch für Dich? Warum ist das so?
Im Vordergrund stand erst einmal persönlich das Interesse an »technischen Dingen«. Beispielsweise habe ich mit ca. 12 Jahren angefangen, mit Hilfe entsprechender »Lernbaukästen« aus mehreren defekten Radiogeräten erfolgreich ein funktionierendes Gerät zu basteln.

Wo siehst Du Dich beruflich in 5 Jahren?
In fünf Jahren bin ich beruflich schon längere Zeit im Ruhestand.

Was löste berufliche Krisen aus? Wie wären diese im Nachhinein vielleicht vermeidbar gewesen?
Hauptsächlich waren es, bevor eine professionelle Diagnose und die entsprechende Stabilisierung erfolgten, unkontrollierte Reizüberflutungen und der Zwang, im Team zu arbeiten. Das waren die Auslöser für schwere »Overload-Momente«. Diese mündeten dann in nicht mehr kontrollierbare Depressionsschübe.

Welche Strategien hast Du für einen konfliktarmen und vielleicht sogar freundschaftlichen Umgang mit KollegInnen?
Ich habe für mich selbst entschieden (und zwar ganz bewusst), dass für mich jeder Mensch erst einmal gleich ist (Grundrespekt bzw. Grundannahme). Diese bewusste Entscheidung gibt mir erst einmal ein »Sicherheitspotenzial« gegenüber von Gefühlen, die bei neurotypischen Menschen eine spontane »Sympathie« oder »Antipathie« auslösen. Diese Arten von Gefühlen fehlen mir gänzlich. In diesem Zusammenhang habe ich mir ein satirisches Statement entwickelt: »Alle Menschen sind gleich – mir jedenfalls«.

Viele Aspies haben eine Schwäche beim Wiedererkennen von Gesichtern und damit von Menschen. Du auch? Was ist ein guter Umgang mit dieser Schwäche?
Ein Wiedererkennen ist zwar relativ normal ausgeprägt, Schwierigkeiten macht mir dann aber das Zuordnen des »Gesichtes« zu der entsprechenden Person, besonders wenn ich diese z. B. aus der Arbeitsumgebung kenne, diese aber dann auch z. B. beim Einkaufen treffe. Eine Strategie zum Lösen dieser Situation ist dann, dass ich die Person frage, in welchem Zusammenhang wir uns kennen. Ist vielleicht nicht üblich – hat aber bisher immer ganz gut funktioniert.

Viele Aspies haben eine Schwäche beim Erkennen von Intentionen und Gefühlen von KollegInnen. Du auch? Was ist ein guter Umgang mit dieser Schwäche?
Immer wieder Fragen stellen und offen mit dieser »Einschränkung« umgehen.

Hast Du im Beruf Menschen wahrgenommen, die ähnlich »einsam« oder »seltsam« erscheinen wie Du selbst? Wie würdest Du damit umgehen, Asperger als KollegInnen zu haben?
Da ich in meiner »Firma« nicht der einzige Autist bin und dies auch nur über einen zufälligen Umstand erfahren habe, habe ich mich dann an diesen Kollegen »herangetastet« – und das hat sich dann zu einem ganz »lockeren« und freundschaftlichen Verhältnis entwickelt.

Warum prägt das Gefühl der Einsamkeit oder des Nichtdazugehörens so oft das Leben? Wächst da nicht die Akzeptanz, halt ein Einzelgänger zu sein?
Ich habe schon sehr früh (im postpubertären Alter) für mich selbst erkannt, dass sich eine Art Nichtdazugehörigkeitsgefühl entwickelt hat. Wusste damals natürlich nicht, aus welchem Grund. Ich selbst prägte dann für mich die Aussage: »Ich bin zwar dabei – gehöre aber nicht dazu.« Ich kann mir natürlich vorstellen, dass dies zu den ersten Depressionsschüben führte.

Hast Du auch das Gefühl, eine Art soziales Theater zu spielen, bei dem Du neurotypisches Verhalten kopierst? Welche Erfahrungen hast Du damit gemacht?
Der eigene Versuch, neurotypisches Verhalten zu kopieren, führte meist in ein soziales und auch z. T. berufliches Desaster, da ich mich in solchen »Rollen« mehr als unwohl fühlte. Erst durch die Annahme meiner eigenen »Originalität« musste ich mich nicht mehr verstecken.

Es heißt ja oft, Aspies seien besonders ehrlich, hätten einen ausgeprägten Gerechtigkeitssinn. Trifft das auf Dich zu?
Ein ausgeprägter Gerechtigkeitssinn ist natürlich vorhanden, wobei es sich bei mir mehr im »mathematisch-logischen« Bereich bewegt. Es entspricht nun mal keiner mathematischen Logik, wenn jemand nicht die Wahrheit sagt.

Hast Du einen hohen Perfektionsanspruch an Dich in Deinem Job? Bist Du nur zufrieden, wenn Du alles perfekt erledigt hast?

Meinen Perfektionsanspruch habe ich im Laufe der Jahre vom beruflichen Bereich (die Kollegen sind ja auch nicht perfekt) in meine private Welt verlagert und diesen Anspruch dann auch nur in bestimmten, nur für mich selbst wichtig erscheinenden Bereichen verwirklicht. Ich setze z. B. sehr viel Energie und Zeit für das »perfekte« Bügeln meiner Wäsche ein.

Was schätzen Deine KollegInnen an Dir?
Bei Aufgaben, die einen hohen Grad an Geduld abverlangen, z. B. komplizierte technische Abläufe, deren Ende nicht unmittelbar absehbar ist, sind meine direkten Kollegen froh, wenn ich eine solche Aufgabe übernehme, da ich mir selbst ein (fast) unerschöpfliches Geduldspotenzial antrainiert habe.

Kannst Du in einem Satz zusammenfassen, welche Rolle die Familie/der Partner für Dich beim Erfüllen der Berufstätigkeit spielt/e?
Die jetzige Partnerin trägt sehr viel zu meiner Ausgeglichenheit in meiner Berufstätigkeit bei, auch weil das Ende dieser Zeit (sichtbares Ziel des Ruhestandes) sehr absehbar ist.

Wie meinst Du wirkst Du auf andere Menschen? Eher empathisch oder unempathisch? Eher logisch denkend oder intuitiv handelnd? Woran machst Du das fest?
Innerhalb der langen Zeit (fünfundzwanzig Jahre in der gleichen Firma) hat sich, speziell durch die Diagnose und die Stabilisierungsmaßnahmen, eine Änderung ergeben. Seit der Rückkehr aus meiner, doch sehr langen Krankheitsphase sei ich offener und vor allem »freundlicher« geworden. Eine sehr große Rolle spielte dabei auch das Outing mit den dazugehörigen Informationen über die eigenen »Unzulänglichkeiten«. Da habe ich inzwischen doch sehr viel Verständnis (im wahrsten Sinne des Wortes – »sie haben es verstanden«) erleben dürfen.

Birgit

Über die Schwierigkeit, seinen Platz zu finden

Ich bin 44 Jahre alt und arbeite ehrenamtlich in einem Café. Meine Asperger-Diagnose habe ich im Alter von 39 Jahren erhalten. Das Café ist ein Beschäftigungsprojekt für Menschen mit einer psychischen Erkrankung. Die Arbeit dort gefällt mir und tut mir gut, sie gibt mir Kontakte, Tagesstruktur und eine sinnvolle Beschäftigung. Einmal monatlich treffen wir uns mit allen siebzehn dort Beschäftigten zur Team-Sitzung und besprechen auftretende Probleme oder anstehende Veränderungen im Café-Betrieb. Anders als zunächst befürchtet gelingt es mir erfreulich gut, die Bestellungen an der Theke aufzunehmen, Kaffee oder Cappuccino zuzubereiten oder Würstchen mit Kartoffelsalat. Die Kunden sind nett und auch mit den Kollegen komme ich gut zurecht.

Schulzeit

Mit sechs Jahren wurde ich in Oberursel/Taunus auf der dortigen Grundschule eingeschult. In die Schule bin ich gern gegangen. Jegliche Einmischung meiner Eltern in meine schulischen Angelegenheiten habe bzw. hätte ich als Grenzüberschreitung erlebt. Ich fühlte mich schon in der ersten Klasse groß genug, mich um die Erledigung meiner Hausaufgaben alleine zu kümmern, was ich auch tat. Was schlimm war, waren die Pausen. Die anderen Mädchen spielten an einem Baum und mit einem Seil »Pferd« – das war mir völlig fremd. Ich verbrachte die Pausen damit, alleine auf dem Schulhof herumzuspazieren.

Als ich dreizehn Jahre alt war, zog meine Familie um in eine Kleinstadt in Norddeutschland. Auch auf dem dortigen Gymnasium habe ich gerne gelernt und meine Hausaufgaben pflichtschuldig erledigt. Zudem dachte ich, wenn ich schon den ganzen Vormittag in der Schule verbringen muss, dann kann ich auch die Zeit gut nutzen und aufpassen, um gut mitzukommen und später möglichst wenig Zeit für die Hausaufgaben zu benötigen. Ich war interessiert und auch fleißig. Auch die mündliche Mitarbeit gelang mir, zumindest bis zum dreizehnten Lebensjahr. Danach – das war die Zeit des Umzugs – war ich mündlich sehr gehemmt, aber da ich gute Noten haben wollte und das dazugehörte, zwang ich mich dazu, mich mündlich zu beteiligen. Ich hatte einige Zweien, zuweilen aber auch Dreien, in Französisch und Sport jedoch immer eine Eins. Die für Autisten oft typische sportliche Unbeholfenheit lag bei mir nicht vor. In der Grundschule war ich im Turnverein, später habe ich Leistungssport (Wasserspringen) betrieben. Eine richtige Außenseiterin war ich nie in der Schule – damit meine ich, dass ich nicht gemobbt wurde, d. h. verspottet oder aktiv ausgegrenzt wurde. Das lag wohl daran, dass ich gute Noten hatte, mich bei Ungerechtigkeiten für meine Mitschüler einsetzte und außerdem gut in Sport war. Trotzdem verbrachte ich die Pausen meistens allein. Oft lief ich suchend über den Schulhof, damit andere Schüler denken sollten, ich hätte etwas Bestimmtes vor, anstatt dass sie realisieren würden, dass ich einfach alleine war. Wenn andere Kinder kapiert hätten, dass ich kaum Kontakte hatte, würde ich schikaniert werden, das war meine Befürchtung. Also bemühte ich mich, wenigstens ein bisschen so zu tun, als hätte ich Kontakte. In den höheren Klassen gelang es mir dann öfter, mit anderen Mitschülerinnen, die auch eher Einzelgänger waren, die großen Pausen zu verbringen.

In der Oberstufe wählte ich Chemie und Englisch als Leistungsfächer, Philosophie und Biologie als weitere Prüfungsfächer im Abitur. Um bei der mündlichen Prüfung entspannt genug zu sein, belegte ich vorher einen Kurs in Autogenem Training. Außerdem interessierte ich mich für Lernstrategien als Vorbereitung auf das Abitur, das ich 1990 mit dem Notendurchschnitt von 1,8 absolvierte.

Bereits vor dem Abitur überlegte ich, später Medizin zu studieren und machte beim Mediziner-Test mit. Dafür belegte ich vorher einen Vorbereitungskurs. Offenbar war es mir schon immer wichtig, das für mich bestmögliche Ergebnis in einer Prüfungssituation zu erzielen. Ich erreichte einen Prozentrang von 94,5, was einem sehr guten Ergebnis entsprach. Trotzdem entschied ich mich gegen das Medizin-Studium. Ich hatte damals eine ausführliche Pro- und Contra-Liste geschrieben und war zu dem Schluss gekommen, dass der Beruf als Ärztin doch nichts für mich wäre. Das lag an meinem Eindruck, dass man als Ärztin keine Zeit für ein Privatleben haben würde, d. h. für Aktivitäten – welche auch immer das sein mochten –, die nichts mit dem Beruf zu tun haben würden. Intuitiv muss ich schon damals gespürt haben, dass ich dazu neigen würde, mich im Beruf völlig zu verausgaben. Außerdem konnte ich mir nicht vorstellen, im Nachtdienst zu arbeiten. Mein Chemie- und Biologie-Lehrer empfahl mir dann das Studium der Haushalts- und Ernährungswissenschaften (Ökotrophologie). Ich nahm seinen Rat an.

Den Sommer davor ging ich ins Ausland. Ich wollte weg von meinem Elternhaus, das mir psychisch nicht guttat, denn es gab viele Spannungen zu Hause, vor allem zwischen meinen Eltern. Für drei Monate arbeitete ich also in einem Sommer-Camp für behinderte Kinder in den USA. Der Grund dafür war, dass ich meine Vorbehalte gegenüber behinderten Menschen überwinden, Auslandserfahrung sammeln und »rein ins Leben« wollte. In dem Camp arbeitete ich als Camp Counselor, d. h. als Betreuerin für eine Gruppe von Kindern. Wir lebten mit fünf Betreuerinnen in einer großen Hütte mit den etwa zehn bis zwölf Kindern zusammen und waren für alle praktischen Dinge verantwortlich. Die oft schwerst mehrfach behinderten Kinder mussten morgens angezogen werden, in den Speisesaal gebracht und z. T. gefüttert werden. Darüber hinaus begleiteten wir sie zu ihren Ferienaktivitäten und brachten sie auf die Toilette. Manchmal kam ich kaum mehr aus der Toilette heraus, weil immer ein anderes Kind Hilfe benötigte.

Die Arbeit im Camp gefiel mir gut. Ich arbeitete hart und beklagte mich nicht. Meine Vorbehalte gegenüber behinderten Menschen hatten sich in der Zwischenzeit durch die tägliche Beschäftigung mit den Kindern komplett aufgelöst. Allerdings fühlte ich mich den etwa zehn- bis zwölfjährigen Kindern viel ähnlicher als meinen gleichaltrigen Kolleginnen.

Studium

Zurück in Deutschland begann ich mein Studium der Haushalts- und Ernährungswissenschaften in Gießen. Bereits vor Beginn des Studiums war mir klar, dass ich bei diesem Studiengang nicht bleiben würde. Aber da ich mich nun einmal dafür entschieden und keinen Alternativplan hatte, begann ich trotzdem damit. Nach dem ersten Semester entschied ich jedoch, dass ich etwas anderes studieren wollte, gern wollte ich etwas »mit Menschen« machen, da mir das für die Weltgemeinschaft sinnvoller erschien, als sich nur mit der Ernährung zu beschäftigen. Meine Wahl fiel auf Psychologie. Die Entscheidung für das Psychologie-Studium traf ich sehr aus dem Bauch heraus. Anders als bzgl. Medizin vor einem Jahr machte ich mir diesmal keinerlei Gedanken in Bezug auf ein späteres Berufsbild. Ich lebte ganz im Hier und Jetzt und tat, was mir Spaß machte.

Das Psychologie-Studium lief ganz gut, was das reine Studieren, also das Erlernen des Stoffes, betraf. Für das Vordiplom machte ich mir einen exakten Lernplan für alle sieben Fächer und lernte sehr motiviert darauf hin. Die mündlichen Prüfungen stellten für mich kein größeres Problem da. Es war so, als ob in dieser ganzen Lernzeit der Lernstoff mein Spezialinteresse gewesen wäre. Und nun saß da jeweils ein Professor vor mir, der mir eine halbe Stunde seiner Aufmerksamkeit schenkte, und ich durfte ihm etwas über mein Spezialinteresse erzählen. Ich erreichte insgesamt einen Notendurchschnitt von 1,6 und war zufrieden.

Das Studium zog sich bei mir mit einer Dauer von dreizehn Semestern etwas hin, da ich immer nur maximal ein bis zwei Veranstaltungen am Tag belegte, mehr hätte mich überfordert. Da ich jedoch einige Studenten kannte, die auch dreizehn Semester gebraucht hatten, machte ich mir darüber nicht so viele Sorgen. Die wenigsten zogen das Studium innerhalb der Regelstudienzeit von neun bis zehn Semestern durch. Zum Studieren gehörte für mich auch, dass man sich im sozialen Leben übte und auf Feten ging, was auch Zeit kostete. Es stresste mich auch damals schon, einen ganzen Tag lang weg von meinem Zimmer im Studentenwohnheim zu sein, in das ich mich zurückziehen konnte. Ich brauchte immer viel Zeit für mich. Auch hatte ich in dieser Zeit einige kürzere Beziehungen mit Männern, die mir alles abverlangten an geistiger und emotionaler Kraft und Konzentration, weil ich immer so viel Zeit brauchte, die Interaktionen mit ihnen nachzuverarbeiten.

Meine Diplom-Arbeit handelte von Stressreaktionen in mündlichen Prüfungssituationen. Ich gab den Probanden vor und nach ihrer mündlichen Prüfung einen kurzen Fragebogen über ihr Stressempfinden und über ihre Strategien, damit umzugehen. Außerdem bekamen sie mittels eines Watteröllchens Speichel abgenommen, um später die Konzentration ihrer Stresshormone darin bestimmen zu können. Schwieriger fand ich den theoretischen Teil der Arbeit. Es gab so viel verschiedene Literatur und ich hatte große Mühe, eine Gliederung für meine Diplom-Arbeit zu erstellen und zu entscheiden, welche theoretischen Fakten ich dort aufführen wollte. Meine Orientierungsschwierigkeiten in der Uni-Bibliothek taten ihr Übriges dazu.

Während des Schreibens des Theorie-Teils erlitt mein Vater einen Herzstillstand, wurde reanimiert und lag bis zu seinem Tod ein Jahr später im Wachkoma. Ich reagierte darauf sehr depressiv, meine Leistungsfähigkeit brach deutlich ein, es gelang mir nur noch täglich etwa drei Stunden an meiner Diplom-Arbeit zu schreiben. Auch während der nachfolgenden Diplom-Prüfungen war ich weiterhin depressiv. Das Lernen und das Absolvieren der Prüfungen fiel mir deutlich schwerer als noch beim Vordiplom.

Erste Arbeitsstelle als Psychologin

Nach dem Diplom kaufte ich mir ein Buch, einen Bewerbungsratgeber für Hochschulabsolventen. Dort stand eigentlich genau drin, was man machen musste, um eine Stelle zu ergattern. Ich erstellte also meinen Lebenslauf, ließ Bewerbungsbilder machen und bereitete mich auf Vorstellungsgespräche vor. Meine erste Stelle erhielt ich per Zufall. Bei der Arbeitsagentur war ich aufmerksam geworden auf eine Exkursion in eine psychosomatische Klinik, die dann aber mangels genügend Teilnehmern nicht stattfinden konnte. Dies wurde mir vom Leitenden Psychologen der Klinik am Telefon mitgeteilt. Ich sagte ihm, dass ich eigentlich eine Stelle suchen würde, was gut passte, da er eine Psychologin als Urlaubsvertretung suchte.

Knapp drei Monate nach dem Diplom in Psychologie fing ich in dieser psychosomatischen Rehabilitationsklinik in Nordhessen an zu arbeiten. Man war mit mir zufrieden, und mein Arbeitsvertrag in der Klinik wurde immer wieder verlängert. Während dieser Zeit konnte ich in der Klinik wohnen, da das tägliche Pendeln von Gießen aus zu weit gewesen wäre. Ich war »Bezugstherapeutin« für eine Gruppe von Patienten, die für etwa vier bis sechs Wochen zu uns in Behandlung kamen. Ich musste mit jedem Patienten ein Erstgespräch führen, in dem ich die Anamnese erhob und mir Therapieziele überlegte. Es war sehr anstrengend für mich, klappte aber eigentlich ganz gut. Zweimal ich der Woche leitete ich die Gruppentherapie meiner Patienten, das machte mir große Angst. Einmal in der Woche abends fuhr ich gemeinsam mit mehreren jungen Ärzten und Therapeuten in einen Nachbarort zur Fortbildung über psychotherapeutische Themen. Das gefiel mir gut. Danach gingen wir manchmal noch etwas trinken.

Sehr belastend waren die täglichen Team-Sitzungen bzw. Supervisionen, in denen wir über Patienten sprachen. Ich war immer völlig angespannt und wie erstarrt, unbewusst hielt ich ständig die Luft an und atmete ganz verkrampft. Ich hoffte, mich möglichst wenig beteiligen zu müssen und dass die Stunde bald herum wäre. Abgesehen von diesen stressigen Besprechungsterminen kam ich mit meinen Kollegen gut zurecht. Ich glaube eigentlich nicht, dass sie mich als »besonders anders« wahrnahmen, und wenn doch, attribuierte ich mein Anderssein damals auf mein lesbisches Coming-Out, was noch nicht so lange zurücklag. Im Übrigen waren wir Therapeuten auf der Station alle etwas besonders.

Nach einiger Zeit entschied ich mich dafür, eine psychotherapeutische Zusatzausbildung mit Schwerpunkt Verhaltenstherapie zu absolvieren. Diese würde berufsbegleitend vorwiegend an den Wochenenden über drei bis fünf Jahre durchgeführt werden.

Zweite Arbeitsstelle als Psychologin und Psychotherapeutin

Die Ausbildung war der Grund dafür, warum ich nach knapp zwei Jahren die Stelle wechselte, da man dafür an unterschiedlichen Stellen Berufserfahrung sammeln musste. Ohne Pause wechselte ich, ebenfalls in Vollzeit, in eine Psychiatrie, in der ich ähnliche Aufgaben zu erfüllen hatte wie in der Rehabilitationsklinik.

Nach einem halben Jahr wechselte ich in ein Team, das für den Aufbau einer neu geplanten psychosomatischen Abteilung in dieser Klinik verantwortlich war. Ich entwickelte eine neue Gruppe: Depressionsbewältigung. Das tat ich in Anlehnung an ein Konzept, das ich im Rahmen eines Praktikums während des Studiums kennengelernt hatte. Außerdem hatte ich in der Literatur darüber recherchiert. Diese neue Gruppe zu entwickeln machte mir Spaß, und obwohl ich die Arbeit zudem interessant fand, stand ich sehr unter Stress, hatte Schlafstörungen mit Grübeln über die Arbeit fast rund um die Uhr sowie regelmäßige Kopfschmerzen.

Die Verhaltenstherapie-Ausbildung forderte zudem viel von mir, viele Wochenenden gingen dafür drauf. Als ich anfangen sollte, zusätzlich zu meiner Vollzeit-Stelle für die Ausbildung ambulante Patienten zu behandeln, stellte ich nach kurzer Zeit fest, dass mir das nicht möglich war. Ich fühlte mich völlig ausgebrannt, erschöpft und gestresst. Auch ohne die zusätzlichen ambulanten Patienten fühlte ich mich nicht mehr in der Lage, den Anforderungen meiner Arbeitsstelle und der Ausbildung nachzukommen. Also ersuchte ich um eine unbezahlte Beurlaubung, damit ich die ambulanten Therapiestunden, die für die Ausbildung nötig waren, im Block durchführen konnte. Glücklicherweise wurde mir das nach zwei Jahren Kliniktätigkeit bewilligt.

Insgesamt war ich ein ganzes Jahr unbezahlt beurlaubt. Jede Woche arbeitete ich an drei Tagen mit meinen ambulanten Patienten, den Rest der Woche konnte ich mir frei einteilen. In der freien Zeit hatte ich viel Schriftliches zu erledigen, wie z. B. Therapieanträge schreiben, aber ich hatte auch wieder mehr Zeit für mich. Langsam ging es mir wieder etwas besser. In den letzten drei Monaten hatte ich keine Therapiegespräche mehr, sondern verwendete die ganze Zeit für die Prüfungsvorbereitung. Diese Zeit tat mir sehr gut, da ich selbstbestimmt meine Zeit einteilen konnte.

Als das Jahr der unbezahlten Beurlaubung zu Ende ging, fühlte ich mich immer mehr so, als müsste ich zurück in ein Gefängnis gehen. Ich begann trotzdem wieder Vollzeit als Psychologin in der Psychiatrie zu arbeiten, absolvierte meine Prüfungen mit sehr gutem Ergebnis und erhielt damit die Approbation als Psychologische Psychotherapeutin. Nach der letzten Prüfung war ich erst einmal sehr erleichtert und froh darüber, endlich diese große Hürde gemeistert zu haben. Aber nach etwa einem Jahr der »Erholung« – was lediglich bedeutete, dass ich neben meiner Vollzeit-Stelle nicht noch eine Ausbildung machte – ging es mir immer schlechter, da ich kein neues Ziel vor mir sah und auch keine Kraft dafür hatte, mir ein neues Ziel zu suchen. Ich wurde schwer depressiv und musste mich in ambulante psychiatrische Behandlung begeben und ein Antidepressivum einnehmen. Als zu meinem Dauergrübeln und meinem beruflichen Überforderungsgefühl noch ein Konflikt mit meinen Vorgesetzten dazu kam, entschied ich nach einiger Zeit, dass ich an dieser Arbeitsstelle keine Zukunft hätte. Ohne einen Plan, wie es für mich beruflich weitergehen könnte, kündigte ich nach erneuten zweieinhalb Jahren Tätigkeit in dieser Klinik meine Stelle.

Meine geringe Belastbarkeit war mir in dieser ganzen Zeit gar nicht so wirklich zu Bewusstsein gekommen bzw. ich konnte diverse plausibel klingende Gründe für sie anführen. Zunächst einmal war da der genannte tägliche Pendelweg zur Klinik, der Zeit und Kraft kostete. Dann gab es die lange und anstrengende Ausbildung. Dann gab es Konflikte mit meinem Vorgesetzten, der meine Bewerbung auf eine freie unbefristete Stelle mehrfach einfach übergangen hatte. Und es gab an dieser Arbeitsstelle wirklich viel zu tun; ich bewertete also meine Tätigkeit nicht als subjektiv, sondern als objektiv sehr stressig. Das ist ein großer Unterschied. Ich kam nicht zu dem Schluss, dass ich gering belastbar war, sondern vielmehr zu der Einstellung, wie verwunderlich es doch war, dass all meine Kollegen diese extrem anstrengende Tätigkeit ohne wiederholte Krankheitsausfälle bewältigen konnten.

Kurz nach meinem Weggang von der Klinik ging es mir erst einmal prima, da die vielen mich überfordernden Aufgaben meiner Arbeitsstelle weggefallen waren. Ich fühlte mich frei und das tat gut. Aber nach kurzer Zeit kam die Depression zurück. Meine Gedanken drehten sich darum, dass ich nicht wusste, wie ich beruflich weitermachen sollte. Die bisherige Arbeit hatte mich kolossal überfordert – welche Arbeit würde das nicht tun? Ich merkte, dass ich mit meinen diesbezüglichen Gedanken momentan nicht weiterkam und genehmigte mir zunächst einmal eine Auszeit zu Hause, um wieder zu Kräften zu kommen. Ich ruhte mich aus, nahm an einem Singkurs und einem Gospelchor teil und beschäftigte mich mit dem Aussehen von Gießen vor dem Zweiten Weltkrieg.

Als das Jahr der Arbeitslosigkeit (für ein Jahr maximal bekam man ja Arbeitslosengeld) sich dem Ende näherte, fing ich an, mich auf verschiedene Teilzeit-Stellen als Psychotherapeutin zu bewerben. Zwischenzeitlich hatte ich wegen meiner depressiven Erkrankung mit einer psychoanalytischen Behandlung begonnen, dreimal in der Woche, die mir half, von einem Tag zum anderen weiterzuleben. Für mich, die ich Expertin in der Verhaltenstherapie geworden war, war es doch sinnlos, selbst eine verhaltenstherapeutische Therapie als Patientin durchzuführen. Was sollte ich da noch Neues lernen? Also wandte ich mich der Psychoanalyse zu, wozu mir auch mein Psychiater geraten hatte. Irgendwann in dieser Zeit realisierte ich dann doch, dass ich geringer belastbar war als andere Menschen. Und da ich spürte, dass ich die Psychoanalyse – die auch Zeit kostete – auf jeden Fall würde fortsetzen müssen, wenn ich weiter gesunden wollte, kamen für mich damals nur Teilzeit-Stellen in Frage. Dass ich mich trotz meines Burnouts wieder auf Stellen für Psychotherapie bewarb, war meiner spezifischen Ausbildung und meiner mangelnden Kreativität geschuldet. Mir fiel einfach nichts anderes ein, womit ich stattdessen Geld verdienen konnte.

Dritte und vierte Arbeitsstelle als Psychologin und Psychotherapeutin

Letzten Endes bekam ich die Zusage einer Kinder- und Jugendpsychiatrie in Baden-Württemberg für eine halbe Stelle. Nach einer Einarbeitung von sechs Wochen, in der ich auf verschiedenen Stationen und Abteilungen hospitierte, fing ich in der dortigen Ambulanz an zu arbeiten. Die Arbeit gefiel mir gut, es handelte sich hauptsächlich um eine diagnostische Tätigkeit, d. h., ich musste herausfinden, was mit den Kindern und Jugendlichen los war und welche Art der Beratung oder Therapie sie selbst oder ihr Umfeld, d. h. die Eltern benötigen würden. Ich war sehr gut darin, und es machte mir Spaß, in kurzer Zeit die wesentlichen Aspekte in den Gesprächen zu erfassen und eine Empfehlung hinsichtlich des weiteren Vorgehens für die jeweilige Familie abzugeben.

In einigen Fällen sollte ich psychotherapeutisch weiter mit den Kindern oder Jugendlichen arbeiten, was mir sehr schwer fiel. Ich fühlte mich völlig überfordert, wenn ich mehr machen sollte als reine Diagnostik. Und auch die Diagnostik fiel mir immer schwerer, da ich Blickkontakt zusehends schlechter aushalten und mich auch generell immer schlechter konzentrieren konnte. Zudem kamen die Depression, die Anspannung und das Grübeln zurück und ich erzählte meiner Chefin davon, da ich mehrere Wochen am Stück krankgeschrieben war.

Als ich wieder zurückkam, sollte ich in den stationären Bereich der Klinik wechseln, auf die Entgiftungsstation für jugendliche Alkohol- und Drogenabhängige. Angeblich war dort Personalbedarf, aber ich glaube heute, man wollte sich in der Ambulanz von mir trennen, aus Angst, ich könnte wieder länger ausfallen, und dann müssten meine Termine abgesagt werden. Im stationären Bereich können Krankheitsausfälle vom Personal besser aufgefangen werden als in der Ambulanz.

Auf der Entgiftungsstation fanden häufige Team-Besprechungen und Übergaben statt, außerdem musste ich wieder Gruppentherapien leiten. Die Arbeit mit den fast immer dissozialen und wenig angepassten Jugendlichen war zudem sehr belastend. Man musste ihnen ständig Grenzen setzen, die sie immer wieder neu austesteten, das war alles sehr anstrengend. Auch die vielen Team-Kontakte mit den Kollegen belasteten und überanstrengten mich.

Wieder merkte ich, dass ich an einem Punkt angekommen war, wo ich nicht mehr lange so weitermachen konnte. Ich fühlte mich meistens wie eine leblose Hülle bei der Arbeit, fühlte mich völlig fehl am Platz. Nach zwei Jahren konnte ich schon wieder meine Arbeit nicht mehr bewältigen.

Ich bewarb mich also wieder, diesmal auf Arbeitsstellen im Raum Frankfurt, da meine damalige Lebensgefährtin sich einen Umzug in die Großstadt wünschte. In der Hoffnung, dass möglicherweise die Arbeit mit Kollegen und Kolleginnen mich weniger beanspruchen würde als die Arbeit mit Patienten, bewarb ich mich vor allem auf Leitungsstellen. Schließlich fand ich nahtlos eine Stelle für die fachliche Leitung eines Psychosozialen Zentrums in Vollzeit. Leitungsstellen gab es fast immer nur in Vollzeit. Für eine solche Stelle sprach auch das höhere Gehalt, denn inzwischen zahlte die Krankenkasse nicht mehr für meine psychoanalytische Behandlung, sondern ich kam selber für die Kosten auf. Ich zog also mit meiner Lebensgefährtin nach Frankfurt um, von wo aus ich zur Arbeit mit dem Zug pendelte.

Leider war die Arbeit als Leitungskraft nicht weniger anstrengend als die Arbeit mit den Patienten bei meinen bisherigen Arbeitsstellen. Ich stellte fest, dass es mir nicht lag, anderen Menschen zu sagen, wo es langging. Es war mir zu direktiv und zu viel Verantwortung. Besonders anstrengend war, dass ich fast jeden Tag viele Gespräche zu führen hatte, wenn auch »nur mal kurz zwischendurch«. Es überforderte mich, dass ich mich andauernd auf wechselnde Gesprächspartner mit wechselnden Themenbereichen einzustellen hatte. Viele Gespräche ließen sich nicht langfristig planen, sondern fanden relativ spontan statt. Erneut litt ich unter ausgeprägter Anspannung und ständigem Grübeln über die Arbeit. Wiederkehrend musste ich mich für ein paar Tage krankmelden. Ich spürte dann morgens im Bett – oder saß manchmal auch schon am Frühstückstisch bei meinem Kaffee – dass es mir nicht möglich war, mich anzuziehen, meine Tasche zu nehmen und mich auf den Weg zur Arbeit zu machen.

Nach erneuten zwei Jahren auch bei dieser Arbeitsstelle klappte ich direkt im Anschluss an die Asperger-Diagnose im Dezember 2010 zusammen und kam beruflich nicht mehr auf die Füße. Dazu später mehr.

Hilfen und Unterstützungsmöglichkeiten auf meinem bisherigen Weg

Bevor ich meinen Weg nach der langen Krankschreibung weitererzählen werde, möchte ich zunächst beschreiben, was ich alles versucht habe, um meine Belastbarkeit zu steigern und meine Arbeit als Psychologin und Psychotherapeutin bewältigen zu können.

Angefangen habe ich mit achtzehn Jahren in einem Volkshochschulkurs in Autogenem Training Somit habe ich in relativ jungem Alter eine anerkannte Entspannungsmethode erlernt.

Während des Studiums und auch später im Beruf habe ich das Soziale Kompetenztraining kennengelernt, was man auch Selbstsicherheitstraining nennt. Es war für mich wie eine Offenbarung, um im Alltag, d. h. vor allem auch mit Kollegen und Vorgesetzten, besser klarzukommen.

Außerdem habe ich mit Anfang zwanzig über zweieinhalb Jahre an einer psychoanalytischen Gruppentherapie teilgenommen. Dort habe ich versucht, meine schon damals bestehenden Zustände von Selbstentfremdung und meine Schwierigkeiten im Umgang mit anderen Menschen zu überwinden. Es hat mir gutgetan, moderiert an einer Gruppe teilzunehmen und mich in der Interaktion mit anderen Menschen zu üben.

Seit meinem zwanzigsten Lebensjahr habe ich in meiner Freizeit immer wieder psychologische Fachbücher und Selbsthilfebücher gelesen, die sich mit Gefühlen, mit inneren psychischen Prozessen und mit der Verbesserung von Beziehungen beschäftigten. Ich las auch Bücher über Gespräche mit dem Chef, über die Möglichkeit von positiver Selbstdarstellung im Beruf, Bücher über Burnout, über Führungsstrategien, über den Knigge im Beruf.

In eine ähnliche Richtung geht meine Beschäftigung mit dem Thema Bewerbungsstrategien. Ich hatte dadurch nie Probleme, eine Stelle zu finden, sondern mein Problem war immer, sie aufgrund meiner reduzierten Belastbarkeit auch zu behalten.

In der Verhaltenstherapie-Ausbildung lernte man, wie man die verschiedenen psychischen Störungsbilder psychotherapeutisch behandeln kann. Vieles davon habe ich auch an mir selbst ausprobiert, mit mäßigem Erfolg. Darüber hinaus fand im Rahmen dieser Ausbildung auch Supervision einzeln und in der Gruppe sowie Selbsterfahrung statt. Regelmäßige Supervision gehört ohnehin zur Berufspraxis im Bereich Psychotherapie. Hier geht es darum, die Problematik eines Patienten besser zu verstehen und im Austausch mit Kollegen und Vorgesetzten neue Ansätze für Veränderungsmöglichkeiten zu finden.

Als ich selbst in psychiatrischer Behandlung war, habe ich mit einer psychopharmakologischen Behandlung in Form eines Antidepressivums begonnen. Überhaupt habe ich meine eigene psychische Problematik (Depression) behandeln lassen, zunächst medikamentös und später in Form einer Psychoanalyse. Diese dauerte über fünf Jahre; mehrere Jahre war ich dreimal wöchentlich zu Gesprächen dort und habe über mich und mein Leben reflektiert. Häufig war hier auch meine jeweilige Arbeitssituation Thema, wir sprachen in diesem Rahmen sehr viel darüber, wie es mir besser gelingen könnte, meine Arbeit zu bewältigen.

Das tat ich auch später im Rahmen einer ambulanten Verhaltenstherapie, die ich im Anschluss an die Psychoanalyse begonnen hatte, da es mir trotz der langen Therapie immer noch sehr schlecht ging und ich immer noch permanent überfordert war. Wir haben hier viele mögliche Lösungsansätze zusammengetragen, aber nichts hat langfristig meine Belastbarkeit verbessert.

Nicht zu vergessen das berufliche Coaching, das ich während meiner Tätigkeit als Leitungskraft regelmäßig in Anspruch genommen habe. Auch hier wurden berufliche Herausforderungen reflektiert und nach Lösungen gesucht.

Dann habe ich noch an einer sehr guten Leitungsfortbildung für im psychosozialen Bereich tätige Fachkräfte teilgenommen. Auch das Thema Burnout und Prophylaxe davon wurde hier besprochen. Aber es war schon viel zu spät. In meiner rückblickenden Wahrnehmung war ich vom ersten Tag meiner Berufstätigkeit als Psychologin bzw. Psychotherapeutin überfordert mit den praktischen Aufgaben dieses Berufsfeldes.

Zu guter Letzt war ich kurz nach Beginn meiner letzten Krankschreibung für sechs Wochen in einer psychosomatischen Fachklinik im Allgäu in Behandlung. Die Einschätzung der dortigen Ärzte und meiner Psychotherapeutin zum Abschluss meiner Therapie dort war eindeutig die, dass ich nicht mehr arbeitsfähig werden würde für meine Stelle als Leitungskraft, aber auch nicht mehr als Psychotherapeutin generell.

Nichtsdestotrotz wollte ich es selber wissen und entschied mich für den Versuch einer stufenweisen Wiedereingliederung an meinem Arbeitsplatz als Leitung. Ziel sollte dabei nicht sein, dass ich wieder ganztags arbeiten würde, sondern die Wiedereingliederung sollte nur bis auf eine halbe Stelle gehen. Leider schaffte ich noch nicht einmal drei Arbeitsstunden pro Tag. Nach etwa zwei Monaten, in denen ich die Hälfte der Zeit schon wieder arbeitsunfähig war, musste ich die Wiedereingliederung abbrechen. Ich glaube, ich habe so ungefähr alles probiert, was ich mir vorstellen konnte, um mein Ziel zu erreichen, als Psychotherapeutin arbeitsfähig zu bleiben. Aber es hat nicht geklappt.

Die Asperger-Diagnose und was danach kam

Auf die Idee, dass ich autistisch sein könnte, kam ich erst im Alter von 38 Jahren. Ich las zufällig die Autobiografie eines Autisten und erschrak, weil ich mich in vielen seiner Beschreibungen wiederfand. Tatsächlich war es für mich ein Erschrecken, weil für mich Autismus spontan etwas sehr

Schlimmes war. Erst ein Jahr und ein weiteres Buch über Asperger später (diesmal war es ein Roman) entschloss ich mich dazu, diese Diagnose bei mir selbst überprüfen zu lassen. Nach ausführlicher Diagnostik wurde meine Verdachtsdiagnose durch eine entsprechende Fachambulanz bestätigt.

Am Ende meiner langen Suche angelangt und über die Jahre völlig ausgelaugt durch meine Arbeit wurde ich innerhalb weniger Tage nach der Diagnose arbeitsunfähig. Es folgte die psychosomatische Klinikbehandlung und wiederum vier Monate später der bereits genannte Wiedereingliederungsversuch an meinem Arbeitsplatz.

Während der Wiedereingliederung (ich war in der Zwischenzeit deutlich autistischer geworden, weil alle meine Abwehrmechanismen zusammengebrochen waren) kam ich zu dem Schluss, meinen Kollegen von meiner Diagnose zu erzählen. Meinem direkten Vorgesetzten hatte ich schon kurz nach der Klinikbehandlung davon berichtet und habe gute Erfahrungen damit gemacht. Er war sehr verständnisvoll und setzte sich im Rahmen seiner Möglichkeiten sehr dafür ein, dass mir eine Rückkehr an meinen Arbeitsplatz möglich sein würde. Meine Kollegen reagierten auf mein Outing sehr unterschiedlich. Für manche war es gar kein Problem, sie fanden es gut zu wissen, was mit mir los war: Je besser sie meine Einschränkungen kannten, desto besser könnten sie sich darauf einstellen. Ich glaube, ich erschien ihnen »menschlicher« nach meinem Outing, da ich mich vorher persönlich sehr distanziert verhalten hatte und mich jetzt plötzlich geöffnet hatte. Andere Kollegen sahen es kritischer und konnten sich nicht vorstellen, dass ein »Mensch mit Autismus« ein Psychosoziales Zentrum würde leiten können.

Das Scheitern bei der Wiedereingliederung führte zu einem erneuten depressiven Einbruch bei mir. Ich hatte mir doch so gewünscht und mein Leben lang so viel da hinein investiert, dass ich in meinem Beruf als Psychotherapeutin würde arbeiten können. Und nun war ich gescheitert.

Es folgte eine weitere stationäre psychotherapeutische Behandlung, in der ich mich schweren Herzens dazu entschloss, einen Rentenantrag zu stellen. Dieser Antrag wurde unkompliziert bewilligt, d. h., ich war nun offiziell voll erwerbsgemindert.

Natürlich habe ich in dieser Zeit oft darüber nachgedacht, ob es besser gewesen wäre, wenn ich einen anderen Beruf gelernt hätte. Inzwischen glaube ich, es hätte keinen wirklichen Unterschied gemacht, wenn ich nach der Schule einen anderen Beruf erlernt hätte. Ich hätte dann zwar einen anderen Lebensweg eingeschlagen, aber wäre heute ebenfalls berentet. Dass ich das glaube, liegt daran, dass ich aus verschiedenen Gründen bereits als Jugendliche versucht hatte, aktiv eine andere Persönlichkeit zu entwickeln als diejenige, die mir immanent war. Mit diesem »falschen Selbst« wäre es mir meiner Ansicht nach auch in einem weniger kommunikativen Job nicht möglich gewesen, langfristig eine Beschäftigung zu finden, die ich hätte ausfüllen können. Meine Gefühle von Einsamkeit, Isolation und Selbstentfremdung und meine dann sicher noch schlechteren sozialen Fähigkeiten hätten mich vermutlich auch in diesem Fall in eine Depression getrieben.

Vielleicht hätte es einen Unterschied gemacht, wenn ich bereits in der Kindheit meine Asperger-Diagnose erhalten hätte. Dann hätte ich vielleicht früher mein authentisches Selbst entwickeln und leben können, und es wäre mir psychisch bessergegangen. Aber dann hätte ich beruflich vermutlich niemals das erreicht, was ich erreicht habe: Psychotherapeutin wäre ich dann sicher nicht geworden.

Mein heutiges Leben

Es war sehr schwer für mich, im Anschluss an die Berentung wieder auf die Beine zu kommen. Um eine sinnvolle Aufgabe zu haben, begann ich ehrenamtlich bei einem Verein zu arbeiten, der sich um kranke Kinder im Krankenhaus kümmert. Ich half dort einmal wöchentlich im Büro aus. Kurze Zeit später suchte ich mir ein zweites Ehrenamt, ebenfalls im Büro, diesmal bei einer Stiftung, die Beratung im Bereich Weiterbildung anbietet. Hier gab ich die einzelnen Anfragen von Klienten und die Beratungsergebnisse in den Computer ein. Ganz langsam gewann ich wieder etwas Zutrauen in meine Fähigkeiten, wenngleich meine Konzentrationsfähigkeit weiterhin nur sehr gering war. Sehr schnell war ich reizüberflutet und konnte nur wenige Stunden in der Woche ehrenamtlich arbeiten – aber immerhin etwas.

Über eine Bekannte bekam ich Kontakt zu einem Stammtisch von Menschen mit einer psychischen Erkrankung, von denen einige in dem anfangs genannten Café arbeiteten. Die Leute hatten Spaß an ihrer Arbeit, und ich fragte mich, ob das auch etwas für mich wäre. Gleichzeitig hatte ich jedoch große Zweifel, ob es mir gelingen würde, die dortigen Aufgaben zu erfüllen. Man musste dort mit Menschen sprechen, wenn auch nur kurz, die Kasse bedienen und Speisen und Getränke zubereiten und ausgeben. Ich entschloss mich zu einem Vorstellungsgespräch und ließ mich dann auf die Warteliste setzen. Wenige Monate später wurde ich informiert, dass ich dort anfangen könnte.

Heute arbeite ich ein- bis zweimal pro Woche für jeweils drei Stunden im Café. Das ist genau die richtige Arbeitsmenge für mich. Die beiden anderen Ehrenämter im Büro habe ich inzwischen wieder aufgegeben, da sie mir immer weniger Spaß gemacht haben. Sehr erleichternd ist für mich, dass ich im Café mit Menschen zu tun habe, die auch keine glatten Lebensläufe haben, die auch berentet sind oder von Sozialhilfe leben. Endlich hörte ich auf damit, mich ständig mit voll im Arbeitsleben stehenden neurotypischen Menschen zu vergleichen. Bei diesen Vergleichen schnitt ich grundsätzlich schlecht ab und mein Selbstwertgefühl nahm dabei immer ziemlichen Schaden.

Birgit: Interview

Wenn Du Dich in ein neues Arbeits-/Wissensfeld einarbeiten musst, wie lernst Du die Inhalte am liebsten (zum Beispiel: selbstständig oder im strukturierten Unterricht)? Warum kommt Dir gerade das entgegen?
Ich bin sehr froh, dass ich mich heutzutage in kein neues Wissensfeld mehr einarbeiten muss. Immer noch fällt es mir sehr schwer, mich längere Zeit zu konzentrieren. Meine geistigen Fähigkeiten waren als Schülerin und im jungen Erwachsenenalter – meiner Wahrnehmung nach – deutlich besser ausgeprägt, als sie es heute sind. Ob das an dem langen Burnout bzw. den Spätfolgen der Depression liegt oder einfach am Lebensalter, kann ich schlecht beurteilen.

Es heißt, Asperger seien oft pragmatisch und rational, was die Studien-/Berufswahl angeht. »Träume« werden hintangestellt. Stimmt das auch für Dich? Warum ist das so?
Für mich stimmt beides. Ich hatte mich ja – trotz meines Interesses an Medizin – gegen den Beruf der Ärztin entschieden wegen der vielen Überstunden und der Nachtdienste. Die Entscheidung gegen das Medizinstudium geschah also aus rationalen Überlegungen heraus. Ökotrophologie als Studiengang zu beginnen, geschah dann auf Empfehlung meines Chemie-Lehrers, der wusste, dass ich mich für Naturwissenschaften interessierte. Dazu kam meine damalige Begeisterung für gesunde Ernährung. Im Vordergrund stand damals also die Wahl eines Studiengangs aus Interesse heraus. Die Entscheidung für das Studium der Psychologie geschah schließlich sehr aus dem Bauch heraus und ohne mich vorher zu fragen,

was ich später beruflich damit machen wollte. Damit habe ich mir schon einen Wunsch oder »Traum« erfüllt, da ich sehr gerne mehr über das psychische Erleben von Menschen erfahren wollte.

Wo siehst Du Dich beruflich in 5 Jahren?
Ich möchte gerne weiter ab und zu ehrenamtlich im Café arbeiten. Außerdem wünsche ich mir, dass bis dahin meine Autobiografie, an der ich schreibe, als Buch veröffentlicht ist.

Was löste berufliche Krisen aus? Wie wären diese im Nachhinein vielleicht verhinderbar gewesen?
Mein komplettes Berufsleben war insofern eine berufliche Krise, als ich – aus Gründen, die mit (sozialer) Reizüberflutung zu tun hatten – von Anfang an mit der Tätigkeit als Psychologin bzw. Psychotherapeutin überfordert war. Mein Zusammenbruch in diesem Beruf wäre m. E. nicht verhinderbar gewesen. Im Rückblick wäre es in Bezug auf die Berufswahl hilfreich gewesen, wenn mein Asperger-Syndrom schon während meiner Schulzeit aufgedeckt worden wäre. Dann hätte ich einen Beruf wählen können, der besser vereinbar gewesen wäre mit meinen asperger-bezogenen Stärken und Schwächen, z. B. einen Beruf mit weniger sozialer Interaktion.

Welche Strategien hast Du für einen konfliktarmen und vielleicht sogar freundschaftlichen Umgang mit KollegInnen?
Wenn ich jemanden neu kennen lerne, versuche ich ein Bild von ihm oder ihr als Mensch zu bekommen und zu verstehen, wie er »tickt«. Ich versuche dann, an denjenigen Stellen »anzudocken«, wo ich Übereinstimmungen zwischen ihm und mir sehe. Störendes Verhalten versuche ich auszublenden und nicht darauf einzugehen. Allerdings achte ich bei meiner ehrenamtlichen Arbeit im Café darauf, nicht unvorbereitet berührt zu werden. Wenn jemand so etwas in seinem Verhaltensrepertoire hat, weise ich ihn frühzeitig darauf hin, dass er mich bitte nicht spontan berühren soll.

Viele Aspies haben eine Schwäche beim Wiedererkennen von Gesichtern und damit von Menschen. Du auch? Was ist ein guter Umgang mit dieser Schwäche?
Wenn ich jemanden das erste Mal sehe, versuche ich daran zu denken, dass ich mir merken muss, wie er aussieht. Ich präge mir die ungefähre Größe und Haarfarbe der Person ein. Eventuell auch das Gewicht und das

etwaige Alter und hoffe, dass ich mich dann beim nächsten Mal daran erinnere.

Viele Aspies haben eine Schwäche beim Erkennen von Intentionen und Gefühlen von KollegInnen. Du auch? Was ist ein guter Umgang mit dieser Schwäche?
Ich habe mich in den letzten 25 Jahren so sehr mit menschlichen Interaktionen beschäftigt, dass ich inzwischen ganz gut darin bin, Absichten von Menschen zu erkennen. Gefühle zu erkennen fällt schon schwerer, da habe ich einige wenige Kategorien: z. B. Traurigkeit (jemandem laufen Tränen aus den Augen), Wut (lautes, aufgeregtes Sprechen, jemand lässt sich schwer bremsen in seinem Redestrom, ich bekomme Angst vor ihm) oder Freude (jemand lächelt oder lacht und die Augen strahlen).

Hast Du im Beruf Menschen wahrgenommen, die ähnlich »einsam« oder »seltsam« erschienen wie Du selbst? Wie würdest Du damit umgehen, Asperger als KollegInnen zu haben?
Eher selten. Wenn mir so jemand begegnet ist, bin ich ihm eher aus dem Weg gegangen. Ich war damals sehr mit der Realisierung eines Ideal-Bilds von mir selbst beschäftigt. Mich mit einem etwas seltsamen Kollegen zu befreunden, hätte bedeutet, dass ich mich mit meinen eigenen diesbezüglichen Anteilen hätte auseinandersetzen müssen. So weit war ich damals noch nicht. Ich glaube nicht, dass ich jemals einen Kollegen mit Asperger-Syndrom hatte. Was ich heute tun würde, wäre dasselbe wie bei anderen Menschen. Ihn erst einmal kennenlernen und mir ein Bild von ihm machen.

Hast Du auch das Gefühl, eine Art soziales Theater zu spielen, bei dem Du neurotypisches Verhalten kopierst? Welche Erfahrungen hast Du damit gemacht?
Ja sicher, das kenne ich gut. Manche dieser Verhaltensweisen fühlen sich inzwischen natürlich für mich an, ich habe sie in mein Verhaltensrepertoire aufgenommen. Andere passen einfach nicht zu mir und meiner Persönlichkeit, die habe ich gestrichen. In die dritte Kategorie fallen bestimmte Verhaltensweisen, die man einfach aus sozialer Konvention heraus in bestimmten Situationen zeigen sollte, wie z. B. jemanden erst einmal zu begrüßen (und sich begrüßen zu lassen), wenn man mit jemandem sprechen möchte, z. B. auf einem Amt oder am Telefon. Daran muss ich mich dann jedes Mal erinnern.

Oft heißt es, Aspies seien ehrlichere Menschen als Neurotypische und hätten einen stärkeren Gerechtigkeitssinn. Siehst Du das auch so, bzw. gilt das auch für Dich? Warum?
Ja, das stimmt. Aber ich kann meine Ehrlichkeit inzwischen an die jeweilige soziale Situation ganz gut anpassen, d. h. ich kann einschätzen, an welcher Stelle wirkliche Ehrlichkeit gefragt ist und wann man sich besser diplomatisch ausdrückt, um jemanden nicht zu verletzen oder gegen soziale Konventionen zu verstoßen. Gerechtigkeit ist mir weiterhin sehr wichtig, aber ich versuche inzwischen, nicht kleinkariert zu sein und eher im Großen darauf zu achten, dass z. B. das Geben und Nehmen in sozialen Beziehungen einigermaßen gleichmäßig verteilt ist.

Was schätzen Deine KollegInnen an Dir?
Man kann sich auf mich verlassen. Ich bin meistens freundlich und hilfsbereit gegenüber anderen Menschen. Ich bin sehr korrekt und genau.

Kannst Du in einem Satz zusammenfassen, welche Rolle die Familie/der Partner für Dich beim Erfüllen der Berufstätigkeit spielt?
Ich erfahre von meinem Umfeld Anerkennung für das, was ich tue, z. B. für meine Arbeit im Café oder für das Schreiben meiner Autobiografie. Das motiviert mich sehr.

Wie meinst Du wirkst Du auf andere Menschen? Eher empathisch oder unempathisch? Eher logisch denkend oder intuitiv handelnd? Woran machst Du das fest?
Das weiß ich nicht.

Wie gehst Du mit Schwierigkeiten bei der Orientierung im Arbeitsalltag und in den Strukturen um?
Früher habe ich mir in solchen Situationen Schaubilder aufgemalt, um einen Gesamtüberblick über z. B. Arbeitsabläufe zu erhalten, der mir sonst entgangen wäre. Heute bleibe ich in der jeweiligen Situation und bemühe mich um Achtsamkeit für den gegenwärtigen Moment, versuche, eins nach dem anderen zu machen.

Wie gehst Du mit den Unvorhersehbarkeiten im Team um?
Ich ziehe mich ein Stück weit heraus aus dem Team, lasse anderen den Vortritt und beobachte anstehende Veränderungen von außen. Dadurch treffen mich Unvorhersehbarkeiten nicht so stark wie früher, als ich sehr überidentifiziert war mit meiner Arbeitstätigkeit. Etwas psychische Dis-

tanz zu meiner Arbeitstätigkeit zu wahren hilft mir, besser mit Unvorhersehbarkeiten umzugehen. In meinem Beruf als Psychotherapeutin ist mir das jedoch nie wirklich geglückt.

Wie äußern sich Deine Schwierigkeiten, dem Arbeitsinhalt Struktur zu geben? Was hilft Dir?
Mein Arbeitsinhalt hat aus sich heraus Struktur. Ich kenne beispielsweise die Schritte des Zubereitens von Cappuccino an der Espresso-Maschine und führe sie einen nach dem anderen aus.

An wen hast Du Dich mit Deinen psychischen Problemen wie Depression und/oder Ängsten gewandt? An wen wendest Du Dich aktuell?
An Psychotherapeuten und/oder Psychiater. Ich bin weiterhin in regelmäßiger ambulanter Behandlung, wenn auch inzwischen in großen zeitlichen Abständen.

Was war Auslöser dafür, das Asperger-Syndrom diagnostizieren zu lassen? Welche Auswirkungen hatte die Diagnose?
Auslöser war, dass ich nicht verstand, warum ich trotz meiner psychotherapeutischen Berufsausbildung und trotz diverser Coachings und Therapien mit der Tätigkeit als Psychotherapeutin so überfordert war. Ich war in einem Dauer-Burnout und suchte dringend eine Erklärung für meinen Zustand und eine Idee, wie es für mich beruflich weitergehen könnte. Die Diagnose traf mich in einem Zustand völligen Ausgebranntseins. Sie führte zu einer Verstärkung meiner autistischen Symptome. Der nachfolgende psychische Zusammenbruch, von dem an ich meinen Beruf nicht mehr bewältigen konnte, war eher eine Folge des genannten Burnouts als der Autismus-Diagnose. Langfristig hat mir die Diagnose dabei geholfen, mich selbst besser kennenzulernen und ein besseres Verständnis für mich zu entwickeln. So konnte ich meine Tendenz verringern, mich für bestimmte asperger-bezogene Schwächen immer wieder selbst zu kritisieren.

Hast Du an psychologischen, sozialen oder berufsfördernden Angeboten speziell für Aspies teilgenommen? Welche Erfahrungen hast Du gemacht?
Ich nehme an verschiedenen Gesprächskreisen für Autisten teil und mache dort gute Erfahrungen. Ich fühle mich dort verstanden, muss mich nicht verstellen und treffe auf Gleichgesinnte.

Leidest Du an Reizüberflutung? Wie äußert sich das?

Die Reizüberflutung ist mein größtes Problem im Alltag. Die Reizüberflutung ist wie ein anderer Körper- bzw. Bewusstseinszustand. Ich fühle mich selbst dann nicht mehr, während äußere Reize, vor denen ich mich nicht schützen kann, meine Körpergrenzen durchtreten und in mich eindringen. Mein Ich-Gefühl löst sich dann auf, und ich will nur noch weg aus der so bedrohlichen Situation.

Was ist Deine Strategie, um mit Situationen der Reizüberflutung umzugehen?
Bei meiner früheren Arbeit als Psychotherapeutin dissoziierte ich regelmäßig. Verlor völlig den Kontakt zu mir selbst und funktionierte als leblose Hülle weiter. Diese Bewältigungsstrategie hat erst recht dazu beigetragen, dass ich psychisch so sehr krank wurde.

Wenn ich bei meiner Arbeit im Café reizüberflutet bin, versuche ich, eine kurze Pause zu machen oder auf die Toilette zu gehen. Ich versuche, positiv zu mir selbst zu sprechen und mich nicht für meine Überflutung zu verurteilen. Stattdessen sage ich mir dann, dass ich alles ganz langsam, eins nach dem anderen erledigen soll und versuche mich daran zu halten.

Was würdest Du Dir an Unterstützung (privat wie institutionell) wünschen, um mit den Schwierigkeiten im Berufsleben besser umgehen zu können oder diese zu lösen?
Ein Dienst im Café dauert drei Stunden. Danach bin ich oft sehr reizüberflutet. Ich vermeide Sondereinsätze im Café, wie z. B. Dienst bei speziellen Feiern, bei denen andere als die gewohnten Arbeitsschritte anfallen. Ansonsten wüsste ich nicht, wer oder was mir heute dabei weiterhelfen könnte. Generell wäre eine frühere Diagnose – noch in der Schulzeit – hilfreich gewesen, damit ich Unterstützung bei der Entwicklung meiner Persönlichkeit, bei der Gestaltung sozialer Kontakte und bei der späteren Berufswahl hätte erhalten können. Wenn es damals soziale Trainings für Menschen mit Asperger gegeben hätte, hätte ich mir nicht mühsam meine heutigen sozialen Fähigkeiten alle selbst beibringen müssen.

Pedro

Einleitende Worte

Es ist für mich eine spannende, zugleich aber nicht allzu einfache Herausforderung, die Verhaltensmuster und manch prägende Details aus meinem Leben erzählen zu können. Diese Zeilen sollen ungeschminkt meine Person, mein Verhalten und die Interpretationen meines Umfeldes behandeln. Ich werde mich bemühen, die Aspekte so offen wie möglich zu schildern. Dennoch handelt es sich um eine anonymisierte Fassung, da es mir ein Anliegen ist, die eigenen wie auch die Persönlichkeitsrechte anderer Menschen zu wahren.

Beginnen möchte ich meine Erzählung am Weltautistentag 2015, den ich zuvor nur oberflächlich wahrgenommen hatte. Ein langjähriger Freund rief mich um die Mittagszeit an und riet mir, dass ich mich doch mit dem Themengebiet des Autismus beschäftigen solle. Als er anklingen ließ, dass einzelne Facetten aus seiner Sicht auch auf mich zutreffen könnten, widersprach ich anfangs heftig. Ich war aber neugierig geworden und wollte mich nun mit dem Thema doch etwas genauer auseinandersetzen. Als ich mir die Definitionen des hochfunktionalen Autismus und im Besonderen des Asperger-Syndroms durchlas, war mein Interesse schlagartig geweckt. Die Parallelen zu meinem Denken und Verhalten waren doch unübersehbar. Zugleich war ich aber auch verblüfft, wie es 43 lange Jahre hatte dauern können, um auf diesen Umstand erstmalig aufmerksam zu werden.

Die Erkenntnis vermittelte mir auch ein Gefühl der Erleichterung, da ich die Chance erkannte, auf viele offene Fragen eine Antwort finden zu können. Ich möchte mich bemühen, die eigenen Schwächen künftig zu respektieren, anstatt sie zu verdrängen. Am 27. April habe ich einen mir bekannten Psychiater aufgesucht, der meine Verdachtsdiagnose weitgehend bestätigte und mir ein Attest zukommen ließ. Es ist mir bewusst, dass dieser Arztbrief nichts an meinen Lebensumständen ändern wird, wenn ich nicht selbst daran arbeite, etwas zum Besseren zu bewenden.

Auf den nächsten Seiten möchte ich eine Reise in die Vergangenheit unternehmen, wobei der Schwerpunkt auf den ersten Jahren der Erwerbstätigkeit liegen wird. Eingangs möchte ich aber kurz auf meine frühe Jugend eingehen, da hier durchaus Schlüsselerlebnisse stattgefunden haben könnten.

Schulzeit

Die Erinnerungen an meine Schulzeit sind bestimmt nicht die schönsten, wenngleich ich darüber heute nicht mehr viel nachdenke. Es war mir von der Volksschule weg nicht gelungen, mich in eine Klassengemeinschaft einzufinden. Insgeheim war ich stets froh, wenn die Pausen vorüber waren, da ich mich in den Unterrichtsstunden vor verbalen wie auch körperlichen Übergriffen der Klassenkollegen besser geschützt sah. Es kam mir offenbar nicht in den Sinn, mich zur Wehr zu setzen, da ich innerlich wohl alles zu verdrängen versuchte. Auch kann ich mich nicht erinnern, dass ich mich bei Angehörigen, Lehrern oder anderen Vertrauenspersonen beklagt hätte, wiewohl diesen die Probleme keinesfalls verborgen geblieben sein konnten.

In der Volksschulzeit hatte ich einen einzigen Freund, den ich schon kurz vor dem Schuleintritt kennen gelernt hatte und der lange Zeit auch mein Sitznachbar war. Ob wir wirklich gute Freunde waren, lässt sich schwer beurteilen, da es mir wohl vorrangig darum ging, nicht ganz alleine dazustehen. Den Kontakt mit anderen Mitschülern habe ich kaum gesucht oder mir auch nicht zugetraut. Die Interessen und das Verhalten der Gleichaltrigen erschien mir doch sehr viel anders und mein Ziel bestand in erster Linie darin, in Ruhe gelassen zu werden. Den Umstand, dass ich oftmals älter geschätzt wurde, als ich war, hatte ich nie hinterfragt und war insgeheim vielleicht sogar noch ein wenig stolz darauf.

Ich denke, dass ich lerntechnisch ein mittelmäßiger Schüler war, die Beurteilungen lagen zumeist im Bereich des Durchschnitts. Besonders gute Noten hatte ich stets in Deutsch, da ich hier mit meinen Schulaufsätzen punkten konnte. Anders verhielt es sich in den Turnstunden, an denen ich nur mit großem Widerwillen teilnahm. Die mangelnde Geschicklichkeit einerseits, aber auch das Unvermögen, mich beim Ballsport in ein Team zu integrieren, waren mitverantwortlich dafür, dass ich von den Klassenkollegen ausgegrenzt wurde. Als ich im Alter von zehn Jahren in die Hauptschule wechselte, war mir klar, dass ich ab der ersten Turnstunde wieder ein Außenseiter sein würde. Die Lehrerschaft betrachtete diesen Umstand wenig sensibel und so wurde ich über Jahre hinweg im Turnunterricht mit einem »Genügend« beurteilt. Schulausflüge und Sportveranstaltungen versuchte ich ebenso halbwegs unbeschadet über mich ergehen zu lassen. Allzu schwerwiegende Konflikte mit den Lehrern bestanden nicht, da ich mich wohl nie getraut hatte, deren vermeintliche Autorität in Frage zu stellen.

Leukämie

Der erste vermeintliche Aufschrei meiner Psyche machte sich im Jahr 1985 am Beginn der achten Schulstufe, kurz vor meinem 14. Geburtstag, bemerkbar. Aufgrund von Blutungszeichen, Appetitlosigkeit und anhaltender Blässe suchte ich mit meinen Eltern den Hausarzt auf, der rasch den Ernst der Lage erkannte. Nach einer ausführlichen Laboruntersuchung wurde schon am nächsten Tag die Diagnose einer akuten lymphatischen Leukämie gestellt. Ich wurde an die onkologische Abteilung des St.-Anna-Kinderspitals in Wien überstellt, wo die Leukämie über einen längeren Zeitraum durch Chemo- und Strahlentherapie behandelt und geheilt werden konnte. Ich kann nicht mehr sagen, ob mir die Tragweite meiner Situation damals bewusst war und wie ich das miterlebte Schicksal anderer krebskranker Kinder verarbeitet habe. Einmalig hatte ich im Krankenhaus ein Gespräch mit einer Kinderpsychologin geführt, die aber offenbar an meiner Psyche auch keinerlei Auffälligkeiten erkennen wollte.

Ein guter Teil der nicht unstrapaziösen Behandlungen konnte auf ambulantem Weg erfolgen, so dass es mir möglich war, das Schuljahr durch eine von der Schulverwaltung zur Verfügung gestellte Lehrerin im Heimunterricht abzuschließen. Die Situation einer Krebserkrankung in der Schulklasse ist bestimmt nicht alltäglich und bald erhielt ich von meinen einstigen Klassenkollegen zahlreiche Briefe mit Genesungswünschen. Da ich dahinter aber mehr eine Klassenarbeit als ein persönliches Anliegen vermutete, fielen meine Antworten eher spärlich aus. Es war mir bewusst, dass ich in diese Schulklasse nicht mehr zurückmusste und empfand dies als Erleichterung.

In dieser Zeit entdeckte ich mein Interesse für den Computer und absolvierte nach der Hauptschule eine dreijährige Ausbildung zum EDV-Kaufmann. Aufgrund der vorangegangenen Erkrankung war ich vom Turnunterricht befreit, was mir sehr gelegen erschien. Aber dennoch wurde ich auch hier – unter gänzlich anderen Schulkollegen – zum Ziel von manchen Schikanen und Ausgrenzungen. Selbst sah ich keine großen Chancen, etwas daran zu verändern, und verharrte im Schweigen. Irgendwann mal würde es schon besser werden und alles wäre überstanden.

Start ins Berufsleben

Im Juni 1989, wenige Monate vor meinem 18. Geburtstag, hatte ich die Schulausbildung abgeschlossen. Da mich das österreichische Bundesheer aufgrund der Vorerkrankung für untauglich erklärt hatte, konnte ich unmittelbar damit beginnen Stellenbewerbungen auszusenden. Eine besondere Job-Präferenz hatte ich nicht, doch empfand ich den Berufseinstieg wohl vorrangig als großen Schritt zu mehr persönlicher Freiheit und Eigenverantwortlichkeit.

In der Zentrale eines Elektronikhändlers sollte das zweiköpfige Team der IT-Betreuer erweitert werden und bereits Anfang August hatte ich dort meinen ersten Arbeitstag. Die Erinnerungen an die damalige Kollegenschaft sind schon beinahe gänzlich verblasst, aber die sozialen Mankos waren auch im Berufsleben erkennbar. Das Aufgabengebiet stellte keine besondere Herausforderung dar, doch hatte ich offenbar Probleme, mich in das kleine Team zu integrieren. Aufgrund eines ungeschickten Verhaltens wurde mir nach nur zwei Monaten gekündigt.

Ohne mich arbeitslos zu melden, widmete ich mich umgehend wieder den Stellenausschreibungen in den Tageszeitungen. Ein PC-Händler mit Zentrale in Tirol war gerade auf Expansionskurs und wollte in Wien bald seine zweite Filiale eröffnen. Nach einem kurzen Vorstellungsgespräch hatte ich den Dienstvertrag auch bereits in der Tasche. Es wurde vereinbart, dass ich zwecks Einschulung einige Wochen in der Filiale in Innsbruck verbringen würde. Möglicherweise lockte mich die Aussicht, dass ich nach meiner Rückkehr als Filialleiter in Wien vorgesehen wäre. Nicht berücksichtigt hatte ich wohl, dass ich weder für den Verkauf noch für das Assemblieren von Hardware auch nur ansatzweise ein Geschick aufwies. Ich kann heute nur mehr darüber schmunzeln, dass ich in mir als 18-jährigem Filialleiter zudem keinen Widerspruch entdecken wollte.

Schon in der darauffolgenden Woche reiste ich mit der Bahn nach Tirol, wo der Dienstgeber mir ein Zimmer in einer kleinen Frühstückspension bereitstellte. Die Arbeitszeit verbrachte ich in der Filiale in Tirol, in der zwei Kollegen ihren Dienst versahen. Die Einschulung war mehr von Hilfsarbeit im Lager geprägt, aber dennoch hatte ich vorerst keine Zweifel an meiner Jobwahl gehegt oder diese auch nur ansatzweise hinterfragt. Nach rund vier Wochen kehrte ich nach Wien zurück, wo ich nun in der eigenen Filiale arbeiten sollte. Mein bestimmt nicht üppiges Monatsgehalt beinhaltete ein Überstundenpauschale, welches eine Sechstagewoche mit mehr als 50 Stunden abdecken sollte. Die Filiale durfte ich zusammen mit einer einzigen Teilzeitkraft betreiben. Doch schon bei den ersten Kundenaufträgen offenbarte sich mein nicht vorhandenes technisches Talent. Am nächsten Tag erhielt ich von der Zentrale ein Fax mit einer kommentarlosen Kündigung und wurde sofort dienstfrei gestellt.

Ich kann nicht mehr sagen, wie ich damals mit dem so kurz aufeinander folgenden Jobverlust umgegangen bin. Habe ich eingesehen, dass ich für den Job ungeeignet war? Hat es mir leidgetan, war ich frustriert oder war es mir egal? Ich weiß es nicht, wahrscheinlich habe ich die näheren Umstände, wie so oft, verdrängt. Wirklich gute Freunde gab es zu dieser Zeit nicht und meinen Eltern habe ich wohl lapidar erklärt, dass es nicht geklappt hat und ich mich wieder auf Jobsuche begeben müsse. Emotionen werde ich ganz bestimmt keine gezeigt haben, das hatte ich doch bislang nie getan.

Der Jobmarkt dieser Zeit bot für durchschnittlich qualifizierte IT-Einsteiger gute Voraussetzungen. Das nächste Dienstverhältnis ließ auch nicht lange auf sich warten und wies vielversprechende Vorzeichen auf. Ein kleines Bankinstitut in der Wiener Innenstadt suchte für sein Rechenzentrum einen Operator und im Januar 1990 konnte ich meinen Dienst im Kellergeschoss des altehrwürdigen Bürogebäudes antreten. Im Schichtbetrieb wurde von zwei Teams mit jeweils drei Mitarbeitern eine Betriebszeit von 6 bis 22 Uhr abgedeckt. Dass das Dienstverhältnis auf sechs Monate befristet abgeschlossen wurde, das wäre normal und es würde eine unbefristete Anstellung folgen, wie mir versichert wurde. Der Aufgabenbereich umfasste das klassische Bedienen von Großrechnern bis hin zur Nachbearbeitung des Druckoutputs. Ich arbeitete mit zwei etwas älteren Kollegen zusammen, wobei das Verhältnis zu diesen stets sehr förmlich verlief. Diesen Umstand erwähne ich nur deswegen, weil ich auch in späteren Berufsjahren beobachten musste, dass mir das Geschick zu einem freundschaftlicheren Umgang mit Kollegen oftmals fehlte. Der Abteilungsleiter war mit meiner Arbeit weitgehend zufrieden, während der Schichtleiter das mangelnde Geschick beim Bedienen der technischen Geräte monierte.

Ein Consulting-Unternehmen wurde zu dieser Zeit vom Mutterkonzern beauftragt, das Bankinstitut auf Kosteneffizienz zu überprüfen. Ich kann mich noch daran erinnern, wie unsere Arbeitsabläufe mit der Stoppuhr gemessen wurden, um die nicht allzu hohe Auslastung zu bewerten. Es lief darauf hinaus, dass unser Team ein Einsparungspotenzial aufwies, was mich den Arbeitsplatz kostete, da das befristete Dienstverhältnis nicht verlängert werden konnte. Als Trost erhielt ich ein Dienstzeugnis, in dem mir bestätigt wurde, dass ich die Arbeit »mit Fleiß und Gewissenhaftigkeit zur vollsten Zufriedenheit« erledigt hätte.

In den sechs Monaten als Bankmitarbeiter hatte ich auch meine erste Wohnung angemietet. Die 23 Quadratmeter unterhalb des üblichen Standards ohne Bad und mit WC auf dem Gang wären zwar bestimmt nicht jedermanns Sache gewesen, ließen sich aber finanziell gut arrangieren. Ich hatte nun eine eigene Wohnung, in die ich mich zurückziehen konnte, und das war das Einzige, was zählte.

Der vierte Anlauf

Anfang Juli des Jahres 1990 hatte ich innerhalb von nur einem Jahr den dritten Job in Folge verloren und meldete mich erstmalig arbeitslos. Ich konnte zu diesem Zeitpunkt zwar noch keine verwertbare Berufserfahrung vorweisen, doch waren mir die Jobinserate in den Zeitungen schon etwas vertraut. Dennoch bin ich keinesfalls gezielt oder gar strategisch an die Sache herangegangen, sondern war ausschließlich darauf bedacht, auf dem schnellsten Weg einen neuen Job zu finden.

Nach nur zwei Monaten konnte ich schon meinen Dienst als Operator in einem Speditionsunternehmen antreten. Das Aufgabengebiet umfasste unter anderem die Jobsteuerung, das Outputmanagement und den Hardwareservice für die Endanwender. Ein fünfköpfiges Team war werktags im Schichtdienst von 6 Uhr morgens bis 2 Uhr früh im Einsatz. Auch regelmäßige Wochenenddienste waren vorgesehen. Seit kurzem hatte ich ein eigenes Auto – einen VW-Käfer, der fast so alt war wie ich –, so dass ich den oftmals nächtlichen Arbeitsweg gut zurücklegen konnte. Mit dem Schichtdienst, den ich über acht Jahre meines Arbeitslebens bestritt, habe ich mich stets gut arrangiert. Nicht nur die finanzielle Abgeltung, sondern auch das Vermeiden des strapaziösen Stoßverkehrs kamen mir entgegen.

Ich darf vorweg verraten, dass ich den Arbeitsplatz in der Spedition über mehr als sechs Jahre behalten konnte. Dass dieser Umstand aber zumindest in der ersten Zeit keinesfalls gesichert war, möchte ich kurz erläutern. Ich war zusammen mit einem etwas älteren Kollegen aufgenommen worden und wir durchliefen in den ersten Wochen eine Einschulungsphase. Wenn man sich das Schichtsystem genauer ansah, fiel allmählich auf, dass das Team um einen Mitarbeiter überbesetzt sein könnte. Dieser Umstand begründete sich wohl in einem gleichermaßen strategischen wie auch berechnenden Kalkül der Vorgesetzten. Auch wenn ich meine Arbeit gewissenhaft verrichtete, war mir bewusst, dass ich der schwächste Teil im Team war und meine Anstellung an einem immer seidener werdenden Faden hing. Die Ursache begründete sich weniger in fachlicher Hinsicht als vielmehr in der mangelnden Fähigkeit, mich ausreichend sozial in das Arbeitsumfeld integrieren zu können.

Im Frühjahr 1991 musste ich bei meinem Dienstantritt an einem Montag kurz vor 8 Uhr in der Früh feststellen, dass das Rechenzentrum noch versperrt war. Der langjährige Kollege hätte schon seit 6 Uhr in der Firma sein sollen. Anfangs war ich lediglich etwas verwundert, aber bestimmt nicht besorgt wegen seines Fernbleibens. Nachdem ich den Bürobereich selbst aufgeschlossen hatte, griff ich zum Telefon und wählte die private Rufnummer des Kollegen. Von der Lebensgefährtin musste ich erfahren, dass der 30-jährige Kollege am Wochenende verstorben war. Soweit mir die gesundheitlichen Umstände bekannt sind, hatte sich die überraschend aufgetretene Gehirnblutung nicht abgezeichnet. Ein Kollege bestätigte mir in einem später geführten Gespräch die Vermutung, dass der Tod des Kollegen wohl meine Kündigung nur im allerletzten Moment verhindert hatte. Ein Wort über diesen Umstand wurde dennoch nie verloren.

Das Arbeitsklima war alles andere als gut und die Personalfluktuation in unserem Team recht hoch. Aufgrund dieses Umstandes zählte ich relativ bald zu den dienstälteren Kollegen und konnte es besser vermeiden, mich zur Zielscheibe von Anfeindungen zu machen. Der Umgang unter den Kollegen verlief oberflächlich und durchaus konfliktbelastet. Rückblickend kann ich erkennen, dass ich an einem zwischenmenschlichen Kontakt auch nicht wirklich interessiert war und meine Arbeiten am liebsten alleine verrichtete. Es war für mich aber auch unvorstellbar, über Alternativen am Jobmarkt nachzudenken, wenngleich sich die ungewisse Zukunft unserer Arbeitsplätze allmählich abzuzeichnen begann. Im Spätsommer 1996 fiel dann die Entscheidung, dass das Rechenzentrum Wien aufgegeben und mit der Zentrale fusioniert wird. Während sich manch andere Kollegen um neue Aufgabengebiete im Haus bemühten, machte ich mir dazu keine Hoffnungen. Mein Dienstverhältnis wurde Ende Januar 1997 beendet.

Anders als noch vor mehr als sechs Jahren war ich nun aber nicht mehr gewillt den nächstbesten Arbeitsplatz anzunehmen. Ich war arbeitslos gemeldet und absolvierte aus eigener Motivation heraus einen Netzwerkkurs an der Höheren Technischen Lehranstalt für Informationstechnologie. Natürlich versandte ich auch zahlreiche Bewerbungsschreiben. Ich war damals 25 Jahre alt und hatte sieben Jahren Erfahrung in der Branche, was recht gute Voraussetzungen für die anstehende Jobsuche waren. Natürlich hatte ich auch nicht beabsichtigt, länger daheimzubleiben als notwendig – meine Sorgen drehten sich weniger darum, eine Anstellung als vielmehr ein möglichst konfliktfreies Umfeld zu finden.

Berufliche Kontinuität

Im Frühjahr 1997 hatte ich ein vielversprechendes Bewerbungsgespräch bei einem größeren Finanzdienstleistungs-Konzern. Da ich dem fachlichen Anforderungsprofil nicht gänzlich entsprach, war die Wahl nicht auf mich gefallen, meine Bewerbung wurde aber intern an einen anderen Konzernbereich weitergeleitet. Ich erinnere mich noch gut daran, dass ich eines Tages auf meinem Anrufbeantworter eine Nachricht vorfand, in welcher mich mein späterer Chef um einen Rückruf ersuchte: Ein kleines Team innerhalb der IT-Tochter des Konzerns sollte um zwei weitere Kollegen ergänzt werden. Schon zum Zeitpunkt des Bewerbungsgespräches hatte ich ein gutes Gefühl und konnte im Juni 1997 meinen Dienst antreten. Damals begann in mehrfacher Hinsicht ein gänzlich neuer Abschnitt in meinem Erwerbsleben. Das Aufgabengebiet drehte sich um Softwareinstallationen, die – wie durchaus gewohnt – mit versetzten Dienstzeiten auch spätabends zu erledigen waren. Die Zeiten, in denen ich PC-Hardware über ein weitläufiges Firmengelände schleppen durfte, waren aber ebenso vorüber wie das gehässige Arbeitsklima, welchem ich mich in den letzten Jahren immer wieder ausgesetzt sah. Das kollegiale Klima war von einer deutlich besseren Qualität. Den Mitarbeitern boten sich lange Zeit auch vielfältige berufliche Entwicklungschancen, die für mich aber stets von marginaler Bedeutung blieben. Dazu habe ich die nun erlangte Kontinuität zu sehr geschätzt und empfand auch eine Scheu vor einem veränderten kollegialen Umfeld. Meine Teamzugehörigkeit und der Aufgabenbereich wandelten sich schrittweise und bald war ich vorrangig mit der Systemadministration im Client-/Server-Bereich betraut. Diesen Veränderungen habe ich mich nicht widersetzt, sie anderseits aber auch nicht aktiv herbeigeführt oder angestrebt. So war es mir gelungen, mich stets in einem weitgehend vertrauten Umfeld zu bewegen. Ich war für diesen Konzern beinahe 18 Jahre tätig und es ist nicht einfach, diesen Lebensabschnitt in einer überschaubaren Form zu reflektieren. In einer wirtschaftlich keineswegs krisenfreien Zeit haben sich die Eigentumsverhältnisse und Verantwortlichkeiten innerhalb des Konzerns mehrmals verändert, was naturgemäß auch an uns nicht spurlos vorüberging.

Es wäre illusorisch zu glauben, dass sich der Arbeitsalltag stets völlig konfliktfrei bewältigen lässt. Ich denke, es liegt in der Natur der Sache, dass sich die Kollegen aufgrund ihrer Verschiedenartigkeit besser oder eben auch weniger gut zu Gesicht stehen. Dazu kommt in der IT-Branche der Umstand, dass höchstqualifizierte Mitarbeiter fallweise sogar bewusst unnahbar und herablassend agieren wollen. Die Zugehörigkeit zu einer Gruppe habe ich stets dann empfunden, wenn mir die handelnden Menschen auf Augenhöhe begegnet sind und ein gewisses Entgegenkommen ausstrahlten.

Ein Team soll den ihm übertragenen Aufgabenbereich gemeinschaftlich bewältigen. Dabei können die Stärken und Schwächen der einzelnen Kollegen nach Möglichkeit berücksichtigt werden. Ein besonderes Anliegen war mir stets die quantitative Pflichterfüllung innerhalb der vertrauten Arbeitsabläufe, wodurch ich mir nur zu gern selbst viel Stress auferlegt habe. Es belastete mich, wenn offene Arbeiten liegen blieben oder verzögert erledigt wurden.

Dies führte innerhalb des Teams dazu, dass sich einzelne Kollegen zurücklehnten und die Arbeitsaufteilung zunehmend ungerechter wurde. Wiewohl mir dieser Umstand nicht verborgen blieb, sah ich mich aufgrund meines konfliktscheuen Verhaltens außerstande, diesen Missstand aufzuzeigen oder auch einfach nur logische Konsequenzen anzudenken. Ich musste doch froh sein, dass ich in einem solch vertrauten Umfeld arbeiten durfte. Dass ich keine Kraft mehr hätte, eines Tages einen Jobwechsel zu vollziehen, redete ich mir nur allzu gerne ein.

Da meine arbeitstechnische Motivation nicht unbemerkt blieb, war ich innerhalb des Konzern ein geschätzter Ansprechpartner, wenn es um die rasche Erledigung von Aufträgen ging. Dies führte dazu, dass ich mich einem vermehrten Druck ausgesetzt sah und das Arbeitsaufkommen mit zahlreichen Überstunden zu bewältigen versuchte. Die zunehmende Fehleranfälligkeit und die auftretenden Warnsignale in Form von Unruhe und Schlafstörungen wollte ich viel zu lange Zeit verdrängen.

Einzelne Kollegen sind zu guten Freunden geworden, mit denen ich auch heute noch regen Kontakt halte. Die Zusammensetzung des Teams hat sich aber in den vielen Jahren stark gewandelt und bestand zuletzt aus unterschiedlichsten Charakteren, die gerade noch zu einer kleinen Weihnachtsfeier privat zusammenkamen. Nur ein einziges Mal habe ich an einem Betriebsausflug teilgenommen und diesen wohl auch als kollegiale Pflichtübung empfunden. Der persönliche Austausch mit Kollegen war mir wichtig, aber ich bevorzugte die kleine Runde aus mir gut vertrauten Gesichtern, zu denen eine freundschaftliche Basis bestand. Erst in den letzten beiden Jahren der Erwerbstätigkeit wurde das Lärmempfinden für mich zu einer immer größer werdenden Belastung. Die Situation in einem Großraumbüro kann problematisch sein, wenn man für ein konzentriertes Arbeiten ein verstärktes akustisches Ruhebedürfnis empfindet.

Es waren aber nicht so sehr die dienstlichen Telefonate, die mich aus dem Konzept brachten. Auch der Small Talk in meinem Umfeld wurde immer mehr zur Belastung. Ich stand diesen inhaltsschwachen Gesprächen, bei denen keine Aussage getroffen wird, noch nie sehr wohlwollend gegenüber. Das Lamentieren über das Wetter und das Schlechtreden der Mitmenschen haben aber schon oft meine Gedankenwelt nachhaltig belastet.

Wenn ich heute alleine daheim bin, läuft kein Radio oder TV und eine musikalische Untermalung wird allenfalls kurzzeitig und bewusst in Anspruch genommen. Ein gemütlicher Abend mit guten Freunden in einem Lokal darf schon gerne sein, doch bin ich auch froh, wenn ich wieder meine Ruhe gefunden habe. Naturgemäß war ich auch alles andere als glücklich, wenn von Kollegen im Großraumbüro leise Musik gespielt wurde. Die Reizüberflutung führte zu Kopfschmerzen und ich musste immer öfter das Büro kurzzeitig verlassen, um mich zu beruhigen und überhaupt weiterarbeiten zu können. Es war mir natürlich bewusst, dass jene Akustik, die ich als Lärm empfand, für andere nicht störend ist und diese vielleicht sogar die Stille meiden würden. Ich kann mir lediglich vorwerfen, dass ich kaum jemanden auf die für mich zunehmend belastende Situation aufmerksam gemacht habe.

Krankheitsverlauf

Die Erwerbsbiografie sollte Eindrücke vom Arbeitsleben vermitteln und ich möchte lediglich einige Eckdaten aus meiner Krankengeschichte darstellen, da diese helfen können, das Gesamtbild meiner Person abzurunden.

Die erste Schädel-OP geht auf das Jahr 2001 zurück, damals hatte mich eine Kavernomblutung außer Gefecht gesetzt. Anfang des Jahres 2008 musste ich eine deutliche Sehminderung feststellen und es wurde im Zuge eines MRT ein atypisches Meningeom diagnostiziert. Nach ärztlichen Aussagen kann der Hirntumor eine Spätfolge der zwanzig Jahre zuvor erfolgten Schädelbestrahlungen nach der Leukämie sein. Es folgten zwei chirurgische Eingriffe, bei denen der Tumor aufgrund seiner exponierten Lage nur zum Teil entfernt werden konnte.

Jeweils drei Wochen nach der Entlassung aus dem Krankenhaus kehrte ich ohne jede Rehabilitation oder Wiedereingliederungshilfe an meinen Arbeitsplatz zurück und wollte so tun, als ob nichts gewesen wäre. In weiterer Folge waren bis zum heutigen Tag drei Strahlentherapien notwendig und der Verlauf muss regelmäßig kontrolliert werden. Wegen eines organischen Psychosyndroms wurde mir 2010 ein Behinderungsgrad von 50 % zuerkannt.

Im November 2013 ereigneten sich generalisierte epileptische Anfälle, die durch Antiepileptika bislang unter Kontrolle gebracht werden konnten. Seit 2013 verursacht der Tumor einen Gewebeschwund der Sehnerven, was meine Sehkraft besonders am linken Auge deutlich mindert. Dieser Umstand kann mittelfristig einen weiteren nicht risikoarmen chirurgischen Eingriff notwendig machen. Ein HNO-Facharzt attestierte mir eine Anosmie, worunter man einen vollständigen Verlust des Geruchssinnes und eine Einschränkung des Geschmackssinnes versteht.

Seit 2013 hatte sich meine psychische Stabilität zunehmend verschlechtert. Ein Psychiater attestierte mir eine selbstunsichere-vermeidende Persönlichkeitsstörung, ein depressives Syndrom sowie massive Affektdissoziation. Ab dem Sommer 2013 nahm ich eine wöchentliche Psychoeinzeltherapie in Anspruch, bei der erkannt wurde, dass sich viele Verhaltensmuster wie ein roter Faden durch mein Leben ziehen. Der Arbeitsalltag war zuletzt zur nachhaltigen Belastung geworden. Da waren einerseits die Konzentrationsstörungen, Kopfschmerzen und die zunehmende Sehschwäche zu beklagen. Aber auch ein gesteigertes Lärmempfinden und eine verinnerlichte Unruhe setzten mir immer mehr zu. Auf Anraten von Freunden brachte ich einen Antrag auf Berufsunfähigkeitspension ein. Auch wenn ich kaum an eine positive Entscheidung glauben wollte, wurde mir diese Leistung nach ausführlicher medizinischer Begutachtung zuerkannt. Seit April 2015 beziehe ich eine Berufsunfähigkeitspension – diesen Schritt zu gehen war mir alles andere als leichtgefallen. Ich hatte mir lange Zeit nicht vorstellen können, dass ein solcher Schritt jemals notwendig sein könne, doch kam ich schlussendlich zu der Einsicht, auch meine eigenen Grenzen respektieren zu müssen. Anfang 2016 wurde der GdB auf nun 90 % erhöht.

Pedro: Interview

Wenn Du Dich in ein neues Arbeits-/Wissensfeld einarbeiten musst, wie lernst Du die Inhalte am liebsten?
In meiner langjährigen Berufslaufbahn in der IT habe ich mich zumeist selbstständig über Bücher weitergebildet. Die besuchten Seminare hatten nur eine ergänzende Bedeutung. Ich führe diese Einschätzung darauf zurück, dass ich eine gewisse Ruhe benötige, um mich konzentrieren zu können.

Es heißt, Asperger seien oft pragmatisch und rational, was die Studien-/Berufswahl angeht. »Träume« werden hintangestellt. Stimmt das auch für Dich?
Anders als manche Berufskollegen habe ich nie eine Leidenschaft für die IT-Branche empfunden. Dennoch war es mir wichtig, vollen Einsatz zu zeigen, besonders auch was die quantitative Arbeitsleistung betraf.

Wo siehst Du Dich beruflich in 5 Jahren?
Nachdem ich die IT nach mehr als 25 Jahren krankheitsbedingt hinter mir lassen musste, möchte ich versuchen mich im gemeinnützigen Sektor einzubringen.

Was löste berufliche Krisen aus? Wie wären diese im Nachhinein vielleicht verhinderbar gewesen?
Die Krisen in den ersten Berufsjahren resultierten vorrangig aus einer fehlenden oder auch ungeschickten sozialen Integration in das Arbeitsumfeld. Ob dies zu verhindern gewesen wäre, kann ich nicht sagen – aber ich habe mich in einer größeren Gruppe stets rasch als Außenseiter gesehen.

Welche Strategien hast Du für einen konfliktarmen und vielleicht sogar freundschaftlichen Umgang mit KollegInnen?
Ab 1997 konnte ich in einem kleinen Team arbeiten und es entstanden einige wenige Freundschaften, die mir bis zum heutigen Tag wichtig sind. Ich würde aber nicht sagen, dass ich meine Strategie geändert hätte, sondern lediglich auf die richtigen Menschen getroffen bin.

Viele Aspies haben eine Schwäche beim Wiedererkennen von Gesichtern und damit von Menschen. Du auch? Was ist ein guter Umgang mit dieser Schwäche?
Ja, das musste ich schon vereinzelt beobachten. Ich habe keine allzu bildhaften Erinnerungen an Menschen, wobei mich dies aber bestimmt nicht daran hindern wird, einen guten Freund stets wiederzuerkennen.

Viele Aspies haben eine Schwäche beim Erkennen von Intentionen und Gefühlen von KollegInnen. Du auch? Was ist ein guter Umgang mit dieser Schwäche?
Mit großer Wahrscheinlichkeit konnte ich die Intentionen von KollegInnen zu wenig deuten und wollte dies manchmal auch gar nicht tun. Zumeist belastet mich das Lamentieren der Mitmenschen, wenn dabei nicht gezielt nach einer Lösung gesucht wird.

Hast Du im Beruf Menschen wahrgenommen, die ähnlich »einsam« oder »seltsam« erschienen wie Du selbst? Wie würdest Du damit umgehen, Asperger als KollegInnen zu haben?
Ich kann nicht sagen, ob ich jemals einen Asperger als Kollegen hatte. Es dauerte mehr als 43 Jahre, bis ich mich selbst erstmalig mit dieser Thematik im Zuge einer Psychoeinzeltherapie auseinandergesetzt habe. Es ist für mich schwer zu sagen, ob es mir ausreichend gelungen wäre, mit einem Asperger eine soziale Basis zu finden.

Warum prägt das Gefühl der Einsamkeit oder des Nichtdazugehörens so oft das Leben? Wächst da nicht die Akzeptanz, halt ein Einzelgänger zu sein?
Als einsamen Einzelgänger habe ich mich nie gesehen. Was ich mir vorwerfen muss, ist der Umstand, dass ich Bekanntschaften oftmals nicht zeitgerecht beendet habe, obwohl diese schon zu einer nachhaltigen Belastung geworden waren.

Hast Du auch das Gefühl, eine Art soziales Theater zu spielen, bei dem Du neurotypisches Verhalten kopierst? Welche Erfahrungen hast Du damit gemacht?
Ich hatte schon oftmals das Gefühl, dass ich durch mein rhetorisch gutes, förmliches und vermeintlich selbstsicheres Auftreten den Mitmenschen die eigene Persönlichkeit vorenthalte. Natürlich veranstalte ich dieses Schauspiel nicht bewusst und die Fehlerinterpretationen der Mitmenschen belasten mich auch. Es fällt mir schwer, persönliche Bedürfnisse einzufordern, und trotz langjähriger Krankengeschichte wollen manche oberflächlichen Menschen bis heute kaum eine Einschränkung wahrhaben.

Oft heißt es, Aspies seien ehrlichere Menschen als Neurotyptische und hätten einen stärkeren Gerechtigkeitssinn. Siehst Du das auch so, bzw. gilt das auch für Dich? Warum?
Ich würde bestimmt niemals unehrlich sein, um mir einen persönlichen Vorteil zu verschaffen, ein solches Vorgehen verurteile ich auch. Aber ich bin mir unsicher, ob ich aus einer sozialen Scheu heraus den Mitmenschen mein Seelenleben tatsächlich ehrlich offeriere.

Was schätzen Deine KollegInnen an Dir?
Ich vermute, dass meine KollegInnen – bis zur Berufsunfähigkeitspension 2015 – an mir eine gewissenhafte und penible Arbeitseinstellung sowie einen gutmütigen und hilfsbereiten Charakter geschätzt haben.

Kannst Du in einem Satz zusammenfassen, welche Rolle die Familie/der Partner für Dich beim Erfüllen der Berufstätigkeit spielte?
Ich habe praktisch nie in einer festen Partnerschaft gelebt, da dies für mich auch nicht vorstellbar gewesen wäre. Die Familie war stets klein und musste manche Schicksalsschläge wegstecken, heute ist nur mehr mein 85-jähriger pflegebedürftiger Vater am Leben. Der kleine und enge Freundeskreis ist mir bestimmt wichtig. Ob und welche Bedeutung diese Umstände für mein Berufsleben hatten, traue ich mich nicht einzuschätzen.

Wie gehst Du mit den Unvorhersehbarkeiten im Team um?
Ich versuchte nicht allzu viel darüber nachzudenken, wiewohl mir stets bewusst war, dass mich manch Unvorhersehbares gewaltig aus der Bahn werfen konnte.

Wie meinst Du wirkst Du auf andere Menschen? Eher empathisch oder unempathisch? Eher logisch denkend oder intuitiv handelnd? Woran machst Du das fest?
Die Mitmenschen werden mir Hilfsbereitschaft und Gutmütigkeit, aber bestimmt keine Empathie nachsagen. Ich neige dazu, Probleme beinahe ausschließlich rational abzuhandeln, was durchaus zu Irritationen und Fehlinterpretation meiner Gedankenwelt führt.

Wie äußern sich Deine Schwierigkeiten, dem Arbeitsinhalt Struktur zu geben? Was hilft Dir?
Der bestmögliche Fall besteht darin, dass ich die Strukturen selbst mitgestalten darf.

An wen hast Du Dich mit Deinen psychischen Problemen wie Depressionen und/oder Ängsten gewandt? An wen wendest Du Dich aktuell?
Als ich 2010 auf Anraten eines Freundes erstmalig einen Psychologen aufgesucht habe, wurde mir eine Anpassungs-, Angst- und zwanghafte Persönlichkeitsstörung sowie Sozialphobie – verbunden mit einer Entwicklungsstörung in der Pubertät – attestiert. Allerdings sprach der Psychologe nach zwei Gesprächen von einer Therapieresistenz – und ich gab mich vorerst damit zufrieden. Seit 2014 nehme ich eine Psychoeinzeltherapie in Anspruch, welche für mich eine sehr wichtige Unterstützung darstellt.

Was war Auslöser dafür, das Asperger-Syndrom diagnostizieren zu lassen? Welche Auswirkungen hatte die Diagnose?
Im September 2014 wurden mir im Zuge der Psychoeinzeltherapie sowie eines psychiatrischen Anamnesegesprächs eine Erschöpfungsdepression und eine unsichere-vermeidende Persönlichkeitsstruktur attestiert. Als in einem weiteren Gespräch auch meine Kindheits- und Jugenderinnerung beleuchtet wurden, bestätigte der Psychiater, dass »klare Hinweise auf das Vorliegen eines Symptomenkomplexes im Sinne eines Asperger Syndroms« bestünden.

Hast Du an psychologischen, sozialen oder berufsfördernden Angeboten speziell für Aspies teilgenommen? Welche Erfahrungen hast Du gemacht?
Nein, mit Ausnahme der Psychotherapie habe ich keinerlei Angebote wahrgenommen. Über den Themenkomplex Asperger habe ich mich bisher auch nur mit zwei engen Freunden und natürlich dem Psychiater und meiner Psychotherapeutin ausgetauscht.

Leidest Du an Reizüberflutung? Wie äußert sich das?
Ja, auch wenn dieses nicht immer so ausgeprägt war. Heute würden mich etwa schon ein ständig laufendes Radio und besonders die von manchen Mitmenschen so gern vorgetragenen Banalitäten und ein sinnentleerter Small Talk nachhaltig belasten.

Was ist Deine Strategie, um mit Situationen der Reizüberflutung umzugehen?
Die größte Chance sehe ich darin, mich von den belastenden Situationen so gut wie möglich fernzuhalten. Es ist nicht immer ganz einfach, die Menschen auf belastende Faktoren hinzuweisen und das notwendige Verständnis zu erleben.

Hermine

Mein größter Traum war es, als Meeresbiologin in den Meeren und Seen dieser Welt zu tauchen, die Entwicklung der Korallenriffe und der dortigen Fauna zu studieren und die Entwicklung des Lebens an Wracks zu erkunden. Jedoch hatte ich große Schwierigkeiten, meine Wunschvorstellungen in die Praxis umzusetzen, denn ich benötige einen zuverlässigen Begleiter auf meinen Reisen, ein vertrautes Umfeld, und fürchtete mich vor Unvorhersehbarem und Unvertrautem. Ich war bis zum 19. Lebensjahr insgesamt sehr unselbstständig, so dass meine Träume für mich unerreichbar erschienen. Mein Vater riet mir aus pragmatischen Gründen von meinem Vorhaben ab. Seine Argumentation war für mich nachvollziehbar, und in der Zusammenschau mit meinen übrigen Problemen verwarf ich meinen Wunsch. Als Nächstes interessierte mich die Medizin, aber als ich erfuhr, wie viel ein Arzt arbeiten müsse – und damals gab es noch das »Arzt im Praktikum«, eine einjährige Bewährungsprobe aller Medizinstudium-Absolventen –, schreckte ich auch vor diesem Berufswunsch zurück. Mein Vater erklärte mir, dass Juristen gut verdienen würden, einen leichten Job und vor allem einen geregelten Arbeitstag hätten. Außerdem brauche er für seinen Betrieb einen Juristen, so dass ich einen sicheren und gut bezahlten Arbeitsplatz als Juristin sicher hätte. Das klang für mich einerseits sehr verlockend – aber andererseits interessierte mich die Rechtswissenschaft gar nicht, mit Ausnahme des Strafrechts. Die Gesetzestexte waren für mich schwer verständlich, und die Rechtswissenschaft erschien mir zu abstrakt, mein Vorstellungsvermögen wurde durch diese nicht angesprochen.

Ich machte Praktika bei zwei Juristen, bei denen mein Vater im Rahmen von Rechtsstreitigkeiten im Zusammenhang mit nichtzahlenden Schülern oder Ärger mit Behörden ein guter Kunde war. Dort durfte ich mir Fälle von Zivilstreitigkeiten oder strafrechtliche Vorgänge anhand eines Aktenstudiums erarbeiten und meine eigene rechtliche Einschätzung dazu verfassen, ein sogenanntes »Votum«; wo ich mich überwiegend von meinem Rechtsempfinden leiten lassen sollte. Das machte mir Spaß. Mir wurde gesagt, dass ich ein großes Gerechtigkeitsempfinden hätte und die Fälle objektiv bearbeite. Außerdem fand ich so manchen logischen Fehler in der Argumentation sowie auch Formfehler des Rechtsanwaltes – diese verbesserte er dann. Beide Rechtsanwälte fanden daher, dass ich gut für den Beruf geeignet sei und sehr gut argumentieren könne. Ich hatte bezüglich dieses Berufsweges gar kein gutes Bauchgefühl, denn ich kann zwar gut argumentieren, habe auch ein ausgeprägtes Rechts- und Gerechtigkeitsempfinden, aber ich hatte dennoch Probleme, die komplexen Gesetzestexte und ihre Systematik zu verstehen. Außerdem konnte ich mich selbst kaum als Rechtsanwältin in einer schwarzen Robe vor Gericht vorstellen. Dazu musste man doch sehr sicher im Umgang mit den verschiedensten Menschen sein, selbstsicher und verbindlich im Auftritt und jederzeit den richtigen Ton treffen, was nicht im Bereich meiner Stärken liegt. Und ich hasste schwarze Kleidung, das Material dieser Roben und der Geruch dieser ist mir sehr unangenehm bis unerträglich.

Doch hatte ich keine Alternative; ich musste irgendwas nach meinem Abitur im Jahre 1997 machen, und das Jurastudium war das Einzige, was nun für mich möglich erschien. Zudem war es auch so, dass ich keine Verantwortung dafür übernehmen wollte, meine eigenen Berufswünsche zu verfolgen und damit zu scheitern. Ein eventuelles Scheitern konnte ich so meinem Vater zurechnen. Meine größte Angst war, zu versagen und selbst daran schuld zu sein. Daher entschied ich mich, dem Wunsch meines Vaters nachzukommen.

Es begann damit nach dem Abitur eine noch schlimmere Zeit als die der schlimmsten Schuljahre, denn im Gegensatz zu damals musste ich nun das vertraute Elternhaus verlassen und war in meiner Studentenbude

– die zwar perfekt ausgestattet und sehr ruhig gelegen war – komplett allein. Ich fand keinen Anschluss an Mitstudierende und musste etwas studieren, das mir keine Freude machte. Somit wurde mir zunehmend die Sinnlosigkeit meines derzeitigen Lebens gewahr. Selbstverständlich besuchte ich alle Vorlesungen und Veranstaltungen pflichtbewusst und war froh, überhaupt irgendwas lernen zu können und eine gewisse Struktur in meinem Tag zu haben: Nachmittags gegen 15 Uhr war spätestens Schluss, ich lernte dann noch zwei Stunden daheim und danach fuhr ich mit meinem Fahrrad eine Stunde durch den Stadtpark oder ging spazieren. Ich hatte den ganzen Tag niemanden zum Kommunizieren, und das von Montag bis Freitag. Am Wochenende war ich daheim. Mein einziger Lichtblick in dieser einsamen Zeit war das Tauchtraining im universitätseigenen Schwimmbad am Mittwochabend. Dieses Schwimmbad besuchte ich auch häufiger unter der Woche. Dennoch wurde ich immer depressiver: Außenseiterin war ich schon immer und hatte mich daran gewöhnt, jedoch hatte ich bislang immer meine Eltern in meiner Nähe gehabt und darüber mein Bedürfnis nach sozialen Kontakten gestillt. Es war daheim auch alles da, was ich brauchte: der Wald, der gleich hinter dem Haus liegt, in dem ich stundenlang herumstromerte, die Badeseen, um die ich im Sommer immer mit dem Fahrrad herumfuhr, die Vertrautheit des heimischen Umfeldes und nicht zuletzt die Nachhilfelehrerin, die mit mir schwerpunktmäßig das »Artikulieren« wegen meiner Hörschwäche üben sollte, mit der ich in der Regel über viele Themen philosophierte. Und das gab es nun alles nicht mehr.

Die Depressionen nahmen im Laufe von vier Semestern zu. Mehrmals versuchte ich, meinen Vater darauf aufmerksam zu machen, warum mir die Situation nicht guttat. Aber meine Eltern wollten, dass ich nun selbstständig werde und Kontakte knüpfe. Mein inneres Anliegen, das Studium abzubrechen, wirkte unglaubwürdig, weil ich alle Veranstaltungen besuchte, alle Scheine im üblichen Zeitrahmen machte und nichts im Leistungsrahmen »entgleiste«, wie es normalerweise bei gescheiterten StudentInnen der Fall ist. Dabei übersah er, dass ich die Leistungsscheine dennoch nur mit viel Mühe schaffte und auch die durch die Assistenten als mangelhaft bewerteten Hausaufgaben zur erneuten Durchsicht dann an den Professor persönlich gab. Dies tat ich mit sehr guten Begründungen, warum meine Argumentationen in den Hausaufgaben richtig seien, und daraufhin wurden sie als ausreichend oder gar befriedigend bewertet; immer mit dem Hinweis, dass meine Argumentation sehr gut durchdacht und logisch schlüssig sei, aber doch sehr unüblich und nicht der herrschenden Meinung entsprechend. Daher würde ich später mit meiner Sichtweise immer wieder auf Schwierigkeiten stoßen und als Rechtsanwältin große Probleme bekommen.

Als die Depressionen sehr schwer waren und ich nicht mehr funktionierte, suchten meine Eltern nun das Gespräch mit mir. Wider Erwarten hörten meine Eltern nun zu– nur es fiel mir sehr schwer, überhaupt etwas zu ihnen zu sagen, und ich hatte große Schwierigkeiten, ihnen meine Situation zu erklären. Ich konnte mich ihnen nicht gut erklären, konnte nicht ausdrücken, warum ich so keine Kontakte mit Studienkollegen knüpfen konnte und oft auch gar nicht wollte, warum ich mich nicht für das Studium begeistern konnte und warum ich lieber daheim war als woanders. Ich hielt das alles für meine eigene Schuld. Wenn ich mit meinem jetzigen Mann seinerzeit über diese Dinge sprach, war das viel einfacher, und er hatte dafür stets Verständnis und versuchte mich aufzubauen und auch zu motivieren, selbst in mir nach Lebensvisionen zu suchen und sich dafür einzusetzen. Doch Lebensvisionen konnte ich mir nicht erschaffen: Ich konnte zwar sagen, was mir Spaß macht und was nicht, was ich kann und was nicht, wo ich hinmöchte und wohin nicht. Doch konnte ich mir aber nichts vorstellen, was ein paar Jahre in der Zukunft liegt und für mich noch nicht sichtbar ist. Er verstand es nicht, dass ich so extrem im Hier und Jetzt lebte und mir keine Zukunftsvorstellungen machen konnte. Ich verstand auch nicht, warum das so bei mir war, und ich hätte es gerne anders gehabt, und vor allem merkte ich, dass ich auch ihn durch meine Unentschlossenheit enttäuschte.

Meine Mutter hatte an einem Abend eine Art Eingebung, ich solle mir die Ausbildungen für Physiotherapie und Ergotherapie genau anschauen und mich doch für einen dieser Berufe entscheiden. Mir war in der Phase alles egal, ich wollte nur eine neue Struktur haben, die mich durch den Tag bringt, denn diese würde meine Depression auch wieder vertreiben. Ich sah mir die Prospekte beider Ausbildungen an und entschied mich für die Physiotherapie: Dort steht der medizinisch-funktionelle Aspekt im Vordergrund. Bei den Ergotherapeuten muss man eher kreativ sein, handwerklich geschickt und gut für sich und andere sorgen können, gut planen können, sich gut in andere Menschen einfühlen, gut kommunizieren können, flexibel sein, und das waren alles nicht meine Qualitäten.

Die Ausbildung tat mir gut; ich hatte einen festen Stundenplan, konnte den Nachmittag wieder genauso gestalten wie zu Schulzeiten, wobei ich neuerdings auch immer dienstag- und donnerstagnachmittags ins Fitnessstudio ging. Ich hatte einige Kontakte in der Ausbildung geknüpft, mit denen ich mich am Wochenende oder nachmittags traf und mich über physiotherapeutische Themen und Sport austauschen konnte. Obwohl ich immer sehr unsportlich und ungeschickt war, wurde der Ausdauersport zu meiner neuen Obsession, ich trieb sehr bald fast jeden Tag, auch außerhalb des Fitnessstudios, mindestens zwei Stunden Sport neben der Ausbildung, die mir zudem sehr leicht fiel. In der Theorie hatte ich fast immer Bestnoten. Bei den Praktika gab es hin und wieder Probleme; manche meinten, ich sei für den Beruf nicht geeignet. Manche argumentierten, ich sei wegen meiner Hörschwäche zu behindert, um den Beruf adäquat auszuüben, andere waren ganz offen und meinten, ich hätte nicht die passende Persönlichkeit, da ich die Leute beispielsweise oftmals vor den Kopf stieße. Auch sei ich unhöflich, weil ich häufig Leute nicht begrüßt hätte, obwohl ich dachte, dass ich das immer gemacht hätte. Ich nutzte allerdings auch die Pausen statt für Gespräche mit KollegInnen eher zum Spazierengehen im Kurpark oder zum Kneipptreten, und das war wohl unangemessen, weil ich den PatientInnen damit wohl vermittelt hätte, ich würde aus der Arbeitszeit Freizeit machen. Es gab auch Praktikumsstellen, bei denen sich die Verantwortlichen sehr große Mühe mit mir machten und mir alles bis ins Detail zeigten. In diesem Rahmen wurde auch meine Selbstständigkeit geschult, da man mir Aufgaben völlig überließ und erst im Nachhinein kontrollierte, ob ich diese richtig gemacht hatte, und falls erforderlich, mir meine Fehler dann genau erklärt wurden. Für diese Anleiter war ich sehr dankbar. Das Examen absolvierte ich im Herbst 2002 dann sowohl im Theoretischen als auch im Praktischen mit einer 2.

Danach gönnte ich mir eine kleine Auszeit. Anschließend wollte ich mich nun auf dem freien Arbeitsmarkt bewähren. Ich war sehr gut gerüstet, denn ich hatte in der Ausbildung in einem geschützten Rahmen innerhalb der Praktika alle Arbeitsprozesse einer Physiotherapeutin gelernt bis hin zu den Small-Talk-Themen, die Patienten im Allgemeinen so haben. Einzige notwendige Bedingung war, dass ich eine kleine, sehr überschaubare Praxis oder Rehaklinik aussuchte, die zudem ruhig gelegen war, damit mich die Eindrücke nicht überfluteten. Es durften auch nicht zu viele Mitarbeiter da sein, mit denen ich direkt zu tun hatte, um peinliche Missgeschicke wegen der »Gesichtsblindheit« zu vermeiden.

Alle Praxen in der unmittelbaren Umgebung lehnten mich ab. Erst eine Praxis in einem ländlichen, sehr kleinen Dorf, ca. 50 km von daheim wurde mein Arbeitsplatz. Die Chefin war eine sehr resolute Frau aus Polen, die zudem genau wusste, was sie wollte, und das dann ohne Umschweife auch sagte. Sie brachte ihre Meinung sehr direkt und ungeschönt zum Ausdruck, und das war eine Eigenschaft, die ich sehr an ihr schätzte, obwohl sie auch sehr anstrengend sein konnte, weil sie zum einen sehr dominant und zum anderen auch sehr aufbrausend sein konnte. Wir hielten eine distanzierte Beziehung, was mir sehr entgegen kam; es blieb, unüblich für Physiotherapeuten, beim »Sie«, und die Gespräche waren sehr von Sachlichkeit geprägt; es schien so, als seien wir wie füreinander geschaffen. Nach einem Probearbeitstag nahm sie mich sofort und sagte allen anderen Bewerbern ab. Wir verstanden uns bestens. Natürlich machte ich hier auch den einen oder anderen Fehler, den sie mir zu meinem Glück gleich zeigte und den ich berichtigen konnte, sofern das möglich war. Hier lernte ich noch vieles dazu. Einen Fehler konnte ich leider nicht beheben, das war die Prosopagnosie: Viele Patientinnen waren beleidigt, da ich sie nicht mit Namen ansprach bzw. wenn ich sie mit Namen ansprach, diese häufig falsch waren. Ich verließ mich darauf, dass die Patienten genau nach Terminplan eintrafen und ich dann entsprechend zur Begrüßung den Namen aus dem Kalender ablesen konnte – leider funktionierte das nicht zuverlässig. Die Chefin erklärte mir, dass es in einem Dorfe sehr wichtig sei, persönliche Beziehungen zu den Patienten aufzubauen, das bedeutet auch, über das Leben der Patienten Bescheid zu wissen, mit ihnen über ihre Sorgen zu sprechen – und diese Themen auch über die Behandlungseinheiten hinweg aufzugreifen. Es gab aber auch viele Patienten, die meine Behandlungen sehr schätzten, sich freuten, dass ich alles, was ich tat, sehr genau erklärte und Fragen über Krankheitsbilder und ärztliche Behandlungen ausführlich und gut beantworten konnte. Auch depressive PatientInnen, für die ich eine ausgesprochene Empathie aufgrund meiner eigenen Erlebnisse in der Depression aufbringen konnte, kamen gerne zu mir.

Meine Chefin gründete eines Tages eine kleine Sportgruppe für Rückengymnastik. Dabei wollte ich unbedingt die Leitung übernehmen, da ich im Fitnessstudio selbst auch gerne in diese Gruppen ging. Ich achtete bei der Durchführung der Übungen auf die korrekte Ausführung und hielt das Tempo so, dass es die Patienten im Rahmen ihrer Möglichkeiten forderte, aber nicht überforderte. Die Patienten waren aber sehr unzufrieden, bis mir die Chefin in einem Vieraugengespräch erklärte, dass in diesen Gruppen der soziale Aspekt das Wesentliche sei und nicht die Verbesserung der Fitness bzw. der Sport. Das hatte ich nicht verstanden, und nun wollte ich die Gruppe deswegen auch nicht mehr weiterführen.

Auch wenn die Tätigkeit mir meist Spaß machte und das Gefühl einer sinnstiftenden Lebensführung vermittelte, so war ich meist sehr erschöpft durch die Arbeit. Ich arbeitete nur 30 Stunden die Woche und war dennoch sogar an den Wochenenden so erschöpft, dass ich nichts mehr schaffte und sogar meinen Sport fast komplett aufgab. Weiterhin fühlte ich mich in der Praxis massiv unter Druck, zu funktionieren und keinen »Psychischen« bekommen zu dürfen, denn ich wollte meine Chefin auf keinen Fall enttäuschen, sondern gute Arbeit abliefern. Das Gefühl, nicht immer dann wegfahren zu können, wenn man es nicht mehr aushält oder wenn man nicht mehr kann, beklemmte mich extrem, so dass ich immer mit Bauchschmerzen zur Arbeit fuhr. Ein weiterer Belastungsfaktor war, dass ich mal Morgenschicht hatte, mal Nachmittagschicht und somit jeder Arbeitstag anders verlaufen musste. Ich brauche immer sehr lange, um nach der Arbeit abzuschalten und mich auf das Bettgehen einzustimmen, so dass ich immer um 18 Uhr zu Hause sein musste, um genug Zeit dafür zu haben. Auch brauchte ich eine Weile, um wieder Appetit zu bekommen und in Ruhe etwas zu essen. Durch die Nachmittagschicht war ich erst um 21 Uhr zu Hause, und am nächsten Tag durch die Morgenschicht musste ich um halb sieben aufstehen, und da ich nicht ausreichend entspannen konnte, bereitete mir das Stress. Dies führte zu Zwangsgedanken, dass ich es nicht schaffen könne, sondern krank werden würde, ich dann verrückt werde, alle enttäuschen würde.

Eines Tages sagte mir meine Chefin, dass sie meine Kollegin unbedingt loswerden müsse, weil sie ihr alle Patienten wegnähme und sie sehr an sich selbst binde, um sie dann zu Hause auf eigene Rechnung »schwarz«, also an der Steuer vorbei, behandeln zu können. Es hätten sich zunehmend die Patienten über mich und über die Chefin negativ geäußert. Angeblich hätte diese Kollegin sich das Anstellungsverhältnis bei ihr erzwungen – sie hatte die Praxis erst kurz vor meiner Einstellung gegründet und hatte die Kollegin nur einen Monat vor mir eingestellt, weil diese viele gute Kontakte mit den Menschen im Ort hätte und sie als Praxisinhaberin dadurch Nachteile gehabt hätte, wenn sie diese nicht eingestellt hätte. Sie musste ihr auch mehr bezahlen, als sie eigentlich wollte. Weiterhin habe sie sehr negative Dinge über mich zu ihr und auch einigen Patienten gesagt, so dass diese nur noch von der Kollegin behandelt werden wollten. Es kam dann auch sehr schnell zum Eklat, weil diese Kollegin sich lange krankmeldete und dabei wohl nicht wirklich krank war, sondern in dieser Zeit die Patienten daheim behandelte. Dies erfuhr sie wiederum durch die Patienten und konnte es daher nicht beweisen. Daraufhin stellte meine Chefin ihr die fristlose Kündigung aus wegen Verleumdung und übler Nachrede und baute ihre Argumentation auf Zeugenaussagen einiger Patienten und von mir auf.

Mir war das alles zu viel, ich konnte auch wegen der normalen Arbeitsbelastung nicht mehr und reichte dann selber die Kündigung ein. Die Chefin meinte zu mir, es wäre für mich auch eine gute Entscheidung gewesen, denn ich solle lieber eine eigene Praxis gründen oder Medizin studieren, denn in ihrer Praxis wäre ich auf Dauer geistig unterfordert gewesen. Sie schrieb mir ein exzellentes Arbeitszeugnis. Ich fand das alles merkwürdig, denn ich hatte den Eindruck, dass sie einerseits froh war, dass ich fortging, aber andererseits schien sie meine Leistungen aufrichtig zu würdigen. Mir sind bis heute die genauen Zusammenhänge nicht klargeworden und ich kann nur Vermutungen anstellen.

Nach diesem turbulenten Jahr wollte ich mich erstmal wieder dem Lernen widmen und nicht direkt an der »Arbeitsfront« stehen; außerdem machte ich eine berufliche Neuorientierung. Ich überlegte: Eine eigene Praxis würde ich nicht führen können, ich war zwar auch resolut und konnte den Leuten sagen, was ich will und was nicht; aber ich würde sie nicht richtig führen können, weil die Menschen emotional nicht bei mir blieben. Mir fehlt der Beziehungsaufbau zu anderen Menschen. Weiterhin würde ich auch viele Stunden am Tag arbeiten müssen, laut Aussagen einiger von mir befragten Praxisbetreiber 12 h am Tag, um die Praxis rentabel zu gestalten, und es würde sehr lange dauern, bis ich so etwas wie einen Regiebetrieb aufbauen könnte, in dem ich einige Mitarbeiter hätte, die ich nur anzuweisen bräuchte und selber nur wenig im direkten Patientenkontakt agieren müsste.

Also entschied ich mich für die Option eines Studiums, und wegen meines bisherigen Werdeganges bot sich die Medizin an. Ich bekam rasch einen Studienplatz durch die Kombination aus Wartezeit und meiner Abiturnote und startete im Herbst 2003 an der Medizinischen Hochschule Hannover. Es war eine tolle Zeit, die schönste meines Lebens. Ich lebte mit meinem jetzigen Mann zusammen in einer schönen Wohnung. Praktische Schwierigkeiten in Verbindung mit meinem Studium, wie Verlaufen auf dem MHH-Gelände, Nichtfinden der Räume, Zusammenstellen des Stundenplanes, das Wissen um Prüfungsräume und -zeiten etc. bewerkstelligte ich mit Hilfe meines Mannes und eines Kommilitonen, mit dem ich mich anfreundete. Das Lernen fiel mir wiederum leicht, das Medizinstudium ist extrem gut strukturiert und hatte seinerzeit den Schwerpunkt auf Erwerb reinen Wissens, weniger auf dem wissenschaftlichen Arbeiten, das mir nicht so liegt. Zudem hatte ich viel Freizeit, die ich dieses Mal fast ausschließlich dem Tauchen widmete.

Als das praktische Jahr abzuleisten war, kamen meine üblichen, bis dahin verdrängten Probleme wieder. Im Gegensatz zu den Praktika während der Ausbildung wird von angehenden AkademikerInnen eine hohe Selbstständigkeit und Eigeninitiative erwartet. Ich erfuhr zwar die normalen Abläufe auf der Station, die mir teilweise auch schon aus Physiotherapieausbildung und Pflegepraktikum bekannt waren, aber ich wusste sehr oft nicht, was ich machen sollte oder an wen ich mich wenden musste. Ich konnte zwar Patienten untersuchen, mit ihnen eine Anamnese durchführen, mich auch ihrer Sorgen und Nöte annehmen, aber ich hatte immer wieder Probleme in der Kommunikation mit den Kollegen oder mit den Pflegern. Daher wusste ich nicht, wie ich zu den Patienten kommen sollte, die ich untersuchen durfte, und verlief mich oftmals in der Klinik, erkannte die zu erledigende Arbeit nicht, fraß meine unbändige Wut in mich hinein, wenn ich erforderliche Materialien wie z. B. Blutabnahmebesteck oder Blutdruckmessgeräte nicht fand, und traute mich auch nicht, danach zu fragen. Es war mir unmöglich, den ganzen organisatorischen Ablauf durchzuführen: Ich wusste nicht, wie ich weitergehende Untersuchungen, z. B. Röntgen, anordnen sollte, wie ich dem Patienten auf der Station ein Zimmer besorge oder an wen ich mich wenden sollte, wenn ich Fragen hatte. Egal, was ich machte, es war in der Regel unangemessen. Einen Untersuchungskurs gab es während des Studiums; sogar das Blutabnehmen, wo ich mich sehr ungeschickt anstellte, wurde mir wieder und wieder gezeigt – und später war ich dann nur noch für das Blutabnehmen zuständig, was ich auch als Gelegenheit wahrnahm, mich mit den Patienten über ihre Erkrankungen und Behandlungen zu unterhalten. Bei meinen KommilitonInnen sah ich, dass sie sehr viel mit den Ärzten kommunizierten und genau wussten, wann und wie sie die wichtigen Informationen erfragen konnten. So hatte ich nie die Gelegenheit, die praktische Seite des Arztberufes, abgesehen vom direkten Patientenkontakt, zu erlernen. Mentoren waren von mir schnell genervt, weil ich in der Hektik des klinischen Alltages zu langsam war, nicht richtig handelte, schnell erschöpft war und viel Rückzug brauchte, auch gerade in Momenten, in denen eigentlich meine Hilfe erforderlich war. Daher zog ich mich zurück, um niemanden durch meine Anwesenheit oder durch meine Fragen zu behindern. Bei Operationen musste ich selbstverständlich auch assistieren, und hier fiel ich ebenfalls häufig unangenehm auf, insbesondere durch meine Ungeschicklichkeit. So wurde ich häufig unsteril, weil ich jemanden oder irgendwas berührte, und musste dann einen neuen OP-Kittel nebst Handschuhen erhalten, dabei verhedderte ich mich einmal mit meinen Fingern beim assistierten Anziehen in diese Handschuhe und ich wurde entsprechend laut durch die OP-Schwester angemahnt. Dann wusste ich nicht, was ich genau bei der OP-Assistenz machen sollte, und wurde durch die Chirurgen selbst angebrüllt. Wegen des Mundschutzes und ihrer schnellen, leisen Sprache konnte ich sie oft nicht verstehen, hätte aber so gerne mitgesprochen und fühlte mich dadurch zusätzlich isoliert und ausgeschlossen. Ich hatte den Eindruck, man erwartete von mir, ohnehin ruhig zu sein. Darauf hatte ich schlicht und ergreifend keine Lust, so dass ich meine orthopädischen Probleme – wie häufige dicke Knie und heftige Rückenschmerzen durch das lange Stehen – als Anlass nahm, bei den Operationen nicht mehr zugegen sein zu müssen. Das Studium beendete ich trotz eines miserablen Praktischen Jahrs mit gutem Erfolg im November 2009.

Hiernach machte ich beruflich wieder etwas, das mir vertraut war. Ich entschied mich, ärztliche Dozentin für die Heilhilfsberufe Logopädie, Ergo- und Physiotherapie zu werden. Durch meine eigene Ausbildung hatte ich ausgezeichnete Mitschriften der Unterrichtsinhalte; die Lehrpläne und auch die Tätigkeit des Lehrens, die Räumlichkeiten sowie die organisatorischen Abläufe waren mir von Kindheit an vertraut, da mein Vater Inhaber des Schulunternehmens ist, wo ich nun arbeitete. Ich erklärte schon immer gerne Dinge, die mich faszinierten, und freute mich, wenn ich dieses Wissen weitergeben konnte. Wenn es um Vorträge und Wissenserwerb geht, fühle ich mich sicher; es gibt konkrete, greifbare Inhalte, über die gesprochen wird, und eine feste Struktur; ich konnte viel reden, ohne wirklich ins Schlingern kommen zu müssen, und wenn ich eine Wissenslücke hatte, konnte ich damit auch gut umgehen und das so kommunizieren. Fast alle Lehrer kennen mich langjährig mit meinen Marotten und dulden das oder finden mich sogar liebenswert. Mit der Schulleiterin der ET-Schule verstand ich mich auf Anhieb sehr gut, und ich vertraute mich ihr frühzeitig mit meinen Problemen an. Meine Stärken (Fachwissen, schnelles und komplexes Denken, gute Merkfähigkeit und schnelles Arbeiten, z. B. bei der Klausurkorrektur) erkannte sie sofort, so dass ich ihr das nicht zu sagen brauchte. Zum Glück brauchte ich nicht an Feierlichkeiten, bis auf die Weihnachtsfeier und den Neujahrsempfang, bei dem ich ohnehin bei meinen Eltern und zusammen mit meinem Mann sitzen darf, teilzunehmen und auch nicht in den Pausen bei den Kollegen zu sitzen, was eine sehr große Entlastung war.

An der Schule stellten sich allerdings nach kurzer Zeit Probleme im Umgang mit den Schülern ein. Anfänglich lagen meine Hauptprobleme in der umfangreichen Stoffvermittlung, meiner undeutlichen Aussprache, die bei Fachbegriffen besonders zur Geltung kommt, dem fehlenden »roten Faden« in meinem Unterricht durch mein Unvermögen, Prioritäten zu setzen, und zu wenige Pausen. Das überforderte die Schüler. Diese Dinge musste ich immer wieder mit den Schulleitern und meinem Mann üben. Mein Mann nahm sich die Zeit, mir Schülerverhalten zu erklären und mich zu motivieren, wenn ich aufgeben wollte. Weiterhin erarbeiteten wir Verhaltensstrategien.

Inzwischen, nach sechsjähriger Tätigkeit, sind meine Probleme deutlich besser geworden, aber immer noch vorhanden. Ich lade ab und an immer wieder Beobachter in meinen Unterricht ein, um mir ein Feedback geben zu lassen. Dabei kam Folgendes heraus: Die Unterrichtsstrukturen sind jetzt gut, ich wirke sehr engagiert und vermittle ein gutes Fachwissen, aber die sprachlichen Probleme sind leider noch da, und ich gehe manchmal nicht adäquat auf die Schülerbedürfnisse ein. Ich bekomme vieles nicht mit, was bei den Schülern auch nonverbal stattfindet, und kann dementsprechend nicht adäquat auf sie reagieren. Das liegt vor allem daran, dass ich nicht alle Eindrücke gleichzeitig verarbeiten kann und ich leises Reden zudem wegen der Hörschwäche nicht wahrnehme. Weiterhin ist es auch ein Problem, dass ich über fachliche Dinge »plaudere« so wie andere bei Small Talk und die Schüler daher nicht folgen können.

An einer anderen Schule als der meiner Eltern hätte ich mich nicht lange halten können wegen der Überforderung in vielen Arbeitssituationen, und man hätte mir niemals so viele Hilfen zukommen lassen, wie es hier der Fall ist. Es ist auch extrem wichtig, dass die Schulleiter immer wieder zwischen mir und den Schülern vermitteln. Dadurch können die Schüler auch meine Stärken wahrnehmen, und ich habe von vielen Schülern auch schon Lob bekommen, wie z. B. dass sie bei keinem anderen so viel gelernt hätten wie bei mir und auch dass ich so bleiben solle, wie ich sei, ich sei eine interessante Persönlichkeit.

Umgang mit der ASS-Diagnose: Diese habe ich erst im Laufe meiner jetzigen Tätigkeit erhalten. Ich begab mich durch meine immer wiederkehrenden Versagenserlebnisse und Verzweiflung im zwischenmenschlichen Miteinander in einem meiner depressiven Zusammenbrüche 2008 in psychiatrische Diagnostik. Damals erhielt ich die Diagnose ADHS (Mischtyp), die vieles, aber nicht alles erklärte. Autismus wurde bei mir bereits im Kindesalter (1980, 1984 und Anfang der 90er Jahre) immer wieder stark vermutet, aber dann auch wieder verworfen, da ich keine schwersten Beeinträchtigungen durch den Autismus habe. Zusätzlich ist nicht klargewesen, welchen Anteil meines Verhaltens und Erlebens meine Schwerhörigkeit ausmacht. Meine Eltern und ich waren immer sehr stolz, dass ich »nur« schwerhörig sei und nicht autistisch. Erst jetzt, als Erwachsene, konnte ich sagen, was meine Persönlichkeit ist und was Folge der Schwerhörigkeit. Ich konnte das sehr gut differenzieren, dennoch wollte ich »meinen sicheren Hafen«, mich hinter der Schwerhörigkeit zu verstecken, nicht verlassen. Ich selber schämte mich sehr lange dafür, so anders zu sein, denn ich hatte als Kind gelernt, dass Autismus etwas ganz Schlimmes sei. Daher wollte ich die Diagnose auch lange nicht und hatte im Jugendalter bei psychologischen Gutachtern eine zuvor einstudierte Rolle gespielt und meine Auffälligkeiten verborgen. Wollte man mich dazu bringen, meine Rolle zu verlassen, verweigerte ich jede weitere Mitarbeit und stellte die Hörgeräte aus. Damit wurde ich unbeurteilbar.

Die Schwierigkeiten waren ab dem 20. Lebensjahr in allen Lebensbereichen so massiv (die Unterstützung und Strukturierung durch die Eltern wurde zurückgefahren), dass ich partout nicht mehr um eine psychiatrische Diagnose herumkommen konnte. Dass die Schwerhörigkeit für die Art und das Ausmaß der Schwierigkeiten nicht (allein) verantwortlich sein konnte, war nun zu offensichtlich. Mein Mann fühlte sich einsam und ungeliebt, weil ich keinen Körperkontakt wollte und oft unempathisch war. Auf der Arbeit gab es Probleme, und ich selber konnte keine Zukunftsperspektiven entwickeln. Ich hatte Angst vor der Unstrukturiertheit, was auf Unverständnis stieß und insbesondere heftige Streitereien in der Partnerschaft bewirkte. Auch meine sensorische Überempfindlichkeit stieß auf immer weniger Verständnis in meinem familiären Umfeld, was zu Fluchtversuchen meinerseits und zu heftigem Streit mit meinem Mann führte. Der Verdacht wurde mir 2011 durch einen Psychologen genannt. Eine ärztliche Diagnose wurde 2013 gestellt und 2014 bestätigt. Der Akzeptanzprozess dauerte lange, und immer noch habe ich Momente, in denen ich mit mir hadere und mir auch mehr »Normalität« wünsche, damit alles etwas einfacher wäre. Jetzt, wo ich meine Diagnose nicht mehr anzweifle und sie akzeptiere, beginne ich auch mehr, andere darüber zu informieren, wenn es notwendig ist und mir der andere wichtig ist. Auch für mich selbst und auch für andere ist nun vieles viel einfacher geworden. Ich stelle fest, dass Menschen, seitdem ich mich selbst, inklusive meinem autistischen Anteil, akzeptiere, mich häufiger mögen und mir immer öfter sagen »Bleibe so, wie Du bist.«. Nur meine Eltern, mein Mann und die beiden Schulleiter haben durch mich davon erfahren, und ich erwarte von ihnen, dass sie dieses Wissen nicht weitergeben. Den Schülern und anderen Lehrern möchte ich nur ausnahmsweise meine Diagnose mitteilen, da ich Stigmatisierungen und/oder Vorurteile fürchte und gerne als Mensch wahrgenommen werden will, der manchmal einfach nur etwas schrullig rüberkommen mag. Bei Menschen, mit denen ich wenig Umgang habe, versuche ich, mich neutral zu verhalten und jegliche Kommunikationsstörungen sowie mein Rückzugsbedürfnis mit meiner Schwerhörigkeit zu erklären, so wie es durch meine Eltern meine gesamte Kindheit über gehandhabt wurde.

Seit September 2016 habe ich einen neuen Job angetreten und befinde mich nun in der Facharztausbildung zum Psychiater und Psychotherapeut auf einer speziellen psychiatrischen Station für Hörgeschädigte, auf der überwiegend Gehörlose sind. Ich bin dort genommen worden wegen meiner eigenen Hörschädigung, als aufmunterndes Vorbild für die Patienten und weil die Klinik auch sehr viel für die Inklusion Behinderter macht. Für mich ergibt sich hier ein riesiges Feld, auf dem ich mich nun weiterentwickeln darf: Gebärdensprache lernen, dabei auch mehr über Mimik lernen, endlich selbstständig wohnen (allein, ohne Mann und Eltern), mein berufliches Fortkommen und Weiterbildung und das Betreten einer völlig neuen Welt bei den Gehörlosen. Und noch viel wichtiger: In dieser Station schließe ich endlich mit meiner turbulenten Vergangenheit ab, als hörgeschädigter Mensch, der zudem anders tickt als die Mehrheit der Menschen (und der anderen Hörgeschädigten) und daher viel Ausgrenzung und Unverständnis außerhalb des elterlichen und partnerschaftlichen Umfeldes erfahren hatte. Ich habe hier von Anfang an mit offenen Karten gespielt und meine Schwächen und Stärken genau benannt (unabhängig von der Schwerhörigkeit), und anstatt dass ich rausgeschmissen wurde, fragt man mich, was man tun kann, damit ich meine Arbeit optimieren kann.

Hermine: Interview

Wenn Du Dich in ein neues Arbeits-/Wissensfeld einarbeiten musst, wie lernst Du die Inhalte am liebsten?
Ich lerne die Inhalte am liebsten im strukturierten Unterricht, unter Zuhilfenahme von Standardliteratur und bei speziellen Fragen gezielte Internetrecherche. Ich habe Probleme, mir selbst eine Struktur zu schaffen, bzw. selbst eine Idee zu entwickeln, wie ich neue Dinge erlerne.

Es heißt, Asperger seien oft pragmatisch und rational, was die Studien-/Berufswahl angeht. »Träume« werden hintangestellt. Stimmt das auch für Dich? Warum ist das so?
Ich habe meinen Beruf nach meinen Interessen und Fähigkeiten ausgewählt. Dinge wie Finanzielles und soziales Ansehen waren nachrangig. Einen »Traum« hatte ich nur als Kind mit der Meeresbiologie, mir ging es später einfach nur darum, etwas Sinnstiftendes zu tun, das mir Spaß macht und was meinen Tag strukturiert. Ich mache eine Sache, solange ich sie kann und sie mir Freude macht, ohne irgendein langfristiges Ziel

zu verfolgen, denn in die Zukunft kann ich kaum denken, lebe eher nur im Hier und Jetzt.

Wo siehst Du Dich beruflich in 5 Jahren?
Genau da, wo ich heute bin. Eventuell werde ich wegen meiner Schwerhörigkeit und der allgemeinen Überforderung auch berufsunfähig. Dann werde ich durch die Welt reisen.

Viele Aspies haben eine Schwäche beim Wiedererkennen von Gesichtern und damit von Menschen. Du auch? Was ist ein guter Umgang mit dieser Schwäche?
Ja, ich habe deutliche Probleme, Menschen wiederzuerkennen. Solange ich mich in einem vertrauten Umfeld bewege und ich weiß, wen ich da antreffen könnte, erkenne ich die Leute schon wieder, häufig nach dem »Ausschlussverfahren«. Meist helfen mir weitere Merkmale einer Person, wie z. B. bevorzugte Kleidungsstücke, Stimme, aber am meisten das Bewegungs- und Gangverhalten einer Person. Es dauert halt nur ein wenig länger mit dem Wiedererkennen. Manchmal merke ich im Verlauf eines Gesprächs, um wen es sich handelt. Ich vermeide es absolut, die Personen mit Namen anzusprechen. Bin ich in einer für mich ungewohnten Situation und kann es nicht kompensieren, dann bleibt mir nichts anderes übrig, als es offen zuzugeben.

Warum prägt das Gefühl der Einsamkeit oder des Nichtdazugehörens so oft das Leben? Wächst da nicht die Akzeptanz, halt ein Einzelgänger zu sein?
Ich kann hier nur für mich sprechen: Ich habe das Bedürfnis nach Zugehörigkeit und auch nach Austausch. Den Wunsch nach einer körperlichen Beziehung habe ich nicht, im Gegenteil ich bin asexuell. Ein Geborgenheitsgefühl kann ich in meiner Familie haben oder/und bei engen Freunden, und dazu gehört auch die »Face to Face«-Kommunikation, das heißt, dass man sich sieht, und vor allem, dass man gemeinsam etwas macht. Aber eben alles nur sehr wohldosiert und mit der Möglichkeit, mich jederzeit zurückzuziehen. Außerdem brauche ich für viele Dinge des täglichen Lebens Unterstützung, so dass mein Partner für mich auch eine Assistenz ist.

Kannst Du in einem Satz zusammenfassen, welche Rolle die Familie/der Partner für Dich beim Erfüllen der Berufstätigkeit spielt/e?
Ohne meine Familie hätte ich nicht den Beruf ergreifen können, den ich ausübe und hätte mich mit einer geringqualifizierten Beschäftigung zufrie-

dengeben müssen, die allein dem Geldverdienen gedient hätte. Jetzt danke ich meinem Mann, der mich motiviert hat, mich bei der Fachklinik für Psychiatrie mit der Gehörlosenstation zu bewerben, mich dahin begleitet hat und mich anhält, durchzuhalten.

Wie meinst Du wirkst Du auf andere Menschen? Eher empathisch oder unempathisch? Eher logisch denkend oder intuitiv handelnd? Woran machst Du das fest?
Bezüglich der Empathie höre ich verschiedene Ansichten. Ich bin sehr bemüht um die Menschen in meinem beruflichen Umfeld. Als ich als Ärztin und vorher als Physiotherapeutin mit PatientInnen arbeitete, nahm ich mir immer sehr viel Zeit für sie, hörte ihnen zu und kannte ihre Probleme sehr gut. Ich half ihnen, wie ich konnte. Sehr positiv ist auch die Zeit, die ich mir für sie nehme, dass ich sehr genau zuhöre und dabei viel nachfrage. Im Privatleben, außerhalb meiner Wissensgebiete, werde ich tendenziell als unempathisch und tollpatschig beschrieben, aber trotzdem häufig als sympathisch. Ich selber merke, dass ich Absichten anderer selten intuitiv erfasse und mich häufig von meinem Erfahrungshorizont und durch bewusste Überlegung leiten lasse. In nicht sozialen Bereichen bin ich ein sehr intuitiv veranlagter Mensch.

Wie gehst Du mit Schwierigkeiten bei der Orientierung im Arbeitsalltag und in den Strukturen um?
Ich nutze Hilfen bei der Organisation des Arbeitsalltages, bzw. erbitte klare Vorgaben, soweit das möglich ist. Ich hatte im Dozentenberuf durch meine Familie und meinen Mann eine Arbeitsassistenz.

Wie gehst Du mit den Unvorhersehbarkeiten im Team um?
Ich übe keine Teamarbeit aus, könnte ich auch nicht. Ich nehme Aufträge meiner Chefs entgegen und bespreche mich mit ihnen. Die Kommunikation im Team läuft ausschließlich über diese. Auf meiner neuen Arbeitsstelle übe ich nun die Teamarbeit ein, was mir momentan noch sehr schwer fällt. Ich sehe das hier nun als Herausforderung an.

An wen hast Du Dich mit Deinen psychischen Problemen wie Depression und/oder Ängsten gewandt? An wen wendest Du Dich aktuell?
Meine Herkunftsfamilie, mein Mann, ein Psychiater und ein Psychologe sind und waren meine Anlaufstellen bei entsprechenden Problemen.

Was war Auslöser dafür, das Asperger-Syndrom diagnostizieren zu lassen? Welche Auswirkungen hatte die Diagnose?
Man wusste schon immer, dass ich anders war/bin und mehr Unterstützung im sozialen Miteinander brauche als andere. In meiner Kindheit wurde meist mehr Rücksicht auf mich genommen. Es wurde von mir erwartet, dass meine Probleme »sich auswachsen« würden, aber durch die gestiegenen Erwartungen wurden sie größer. Erst erhielt ich bei einem Zusammenbruch die ADHS-Diagnose, und später die Asperger-Diagnose, als ich wieder stabiler war und besser über mich berichten konnte. Mein Umfeld hat nun verstanden, dass mein typisches Verhalten sich nicht grundsätzlich ändern bzw. »auswachsen« wird – und ich habe nun die Gewissheit, dass die Probleme nicht an meinem mangelnden guten Willen liegen.

Hast Du an psychologischen, sozialen oder berufsfördernden Angeboten speziell für Aspies teilgenommen? Welche Erfahrungen hast Du gemacht?
Ich war bislang nur bei einer SHG für Aspies, bin in zwei Aspieforen aktiv und treffe mich im realen Leben mit anderen Aspies. Hiermit habe ich gute Erfahrungen gemacht und oft das Zusammengehörigkeitsgefühl erlebt. Da, wo es nicht passte, habe ich keinen Kontakt gesucht.

Leidest Du an Reizüberflutung? Wie äußert sich das?
Leider ziemlich häufig, insbesondere im akustischen (trotz oder gerade verstärkt durch die Hörschädigung) und olfaktorischem Bereich. Je länger ich diesen Reizen ausgesetzt werde, desto unerträglicher werden sie, und meine Wahrnehmung scheint über die Dauer, die ich diesen Reizen ausgesetzt bin, diesbezüglich immer sensibler zu werden. Ich werde aggressiv und trete die Flucht an, hinterher fühle ich mich häufig depressiv, ängstlich und habe Heulattacken. Wegen der Haptik trage ich nur bestimmte, sehr bequeme Kleidungsstücke, so dass sich kaum noch Probleme ergeben.

Was ist Deine Strategie, um mit Situationen der Reizüberflutung umzugehen?
Ich kenne diese Situationen und meide sie, soweit möglich. Wenn es mal nicht anders geht, stelle ich mich innerlich darauf ein und begrenze die Zeit, die ich mich diesen Reizen aussetzen muss. Danach mache ich alleine Dinge, die mir Spaß machen, wobei ich mich erhole.

Was würdest Du Dir an Unterstützung (privat wie institutionell) wünschen, um mit den Schwierigkeiten im Berufsleben besser umgehen zu können oder diese zu lösen?
Es gibt leider zu wenige spezielle Hilfen im Berufsleben für hochfunktionale Autisten. Insbesondere wenn diese in eher »untypischen« Berufsbildern tätig sind wie als Ärztin oder als Lehrerin. Eine Arbeitsassistenz, die von den KollegInnen auch akzeptiert wird, wäre sehr hilfreich. Doch leider wird so etwas bei einer unsichtbaren Behinderung nicht akzeptiert; viele denken, dass die Arbeitsassistenz einem die Arbeit abnehmen würde.

Frank

Inputstop ...

... nur begriffen habe ich das nicht gleich. Auch nicht warum. Bin eigentlich mehr den Symptomen hinterhergerannt, habe reagiert statt agiert.

Rheuma, Herzkreislauf-Schwierigkeiten, hoher Blutdruck, Asthma, ständige Erkältungen und Darmprobleme mit Lebensmittelunverträglichkeiten waren mittlerweile meine Alltagsprobleme.

Alles ließ sich irgendwie ärztlich bestätigen, »irgendwie« eben. Klar war: Esse ich Gluten, Laktose, Hefe oder tierisches Eiweiß, gibt es die genannten Probleme. Eine Situation zum Verzweifeln.

Aber nicht nur physisch, in Form von Nahrungsaufnahme, hatte ich Inputstop. Auch psychisch ging nichts mehr. Ich ging zwar noch zur Arbeit, aber ich schaffte nicht mehr viel und die Krankenzeiten nahmen zu. Auffassungsgabe und Konzentration waren nicht mehr möglich: Licht, Töne, Farben und Gerüche, alles störte.

Alles wirkte auf mich einfach nur noch *unruhig, temporeich* und *überfrachtet*. Dass dabei das Privatleben leidet und nicht mehr stattfinden kann, ist nicht verwunderlich. Die meiste Zeit verbrachte ich zu Hause in meinem Zimmer mit einem Schild an der Tür: »Bin auf dem Vulkan, nicht stören«. Samstags auch noch zum Einkaufen gehen, das war unmöglich, das erledigte meine Frau zu dieser Zeit meist alleine.

Anfang 2009 sah ich dann eine Sendung über Autismus. Ich sah diese Sendung schon zum dritten Mal. Habe den Inhalt aber da zum ersten Mal begriffen. Vieles des Gesagten war so identisch und 1:1 auf mich umzusetzen. In der Sendung, da sprach eine fremde Person von mir! Meinem Hausarzt, der schon oft mir gegenüber, von psychosomatischen Problemen gesprochen hatte, erzählte ich davon. Er schloss einen Autismus nicht aus, schlug aber zur Beruhigung der Situation zunächst eine Kur wegen Rheuma und Lebensmittelunverträglichkeiten vor. Wie nötig diese Kur war, das verdeutlicht ein Vorfall eine Woche vor der Kur: Während eines Fußballspiels wurde ich bereits nach fünf Minuten mit Kreislaufproblemen ausgewechselt.

In der Kur hatte ich mir vorgenommen so zu leben wie ICH bin. Im Zimmer herrschte meine Ordnung, alles geometrisch angeordnet. Wäsche ohne Falten, korrekt und gleich gefaltet im Schrank, Schuhe im 90° Winkel vor dem Schrank. Mittig auf dem Schreibtisch mein Notebook ausgerichtet. Parallel auf der rechten Seite meinen Füller und Kugelschreiber angeordnet. Die Putzfrau des Zimmers fragte mich nach zwei Wochen: »Leben und benutzen Sie etwas in Ihrem Zimmer?« Die Tagesabläufe waren strukturiert nach Behandlungsplan, ein Leben exakt nach der Uhr, ohne Spontanität, alles geplant. Kontakte mied ich soweit wie möglich, habe herrlich wenig gesprochen, außer bei den Anwendungen mit den Therapeuten. Zog mich zurück, wie ich es brauche, und war die meiste Freizeit allein mit meinem Rad in der Umgebung unterwegs. Ich habe die meiste Zeit allein verbracht und viel fotografiert.

Das erste Mal stutzig wurde ich dann nach fünf Tagen. Ich hatte unbewusst an diesem Sonntag 100 km mit dem Rad zurückgelegt. Ohne irgendwelche gesundheitlichen Probleme zu haben. Wie war das möglich? So etwas hatte ich Monate nicht mehr leisten können.

Gesundheitlich gut erholt, innerlich ruhig und ausgeglichen, so kam ich nach drei Wochen Kur und vielen Gesprächen mit einer Psychotherapeutin nach Hause zurück. Eine Woche Alltag, Arbeit und Familie und ich musste meinen Walkinglauf nach einem Kilometer mit Herzkreislaufschwierigkeiten abbrechen. Deshalb riet mir mein Hausarzt, eine Selbsthilfegruppe »Autismus« für Erwachsene aufzusuchen. Hier habe ich gemerkt: Sprache, das Erlebte und die Geschichten sind gleich. Das hier Gesagte, das hier Gehörte, das kenne ich.

Im Mai 2010 wurde dann bei mir die Diagnose Asperger-Syndrom gestellt.

Es war also nicht nur mein eigener Eindruck, dass ich anders *spreche* und *denke*. Dass ich arbeiten gehe, während andere über private Dinge und Rasenmähen sprechen. Dass Kantinengespräche sich schwerer gestalten als Maschinenbau. Dass keiner Probleme bekommt, wenn er sich unsachlich über andere beschwert – es aber größte Schwierigkeiten gibt, wenn ich konkret und ehrlich die Missstände anspreche, die alle beklagen.

Wie konzentriert man sich, wenn das Telefon klingelt, bei Kollegengesprächen nebenan, wenn Türen klappern und bei Straßenlärm. Andere können das anscheinend. Das alles und noch mehr ist nun kein mich verwundernder Eindruck mehr, sondern Realität.

Geboren bin ich 1962 im Ruhrgebiet, Duisburg. Nach dem Besuch der Grund- und Realschule habe ich 1980 eine Ausbildung zum technischen Zeichner (Maschinenbau) begonnen. Bis 1990 folgten der Abschluss zur Fachhochschulreife und der Technikerschule (Entwicklungstechnik).

Meine Berufstätigkeit war immer von der Schwierigkeit geprägt, länger als zwei bis vier Jahre in den Firmen zu bleiben. Die einzige Ausnahme war die letzte Arbeitsstelle in Hannover. Hier lebte ich seit 2000 und war in der Firma fast 10 Jahre, bis zur Diagnose und damit auch bis zu meiner eigenen Kündigung, in der Ausbildung von physisch und psychisch behinderten jungen Menschen beschäftigt. Der dort vorhandene geschützte Rahmen half mir in diesen 10 Jahren. Ich hatte dort mit dem Ziel gekündigt, *umzuschulen*, um auf einer norddeutschen Insel arbeiten und leben können. Raus aus der Stadt, weg vom hohen Input: Flucht vor dem Inputstop.

Die Umschulung begann im Sommer 2010. Im Sommer 2011 genehmigte die Rentenversicherung die Umschulung nachträglich. Während einer Arbeitsunfähigkeit zum Jahreswechsel 2011/2012 wurde die Umschulung drei Monate vor der Prüfung aufgekündigt und ich war damit Erwerbsunfähigkeitsrentner.

Nach der ersten Enttäuschung, begriff ich, dass mir tägliche Arbeit auch nicht mehr möglich war. Weder einige Stunden, erst recht keine acht Stunden und nicht über eine ganze Arbeitswoche hinweg. Ich lernte dies zu akzeptieren. Bedeutete ein Ingnorieren doch immer wieder Inputstop. Die 31 Jahre Anpassung an Arbeitskollegen und Arbeitgeber hatten zu viel Kraft gekostet.

Seit 2012 und bis heute lebe ich mit meiner Frau und meinem inzwischen erwachsenen Sohn in Ostfriesland. Die EU-Rente beziehe ich aufgrund des Asperger-Autismus und chronischer Depressionen. Wir haben uns ein kleines Haus in der Krummhörn gekauft. Hier kümmere ich mich um den Erhalt und Ausbau des Hauses, den Garten und um meine Hühner. Meine Leidenschaft ist die Homöopathie und ich fahre auch sehr gerne Rad und fotografiere. Früher besaß ich auch viele Jahre lang japanische Kois im selbst angelegten Teich, spielte Fußball und lief Marathon. Bis 2014 war ich noch Mitglied der Freiwilligen Feuerwehr Hannover und veranstaltete für diese Familienfreizeiten auf Baltrum. Eine Grundausbildung in Fußreflexzonentherapie und Shiatsu wurde von mir auch absolviert. Die Einteilung meiner Kräfte, was die Gesellschaft von mir verlangt und was ich selbst brauche, das musste ich erst lernen. Ich bin noch dabei.

Mein Hauptengagement ist die Autisten-Selbsthilfe in Ostfriesland. Mit dem Ziel eine Erwachsenen-Selbsthilfegruppe zu gründen, entdeckte ich, dass es in der Region einen immensen Bedarf an Beratungs- und Selbsthilfeangeboten zum Thema Autismus gab. Deshalb initiierte ich Autismus-Treffpunkte in der Krummhörn, Emden und Aurich für betroffene Erwachsene, wie auch für die Angehörigen betroffener Kinder, Jugendlicher und Erwachsener. Mit anderen Autisten zusammen wurde dann ein Verein gegründet, um die Angebote besser koordinieren zu können. Mittlerweile veranstalte ich zweimal jährlich, im Frühjahr und im Herbst, mehrtägige Autismus-Workshops auf der Insel Baltrum, die auf eine rege Beteiligung stoßen. Die Vorträge und die Selbsthilfegruppe sind für mich wie eine Therapie und helfen auch mir weiter. Seit 2011 haben wir einen Hund (Adi), der die Funktion eines Begleithundes für mich hat. Er ist auf meine Bedürfnisse ausgebildet. Mit Adi an meiner Seite ist wieder Input möglich. Mit einem Hund wie Adi wäre vieles im Laufe meines Lebens leichter gewesen.

Das gesamte Engagement im Autismus-Bereich gibt mir das Gefühl, für meine EU-Rente eine Gegenleistung zu geben, darüber meine Lebens- und Berufserfahrung weiterzugeben, damit andere Autisten eine Chance haben, länger oder ruhiger (= besser) arbeiten zu können.

Frank: Interview

Wenn Du Dich in ein neues Arbeits-/Wissensfeld einarbeiten musst, wie lernst Du die Inhalte am liebsten?
Eigenständiges Lernen bedeutet für mich, die Dinge nach meiner »Ordnung« bzw. »Reihenfolge« abarbeiten zu können. Ich muss neue Dinge

mit meiner Logik erfassen und deren Sinn begreifen können. Wenn andere mir ein Arbeits-/Wissensfeld nahebringen, wird es irgendwann zum »Blablabla« und ich schalte ab. Ich brauche meine Art des Denkens, Sehens, Hören sowie das Erfassen mit den Händen.

Es heißt, Asperger seien oft pragmatisch und rational, was die Studien-/Berufswahl angeht. »Träume« werden hintangestellt. Stimmt das auch für Dich? Warum ist das so?
Ich weiß, dass ich 1980, als ich mich um einen Ausbildungsplatz beworben habe, nur ein Ziel hatte: »irgendetwas Technisches«. Ich bewarb mich u. a. um Ausbildungsstellen als Technischer Zeichner, Hüttenfacharbeiter, Radio- und Fernsehtechniker, Schlosser sowie den damals klassischen Elektriker. Ein Beruf stach damals heraus, der Brauer und Melzer, mein doch irgendwie heimlicher Favorit. Als Erstes meldete sich die Firma mit dem Ausbildungsplatz »Technischer Zeichner« bei mir. Die Stelle wurde von mir angenommen. Ich hätte aufgrund der Aufnahmetests von den 15 Bewerbungen 13 Stellen haben können, aber der Technische Zeichner war der erste und wurde daher genommen. Ich kann mir viele Berufe vorstellen und ausüben. Es wird wohl immer der Vernünftigste ausgeübt, ein Beruf, der jetzt gerade am besten in das Leben passt. Ich wäre nicht nur aus heutiger Sicht gern Braumeister in einer kleinen Klosterbrauerei, Bauer auf einer Insel oder in den Bergen geworden.

Wo siehst Du Dich beruflich in 5 Jahren?
Immer noch als EU-Rentner und das ist in Ordnung so. Ich habe zu viel Kraft in Dinge verloren, die ich eigentlich nicht kann, und schaffe den Alltag nicht mehr.

Was löste berufliche Krisen aus? Wie wären diese im Nachhinein vielleicht verhinderbar gewesen?
Soziale Strukturen in Betrieben werde ich nie verstehen. Das gesprochene Wort, das »wahr« oder »unwahr« darin, das ist für mich schwer zu entschlüsseln. Wahre Worte wären logisch. Die vielen Ungerechtigkeiten in Betrieben als Konsequenz unternehmerischer Gewinnmaximierung sind für mich oft zum Stolperstein geworden. Hilfreich wäre ein Übersetzer/Mentor gewesen, der zwischen mir und meiner Umgebung »übersetzt« hätte. Mit dem ich Situationen und Vorfälle hätte besprechen können.

Welche Strategien hast Du für einen konfliktarmen und vielleicht sogar freundschaftlichen Umgang mit KollegInnen?

Keine, ich bin in der Firma, um zu arbeiten und dabei im Sinne der Produkte vorwärtszukommen. Mit meinen Versuchen, persönlich, sozial oder vertraut zu werden, bin ich immer an Unehrlichkeit gescheitert. Ich bin nun mal ein ehrliches offenes Buch. Wenn es so etwas wie eine Strategie für den Umgang gibt, dann wäre das zurückhaltende Höflichkeit: abwarten und beobachten, was und wie es die anderen tun, dabei versuchen herauszufinden, wer von den Beobachteten nicht schadet bzw. ehrlich sein könnte.

Viele Aspies haben eine Schwäche beim Wiedererkennen von Gesichtern und damit von Menschen. Du auch? Was ist ein guter Umgang mit dieser Schwäche?
Fakt ist, ich muss einen Menschen oft sehen oder etwas mit ihm erlebt haben, um ihn einordnen zu können. Darüber hinaus dauert es lange, bis ich die Namen zu den Gesichtern gelernt habe. Da ist es leichter, einem Menschen Dinge zuzuordnen: Der Nachbar Hausnr. 3 arbeitet bei VW; sein Sohn bei BMW. Um einen Menschen einordnen, wiedererkennen und mit ihm gut umgehen zu können, brauche ich diesen immer ganz. Also von Kopf bis Fuß sehen. Sehen, wie er sich bewegt, hören, wie er spricht.

Hast Du im Beruf Menschen wahrgenommen, die ähnlich »einsam« oder »seltsam« erschienen wie Du selbst? Wie würdest Du damit umgehen, Asperger als KollegInnen zu haben?
Ja, um mich herum sind fast nur seltsame Menschen. Aber Spaß beiseite. Mir ist egal, wer oder wie er ist. Ich will auf der Arbeit ein gutes Produkt/ Ergebnis erreichen und logische, konstruktive und vor allem ehrliche Arbeit leisten. Dann kann mein Kollege drei Nasen haben oder Asperger sein, es wäre mir egal.

Warum prägt das Gefühl der Einsamkeit oder des Nichtdazugehörens so oft das Leben? Wächst da nicht die Akzeptanz, halt ein Einzelgänger zu sein?
In meiner Jugend bzw. als junger Erwachsener war es schon so, dass das Dazugehören einen großen Platz einnahm. Es funktionierte nur nicht. Ich habe Fußball gespielt, darüber hatte ich schon genug »soziales Leben«, das war in Ordnung. Nein, eigentlich war ich nur ungeübt im Alleinsein. Ich sah andere im Sozialen-Miteinander-Rausch und habe das mitmachen wollen. In Wirklichkeit habe ich Alleinsein schon immer genossen. Wenn ich es selbst dosieren darf, das Alleinsein in Abwägung zum sozialen Leben, dann bekommt es mir am besten. Ein schlechtes Gewissen, ein »Eigenbrötler« zu sein, das habe ich schon lange nicht mehr.

Hast Du auch das Gefühl, eine Art soziales Theater zu spielen, bei dem Du neurotypisches Verhalten kopierst? Welche Erfahrungen hast Du damit gemacht?
Geht es denn auch anders? Als Autist bin ich überzeugt, nur dann in der Gesellschaft bestehen zu können, sich erfolgreich in dieser zu bewegen, wenn ich mit einer gesunden Portion Schizophrenie Schauspieler bin. Wie sollte ich sonst die ganzen Rollen bestehen können? Ich bin so nicht, also spiele ich es. Meine Erfahrungen zeigen mir, das Vorspielen gelingt mir gut, je oberflächlicher die Situation ist. Es wird schwieriger, je mehr die Situation von mir Flexibilität verlangt. Denn je mehr ich darüber nachdenken muss, desto eher verzögert sich mein Handeln.

Oft heißt es, Aspies seien ehrlichere Menschen als Neurotyptische und hätten einen stärkeren Gerechtigkeitssinn. Siehst Du das auch so, bzw. gilt das auch für Dich? Warum?
Ich mag nicht beurteilen, wie ehrlich ich immer bin, aber es ist schon so, dass ich Unehrlichkeit bewusst tun muss. Wann immer »ich einfach so bin«, sind Ehrlichkeit und Logik schlichtweg mein Wesen. Ich stehe zu meinen Dingen und meinem Handeln. Alles andere macht keinen Sinn. Ich für mich habe auch kein Thema, das peinlich oder unangenehm wäre. Also warum etwas anders darstellen oder unehrlich sein? Auch nicht um des Vorteils willen. Es wäre für mich einfacher, wenn alle Menschen ehrlicher und korrekter wären. Für mich würden z. B. die Zehn Gebote ausreichen, um die Gesellschaft zu regeln. Ich bräuchte kein Gesetzbuch.

Was schätzen Deine KollegInnen an Dir?
Keine Ahnung. Nie mit Ihnen darüber gesprochen.

Kannst Du in einem Satz zusammenfassen, welche Rolle die Familie/der Partner für Dich beim Erfüllen der Berufstätigkeit spielt/e?
Komische Frage. Also spontan, schnell geantwortet: keine. Eigentlich trenne ich Familie und Beruf. Da gibt es für mich keine Schnittmengen. Eins ist Arbeit, das andere ist Privatleben. Wenn ich genauer darüber nachdenke, muss ich aber feststellen, dass sie teilweise doch eine Rolle spielt. Wann immer tatsächlich Probleme auftauchen, dann gibt es keinen anderen als die Familie, die mir dabei helfen kann. (Ob die Familie mir da immer helfen will, ist eine andere Frage.) Bei Problemen auf der Arbeit ist die Familie anschließend so was wie der Mentor, der mir hilft, wieder ins Gleichgewicht zu kommen.

Wie meinst Du, wirkst Du auf andere Menschen? Eher empathisch oder unempathisch? Eher logisch denkend oder intuitiv handelnd? Woran machst Du das fest?
Dazu kann ich mir noch so viele Gedanken machen, ich weiß es dennoch nicht. Meine Antwort wäre nur eine Vermutung. Zumal ich nie danach gefragt habe. Ich hoffe, noch nicht so oft aufgefallen zu sein. Auch das ist wohl nur eine Hoffnung.

Wie gehst Du mit den Unvorhersehbarkeiten im Team um?
Gar nicht, sie bringen mich aus dem Rhythmus. Hier hilft nur schweigender Rückzug, bis ich innerlich wieder Anschluss bekomme und von meinem Rückzugsort zurückkommen kann. Lediglich Erfahrungen, Routine und »zunehmendes Alter« haben mich mit solchen Situationen allmählich einigermaßen gelassen umgehen lassen.

Hast Du Schwierigkeiten, dem Arbeitsinhalt Struktur zu geben? Wie äußern sich diese? Was hilft Dir?
Ja, Arbeitsstruktur erlerne ich nur über lange Arbeitsplatzerfahrung. Dazu kommt aber noch das »Was ist jetzt wichtig, wann kommt was davon dran«-Problem. Es bleibt für mich auch mit steigender Berufserfahrung schwierig, Struktur zu halten.

An wen hast Du Dich mit Deinen psychischen Problemen wie Depression und/oder Ängsten gewandt? An wen wendest Du Dich aktuell?
Ich habe mich an nahestehende Menschen (Partner oder Freunde) gewandt, einmal in einem Panikdenkhamsterrad bin ich dennoch nicht zu bremsen. Ich versuche dann mit aller Macht und Logik, das Problem zu lösen. Dies hat selten wirklich geholfen, weil andere Menschen sozial und gedanklich anders funktionieren und gerade Ungerechtigkeitsprobleme anders bewerten. Als EU-Rentner ist der tägliche Arbeitssozialstress nicht mehr da, so geht es besser. Außerdem habe ich das Glück, eine Therapeutin gefunden zu haben, die mich nicht mehr verändern will, sondern als »Mentorin« eher wie eine gleichberechtigte Gesprächspartnerin ist. Mit ihr kann ich die Alltagsprobleme, die sich immer wieder stellen, besprechen.

Was war Auslöser dafür, das Asperger-Syndrom diagnostizieren zu lassen? Welche Auswirkungen hatte die Diagnose?
Totale Verweigerung von jeglichem Input in Form von Nahrung (physisch) und Geistigem (psychisch). Ich war nicht mehr in der Lage, Reize

zu kompensieren, alles überforderte und übermüdete mich. Dafür gab es viele Auslöser. An vorderster Stelle stand auf jeden Fall der Versuch, mich zu integrieren. Der Versuch, so zu sein, wie es sozialgesellschaftlich verlangt wird – in einem System, das ich noch nie wirklich verstanden habe. An zweiter Stelle der berufliche Alltagsdruck. An dritter Stelle der FFF-Druck (Familiär-Freundschaft-Freizeit). Durch die Diagnose habe ich mich mit Autismus auseinandergesetzt und dadurch lernen können, dass mein lebenslanger Eindruck: »Ich habe einen anderen Input, ein anderes Verständnis, eine andere Sprache«, richtig war. Ich höre, sehe, fühle und empfinde differenzierter. Gesellschaft hat für mich eine andere Bedeutung bzw. einen anderen Stellenwert. Rückzugsmöglichkeiten und Pausen sind so elementar wie für andere wohl Nahrung und Schlaf. Zumindest meistens :-)

Die Diagnose hat dazu beigetragen, einiges anders zu ordnen.

Hast Du an psychologischen, sozialen oder berufsfördernden Angeboten speziell für Aspies teilgenommen? Welche Erfahrungen hast Du gemacht?
Nein, habe ich. Habe darum auch keine Erfahrungen damit.

Leidest Du an Reizüberflutung? Wie äußert sich das? Was ist Deine Strategie, um mit Situationen der Reizüberflutung umzugehen?
Ja, besonders Töne und Bewegung überfluten mich. Auch empfinde ich die Aura anderer Menschen. Dadurch wird die Konzentration auf einen Punkt, eine Arbeit, eine Tätigkeit schwierig, weil diese Ablenkungen »weggedrückt« werden müssen. Das kostet viel geistige Kraft. Vor der Diagnose war die Strategie eine totale Fokussierung auf eine Sache sowie die Überlagerung der Störfaktoren durch z. B. Musikhören. Also den Versuch, den Hintergrund auf eine Sache, auf einen einzigen Reiz zu reduzieren. Nach der Diagnose habe ich gelernt, mit einfachen Hilfsmitteln, wie selbsttönenden Brillen, dunklen Brillen, Ohrenstopfen in verschiedenen Ausführungen und geplanten Rückzugsoptionen, schwierige Situationen besser zu meistern. Des Weiteren habe ich mir einen Hund angeschafft. Er ist in fast allen Außerhaussituationen mein Filter und Ruhepol. Durch ihn kann ich Desorientierung und Overload in den Griff bekommen.

Was würdest Du Dir an Unterstützung (privat wie institutionell) wünschen, um mit den Schwierigkeiten im Berufsleben besser umgehen zu können oder diese zu lösen?
Eine/n Mentor/in, der/die mir übersetzt hätte. Gespräche sind für mich Erfahrungsaufbau und Hilfe zu Lösungsstrategien. Anders aufgeteilte Ar-

beitszeiten (z. B. 2 Std. Arbeit und dann Pause im Wechsel) und auf jeden Fall einen ruhigeren Arbeitsplatz, der mir die Konzentration erleichtert. Hilfe bei der Strukturierung von Arbeitsabläufen. Geduld mit meiner Art zu arbeiten; ich bin zwar augenscheinlich langsamer, aber dafür gründlicher mit geringerer Fehlerquote. Rahmenbedingungen und Rückzugsmöglichkeiten sind nun einmal elementar.

Sonja

Mein Verhältnis zu meinem Beruf ist ambivalent. Er hat für mich wichtige gute Seiten, aber auch schwierige, mit denen ich immer wieder kämpfe.

Der Beruf, den ich ausübe, ist weder mein Traumberuf, noch bin ich besonders erfolgreich darin im Sinne einer Karriere. Aber ich komme meist zurecht, bin in einigen Dingen ziemlich gut, in anderen weniger. Mein Beruf ist mittlerweile ein Teil meines Lebens, der mir Selbstvertrauen und Struktur gibt sowie die Möglichkeit zur Kommunikation. Aus dem Kollegenkreis stammen die meisten Bekannten, die ich habe, einige könnte man sogar Freunde nennen, auch wenn der Kontakt nicht sehr intensiv ist. Insofern ist es sicher gut, dass ich diese Arbeit habe. Gleichzeitig ist sie aber auch eine Belastung.

Vor dem Berufsleben kam die Schulzeit. Dies war für mich eine sehr unangenehme Zeit.

Fremdbestimmung, Überforderung im Umgang mit Mitschülern, Unterforderung und Langeweile im Unterricht waren meine größten Schwierigkeiten. Ich erinnere mich, dass ich die Schule am letzten Tag mit dem Gefühl verlassen hatte, nach vielen Jahren Haft endlich in die Freiheit entlassen zu werden und nun ein neues Leben beginnen zu können. Doch was würde das für ein Leben sein?

Anders als vielleicht einige andere Autisten habe ich mich immer für Menschen interessiert. Vielleicht weil sie mir so viele Schwierigkeiten machten, oder weil sie mir so fremd waren. Deshalb habe ich sie jahrelang, seit ich im Kindergarten war, gründlich beobachtet und einiges an Verhaltensweisen gelernt. Ich habe viele Bücher über Mimik und Körpersprache und über Psychologie gelesen. Ich habe über Jahre sogar täglich Gesichter gezeichnet. Daher ist es vielleicht kein Wunder, dass es mein Wunsch war, beruflich etwas im sozialen Bereich, etwas mit Menschen zu machen.

Zu der Zeit, als ich zur Schule ging, hatte ich noch keine Diagnose, daher wusste ich nicht, dass ich für die Arbeit mit Menschen eigentlich nicht geeignet bin. Oder ich wollte es nicht wahrhaben. Deshalb hatte ich mich nach dem Abitur zunächst für helfende Berufe interessiert und auch beworben. Aber als ich das erste Angebot für ein Praktikum in einer Einrichtung der Behindertenhilfe bekam, verließ mich der Mut, mir wurde klar, dass ich dort nie und nimmer würde bestehen können. Ich wusste ja nicht einmal, was ich mit einem Menschen reden sollte. Wie sollte ich ihm dann helfen? Außerdem wusste ich in praktischen Situationen selten, was zu tun war, vielmehr hätte ich selber oft Hilfe gebraucht.

Eine Untersuchung beim Gesundheitsamt ergab, dass ich keine Tätigkeiten machen sollte, bei denen man viel stehen muss (ich hatte Rücken- und Fußprobleme), außerdem stellte die Ärztin fest, dass ich »noch recht kindlich« sei. Nachdem ich dann sehr ratlos bei der Berufsberatung saß, schlug mir der dortige Mitarbeiter vor, eine Ausbildung in der öffentlichen Verwaltung zu machen. Das war nun so gar nicht mein Interessengebiet …, aber ich hatte keine Alternative. Meine Eltern wollten nicht, dass ich an der Uni studiere, und die Ausbildung in der Verwaltung ermöglichte zumindest ein Studium an einer Fachhochschule, und es war besser, als arbeitslos zu sein.

Die Ausbildung bestand damals (Anfang der 90er Jahre) aus 1,5 Jahren praktischer Ausbildung bei einer Verwaltungsbehörde, dazwischen zwei mal drei Monate dienstzeitbegleitender Unterricht und danach zwei Jahre an der Fachhochschule für öffentliche Verwaltung. Die Zulassung für die Ausbildung erhielt ich problemlos. Nachdem ich den im Zulassungsverfahren durchgeführten IQ-Test mit weit überdurchschnittlichem Ergebnis absolviert hatte, wurde beim anschließenden Vorstellungsgespräch über alle Mängel hinweggesehen … So konnte ich die Ausbildung an einer Stadtverwaltung beginnen.

Mein größtes Problem während der gesamten Ausbildung war die Kommunikation. Keine Schwierigkeiten hatte ich dagegen mit dem Erfassen von Sachverhalten oder dem selbstständigen Lernen sowie dem Klausurenschreiben später an der Fachhochschule. Ich war diesbezüglich schon vorher in meiner Schulzeit nie verhätschelt worden, musste immer selbstständig klarkommen und mich organisieren. Wie bereits erwähnt, bekam ich die Diagnose »Asperger-Syndrom« erst sehr viel später, mit 38 Jahren, daher waren Nachteilsausgleiche oder Ähnliches nie ein Thema.

Die Schwierigkeiten in der Kommunikation führten dazu, dass ich unter den Mitazubis Außenseiterin war, so wie auch vorher in der Schule schon. Außerdem wurde ich von einigen Ausbildern, die nur oberflächlich auf den äußeren Eindruck schauten, schlechter beurteilt. Aber wenn sie merkten, dass die Arbeitsqualität gut war, gaben sie mir sogar Sonderaufträge.

In meiner Ausbildung war ich sehr zurückhaltend, weil ich unsicher war. Das war schon in der Schule so gewesen, ich war immer extrem unsicher, wie ich mich verhalten sollte, was das Richtige wäre zu sagen. Ich hatte immer Angst, etwas Falsches oder Dummes zu sagen, so dass man über mich lachen würde. Oder etwas Dummes zu tun, wie z. B. die Kaffeeküche nochmals unter Wasser zu setzen – Kaffeekochen ist natürlich wesentlicher Bestandteil der Ausbildung im öffentlichen Dienst, und ich war mit den Tücken einer Kaffeemaschine nur unzureichend vertraut, weil ich selber keinen Kaffee anrühre, es war mir sehr peinlich, als ich beim Aufwischen »erwischt« wurde.

Der Vorteil von meiner Zurückhaltung war jedoch, dass ich in der Ausbildung nur wenige Konflikte hatte. Wenn man nicht viel sagt, kann man auch nicht viel streiten. So war mein Dienstzeugnis am Ende der praktischen Ausbildung recht passabel. Kaffeekochen wurde nicht erwähnt.

An der Fachhochschule anschließend hatte ich manchmal Schwierigkeiten mit den vollen Unterrichtsräumen (teilweise bis zu 60 Leute, das kannte ich von der Schule her nicht). Es war mir dort zu eng. Die Anwesenheit wurde aber nicht kontrolliert, daher habe ich öfter mal eine Stunde ausfallen lassen und den Stoff später aus dem Skript nachgelernt. Diese Freiheit, das erste Mal seit Jahren wenigstens teilweise Kontrolle über meinen Tagesablauf zu haben, habe ich sehr genossen. Hinzu kam, dass ich das erste Mal selbstständig wohnte, zumindest von Montag bis Freitag. Rückblickend war das eine der besten Zeiten in meinem Leben.

Ansonsten hatte ich mit dem Unterricht nur insofern Schwierigkeiten, dass die Themen meist langweilig waren (am besten war das Fach »Psychologie«, leider nur zwei Stunden pro Woche), und dass das Verarbeiten der Reize, das Zusammensein mit anderen Menschen, das »Ansprechbarsein-Müssen« für mich anstrengend war. Meine Strategie war deshalb, dass ich die freien Stunden möglichst allein in einer ruhigen Umgebung verbracht habe, um mich zu erholen. Ich war viel im Wald unterwegs, oder war allein in meinem Zimmer ohne Fernseher, habe gelesen oder Geschichten geschrieben.

Mein Hauptlernfeld war eigentlich immer das Soziale, weniger das Fachliche. Das war schon in der Schule so. Nie hatte jemand gemerkt, dass ich ein zusätzliches Unterrichtsfach hatte – Umgang mit Menschen – und darin höchste Anstrengungen erbrachte.

Während der Fachhochschulzeit habe ich mich bemüht, an allen Festivitäten teilzunehmen, obwohl ich regelmäßig Bauchschmerzen davor hatte und ich mich während der Veranstaltung auch meist völlig fehl am Platz fühlte. Ich stand oft irgendwo am Rand und wartete, dass die Zeit vorbeiging, oder ich versuchte krampfhaft, ein Gespräch zu führen, wobei ich nie wusste, worüber ich reden sollte. Nach dem ersten Jahr merkte ich allmählich, dass diese Anstrengung eigentlich sinnlos war, und so blieb ich der einen oder anderen Festivität fern. Ich begann, mich mehr auf Dinge zu konzentrieren, die mir Spaß machten, statt Dinge zu tun, die mich zu Tode langweilten und gleichzeitig stressten, nur um dazuzugehören. Damit verbunden war auch ein Wechsel des Umgangs. Ich hatte mehr Kontakt mit zwei oder drei Kommilitonen, die ruhiger waren und besser zu mir passten, die mich auch so nahmen, wie ich war.

Allgemein ist mir in dieser Zeit einiges bewusstgeworden. Ich merkte zum Beispiel, dass ich offenbar in der langen Schulzeit verlernt hatte, Freude zu empfinden, oder überhaupt irgendeine Emotion. Daraufhin habe ich angefangen, auf meine Gefühle besser zu achten und sie bewusster wahrzunehmen.

Eine unangenehme Erfahrung machte ich in meiner Wohngemeinschaft. Ich wohnte in einer Zweier-WG, und meine Mitbewohnerin lud mich eines Tages zu einem Treffen mit ihren Mitazubis ein. Ich freute mich über die Einladung, weil ich dachte, sie mag mich, doch als ich dann bei dem Treffen war, merkte ich, dass ich nur der Freak für ihre Freakshow sein sollte. Sie wollte mich ihren Freunden vorführen nach dem Motto »Schaut mal, mit wem ich zusammen wohne«. Ich sagte nichts dazu, achtete aber darauf, ihr die restliche Zeit möglichst wenig über den Weg zu laufen. Es gibt Menschen, die kann man getrost ignorieren.

Als das Ausbildungsende nahte, machte ich mir Gedanken, wie es weitergehen sollte. Ich hatte meinen Traum, in einem sozialen Beruf zu arbeiten, noch nicht ganz aufgegeben, deshalb habe ich mich erneut informiert, welche Möglichkeiten ich hätte, doch noch eine andere Ausbildung zu machen, oder ein Studium, auch wenn meine Eltern es nicht wollten. Ich habe an zwei Sonderschulen hospitiert, doch dort wurde meine Erfahrung bestätigt, dass ich viel zu unbeholfen war und absolut keine Vorstellung davon hatte, wie man mit Menschen, oder in dem Fall mit Kindern, umgeht. An der einen Schule war ich nur einen Tag. Ich war eingeladen, an der Frühstückspause mit den LehrerInnen teilzunehmen. Darunter war auch ein blinder Lehrer und ich hatte keine Ahnung, wie ich mich in dieser Runde verhalten sollte. Ich war der absolute Alien. Die zweite Hospitation dauerte eine Woche. Nach einigen Tagen wurde ich gefragt, ob etwas bei mir nicht in Ordnung sei, ob ich einen Kummer hätte. Das hatte ich aber nicht, ich war nur »ganz normal ich«.

Nach diesen beiden Hospitationen war dann endgültig klar, dass ich nicht mit Menschen arbeiten kann. Ich wollte dann wenigstens in einem sozialen Bereich innerhalb der Verwaltung arbeiten, deshalb habe ich mich fast ausschließlich auf Stellen bei Sozialämtern beworben.

Obwohl man beim Sozialamt eigentlich die besten Chancen hat, einen Arbeitsplatz zu finden, weil diese Stellen nicht sehr begehrt sind, war ich nach der Ausbildung ein halbes Jahr arbeitslos. Ich schrieb über 100 Bewerbungen, wurde aber spätestens nach dem Vorstellungsgespräch immer aussortiert. Doch dann hatte ich Glück. Ab 1996 konnte ich als Sachbearbeiter in der Eingliederungshilfe für seelisch Behinderte anfangen. Dort gab es eine hohe Fluktuation unter den Mitarbeitern, so dass immer wieder BewerberInnen gesucht wurden. Nachdem meine erste Bewerbung nicht berücksichtigt wurde, war ich in der zweiten Runde ein halbes Jahr später wohl der beste (oder einzige) Kandidat.

Diese erste Arbeitsstelle war sehr wichtig für mich. Ich war dort zum ersten Mal in meinem Leben Mitglied eines Teams, und ich hatte das Gefühl, dazuzugehören, was für mich völlig neu war. Überall sonst war ich immer der Fremdkörper gewesen, aber am Arbeitsplatz war ich akzeptiert, weil ich Leistung brachte und das Verhalten nicht mehr so viel zählte wie in der Schule. Es gab mehr Toleranz.

Ich habe mich relativ schnell in die Materie eingearbeitet. Ich bekam auch Lob für meine meist fehlerfreie Arbeit, und ich hatte nie Rückstände, was nicht selbstverständlich war. Es gefiel mir, selbstständig ein Aufgabengebiet zu bearbeiten und Entscheidungen zu treffen. Kundenkontakt hatte ich zu der Zeit sehr wenig, aber ich fand das Lesen der Arztberichte und Heimberichte extrem interessant. Planmäßig wurde ich auch verbeamtet, so dass ich nun einen sicheren Arbeitsplatz hatte.

Dennoch hatte ich am Anfang eine eher negative Einstellung zu meinem Beruf. Ich trauerte immer noch meinem eigentlichen Berufswunsch hinterher, und mein Tagesablauf war wieder zu 100 % fremdbestimmt. Es war wieder wie in der Schule. An manchen Tagen langweilte ich mich im Büro, weil ich zu schnell fertig war, während andere Dinge eher schwierig waren, wie das Telefonieren zum Beispiel. Manchmal habe ich sogar kleine Nachfragen in zwei Sätzen per Post verschickt, statt anzurufen. E-Mail gab es noch nicht. Auch die sehr lange Wochenarbeitszeit war ein Problem, so dass ich schon früh meine Arbeitszeit reduzierte und damit auf einen Teil meines Einkommens verzichtete.

Der Eingliederungshilfe bin ich seither treu geblieben, nur musste ich zwei Mal den Arbeitgeber wechseln. Das erste Mal unfreiwillig wegen einer Verwaltungsreform, das zweite Mal wegen Konflikten mit der Amtsleiterin.

Mein Selbstbewusstsein war gewachsen, und deshalb gab es häufiger Konflikte mit Vorgesetzten, weil ich nun nicht mehr so zurückhaltend war und mit meiner Kommunikation angeeckt bin. Ich war nicht absichtlich aufmüpfig, ich hatte nur Schwierigkeiten, meine Anliegen richtig zu formulieren. Es fehlten wohl die korrekten Floskeln für das zwischenmenschliche Verständnis und mir wurde gesagt, ich sei unverschämt. Hinzu kam, dass ich bei diesem Arbeitgeber keinerlei Aufstiegschancen hatte, und ich fand, dass es allmählich an der Zeit war, voranzukommen. Dass ich auf eine Beförderung keine Chance hatte, lag speziell bei diesem Arbeitgeber nicht nur an mir, sondern auch an der Organisation. Es tat mir leid, wegzugehen, weil ich auch hier gute Beziehungen zu Kollegen hatte, aber das Verhältnis zu den Vorgesetzten war zu sehr belastet.

Da ich mittlerweile mehrere Jahre an Erfahrung vorweisen konnte, schaffte ich es, trotz eines wie üblich schlechten Vorstellungsgesprächs, sehr schnell eine andere Stelle zu finden. Dieser Wechsel ermöglichte mir auch eine Beförderung. Ich war nun »Fallmanagerin«.

Am neuen Arbeitsplatz hielt ich mich wieder stark zurück, um nicht die gleichen Probleme erneut zu bekommen. Das funktionierte auch, allerdings war ich meiner neuen Chefin dann wohl *zu* zurückhaltend. Sie hätte es wahrscheinlich gerne gesehen, wenn ich öfter zur Rücksprache zu ihr gekommen wäre oder mehr Small Talk gemacht hätte, um Beziehungsarbeit zu leisten, statt immer alleine vor mich hinzuarbeiten. Ich merkte, dass sie nach einiger Zeit nicht mehr viel von mir hielt. Doch wieder hatte ich Glück: Sie machte einen Karrieresprung und ging, und ich bekam einen neuen Chef, mit dem ich sehr viel besser zurechtkomme. Bei ihm ist selbstständiges Arbeiten erwünscht, und er macht zwei Mal im Jahr Mitarbeitergespräche, so dass spätestens dort die notwendige Kommunikation stattfinden kann.

Kurz nach dem Wechsel zum neuen Arbeitgeber war die Diagnose »Asperger Syndrom« gestellt worden, und einige Zeit später bekam ich auch einen Schwerbehindertenausweis. Dank dessen habe ich nun eine Woche mehr Urlaub im Jahr. Den Ausweis habe ich beim Personalamt vorgelegt, aber meine Diagnose habe ich zunächst nicht bekannt gemacht. Ich wollte warten, bis ich den neuen Chef besser kenne und einschätzen kann, ob das »Coming Out« für mich Nachteile bringen würde oder nicht. Da ich ja nicht so viel rede, brauche ich ein wenig länger, bis eine Beziehung so gut ist, dass ich die andere Person einigermaßen einschätzen kann. Ich hatte Angst, dass mir nach Bekanntgabe der Diagnose nichts mehr zugetraut wird oder meine Leistung anders bewertet wird als bisher.

Dann, vier Jahre nach meiner Diagnose und zwei Jahre nach dem Wechsel des Chefs, habe ich es gewagt, mich ihm zu offenbaren. Das Gespräch fiel mir sehr schwer, ich brauchte mehrere Anläufe dazu, bis ich mich endlich traute. Umso erleichterter war ich über den Verlauf. Meine Befürchtungen haben sich zum Glück nicht bewahrheitet. Mein Chef hat auf die bestmögliche Weise reagiert: Er hat mir Unterstützung zugesagt, behandelt mich aber ansonsten gleich wie vorher. Seine Mail, die er mir nach dem Gespräch geschrieben hat, habe ich aufbewahrt, weil mir kaum je so viel Verständnis und Entgegenkommen vorher begegnet war. Das war etwas Besonderes.

Die Kollegen wissen weiterhin nichts. Mit ihnen lief es in der letzten Zeit nicht ganz so gut. Ich werde zwar nicht gemobbt, fühle mich aber auch nicht mehr optimal integriert und bin nun doch ein wenig in einer Außenseiterstellung. Es fällt mir schwer, einfach so bei einem Kollegen stehen zu bleiben und über irgendwas zu reden. Da brauche ich schon einen Anlass. Regelmäßige (ritualisierte) gemeinsam verbrachte Pausen kommen mir entgegen, finden aber derzeit zu selten statt. Die Abteilung ist auch viel größer als bei meinem ersten Arbeitgeber. Vielleicht wird es aber auch wieder besser mit der Zeit. Trotz der Schwierigkeiten möchte ich mich ihnen gegenüber nicht outen, weil ich denke, dass nicht jeder so gut reagieren wird wie mein Chef.

An meiner jetzigen Arbeitsstelle habe ich deutlich mehr Kundenkontakt als vorher. Ich muss z. B. durchschnittlich einmal pro Woche ein Hilfeplangespräch führen bzw. einen »Runden Tisch« machen. Das fällt mir prinzipiell schwer. Wenn ich von einem Runden Tisch zurückkomme, fühle ich mich wie nach einer Stunde Hochleistungssport. Aber mit der Zeit habe ich ein bisschen Routine bekommen und habe meine Leistungen verbessert. Schwierigkeiten habe ich mit größeren Gesprächsrunden von mehr als vier Teilnehmern, da verliere ich den Überblick, schaue die falschen Leute an beim Reden oder bekomme Reaktionen der Gesprächspartner nicht mit. Außerdem kann ich mit Meinungsverschiedenheiten nicht so gut umgehen bzw. finde es schwierig, den eigenen Standpunkt so darzustellen, dass das Gegenüber ihn akzeptieren kann. Ich bin meistens zu direkt, falle mit der Tür ins Haus, zeige kein Verständnis und kann mich dann nicht durchsetzen, sondern provoziere Aggressionen, ohne es zu wollen. Es ist aber auch nicht so, dass es bei anderen Kollegen immer reibungslos laufen würde.

Ein Reizthema für mich ist weiterhin das Telefonieren. Es ist schlimm genug, dass ich rangehen muss, wenn es klingelt, damit habe ich meine tägliche Dosis Telefonieren eigentlich schon mehr als erfüllt. Selber irgendwo anrufen würde ich nur im Notfall oder bei kurzen Fragen (z. B. Terminvereinbarungen). Alles Weitere mache ich per Mail oder schriftlich per Post. Privat ist das genauso. Bei den Mails ist manchmal ein Problem, dass meine Texte zu lang werden oder sie beim Empfänger aggressiv ankommen, obwohl ich beim Schreiben eine neutrale und sachliche Haltung habe. Ich habe lange nicht verstanden, woran das liegt. Inzwischen flechte ich mehr Floskeln ein, von denen ich vorher dachte, sie seien überflüssig, weil doch eh klar ist, dass ich keinem was Böses will.

Wichtig für mich ist, dass ich ein Einzelbüro habe. In Anbetracht meiner Reizempfindlichkeit gibt es dazu keine Alternative. Es ist bereits anstrengend, Geräusche aus Nebenzimmern oder aus dem Flur auszublenden oder auch den Straßenverkehr vor dem Fenster. Ein Kollege (oder mehrere) im Zimmer wäre der Worst Case. Im Zweierbüro habe ich früher auch schon gearbeitet, das hat nie gut funktioniert. Meine ZimmerpartnerInnen gehen mir früher oder später so auf die Nerven, dass es Streit gibt, weil sie ständig Geräusche machen, ich immer ansprechbar sein muss und nie entspannen kann.

Vollzeit zu arbeiten geht auch weiterhin nicht. 40 Stunden pro Woche, oder gar 41, sind einfach zu viel. Da ich am Arbeitsplatz sehr viel mehr Konzentration brauche als andere, weil ich nicht nur ein Sachgebiet bearbeite, sondern auch noch ständig meine Kommunikation kontrolliere und mit meiner Reizempfindlichkeit umgehen muss, bin ich nach einem Arbeitstag so kaputt, dass ich abends und am Wochenende nichts mehr tun kann außer schlafen oder Routinen nachzugehen. Und weil das nicht lebenswert ist, geht es eben nur mit einer kürzeren Arbeitszeit. Derzeit arbeite ich 80 % und habe eine 4-Tage-Woche. Leider ist meine Leistungsfähigkeit derzeit nicht so gut, ich habe Mühe, selbst die 80 % Arbeitszeit zu schaffen.

Mein Chef hat mir jetzt schon zwei Mal sehr geholfen. Zum einen, indem er mir erlaubt hat, am Arbeitsplatz mit Kopfhörer Musik zu hören, um die vielen Umgebungsgeräusche auszublenden. Wenn ich die Kopfhörer aufsetze, dann reduzieren sich all die vielen Geräusche, die ich sonst ständig im Hintergrund verarbeiten muss, auf ein einziges Geräusch, und das ist meine vertraute Musik. Ich spüre eine sofortige Entspannung dadurch und an manchen Tagen ist das meine Rettung, weil ich sonst wegen Überlastung ausflippe und völlig fertig bin.

Eine weitere Erleichterung ist ein Tag Telearbeit in der Woche, der mir ermöglicht wurde. Das heißt, ich arbeite mit einem Laptop von zu Hause aus. Dort kann ich meine Zeit gut einteilen und habe eine wesentlich ruhigere Umgebung, erspare mir außerdem den Anfahrtsstress. Die Telearbeit wurde mir mit Hilfe eines Attests, das diese Notwendigkeit bestätigte, bewilligt. Ich hatte dabei viel Glück, dass alles zusammenpasste: Kurz vorher hatte ich eine gute Ärztin gefunden, die das Attest schrieb, und kurz vorher war erst die Möglichkeit der Telearbeit im Haus neu eingeführt worden.

Die Ärztin hat mir sogar angeboten, für mich schwierige Gespräche mit ihr vorzubesprechen. Allerdings geht das nur, wenn der Termin bei ihr gerade zufällig kurz vor solch einem Gespräch liegt, und ich habe die Termine nur alle 2 bis 3 Monate.

Ich glaube, ich muss mich erst daran gewöhnen, mit meinen Schwierigkeiten nicht mehr allein zu sein. Die ganze Situation ist momentan im Umbruch, und ich kann noch nicht sagen, wie sich alles entwickeln wird. Sechs Jahre nach meiner Diagnose kämpfe ich immer noch damit, alles einzuordnen und damit klarzukommen.

Sonja: Interview

Wenn Du Dich in ein neues Arbeits-/Wissensfeld einarbeiten musst, wie lernst Du die Inhalte am liebsten?
Entweder im Selbststudium oder in 1:1-Situation mit Learning by doing. Selbststudium dauert länger und ist für rein theoretisches Wissen geeignet. Vorteil dabei ist, dass man seine Ruhe hat und im eigenen Tempo lernen kann. Bei praktischen Dingen ist die 1:1-Situation besser, weil man direkt Fragen stellen kann und direkt korrigiert wird.

Es heißt, Asperger seien oft pragmatisch und rational, was die Studien-/Berufswahl angeht. »Träume« werden hintangestellt. Stimmt das auch für Dich? Warum ist das so?
Ich habe Träume hintangestellt, weil sie unrealistisch waren. Ich finde das vernünftig in meinem Fall. Es gab aber auch rein praktische Hindernisse (z. B. fehlende Unterstützung durch Eltern).

Wo siehst Du Dich beruflich in 5 Jahren?
Ich hoffe, dass ich dann überhaupt noch arbeiten kann. Einen Karrieresprung werde ich sicher nicht machen.

Was löste berufliche Krisen aus? Wie wären diese im Nachhinein vielleicht verhinderbar gewesen?
Krisen gibt es gerne mal, wenn ich mich ungerecht behandelt fühle, weil ich dann nicht auf eine akzeptierte Weise für meine Rechte einstehen kann und Konflikte bekomme, die ich nicht lösen kann. Hätte ich schon vor Jahren Unterstützung gehabt, wäre vielleicht das eine oder das andere anders gelaufen. Unterstützung z. B. durch die Möglichkeit, mit einer neutralen Person über etwas zu reden und Strategien zu finden, wie ich den Konflikt gut lösen kann.

Welche Strategien hast Du für einen konfliktarmen und vielleicht sogar freundschaftlichen Umgang mit KollegInnen?
Ich bin freundlich zu ihnen, wenn ich ihnen begegne, biete auch Hilfe an.

Viele Aspies haben eine Schwäche beim Wiedererkennen von Gesichtern und damit von Menschen. Du auch? Was ist ein guter Umgang mit dieser Schwäche?
Ich habe diese Schwierigkeit auch, aber Kollegen, die ich täglich sehe, erkenne ich schon. Eine besondere Strategie habe ich nicht.

Viele Aspies haben eine Schwäche beim Erkennen von Intentionen und Gefühlen von KollegInnen. Du auch? Was ist ein guter Umgang mit dieser Schwäche?
Wenn ich aufmerksam bin, habe ich keine großen Schwierigkeiten damit. Ich habe mich mein Leben lang mit dem Lesen von Gesichtern beschäftigt. Gefühle erkenne ich also meistens gut, wenn ich mir genug Zeit dafür nehme. Schwieriger ist es mit Absichten/Hintergedanken. Man muss halt einfach aufmerksam sein, so gut es geht.

Hast Du im Beruf Menschen wahrgenommen, die ähnlich »einsam« oder »seltsam« erschienen wie Du selbst? Wie würdest Du damit umgehen, Asperger als KollegInnen zu haben?
Ich habe im Lauf der Zeit mehrere Kollegen kennengelernt, die mir in dem einen oder anderen Punkt ähnlich sind und die vielleicht Aspies sein könnten. Ich habe aber nie gefragt, da ich selber gegenüber Kollegen ja auch nicht geoutet bin. Falls diese Leute tatsächlich Aspies sind, dann würde ich bzw. habe ich mit ihnen ganz normal zusammengearbeitet wie mit jedem anderen Kollegen.

Warum prägt das Gefühl der Einsamkeit oder des Nichtdazugehörens so oft das Leben? Wächst da nicht die Akzeptanz, halt ein Einzelgänger zu sein?
Die Akzeptanz wächst, ja. Einsamkeit empfinde ich hauptsächlich, wenn ich gerade für mich merkbar abgelehnt wurde – oder wenn ich darüber nachdenke, dass andere Leute ein normales Leben führen (Partner, ggf. Kinder, Haus, Urlaub etc.) und ich das alles nicht habe.

Hast Du auch das Gefühl, eine Art soziales Theater zu spielen, bei dem Du neurotypisches Verhalten kopierst? Welche Erfahrungen hast Du damit gemacht?
Solange ich denken kann, habe ich versucht, mich so zu verhalten, wie ich dachte, dass andere es erwarten. Meine Strategie war, zu beobachten, wie andere sich verhalten, insbesondere Leute, die gut integriert sind. Das Problem dabei ist, dass ich jetzt, nachdem mir das bewusst wurde, nicht weiß, wer ich tatsächlich bin, weil ich nie ich selbst war.

Oft heißt es, Aspies seien ehrlichere Menschen als Neurotyptische und hätten einen stärkeren Gerechtigkeitssinn. Siehst Du das auch so, bzw. gilt das auch für Dich? Warum?
Ich habe einen starken Gerechtigkeitssinn, allerdings nur dann, wenn ich einen Sachverhalt aus der eigenen Erfahrung/eigenem Empfinden gut nachvollziehen kann. Also durchaus etwas einseitig manchmal …

Ehrlicher bin ich auch nur teilweise. Wenn man mich fragt, dann antworte ich oft sehr ehrlich, auch wenn es – gerade im Beruf – für mich nachteilig ist. Ich glaube, ich kann nicht so schnell erkennen, wann eine ehrliche Antwort unpassend ist. Ich kann aber auch lügen, wenn ich es für sinnvoll halte. Nur muss ich mir das dann vorher überlegen.

Was schätzen Deine KollegInnen an Dir?
Dass ich viel Fachwissen habe.

Kannst Du in einem Satz zusammenfassen, welche Rolle die Familie/der Partner für Dich beim Erfüllen der Berufstätigkeit spielt/e?
Keine, da ich keine habe. Die Herkunftsfamilie – Eltern – waren nur an der Berufswahl beteiligt, aber nicht an der späteren Berufsausübung.

Wie meinst Du wirkst Du auf andere Menschen? Eher empathisch oder unempathisch? Eher logisch denkend oder intuitiv handelnd? Woran machst Du das fest?
Ich habe keine Ahnung.

Wie gehst Du mit Schwierigkeiten bei der Orientierung im Arbeitsalltag und in den Strukturen um?
Mit der Orientierung im Arbeitsalltag habe ich eigentlich nur am Anfang Probleme. Wenn ich mich eingewöhnt habe, in der Regel nicht mehr. Schwierig ist nur manchmal, wenn ich, um etwas zu bekommen, mit jemandem reden muss und es dafür keine feste Regel gibt, wie man das konkret tut. In dem Fall drücke ich mich oft vor dem Gespräch und suche alternative Wege, um mir selbst zu helfen.

Wie gehst Du mit den Unvorhersehbarkeiten im Team um?
Wenn Kollegen oder Chef plötzlich etwas entscheiden, womit ich nicht gerechnet hätte und was mir nicht gefällt, muss ich mich sehr bemühen, nicht allzu missmutig zu erscheinen. Denn oft lasse ich meinem Frust im ersten Affekt freieren Lauf, als ich eigentlich möchte, oft weil ich Veränderungen nicht akzeptieren kann. Dann mache ich mich damit unbeliebt, weil die anderen das nicht verstehen und es als unfreundlich empfinden. Ich versuche mich also mehr zurückzuhalten, das funktioniert aber nicht immer.

Hast Du Schwierigkeiten, dem Arbeitsinhalt Struktur zu geben? Wie äußern sich diese? Was hilft Dir?
Nein, keine Schwierigkeiten. Ich habe sogar mehr Struktur als meine Kollegen und bin dadurch schneller fertig. Leider funktioniert das nur bei der Arbeit, zu Hause nicht.

An wen hast Du Dich mit Deinen psychischen Problemen wie Depression und/oder Ängsten gewandt? An wen wendest Du Dich aktuell?
Früher habe ich über meine Gefühle mit niemandem gesprochen. Erst seit ca. 2 Jahren rede ich darüber mit meiner Psychiaterin und werde demnächst eine ambulante Psychotherapie beginnen.

Was war Auslöser dafür, das Asperger-Syndrom diagnostizieren zu lassen? Welche Auswirkungen hatte die Diagnose?
Auslöser: Auffälligkeiten und Schwierigkeiten häuften sich im Lauf der Zeit, und ich konnte für mich selbst nicht klären, ob AS zutreffen könnte oder nicht. Da ich das ständige Im-Kreis-herum-Denken satt hatte, musste eine Arztmeinung her. Es dauerte aber relativ lange, bis ich die Vereinbarung des Termins tatsächlich umsetzen konnte. Auswirkungen: Darüber könnte man einen Roman schreiben. Derzeit würde ich es in Kurzform so formulieren: Ich habe eine Illusion verloren, nämlich, dass ich normal sein könnte. Ich habe erkannt, dass meine ganzen bisherigen Bemühungen, normal zu sein, vergebliche Mühe waren. Mein ganzes Leben war einem sinnlosen Ziel gewidmet. Ich stehe vor einem Trümmerberg. Das fühlt sich im Moment ziemlich deprimierend an. Meine Hoffnung ist, dass ich vielleicht jetzt rausfinden kann, was ich wirklich will und dadurch glücklicher wäre, aber richtig zuversichtlich bin ich nicht.

Hast Du an psychologischen, sozialen oder berufsfördernden Angeboten speziell für Aspies teilgenommen? Welche Erfahrungen hast Du gemacht?
Nein.

Leidest Du an Reizüberflutung? Wie äußert sich das? Was ist Deine Strategie, um mit Situationen der Reizüberflutung umzugehen?
Ja, das ist leider ein Problem. Ich ertrage keine störenden Geräusche, weder Zuhause noch im Büro. Des Weiteren habe ich ein Problem mit blinkenden Lichtern (z. B. blinkende Autos vor mir, vor allem bei Dunkelheit). Ich raste relativ schnell aus und fange an, Schimpfwörter zu schreien, wenn mir der Deckel wegfliegt. Dagegen helfen nur Ohrstöpsel oder Kopfhörer mit Musik.

Was würdest Du Dir an Unterstützung (privat wie institutionell) wünschen, um mit den Schwierigkeiten im Berufsleben besser umgehen zu können oder diese zu lösen?
Ich würde mir wünschen, dass mein Chef noch mehr nachfragt, weil ich die Befürchtung habe, dass er sich, wenn er etwas nicht versteht, einfach irgendwas denkt und seine eigenen Schlüsse zieht. Das könnte langfristig für mich nachteilig sein, weil es mir schwerfällt, von mir selber aus immer alles anzusprechen und zu erklären. Ich bin darauf angewiesen, dass man mich auch fragt und mit mir den Dialog sucht. Außerdem stelle ich mich selbst manchmal ungünstig dar, weil ich nicht bedenke, wie etwas auf andere wirken kann. Manchmal wäre es gut, jemanden zu haben, der mei-

nem Chef an meiner Stelle etwas erklären kann und Dinge besser darstellt. Sollte ich mich je gegenüber meinen Kollegen ebenfalls outen, dann wäre eine externe Person dabei sicher auch hilfreich. Des Weiteren bräuchte ich ein noch ruhigeres Büro als jetzt. Mehr Strukturen hier und da (feste Abläufe) wären gut für mich. Bei Dingen, die mir schwerfallen, z. B. schwierige Gespräche mit Kunden führen, könnte ich ein Coaching brauchen. Telearbeit ist super, hätte ich auch gerne zwei Tage statt nur einen Tag pro Woche. Wenn ich nicht telefonieren müsste, wäre das super, ist allerdings nicht realistisch, dann müsste das ja jemand anders für mich machen – und das würde ich auch nicht wollen.

Hajo

Eine kurze Erwerbsbiografie

Bei meiner Einschulung im Spätsommer 1969 wurde etwas deutlich, was mich mein ganzes Leben lang begleitet: Der stille, zurückgezogene Junge konnte bereits lesen, schreiben und die Grundrechenarten, aber wurde nach den Einschulungstests als »nicht schulfähig« klassifiziert – wegen seines Sozial- und Kommunikationsverhaltens. Ich kam daher zunächst in eine Sonderschule, wie diese Schulform damals hieß, das heißt genau, in eine Spezialklasse der Sonderschule, die für Kinder war, bei denen noch die Option zu einem späteren Wechsel in die Regelschule gesehen wurde. Dahin wechselte ich schließlich auch. Fachlich konnte ich gut in der Schule mithalten, war in dieser Hinsicht dort eher unterfordert. Aber ich war, wie es damals hieß, »verträumt«, ging sozusagen ab und zu auf dem Schulweg verloren oder fand das Klassenzimmer nicht. Ich hatte auch eigentlich keine Kontakte mit anderen Kindern – das heißt, ich war physisch oft in der Nähe von anderen Kindern, nahm sie aber kaum wahr, sondern beschäftigte mich mit meinen Dingen und Themen. Bereits in der Grundschulzeit hatte ich sehr ausgeprägte Interessen für Mathematik und Astronomie. Ich ging nach dem Ende meiner Grundschulzeit in ein Gymnasium, das ein neu gegründetes Gymnasium war. Die Klassen waren klein, etwa 20 Schülerinnen und Schüler, und es gab dort zu Beginn nur 4 Klassen in der gesamten Schule. Das Klima dort war tolerant und sehr persönlich; auch wenn immer wieder Schwierigkeiten auftauchten und es Lehrer gab, die mich gerne beim Psychiater gesehen hätten. Ich beendete meine Schullaufbahn mit einem »Einser-Abitur«, mit den Schwerpunkten Physik und Mathematik.

Während die meisten anderen Menschen eine Entwicklung durchleben, die von der Kindheit über die Pubertät und nachfolgende Jugendzeit zum Erwachsensein führt, war meine Entwicklung anders. Sie verlief von einer Zeit eines weitgehenden Abgeschlossenseins zu dem zentralen Wendepunkt meines Lebens, den ich im Alter von etwa 11 oder 12 Jahren erlebte, als ich Kontakt mit den Menschen aufnahm. Da erst traten andere Menschen in mein Bewusstsein. Es folgte eine Zeit, in der ich mich intensiv mit meinem Anderssein auseinandersetzte, insbesondere mit meinem Gefühl der Isolation, dem »Glasglockengefühl«, und dem, einer anderen Spezies anzugehören, auf einem »falschen Planeten« zu leben. Im Nachhinein würde ich diese Zeit als eine Art »autistische Pubertät« bezeichnen. Ich litt sehr darunter, keinen wirklichen Kontakt zu anderen Menschen zu finden, und entwickelte den Gedanken, dass es doch irgendwo wenigstens einen Menschen geben musste, der mir zumindest soweit ähnlich war, dass ich ihn als jemanden »von meiner Art« wahrnehmen würde. Dieser Gedanke wurde schnell zu einer Obsession, zog im Alter von 15 Jahren (1978) mein schwules Coming-Out nach sich und frustrierte mich zunehmend. Ich entwickelte in dieser Phase auch zunehmend psychosomatische Erkrankungen: Darmkrämpfe, Infekte und Herzrhythmusstörungen, die zu meiner Abiturszeit mein Leben komplett bestimmten.

Mangels alternativer Ideen begann ich nach dem Abitur im Mai 1982, Physik und Mathematik zu studieren. Dabei fand ich einen relativ gut bezahlten Studentenjob, um mir dieses Studium zu finanzieren. Der Job fand in Nachtschichten statt und bestand darin, teilweise sehr gefährliche Chemikalien für die Mikrochip-Produktion bereitzustellen. Daher war er so gut bezahlt; aber er passte auch gut zu dem Studium. Allerdings nahmen auch im Verlauf des Studiums das Gefühl der Isolation und meine Unfähigkeit, Kontakte zu knüpfen, nicht ab, im Gegenteil. Ich zog aus meinem Elternhaus aus, weil ich Schwierigkeiten mit meinen Eltern, insbesondere meiner Mutter, hatte und flüchtete in die Schwulen- und Punkszene der nahegelegenen Stadt, Freiburg. Dort wurde ich zwar toleriert, aber fand keine wirklichen Kontakte, was umso schwerer wog, da diese sozialen Umgebungen eigentlich sehr niedrigschwellig waren, was Kontakte anging. Das Gefühl, es nicht einmal hier hinzubekommen »dazuzugehören«, wurde zu einer extremen Belastung, auf die ich neben meinen psychosomatischen Krankheiten mit Depressionen und Angstzuständen reagierte. Als ich schließlich anfing, das Ganze mit Alkohol zu therapieren, gab es kein Halten mehr. Ich brach direkt nach dem Vordiplom das Studium ab und verlor nach einiger Zeit auch den Job. Ende 1985, mit fast 23 Jahren, hatte ich meinen Tiefpunkt erreicht und beschloss noch einen letzten Hilferuf in der alternativen Schwulenszene zu lancieren, bevor ich meinem Leben ein Ende bereitete. Daraufhin lernte ich meinen Lebenspartner kennen und entschied mich für einen Neuanfang in meinem Leben. Das ist der zweite Wendepunkt in meinem Leben. Mein neu gefundener Partner war zwar nicht »von meiner Art«, aber jemand, mit dem ich mich verständigen konnte, jemand, der mir das Gefühl geben konnte, mich so wahrzunehmen – und auch anzunehmen – wie ich bin. Das veränderte dann ziemlich schnell mein Verhältnis zu den Menschen insgesamt.

In dieser Zeit lebte ich davon, wenig Geld zu benötigen und ab und zu einen meist auf kurze Zeit begrenzten Job zu haben. Bevor ich im Sommer 1987 mit meinem Partner nach Hamburg zog, war ich wohnungslos und lebte in der WG meines Partners. Das, was ich da noch besaß, wurde mir entwendet, so dass ich ohne Wohnung, Job, Besitz und – abgesehen von meinem Partner – auch weitgehend ohne sozialen Bindungen war, als ich nach Hamburg ging, um dort neu anzufangen. Den beruflichen Neuanfang in Hamburg machte ich mit meinem Zivildienst. Ich hatte bis dahin vergeblich versucht, mich als »untauglich« für den Wehrdienst einstufen zu lassen, und hatte schließlich eine Einberufung mit Termin erhalten. Ich verweigerte den Wehrdienst im Schnellverfahren und suchte dann, noch vor meinem Umzug nach Hamburg, eine Zivildienststelle.

Die fand ich in einer Tagesförderstätte für schwerst-mehrfach behinderte Jugendliche. Bevor ich dort anfing, hatte ich für die Arbeiterwohlfahrt alte Menschen betreut; ein Tag Arbeit pro Woche genügte für meinen Lebensunterhalt. Ich begann den Zivildienst im Frühjahr 1988 und arbeitete dann dort bis Ende 1989. 40 Stunden die Woche, das hatte ich bis dahin noch nie gearbeitet und die Arbeit mit den Jugendlichen war psychisch wie physisch extrem anstrengend. Bis auf einen Jugendlichen konnten alle nicht laufen, sie mussten getragen werden, und alle sprachen nicht. Mit zweien gab es eine einfache Zeichensprache, die über das Bewegen der Augenbrauen funktionierte. In der Zeit, in der ich dort Zivildienst leistete, starben zwei der Jugendlichen. Die Tagesförderstätte empfand ich als eine Art Parallelwelt, manchmal durchaus auch mit alptraumhaften Zügen. Aber ich mochte die Jugendlichen, manche sogar richtig gerne. Vor dem Hintergrund dieser Erfahrungen empfand ich mein Anderssein geradezu als marginal. Im Rahmen des Zivildienstes lernte ich auch (frühkindliche) Autisten kennen, allesamt autistische Kinder, die nicht sprachen. Zu meiner Überraschung stellte ich sehr schnell fest, dass sie mich besonders faszinierten und ich sie offensichtlich auch.

Insgesamt war diese Zeit eine für mich sehr wichtige Zeit, aber auch eine, die mich maßlos überforderte. Nicht nur die Arbeit, die eine starke Belastung darstellte, sondern auch mein Lebenswandel insgesamt, der davon gekennzeichnet war, keine Struktur zu haben. Als Folge war ich immer wieder krank, meistens mit Infekten. Dass ich so lebte, hatte damit zu tun, dass ich selbst kaum in der Lage war, mein Leben zu strukturieren. Verstärkt wurde dies noch durch die ständigen Wahrnehmungs-Overloads, die ich erlebte. Die führten dazu, dass ich oft auch vertraute Dinge, wie etwa meine Wohnung, nicht oder nur schwer wiedererkennen konnte; auch nicht die Menschen, mit denen ich zu tun hatte. In meiner Wahrnehmung lebte ich Tag für Tag in einer neuen, unbekannten Welt; da gab es nichts Vertrautes. Aber ich lebte auch deshalb so unstrukturiert, weil ich angeregt durch meine soziale Umgebung, ein individualistisches, spontanes Leben ohne Regeln und Strukturen als erstrebenswert ansah und versuchte umzusetzen.

Nach dem Zivildienst wollte ich Kunst studieren. Ich begann bereits in meiner Jugendzeit zu zeichnen und zu malen. Was mich dabei von Beginn an faszinierte, waren Gesichter und Körper. Bevor ich nach Hamburg zog, hatte ich in eine Ausstellung an der Freiburger Universität mit Porträtzeichnungen – in einem weitläufigeren Sinne. Für die Bewerbung an der Kunsthochschule hatte ich auch Bilder mit Buchstaben angefertigt, in denen Versatzstücke von literarischen Texten dargestellt wurden. Mir wurde aber sehr schnell klar, dass die Bewerbung um einen Kunststudienplatz sich wesentlich schwieriger gestaltete, als ich erwartet hatte. Ich bekam mit, dass die anderen BewerberInnen ziemlich offensiv den Kontakt zu Professoren suchten, um für das Auswahlverfahren Fürsprecher zu haben und ihre Bewerbungsmappe optimal gestalten zu können. So etwas lag mir überhaupt nicht; ich ging lediglich mit meiner Mappe einmal zu einer Bewerbungsberatung. Der Professor, der mich da beriet, benötigte etwa zwei Minuten, um sich die Bilder anzusehen, und kommentierte seinen Eindruck mit den Aussagen, dass man heutzutage keine Aquarelle mehr malen könnte (meine Bilder waren fast alle Aquarelle) und dass Bilder mit

Buchstaben in die Schule gehörten, nicht an die Universität. Wie erwartet bekam ich keinen Studienplatz.

Ich hatte nach dieser Ablehnung keine Idee, was ich nach dem Zivildienst tun sollte. Regulär zu arbeiten, dazu fühlte ich mich nicht in der Lage. Ich war auch so sehr auf die Idee fixiert, zu studieren, dass ich mir kaum etwas anderes vorstellen konnte. Es war kurz vor Beginn des Sommersemesters 1990 klar, dass es nur noch wenige Studiengänge gab, bei denen ich so kurzfristig noch eine Zulassung erlangen konnte; Mathematik war einer davon. Ich begann dann also Mathematik zu studieren. Zu meiner Überraschung stellte ich fest, dass mir das Studium nicht nur leichtfiel, sondern auch Spaß machte. Das Vordiplom schaffte ich ohne Anstrengung. Ich beschäftigte mich dabei auch viel und gerne mit der Geschichte der Naturwissenschaften an dem kleinen Institut, das der Mathematik angegliedert war. Als Nebenfach wählte ich Astronomie, was mich seit meiner Grundschulzeit faszinierte. Bereits da hatte ich – aufbauend auf den Kepler‹schen Gesetzen – meine eigenen Theorien zu Planeten und Sternen entwickelt und besuchte das Fraunhofer-Institut für Sonnenphysik in Freiburg, um sie mit den Leuten dort zu diskutieren.

Finanzieren konnte ich das Studium mit Jobs bei dem Träger, bei dem ich auch Zivildienst gemacht hatte. Durch den Zivildienst war ich auf den Umgang mit schwerst-mehrfach behinderten Menschen spezialisiert und entsprechend gefragt: für »Noteinsätze« unterschiedlicher Art und für Eins-zu-eins-Betreuungen während Freizeiten für behinderte Kinder und Jugendliche. Auch hier hatte ich immer wieder mit – nichtsprechenden – Autisten zu tun und es tauchte auch jedesmal das Gefühl einer besonderen Verbundenheit auf. Mir fiel auf, dass viele von ihnen eine ähnliche untypische Sensibilität für bestimmte Geräusche und Gerüche hatten wie ich. Bei diesen Jobs hatte ich auch immer wieder mit Mitarbeiterinnen zu tun, die sich sehr an meinem Kommunikations- und Sozialverhalten störten und nicht selten anmerkten, dass ihnen diese »ziemlich autistisch« vorkämen. Im Herbst 1994 hatte ich mich mit einer Bekannten über meine Kindheit unterhalten und dabei kam mir der Gedanke, dass ich vielleicht tatsächlich autistisch bin. Bis dahin hatte ich diesen Gedanken als eher abwegig betrachtet – aber plötzlich kam es mir im Gegenteil sehr plausibel vor. Interessanterweise bildete sich dieser Befund auch in dem Zusammentreffen von Mathematikstudium und Arbeit mit behinderten Menschen ab: Ein Leben als Gratwanderung zwischen (Hoch-)Begabung und Behinderung.

Ein dritter Bereich, der zu dieser Zeit – und somit weiterhin – eine große Rolle in meinem Leben spielte, war die Kunst. In der Malerei hatte ich mich auf Tuschemalerei als Technik spezialisiert; thematisch immer noch Körper und Gesichter. Meine Maltechnik erfordert ein sehr hohes Maß an Konzentration, ich würde sogar sagen, sie besteht im Wesentlichen aus dieser Konzentration. Sie besteht darin, meinen Körper in Gedanken zu erspüren und das so wahrgenommene Bild dann mit der Tusche und dem Wasser auf das Papier zu bringen. Diese erspürten »Innenporträts«, oder »Innenselbstporträts«, sind sehr flüchtig und beginnen bereits in dem Moment ihres Entstehens sich aufzulösen. Um das adäquat auf das Papier zu bringen, ist diese hohe Konzentration notwendig. Ich bin beim Malen derart konzentriert, dass ich dabei nichts und niemanden um mich herum wahrnehme. Ich begann im Rahmen einer Ausstellung im Herbst 1995, live vor dem Publikum zu malen. Dies tat ich zusammen mit einem Performancekünstler, der dabei eine zeitlich extrem ausgedehnte Körperperformance machte. Gegen Ende meines Zivildienstes, 1989, begann ich auch, kontinuierlich zu schreiben. Als Ergebnis entstand dadurch eine Dokumentation meines autistischen »Coming-outs« von Ende 1989 bis Anfang 1997.

Neben den Jobs mit behinderten Menschen arbeitete ich als studentische Hilfskraft im mathematischen Fachbereich und am Institut für Naturwissenschaftsgeschichte. Ich spezialisierte mich im Studium auf ziemlich abstrakte Themenfelder (Graphentheorie und Algebra) und galt da als talentiert. Ich hatte mich am Ende bereits auf eine Karriere als Mathematiker eingestellt, bis der Professor, der mich betreute, mein Alter realisierte. Ich hatte das Studium Anfang 1997 mit einem Diplom beendet, als ich bereits 34 Jahre alt war – zu alt für eine Karriere an der Universität. Ich entschied mich, in Naturwissenschaftsgeschichte zu promovieren, obwohl mir klar war, dass ich diese Promotion nicht dauerhaft finanzieren konnte. Im Frühjahr 1997 gab es mehrere Ereignisse, die mich in der Summe, wie es so schön heißt, aus der Bahn warfen. Ich entwickelte massive Depressionen, so dass ich nicht mehr mit behinderten Menschen arbeiten konnte. Ich hatte damals bei einem kleinen Träger eine Viertelstelle und war dann neun Monate lang krankgeschrieben, bevor ich kündigte, weil ich diesem Träger nicht länger zur Last fallen wollte. Insgesamt brauchte ich gut drei Jahre, bis ich, nicht zuletzt dank eines für mich damals sehr guten Psychotherapeuten, wieder arbeitsfähig wurde. In dieser Zeit hielt ich mich mit einem Werkvertragsjob bei einem Kinderzirkus und teilweise auch mit einem Hilfsjob als Koch in einer Einrichtung für Kinder, die ihren Elternhäusern entzogen wurden, finanziell über Wasser. Ich verdiente dabei gerade genug Geld zum Leben und nachdem ich Anfang 2000 umziehen musste, reichte es nicht mehr.

1999 lernte ich das Internet kennen. Ich tauschte mich mit Leuten in Literaturforen aus und fing auch an, mich mit der Funktionsweise von Computern, insbesondere von Betriebssystemen, zu beschäftigen. Nicht sehr ausgedehnt allerdings; richtig begeistern konnte ich mich dafür nicht. Im April 2000 fiel mir ein Zettel auf, der an der Tür einer Werbeagentur in meiner Nachbarschaft klebte, dass sie dort einen »Java-Programmierer« suchten. Ich lieh mir in der Bibliothek ein Buch über Java (die Programmiersprache), las es über das Wochenende und rief dort an. Ich wurde bereits am Telefon eingestellt. Mein Job war es, in der Agentur eine IT-Abteilung aufzubauen, weil sie mit dem Verkauf von Webseiten Geld verdienen wollten. Das notwendige Know-how, die Grundlagen und Standards der Internetprogrammierung, eignete ich mir über Bücher, die ich mir aus der Bibliothek auslieh, schnell genug an. So fiel es nicht auf, dass ich bei meiner Einstellung kaum eine Ahnung davon hatte. Das Niveau der Abteilung war schnell hoch genug, um interessante Aufträge zu akquirieren. Zuletzt war es ein multimedia-basiertes Internetportal zur Online-Fortbildung von Ärzten. Bezahlt wurde es von dem Pharmakonzern Glaxo-Smith-Kline. Kurz nach Fertigstellung des Prototypen (den ich weitgehend alleine entwickelt hatte) ging die Agentur in den Konkurs. Da das Portal das einzige mit Wert war, wurde es zusammen mit mir und zwei Projektmanagern von einer anderen Agentur gekauft. Doch dann entschied sich Glaxo-Smith-Kline, das Ganze doch nicht produktiv einsetzen zu wollen, und wir drei wurden wieder aus der Agentur herausgeekelt; das war im Herbst 2003. Ich hatte dann keine Lust mehr auf diese Agenturen und entschied mich schließlich, es mit selbstständiger Arbeit zu versuchen.

2002 war ich durch einen Dokumentarfilm auf Temple Grandin aufmerksam geworden. Sie ist eine Expertin auf dem Gebiet der Verhaltensbiologie von Nutztieren wie auf dem Gebiet des Autismus und der besonderen Form des Denkens und der sensorischen Empfindungen von AutistInnen. Sie begeisterte mich außerordentlich und weckte meine Neugier, Kontakt zu autistischen Internet-Communitys aufzunehmen. Dadurch bekam ich Lust, auch im echten Leben Autisten kennen zu lernen. Im Sommer 2003 besuchte ich die Berliner Selbsthilfegruppe, eine von zwei Gruppen für erwachsene Autisten, die mir damals in Deutschland bekannt waren – ich glaube nicht, dass mehr gab; es war die einzige unmoderierte Gruppe, die damals existierte. Dort wurde gerade in einem ersten Anlauf Aspies e. V. als Vertretungsverband für erwachsene Autisten gegründet und ich wurde das siebte Gründungsmitglied, das dafür benötigt wurde. Durch diese Erfahrungen angeregt, wollte ich auch in Hamburg eine Selbsthilfegruppe gründen. Da ich mich alleine nicht traute, wandte ich mich an das Autismusinstitut, an Herrn Janetzke, der es damals leitete, um ihm vorzuschlagen, so eine Gruppe im Autismusinstitut zu gründen. Er lehnte diese Idee als völlig abwegig ab, da seiner Meinung nach Gruppen mit autistischen Menschen nicht funktionieren konnten. Ende 2003 gründete ich dann mit zwei weiteren autistischen Erwachsenen, die ich über Internetforen gefunden hatte, in Hamburg die zweite unmoderierte Selbsthilfegruppe in Deutschland.

Als Selbstständiger versuchte ich zunächst zusammen mit den beiden Projektmanagern, für das Ärztefortbildungsportal eine Finanzierung zu finden. Das lief sehr vielversprechend an, wir gewannen 2005 damit einen Preis des Bundeswirtschaftsministeriums für innovative Geschäftsideen im Internet und hatten Kontakte zu großen Konzernen, die daran interessiert waren. Ich finanzierte diese Zeit mit einem Übergangsgeld von der Arbeitsagentur und kleineren Aufträgen; das ging bis etwa Mitte 2005 gut. Bis dahin hatten wir kein Geld für das Portal akquirieren können und gaben auf, zumal andere anfingen, ähnliche Techniken im Internet zu entwickeln, die bis dahin ein Alleinstellungsmerkmal des Projekts waren. In der Folge arbeitete ich über Agenturen vermittelt für diverse große Konzerne: BAT, Tallink-Silja Fährlinie, Jet-Tankstellen und andere. Ich spezialisierte mich zunehmend auf große Datenbankanwendungen und auf Internetanwendungen, deren Erstellung und Wartung auch typische Systemadministratoren-Tätigkeiten beinhalteten. Im Lauf des Jahres 2008 geriet meine Selbstständigkeit zunehmend in eine Krise. Die Agenturen, mit denen ich arbeitete, gerieten nach und nach in eine Schieflage oder gingen in den Konkurs. Am Ende hatte ich kaum mehr nennenswerte Einkünfte und nur wenig Rücklagen.

Ich bewarb mich etwa ein Jahr lang auf diverse Jobs in Deutschland und Schweden; vornehmlich in den Bereichen Wissenschaft (Informatik, Mathematik, Wissenschaftsgeschichte), Programmierung und Systemadministration. In dieser Zeit reifte auch die Idee für das autWorker-Projekt heran, das ich dann mit ein paar weiteren autistischen Menschen im Frühjahr 2009 gründete. Kurz danach schrieb ich eine Initiativbewerbung an die Hamburger Unibibliothek, nachdem mir dazu geraten wurde, mich dort nach einem Job zu erkundigen. Unerwarteterweise entschieden die sich sehr schnell, mich einstellen zu wollen, und ich fing im August 2009 in der Abteilung »Internet und Kommunikation« an zu arbeiten. Zunächst auf einer halben Stelle, ab Sommer 2010 auf einer 70-%-Stelle und ab Anfang 2013 auf einer Dreiviertelstelle. Als Hochschulabsolvent gehörte ich zum wissenschaftlichen Dienst und hatte eine sehr hohe Gehaltseinstufung. In der Bibliothek fand ich eine überraschend angenehme Arbeitsumgebung vor und hatte mit spannenden und technisch anspruchsvollen Projekten zu tun. Nachdem ich ein paar kleinere Projekte bearbeitet hatte, leitete ich die Umstrukturierung der internen IT von einem System aus zwei Rechnern hin zu einem kleinen Rechenzentrum mit inzwischen 18 Hochleistungsservern und eigenem Speichersystem. Parallel bekam ich dann die »großen« Projekte der Abteilung auf meinen Schreibtisch.

Das autWorker-Projekt entwickelte sich in der Zeit ebenfalls sehr gut. Es ist zwar eine ziemliche Anstrengung, neben einer Teilzeittätigkeit geschäftsführender Vorstand einer bundesweit operierenden Organisation zu sein, aber diese Tätigkeiten sind hochinteressant, so dass ich mich davon auch zu einer entsprechenden Leistungsbereitschaft treiben ließ. Meine Leistungsfähigkeit nahm während dieser Zeit allerdings stetig ab. Zunächst eher subtil, aber dennoch spürbar, dann, seit Beginn 2013, dramatisch. Dazu kamen mehr und mehr teilweise ziemlich unangenehme und bedrohliche Krankheitssymptome, die ich mir nicht erklären konnte. Ende 2013 wurde bei mir ein niedrigmalignes Lymphom, ein sogenanntes »Morbus Waldenström« diagnostiziert, das vom Verlauf her einer chronischen Leukämie ähnlich war. Einen Tag nachdem in der Bibliothek meine Stelle entfristet wurde. Das Lymphom war schon sehr weit fortgeschritten, so dass sehr schnell eine Chemotherapie kombiniert mit einer Antikörpertherapie begonnen werden musste. Ich war dann inklusive Wiedereingliederung etwa zehn Monate lang krank, bis Mitte Oktober 2014. Das Lymphom wurde zurückgedrängt und auch die anschließende zweijährige Anschlusstherapie war erfolgreich; heilbar ist das Lymphom allerdings nicht. Während meiner Krankheit haben sich die KollegInnen in der Bibliothek, vor allem auch im Direktorium, mit meiner Person und mit meinem Autismus beschäftigt; ich hatte nach meiner Rückkehr darüber dort einige Gespräche. Insgesamt muss ich sagen, dass sowohl Leitung als auch Kollegium mit meiner Krankheit und der damit verbundenen Abwesenheit sehr gut umgegangen sind.

Der Wiedereinstieg in die Arbeit in der Bibliothek war einige Monate lang nicht einfach. Insbesondere hatte ich massive Probleme damit, die notwendige Konzentration lange genug aufrechtzuerhalten. Aber mit der Zeit stellte sich hier wieder eine Routine ein. Das autWorker-Projekt ließ sich trotz großer Anstrengungen nicht in der bestehenden Form retten. Die umfangreichen Tätigkeiten in dem Projekt und die zugleich chronisch fehlende Finanzierung stellten eine zu hohe Belastung dar; nicht nur für mich, sondern auch für die anderen Beteiligten. Wir entschieden uns daher, das Projekt sozusagen herunterzufahren und uns Zeit für Überlegungen zu geben, wie es weitergehen kann. Das hat sich als ein richtiger Schritt erwiesen.

Hajo: Interview

Wenn Du Dich in ein neues Arbeits-/Wissensfeld einarbeiten musst, wie lernst Du die Inhalte am liebsten?
Ich lerne am besten alleine; da kann ich Geschwindigkeit, Art und Weise des Lernens an meine Anforderungen anpassen. Im Vergleich zu KollegInnen (aus den Bereichen Wissenschaft und IT) habe ich bemerkt, dass mein Lernverhalten sehr untypisch ist.

Asperger sind oft pragmatisch und rational, was die Studien-/Berufswahl angeht. »Träume« werden hintangestellt. Stimmt das auch für Dich? Warum ist das so?
In gewisser Weise ja. Ich hatte früher den Wunsch, Künstler zu werden, aber im Verlauf einer Bewerbung an einer Kunsthochschule festgestellt, dass ich insbesondere die kommunikativen Anforderungen an Künstler nicht erfüllen kann. Dagegen habe ich seit meiner Kindheit eine starke Affinität zur Mathematik und mich am Ende entschieden, das zu studieren. Nach dem Studium hatte ich den Wunsch, Wissenschaftler (am liebsten Wissenschaftsgeschichte, aber auch Mathematik wäre o. k. gewesen) zu werden. Auch hier erwiesen sich kommunikative Anforderungen und mein »krummer« Ausbildungsgang als echte Barriere. Computer interessierten mich damals überhaupt nicht, aber ich konnte nach wenigen Tagen Programmieren auf einem professionellen Niveau erlernen. Daher hatte ich mich schließlich entschieden, Programmierer zu werden. Beides, Mathematik statt Kunst, IT statt Wissenschaft, waren Ergebnisse von jeweils mehrjährigen und schwierigen Auseinandersetzungsprozessen.

Wo siehst Du Dich beruflich in 5 Jahren?
Genau da, wo ich jetzt bin – hoffentlich. Mit dem Hintergrund einer Krebserkrankung macht es wenig Sinn, weitere berufliche Karrieren zu planen, zumal mein jetziger Job mir viel Sicherheit gibt.

Was löste berufliche Krisen aus? Wie wären diese im Nachhinein vielleicht verhinderbar gewesen?

Als große Überschrift würde ich sagen: Scheitern an kommunikativen An- bzw. Herausforderungen. Beispielsweise Firmenkonkurse oder nicht zahlende Kunden während meiner Selbstständigkeit. Am Ende war jedes Mal ich derjenige, der dann »über den Tisch gezogen« wurde, weil ich nicht schnell genug realisieren konnte, was da eigentlich vor sich geht.

Welche Strategien hast Du für einen konfliktarmen und vielleicht sogar freundschaftlichen Umgang mit KollegInnen?
Zwei Strategien: Freundlich sein – egal in welcher Situation – und rationale, strukturierte Umgangsweisen. Immer die Situationen reflektieren und analysieren (was ich sowieso tue) und dies auch transparent widerspiegeln.

Viele Aspies haben eine Schwäche beim Wiedererkennen von Gesichtern und damit von Menschen. Du auch? Was ist ein guter Umgang mit dieser Schwäche?
Ja, absolut; ich bin extrem prosopagnostisch. Ein guter Umgang ist ein offener Umgang. Das gelingt mir aber eher selten; meistens versuche ich, es zu überspielen, was vermutlich dazu führt, dass andere mich für komisch halten. Da aber in meinem Umfeld und bei meiner Arbeit fast alle wissen, dass ich autistisch bin, ist das auch o. k. so.

Viele Aspies haben eine Schwäche beim Erkennen von Intentionen und Gefühlen von KollegInnen. Du auch? Was ist ein guter Umgang mit dieser Schwäche?
Ja, das kenne ich auch gut. Ich kenne keine gute Umgangsform damit; habe schon vieles versucht, ohne erkennbaren Erfolg. Mich selbst belastet es am wenigsten, wenn ich solche »Subtexte« einfach ingnoriere und gar nicht erst versuche, etwas zu erkennen bzw. zu interpretieren.

Hast Du im Beruf Menschen wahrgenommen, die ähnlich »einsam« oder »seltsam« erschienen wie du selbst? Wie würdest Du damit umgehen, Asperger als KollegInnen zu haben?
Im weiteren Sinne ja, obschon mein Erleben insbesondere des »Glasglockendaseins« da schon sehr speziell zu sein scheint. Wie ich mit Asperger-Kollegen umgehen würde, hängt sehr stark von ihnen ab. Ich habe welche kennen gelernt, mit denen ich sehr gut zusammenarbeiten kann, aber auch welche, die eher schwierig sind. Ich bin jemand, der sehr strukturiert und strukturierend arbeitet; das ist das Hauptkriterium für eine gute Zusammenarbeit.

Warum prägt das Gefühl der Einsamkeit oder des Nichtdazugehörens so oft das Leben? Wächst da nicht die Akzeptanz, halt ein Einzelgänger zu sein?
Ich habe mit meinem Einzelgängerdasein schon lange kein Problem mehr, auch weil ich mein soziales Leben gut darauf einstellen konnte. Ich kann mit Menschen gut zusammen sein, wenn ich mit ihnen etwas zusammen erarbeite, auf Projektbasis etwa, und mehr an Sozialem brauche ich gar nicht. Prägend ist das Gefühl trotzdem, weil es meine gesamte Kindheit und Jugendzeit, meine Sozialisation geprägt hat, so stark wie nichts anderes.

Hast Du auch das Gefühl, eine Art soziales Theater zu spielen, bei dem Du neurotypisches Verhalten kopierst? Welche Erfahrungen hast Du damit gemacht?
Nein. Ich habe bereits als Jugendlicher gelernt, dass ich ein schlechter Schauspieler bin. Bereits da habe ich mich entschieden, lieber der »Verrückte« zu sein, der diese Rolle gut – weil authentisch – spielt, als der Normale, dem man das bemühte Schauspiel anmerkt.

Es heißt ja oft, Aspies seien besonders ehrlich, hätten einen ausgeprägten Gerechtigkeitssinn. Trifft das auf Dich zu?
Ja. Zum einen, dass ich nur schlecht lügen kann, so, dass es andere sofort durchschauen. Zum anderen, dass es mich maßlos aufregt, wenn etwas nicht den Regeln gemäß abläuft, etwa im Straßenverkehr. Letzteres ist ziemlich lästig.

Hast Du einen hohen Perfektionsanspruch an Dich in Deinem Job? Bist Du nur zufrieden, wenn Du alles perfekt erledigt hast?
Ja, absolut.

Was schätzen Deine KollegInnen an Dir?
Bei meinem jetzigen Job in der Hamburger Staats- und Universitätsbibliothek erhalte ich in der Tat viel positives Feedback – im Unterschied zu meinen früheren Jobs. Einmal für meine unkonventionelle Weise zu arbeiten (Stichwort: »Frischen Wind« in die Abteilung bringen), dann auch, weil ich Projekte fertig gestellt habe, an denen andere zuvor gescheitert waren, und dann für meine rationale, »unaufgeregte« und sachbezogene Art der Kommunikation.

Kannst Du in einem Satz zusammenfassen, welche Rolle die Familie/der Partner für Dich beim Erfüllen der Berufstätigkeit spielt/e?

Mein Partner gibt mir die Stabilität, die ich brauche, um überhaupt einen Job ausführen zu können. Obendrein ist er mein Schlüssel zur neurotypischen Welt. Ohne ihn wäre ich nicht lebensfähig.

Wie meinst Du wirkst Du auf andere Menschen? Eher empathisch oder unempathisch? Eher logisch denkend oder intuitiv handelnd? Woran machst Du das fest?
Ob empathisch oder unempathisch, weiß ich nicht, das kann ich nicht beurteilen. Als vor vielen Jahren mein damaliger bester Freund gestorben war, wählte er mich als Sterbebegleiter, weil ich mit seinem Sterben so nüchtern und unaufgeregt umgegangen bin. Als er im Sterben lag, sagte ich ihm, dass es jetzt soweit sei und er sterben würde und dass ich den Arzt anweisen würde, keine lebensverlängernden Maßnahmen mehr zu ergreifen. Das beruhigte ihn spürbar. Ist das empathisch oder unempathisch? Ansonsten erleben mich die meisten Menschen wohl eher als logisch denn als intuitiv; nicht zuletzt, weil ich dazu tendiere, mein Verhalten immer auch erklären zu können.

Wie gehst Du mit Schwierigkeiten bei der Orientierung im Arbeitsalltag und in den Strukturen um?
Ich kann mir meine Arbeit gut selbst strukturieren und habe auch einen Arbeitsplatz, der das zulässt. Meistens mache ich mir morgens einen Plan für den Tag, den ich auf einen Zettel aufschreibe.

Wie gehst Du mit den Unvorhersehbarkeiten im Team um?
Das kommt zum Glück sehr selten vor. Unvorhersehbarkeiten machen mich konfus und reduzieren signifikant meine Arbeitsfähigkeit. Da habe ich kein Mittel dagegen.

Hast Du Schwierigkeiten, dem Arbeitsinhalt Struktur zu geben? Wenn ja, was hilft Dir?
Nein, habe ich nicht. Eine meiner Stärken besteht gerade darin, Projekt zu strukturieren und zu planen, die sehr groß sind und deren Umsetzung mehrere Jahre beanspruchen.

An wen hast Du Dich mit Deinen psychischen Problemen wie Depression und/oder Ängsten gewandt? An wen wendest Du dich aktuell?
Früher, vor etwa 20 Jahren, hatte ich einen guten Psychotherapeuten gefunden; aktuell suche ich einen Psychoonkologen. Ein sehr gutes Mittel ist

die Lektüre antiker philosophischer Texte; das hilft fast immer – und Bewegung natürlich.

Was war Auslöser dafür, das Asperger-Syndrom diagnostizieren zu lassen? Welche Auswirkungen hatte die Diagnose?
Dass ich autistisch bin, habe ich mit 31 Jahren erfahren. Damals hatten mit Kolleginnen darauf gebracht, als ich mit behinderten Menschen gearbeitet hatte. Es war die Antwort auf »die Frage« meines Lebens, die mich seit meiner frühen Jugend umtrieb, nämlich, warum denn mein Leben so anders und so merkwürdig ist. Einige Jahre später folgte eine Verdachtsdiagnose des Psychotherapeuten, bei dem ich wegen meiner Depressionen war. Die eigentliche, valide Diagnose habe ich mit 45 Jahren erhalten, vor acht Jahren. Anlass war der Beginn des autWorker-Projekts, weil ich dachte, dass ich eine Diagnose haben sollte, wenn ich mich so öffentlich als Autist exponiere. Diese Diagnose hatte keine Auswirkungen mehr. Meine Selbsterkenntnis in den 1990er Jahren hatte mir allerdings den Weg geebnet, mein Leben so zu gestalten, dass ich gut leben konnte. Ein wichtiger Teil davon war, meinen Autismus zu akzeptieren und kennen zu lernen.

Hast Du an psychologischen, sozialen oder berufsfördernden Angeboten speziell für Aspies teilgenommen? Welche Erfahrungen hast Du gemacht?
Nein, nie; d. h. als Anbieter ja, aber nicht als Teilnehmender.

Leidest Du manchmal an Reizüberflutung? Wenn ja, wie gehst Du damit um?
Ja, oft. Ruhe, Bewegung; Spazierengehen an bekannten Orten oder Musik hören.

Was ist Deine Strategie, um mit Situationen der Reizüberflutung umzugehen?
Am besten vermeiden; was in einer Großstadt nicht einfach ist.

Was würdest Du Dir an Unterstützung (privat wie institutionell) wünschen, um mit den Schwierigkeiten im Berufsleben besser umgehen zu können oder diese zu lösen?
Inzwischen habe ich das erreicht, was ich erreichen wollte. Ich habe einen Job, dessen Inhalt ich weitgehend selbst bestimmen kann, der mich daher auch intellektuell herausfordert, und arbeite in einem offenen Kollegium, in dem viele unterschiedliche »Macken« vertreten sind und damit ein offener und akzeptierender Umgang gepflegt wird.

Jimmy

Die Grundschulen

Er war in zwei Kindergärten. Er wurde in gewöhnlichem Alter eingeschult. 1.–3. Klasse in der Grundschule. Regelschule. Berlin. Von dieser Zeit weiß der Autor nur noch wenig. Wenn man ihn fragt, wie er die Grundschule beschreiben würde, hört man ihn sagen »Ich wusste nie, was man von mir wollte.«

Die Mutter zog mit den Kindern nach Großbritannien. Dort wurde er in die 4. Klasse eingeschult. Er kam überhaupt nicht mit der Uniform zurecht, die er tragen musste. Mehrmals die Woche saß er bei der Direktorin und musste die Schulordnung abschreiben, weil er sich unpassend angezogen oder verhalten hatte. Er wurde regelmäßig suspendiert, weil er statt in formaler Uniform, die ihn an der Haut schmerzte, im lockeren, weichen Jogginganzug zur Schule ging, der für den Sportunterricht vorgesehen war. Vom Sportunterricht war er fast durchgängig von Anbeginn bis Ende der Schulzeit befreit, weil er das Chaos nicht ertrug und sowohl psychisch als auch motorisch überfordert war.

Die Mutter zog nach Westdeutschland. Er besuchte die 4. Klasse einer Realschule und wurde nach einigen Wochen wegen Unterforderung in die 5. Klasse einer anderen Schule hochgestuft. Dies war die schlimmste Schule für ihn. Er wurde massiv gemobbt, in den Pausen sowie nach der Schule verfolgt, gehänselt, herumgeschubst, denunziert, getreten. Er konnte sich nicht gegen mehrere Gegner gleichzeitig wehren, obgleich er es versuchte. Es gab Prügeleien. Die »Jungsclique« aus seiner Klasse hatte sich auf ihn eingeschworen. Als er einmal mit geprellten Fußknochen und verschiedenen offensichtlicheren Verletzungen an Armen und Gesicht nach Hause zurückkehrte, traf die Mutter einen Klassenkameraden im Garten und beschimpfte ihn. Sie sprach aber nicht mit den Eltern und ihr halbherziges Manöver machte alles schlimmer. Der Junge enthielt sich fortan, aber der Rest der Clique mobbte umso hartnäckiger. Der Autor lachte, wenn er Angst hatte. Ein Schutzmechanismus, der sehr oft missverstanden wurde.

Mehrmals saß der Autor auch in dieser Schule beim Rektor, berichtete unbeholfen und vage von den Gewaltsituationen und Degradierungen seiner Klassenkameraden, die er selbst nicht verstand, aber es veränderte sich nichts. Es wurde nur viel gesprochen. Nicht gehandelt. Dabei ging es oft ums Überleben.

Seine Schulleistungen waren bis dahin durchschnittlich. Die Schule war kein Ort, an dem er sich länger als nötig aufhalten wollte. In seiner Freizeit war er sportlich, kletterte viel auf Bäumen herum, spielte mit Tennis- oder Fußbällen gegen Steinwände und übte seine Koordination. Die Faszination für Pokémon® teilte er mit anderen Gleichaltrigen seiner Generation, allerdings tauschte er sich nicht darüber mit ihnen aus, tauschte seine Sammelkarten nicht, tauschte seine Gameboy-Pokémon® nicht aus und stellte sich auch nie vor, selbst ein Pokémon®-Trainer zu sein, sondern lernte lieber alle Merkmale der ersten 150 Kreaturen auswendig und spielte die Spiele im Gameboy, wenn sie durchgespielt waren, wieder von vorne.

Die Mutter zog zurück nach Berlin. Dort besuchte er die gleiche Grundschule, die er zu Beginn besucht hatte. Die gleiche Klasse sogar, die aber nun eine 6. Klasse war. Seine Mitschüler erkannten ihn wieder, empfanden ihn aber als Außenseiter. Er schwor sich, sein Auftreten zum nächsten Schulwechsel komplett umzukrempeln – lieber offensiv Menschen abzuwehren, als wieder Opfer zu werden.

Das Gymnasium

Er hatte beschlossen, Abitur zu machen. Deshalb gab er sich Mühe, deutlich bessere Noten zu erhalten und seine mündliche Mitarbeit zu vervielfachen. Das fiel ihm teils sehr schwer, weil er vor manchen Lehrern kein Wort herausbrachte. Er erhielt die gewünschte gymnasiale Empfehlung und nahm sich vor, auf der neuen Schule dominant, selbstbewusst, kampfbereit zu wirken.

So kam es dann, dass er im neuen Gymnasium regelmäßig aus dem Unterricht verbannt wurde und vor dem Klassenraum oder beim Schulleiter sitzen sollte, weil er sich frech gegenüber Lehrern verhalten hatte oder es Auseinandersetzungen mit Mitschülern gegeben hatte. Er wurde mehrmals schriftlich und mündlich getadelt, weil er durch Endlosquasseln mit sich selbst oder das Zuquasseln anderer den Unterrichtsfluss massiv störte. Mehrmals auch wegen Rauchens auf dem Schulhof. Kleinste Ansätze seiner Mitschüler, ihn zu bedrängen oder herauszufordern, wurden mit übereifriger Gegenaggression quittiert. Manchmal eskalierte es. Er war noch nie in der Lage gewesen, seine eigenen körperlichen Kräfte einzuschätzen und adäquat zu dosieren. Aber diese Probleme und die zahllosen Tadel der Lehrer waren es wert: Er wurde zum ersten Mal nicht mehr körperlich oder seelisch gemobbt. Das bestärkte ihn. Wenn man ihn ermahnte, am Unterricht teilzunehmen, statt aus dem Fenster zu sehen, Schüler abzulenken, auszumalen oder Zeitung zu lesen, nahm er die inhaltlichen Fragen des Lehrers vorweg und beantwortete sie. Nicht selten korrigierte er sie.

Ihm war immer langweilig im Unterricht. Er war jedoch nicht fähig, an konstruktiven, sozial angemessenen, kommunikativen oder kooperativen Spielen oder Gruppenarbeiten teilzunehmen. Wenn solche Anforderungen an ihn gestellt wurden oder er gar Vorträge halten sollte, sah er sich mit heftigen Interaktions- und Sprechhemmungen konfrontiert. Er verließ lieber den Unterricht und ließ sich eine schlechte Note für unentschuldigtes Fehlen oder Leistungsverweigerung geben, als sich selbst bloßzustellen, denn das hätte ihn angreifbar gemacht. Es ging nur ums Absitzen, ums unversehrte Überleben der Schulzeit. Die Wesen um ihn herum erschienen ihm wie artfremde, unberechenbare Objekte und er tat sich schwer, sich vorzustellen, dass sie Gefühle hatten, persönliche Absichten, Vorlieben, Intimsphären. Er stellte in Bezug auf andere lediglich die Frage, inwieweit er oder sie für ihn bedrohlich sein konnte. Er empfand sich immer als zutiefst eingesperrt. In beengende, stickige Räume mit klebrigen, kaugummiverseuchten Tischen, voller unverständlicher, chaotischer Wesen, die sich berührten, immerzu mit Papier bewarfen, unzählige Spiele erfinden konnten und Zeichen-, Gesten- oder Codesprachen benutzten, die er nicht verstand. Das alles schien ihm nicht normal. Nicht vernünftig. Albern. Nervtötend.

Nach einem halben Jahr in Berlin lud ihn ein eher passiver Junge in einer Schulpause ein, in seiner Jungsclique zu stehen. So stand er zum ersten Mal in einem Pausenhof in einem Kreis mit anderen Jungen. Mit Menschen. Freunden? Einer der sehr kräftig gebauten Jungen stellte sich als besonders angst- und schmerzfrei dar, es handelte sich offenbar um den Anführer. Er war allen körperlich überlegen. An einem Tag im Herbst, nur ein paar Wochen nach der überraschenden »Integration« in diese Clique, boxte der Anführer mit seiner Faust gegen einen Stahlpfosten. Der Aufprall war laut. Eine Machtdemonstration. Der Pfeiler schien sich leicht bewegt zu haben. Also holte der Autor in der Absicht, sich anzupassen und zu beweisen, aus, machte drei große Schritte und schlug mit seiner Faust so massiv gegen den Stahlpfosten, dass dieser sich etwas bog. Das beendete das ein paar Wochen andauernde körperliche Kräftemessen mit diesem Jungen und machte ihn zum neuen Anführer der Gruppe. Einem Anführer mit gebrochener Hand. Um Freundschaft ging es nicht. Nur um Kontrolle. Um die Herstellung und Aufrechterhaltung einer persönlichen Schutz- und Distanzzone.

Sie trafen sich nach der Schule manchmal oder schwänzten gemeinsam die Schule, kifften, tranken Alkohol, aber er gesellte sich selten dazu. Er war in der Clique anerkannt, aber nicht wirklich Teil der sozialen Maschinerie.

Zuhause, das heißt mit seiner Familie, seinen Geschwistern, verbrachte er ebenso wenig Zeit. Seine Brüder hatten einander. Im Grunde ignorierte er sie. Und mit seiner Mutter hatte er nachts, wenn sie besoffen war, schon genug zu tun. Am liebsten begab er sich vormittags und nachmittags weder in die Schule noch in die Jungsclique, sondern in einen Hugendubel, um sich da seinen Interessen im Bereich Ratgeberliteratur, Forensik und Rechtsmedizin zu widmen.

Jeden Tag kämpfte er gegen starke Impulse, aus der Schule wegzurennen. Manchmal nahm seine sensorische Reizüberflutung so starke Ausmaße an, dass er Wutanfälle mit Sachbeschädigung nicht mehr unterdrücken konnte. Wenn er versuchte teilzunehmen, zu interagieren, war er zu laut oder zu leise, zu unsichtbar oder zu aufdringlich, kam ständig in eine Art »Notwehrexzess«, wurde rausgeschickt und bekam schlechte Noten, die sein Potenzial nicht reflektierten. Ein Teufelskreis. Die Umgebung in der Schule war für ihn so unerträglich, das Schulschwänzen so notorisch, dass er aufgrund von Fehlzeiten zweimal hintereinander nicht in die 10. Klasse versetzt und schließlich des Gymnasiums verwiesen wurde.

Die Lehrer hatten bis dahin wenig Interesse gezeigt, ihn zu verstehen. Obwohl er ziemlich verhaltensauffällig war, prallten Klärungsgespräche am Mitwirkungsdesinteresse der Mutter ab. Bis dahin hatte ihn noch kein einziger Mensch mal in eine ruhige Umgebung gesetzt und versucht, mit ihm zu sprechen. Ihn zu verstehen. Er fiel nicht auf, weil er unbeholfen und hilflos wirkte. Erregte keine Sympathien. Er wirkte selbstbewusst und unnahbar. Bisweilen unfreundlich. Unhöflich. Nichts hatte für ihn eine Bedeutung. Was er sagte, war nicht authentisch, drückte nicht seine Not aus; es waren eher kopierte, nachgeahmte Floskeln, die er so einsetzte, wie es ihm Beobachtungen oder soziale Ratgeberbücher empfahlen. Er wusste nicht, dass Gespräche etwas mit Gegenseitigkeit oder Interessenaustausch zu tun hatten. Er hielt sie für Theaterstücke. Wo man, zur richtigen Zeit, genau das sagen musste, was das Gegenüber erwartete. Er wäre sehr gern Teil seiner Umwelt gewesen, aber ihm schien es immer, als hätte man allen für das Bühnenstück das Skript zugesandt, bloß ihm nicht.

Der Umweg zum Abitur

Das nächste Schuljahr verbrachte er auf einer Haupt-Real-Schule. Mit klassenübergreifendem Unterricht. Die zwei Hauptlehrer waren bemüht, ihn in die Gemeinschaft zu integrieren. Es war vergebens. Niemand war in der Lage, so profunde Hausaufgabentexte zu schreiben wie er oder ansatzweise so schnell kopfzurechnen, gleichsam war niemand so erfolglos darin, seinesgleichen wahrzunehmen und mit anderen zu interagieren. Hier waren wieder Schüler, die andere mobbten, oft besonders grausam. Es ging abermals ums Überleben. Es gelang ihm, sich einer Kiffergruppe anzuschließen, die ihn in den Pausen vor möglichen Attacken anderer abschirmte. Die Kommunikation war merkwürdig unter diesen Schülern. Erst dachte er, das läge an deren Dummheit. Irgendwann begriff er, dass sie einfach ständig bekifft waren. Der Unterricht und die Kinder in dieser Schule waren so unstrukturiert, laut und chaotisch, dass seine Reizüberflutungsproblematik sich exponenziell verschlimmerte und sein Schulschwänzen sich chronifizierte.

Mit 15 war er bei der Mutter ausgezogen. Ein Jahr lebte er bei seinem Vater. Dann stellte sich bei einem Vaterschaftstest heraus, dass keine Verwandtschaft zum Vater bestand. Inzwischen wohnte er in einer 24 Stunden betreuten therapeutischen Wohngemeinschaft für entwicklungs- und verhaltensgestörte Jugendliche. Sein Autismus war nicht diagnostiziert worden als Kind, weil die Mutter mit sich selbst überfordert war. Er war jedoch im Rahmen der Platzierung in der betreuten WG vom Sozialpsychiatrischen Dienst als verhaltensgestört und nach § 35a KJHG als schwerbehindert eingestuft worden.

Weil die Betreuer in konsequenter Absprache mit der Schule kontrollierten, ob er in der Schule anwesend war, entwickelte der Autor Panikattacken, bildete eine massive Schulphobie aus. Statt zur Schule zu fahren, verirrte er sich in der Stadt und verbrachte die Schulzeiten in ruhigen Treppenhäusern. Er war nicht fähig zu verbalisieren, welche vielschichtigen Probleme er in der Schule erlebte. Er wurde in der Folge unbeschulbar.

Deshalb wurde zwischen Betreuern und Schulleitung eine Sonderregelung getroffen, die ihn für das restliche Schuljahr von der Anwesenheitspflicht befreite, so dass er nur zu den Klausuren antrat, an Nachmittagen, wo er alleine sein konnte. So erhielt er seinen Hauptschulabschluss und entschied sich gegen ein weiteres Jahr dort.

Anschließend besuchte er eine Abendschule unter Erwachsenen zum Erwerb des Realschulabschlusses. Hier verbesserte sich seine Reizüberflutungs- und Verhaltensproblematik insofern, dass er wieder konstruktiv und konzentriert am Unterricht teilnehmen konnte. Die Erwachsenen ließen ihn in Ruhe arbeiten. Sie waren vernünftig. Nicht verrückt. Die Fehlzeiten wurden weniger. Der Realabschluss hatte die Durchschnittsnote »sehr gut«.

Inzwischen war er volljährig. Er wohnte nun alleine in einer Wohnung. Um das Abitur nachzuholen, meldete er sich in einem Oberstufenzentrum an. Die Erfahrungen in der ruhigen Abendschule hatten ihn motiviert, es nochmal an einer Regelschule mit Gleichaltrigen zu probieren. Das erste Jahr hatte er nur durchschnittliche Noten wegen seiner vielen Abwesenheiten. Gemobbt wurde er nicht mehr, er war inzwischen körperlich kräftiger und im Auftreten selbstbewusster. Es war nicht mehr vorgespielt.

Er hatte ein ungenügendes Selbstverständnis von sich. Eine Lehrerin, die sich seiner in der Abiturphase via E-Mailwechsel annahm, teilte ihm mit, dass sie seine Wesenszüge in einem Zeitschriftenartikel über einen Menschen mit »Asperger-Autismus« wiedererkannt habe. Nach kurzer Recherche entschied er sich für eine Diagnostik. Der früheste Diagnostiktermin hatte eine Wartezeit von 10 Monaten.

Viele Lehrer der jetzigen Schule sahen ihm seinen Stress an und waren bereit, Rücksicht auf seine Probleme mit der Anwesenheit zu nehmen; zwangen ihn nicht mehr zu Gruppenarbeiten, die ihn offensichtlich überforderten. Einige erlaubten auch kurze Verschnaufpausen während des Unterrichts, wo ihm erlaubt wurde, das Klassenzimmer zu verlassen oder sich die Füße zu vertreten. Die Lehrer, die wenig oder kein Verständnis für seine Andersartigkeit hatten, gaben entsprechend schlechtere Noten. Aufgrund der sehr guten Leistungen – wenn er anwesend war – gelang ihm ein Abitur mit der Durchschnittsnote 1,3.

Die duale Ausbildung

Sein Ziel hatte er endlich erreicht. Mit 22 Jahren hatte er Abitur. Besser spät als nie. Eine Ausbildung kam aufgrund der Kommunikations- und der Flexibilitätsanforderungen in Betrieben nicht in Frage. Da er sich sehr für Berufsratgeber und diverse Intelligenztests interessierte, bewarb er sich bei einem sehr elitären Markenunternehmen, um an deren anspruchsvollen Computertests und Assessments teilnehmen zu können. Die Computertests machten ungeheuer Spaß. Im darauffolgenden Assessmentcenter verliefen die Gruppenarbeiten sehr strukturiert und er konnte unter dem Konkurrenzdruck bestimmte Ressourcen freisetzen, die ausreichten, um die Personaler von seinen hohen beruflichen Ambitionen und intellektuellen Qualitäten zu überzeugen. Zu seiner Überraschung wurde ihm die duale Ausbildung – Uni abwechselnd mit Betriebseinsätzen – angeboten. Er hatte damit nie gerechnet, sondern nur die interessanten Tests machen wollen, aber er nahm das Angebot an.

Im ersten Praxiseinsatz war der Autor massiv mit den Kommunikationsanforderungen des Betriebs überfordert. Es war eine höfliche Arbeitsatmosphäre, aber er konnte die hierarchischen Strukturen und das Sozialgefüge nicht überblicken. Auf Bewerbungsgespräche konnte man sich einstellen, aber alles darüber hinaus war ihm rätselhaft. Was sind Arbeitsbeziehungen für Beziehungen? Wie schließt man langfristige Arbeitsbeziehungen? Was darf man sagen? Er zog sich in ein Büro zurück und las Marketinghefte. Er übertrat versehentlich die Privatsphäre seiner Chefin. Er beleidigte versehentlich Vorgesetzte. An den Telefondiensten, die ihm zugeteilt wurden, scheiterte er und es hagelte Kritik.

In dem ersten, sehr komprimierten Uni-Einsatz von täglich 8 bis ca. 19 Uhr wurde der Autor nervlich schwer überfordert. Er zog sich zunehmend in sich selbst zurück, konnte nicht essen unter den vielen Menschen und hatte zu Hause keine Kräfte mehr. Nach wenigen Wochen war der Autor so stark unterernährt, dass er wegen Zusammenbrüchen von der Uni nach Hause geschickt wurde. Er war im Ausnahmezustand und konnte nicht mehr für sich selbst sorgen. Es ging wieder einmal ums Überleben. Seine ehemalige Lehrerin unterstützte ihn dabei einzusehen, dass er die Ausbildung nicht fortsetzen sollte, sondern Erholung braucht.

Das reguläre Präsenzstudium

Nach mehreren Monaten Krankschreibung nahm er ein gewöhnliches Mathematikstudium auf. Die Hoffnung war, dass hier weniger Gruppenarbeiten nötig wären und die Studenten anonymer und selbstständiger arbeiten können. Das Gegenteil war der Fall. Lerngruppen wurden wegen der Arbeitslast elementar. Übungsgruppen in Schulklassengröße waren mehrmals die Woche Teil des Studienplans. Hier war es laut und unberechenbar, wie in der Schule, ans Lernen war nicht zu denken. In der Uni-Mensa war es immer extrem laut und voll. Ihm boten sich auch hier wieder keine Möglichkeiten, in Ruhe zu essen. Die Küchen-Mitarbeiter machten sich darüber lustig, dass er immer nur die Kartoffelpuffer mit Apfelmus essen wollte und lieber nichts aß, wenn eine der beiden Zutaten an dem Tag anders zusammengesetzt war. Mit dem Frontalunterricht in Vorlesungssälen hatte er erstmals Probleme, als der Stoff anspruchsvoll war und er tatsächlich zuhören musste. Das war in der Schule kein Problem gewesen. Nun musste er wirklich lernen und verstehen, was der Professor sagte. Das war in den großen Vorlesungssälen für ihn besonders schwierig. Kleinste Geräusche lenkten ihn ab oder überlagerten die Stimme des Vortragenden. Redewendungen, Metaphern und fremde Akzente verwirrten ihn. Schreiben und gleichzeitig Zuhören konnte er sensorisch und motorisch im Zusammenspiel nicht organisieren. Saß er vorne, um besser hören zu können, wurde er von quatschenden Kommilitonen beengt, berührt. Setzte er sich weiter nach hinten in leere Ränge, um mehr Raum für sich zu haben, ohne Körperkontakte zu riskieren, so verstand er die Professoren nicht mehr.

Die Diagnose Asperger-Autismus erfolgte. Erstmals waren Nachteilsausgleiche möglich und der Autor fand Möglichkeiten, seine Probleme anderen gegenüber zu verbalisieren. Die Diagnose bot ihm sprachliche Begriffe für Phänomene, die er erlebte und vormals nicht verbalisieren konnte. Einige Professoren stellten daraufhin zwar die eigenen Vorlesungsnotizen zur Verfügung; das waren jedoch keine leserlichen Skripte, die dem Lernen zuträglich waren. Über die Probleme in den Übungsgruppen, die ihn nicht nur sensorisch, sondern zunehmend auch emotional überlasteten, wurde nicht gesprochen. Für den Vorlesungssaal wurden keine Lösungen angeboten. Der Behindertenbeauftragte empfand die Probleme als »zu umfangreich« und teilte mit, dass eine kleinere Uni für den Autor aus seiner Sicht angemessener wäre.

Der Autor zog sich in sich selbst zurück, saß die Vormittage in den Vorlesungen ab, versuchte die Übungsgruppen zu überstehen und dann täglich abends, zu Hause, sich dem eigentlichen Mathestudium zu widmen. Hartnäckigkeit kann auch eine Schwäche sein. Ein Jahr quälte er sich auf diese Weise durch den Alltag. Dann wurde er erneut sehr krank durch die Belastungen. Und musste das zweite Studium abbrechen.

Das Fernstudium

Unbeeindruckt von den gescheiterten Versuchen schrieb er sich im Folgejahr an der Fernuniversität Hagen ein. Er musste inhaltlich von vorne beginnen, zu wenig hatte er lernen können. Die Fernuniversität stellte professionelle, lesbare Skripte und Lehrmaterialen zur Verfügung und ermöglichte elektronische Kommunikation. Das Lernen von zu Hause funktionierte. Das Vollzeitstudium war trotzdem zu zeitintensiv und viele Alltagspflichten wie Arztbesuche wurden vernachlässigt, aber laut Bafög-Gesetz ist ein Teilzeitstudium nicht förderungsfähig. Auch nicht für Menschen mit Behinderung.

Er lebte sich ein und absolvierte seine ersten erfolgreichen Mathematikklausuren. Die Fernuniversität bot ihm angepasste Nachteilsausgleiche, wie das Schreiben der Klausuren in einem ruhigen Raum ohne Ablenkungen und Sitznachbarn. Das Regionalzentrum Berlin hob sich durch besondere Hilfsbereitschaft hervor. Das Bafög-Amt hatte in den beiden Semestern auf der Präsenzuni Leistungen zum Lebensunterhalt finanziert. Allerdings erkannte es seinen Neustart auf der Fernuniversität nicht als Neustart an, sondern zählte die Semester weiter, und er kam mit den geforderten Leistungsnachweisen in Verzug. Er erhielt zusätzlich Kindergeld, weil er in seiner Fähigkeit, sich finanziell selbst zu unterhalten, einem Gutachten zufolge erheblich eingeschränkt war. Wegen der vermutlich zeitdruck- und stressbedingten psychosomatischen Krankheiten – Bluthochdruck, Verdauungsstörungen, Schmerzattacken – begann er eine Behandlung mit einem Psychopharmakon, das bei ihm massive Nebenwirkungen auslöste: Acht Wochen lang war er wie gelähmt durch massive motorische Steuerungsprobleme und alle Ausprägungen seines Autismus waren verstärkt. Seine Sprachhemmungen waren nun so intensiv, dass er fast gar kein Wort mehr sprach. Zwei Tage nach Absetzen des Medikaments erhielt er die Nachricht, dass seine Mutter mit einer dekompensierten Leberzirrhose auf der Intensivstation läge.

Er übernahm die rechtliche Gesundheitssorge für sie, weil er sich in medizinischen Fragen aufgrund seines medizinischen Vorwissens besser als seine Geschwister auskannte, und besuchte sie täglich. Wenige Tage später war sie aufgrund der hepatischen Enzephalopathie komatös und sie verstarb schließlich an multiplem Organversagen. Der Autor hatte Schmerzen, die er bis dahin nicht gekannt hatte. Er machte Fotos von seiner toten Mutter.

Wenige Tage später strich ihm die Familienkasse das Kindergeld mit der Begründung, die Anspruchsberechtigte sei verstorben. Von dem Bafög alleine konnte er nicht leben. Er war aufgrund seines Autismus nicht fähig, neben dem Studium auch einem Nebenerwerb nachzugehen. Stipendien für Behinderte richteten sich hauptsächlich an körperlich Behinderte. Für nichtbehinderte Bewerber waren außergewöhnliche Studienleistungen und ehrenamtliches soziales Engagement nachzuweisen.

Eine Rechtsanwältin, die er aufsuchte, teilte mit, dass er nach SGB II Anspruch auf einen Zuschuss zu den ungedeckten Kosten der Unterkunft habe. Das war falsch. Zufällig kannte er sich auch juristisch gut aus und in einer längeren E-Mail-Korrespondenz brachte er die Rechtsanwältin schließlich zur Einsicht, dass sie die einschlägigen Paragraphen falsch interpretiert und er keinen Anspruch nach besagter Norm hatte. Sie entschuldigte sich. Unter dem finanziellen Druck, seinen Lebensunterhalt nicht mehr voll decken zu können, war er alternativlos. Während er seine Mutter begrub, wurde klar: Er konnte sein Studium so nicht fortsetzen. Der Fall, dass ein schwerbehinderter Student mit dem Bafög alleine (ca. 600,– €) finanziell nicht auskommt, ist gesetzlich nicht abgedeckt. Man geht in dem Fall der Unfähigkeit, einen Nebenerwerb (durch »Jobben«) zu erzielen, offenbar davon aus, dass die Familie ihr Kind finanziell unterstützt. Er stellte sein Studium bei der Rückmeldung von Vollzeit auf Teilzeit um, das Bafög-Amt beendete seine Leistung, er musste Hartz IV beantragen.

Unsichere Zukunft

Als Hartz IV-Empfänger muss man dem Arbeitsmarkt »voll zur Verfügung stehen«. Ein Teilzeitstudium ist dadurch rechtlich nicht ausgeschlossen, muss aber in der verbliebenen Freizeit absolviert werden. Momentan ist der Autor von der Bewerbungspflicht freigestellt. Er wurde wegen seiner Schwerbehinderung dem Reha-Bereich im Jobcenter zugeordnet.

Es bleibt zu hoffen, dass der zuständige Sachbearbeiter das Studium ideell unterstützt und eine Eingliederungsvereinbarung derart vorschreibt, dass der Autor sich weiter seinem Studium widmen darf. In Teilzeit. So wie es ihm mit seiner Schwerbehinderung realistisch möglich ist. So dass er zukünftig auf dem Arbeitsmarkt eine Chance hat, seinen Qualifikationen, Fähigkeiten und Bedürfnissen entsprechend einen Teilzeitjob zu finden, der ihm eine langfristige, finanzielle Unabhängigkeit von Steuergeldern ermöglicht. Mehr wünscht er sich nicht. Er will leben. Nicht *überleben*.

Jimmy: Interview

Wenn Du Dich in ein neues Arbeits-/Wissensfeld einarbeiten musst, wie lernst Du die Inhalte am liebsten? (Zum Beispiel: selbstständig oder im strukturierten Unterricht?) Warum kommt Dir gerade das entgegen?
Ich lerne alles autodidaktisch. Dazu benötigte ich nur entsprechende Fachliteratur. Wenn mir Abläufe verbal erklärt werden, ist das für mich nur sehr schwer zu verstehen. Helfen können Ablaufpläne, die visualisiert werden. Schriftliche Kommunikation.

Wo siehst Du Dich beruflich in 5 Jahren?
Ich stelle mir vor, dass ich einen Bachelor-Abschluss in Teilzeit erworben habe und Aussicht auf einen existenzsichernden Teilzeitarbeitsplatz als Mathematiker oder Informatiker habe. Wenn ich es gesundheitlich schaffe, würde ich gerne nebenher weiterstudieren. Ich möchte für immer weiter lernen. Neuropsychologie, Jura, Mathematik, egal, alles hat seine ganz eigene Faszination. Nur Medizin würde ich nicht studieren, weil ich Menschen (auch tote) nicht anfassen mag.

Viele Aspies haben eine Schwäche beim Wiedererkennen von Gesichtern und damit von Menschen. Du auch? Was ist ein guter Umgang mit dieser Schwäche?
Nein, diese Schwäche habe ich nicht. Ich habe nur Schwierigkeiten, Gesichter zuzuordnen, wenn mir Menschen in unvermuteten Situationen – außerhalb des gewöhnlichen Kontextes – begegnen. Dann passiert es oft, dass ich sie übersehe. Was aber wohl auch daran liegt, dass ich Menschen generell nicht viel anschaue. Wenn ich jemanden auf diese Weise beleidigt

hätte, würde ich diese Schwäche offen ansprechen, um Konflikte zu vermeiden.

Viele Aspies haben eine Schwäche beim Erkennen von Intentionen und Gefühlen von KollegInnen. Du auch? Was ist ein guter Umgang mit dieser Schwäche?
Nachfragen, was gemeint ist. Nachfragen, ob sie sich so fühlen, wie man gerade vermutet. Ruhig auch den Mut haben, eine falsche Deutung auszusprechen, um eine Korrektur und Klärung zu provozieren.

Immer Klarheit herstellen und regelmäßig darauf hinweisen, dass man dafür kein so gutes Gefühl hat.

Hast Du auch das Gefühl, eine Art soziales Theater zu spielen, bei dem Du neurotypisches Verhalten kopierst? Welche Erfahrungen hast Du damit gemacht?
Früher habe ich das sehr viel gemacht. Heute mache ich das nicht mehr, weil ich verstanden habe, dass mich das langfristig überlastet und Mitmenschen solche Verhaltensweisen von mir oft als völlig gekünstelt durchschauen.

Wie meinst Du wirkst Du auf andere Menschen? Eher empathisch oder unempathisch? Eher logisch denkend oder intuitiv handelnd? Woran machst Du das fest?
Ich bin nicht sicher, wie ich auf andere wirke. Das muss man andere fragen. Ich kann nur aufzählen, was mir in der Vergangenheit schon gespiegelt wurde, also z. B.,

- dass ich an Orten außerhalb meiner Wohnung vorwiegend gestresst bis genervt wirke (was meist auch zutreffend ist, weil ich sehr schnell reizüberflutet bin),
- dass ich, je nachdem ob ich mich wohl fühle oder nicht, entweder sehr viel oder fast gar nicht spreche,
- dass ich zu oft vermute, dass menschliches Verhalten oder Fühlen logischen Regeln folgt,
- dass ich unter Stress sehr viel herumhampele,
- dass ich mit meiner »Ausstrahlung« sehr deutlich kommuniziere, dass ich nicht gerne berührt werde,
- und dass ich – wenn ich mich in einer wohligen, reizarmen Umgebung mit einer vertrauten Person befinde – angeblich ganz anders, nämlich gelöst, entspannt, offen, emotional reflektiert und sehr mitfühlend wirke.

Deshalb habe ich vermutlich auch kaum Freunde. Die wenigsten erleben mich in einem entspannten Zustand. Aber die wenigen Freundschaften, die ich habe, sind intensiv (im Sinne offener, direkter Kommunikation und Zuneigung) und herzlich.

An wen hast Du Dich mit Deinen psychischen Problemen wie Depression und/oder Ängsten gewandt? An wen wendest Du Dich aktuell?
An mich selbst. Aber ich glaube, Du willst auf etwas anderes hinaus: Ich mache seit vielen Jahren Psychotherapie und sehe regelmäßig einen Psychiater und einen Neurologen. Bei Ersterem bespreche ich alltägliche zwischenmenschliche Konflikte und erhalte Rat, wie ich mich verhalten kann oder darf, wie ich mich schützen kann, eigene Bedürfnisse erkenne etc. Bei letzteren beiden werde ich bzgl. verschiedener Komorbiditäten betreut.

Hast Du an psychologischen, sozialen oder berufsfördernden Angeboten speziell für Aspies teilgenommen? Welche Erfahrungen hast Du gemacht?
Nein, habe ich bisher nicht. Ich bin nicht »gruppenfähig« und habe nach wie vor die Tendenz, aggressiv zu reagieren, wenn ich mich bedrängt fühle und reizüberflutet bin. Ich bin nicht für Gruppenangebote geschaffen, auch wenn ich angepasste Angebote für Aspies allgemein sehr befürworte.

Leidest Du an Reizüberflutung? Wie äußert sich das? Was ist Deine Strategie, um mit Situationen der Reizüberflutung umzugehen?
Ja, die Reiz- und Wahrnehmungsverarbeitung ist bei mir sehr beeinträchtigt. Ich muss mich viel zurückziehen; Menschenmengen, große Gruppen, öffentliche Veranstaltungen, laute Orte, lange Ausflüge sind nicht möglich; ÖPNV-Nutzung muss ich auf ein Minimum reduzieren. Ich trage außerhalb meiner Wohnung (auch in Gebäuden) durchgängig Ohrstöpsel, draußen an der Luft eine Sonnenbrille, auch im Winter. Nach Möglichkeit locker sitzende, weiche Kleidung. Ich gebe fast nie die Hand, nutze hilfsweise Ausreden. Mein Rat: Pausen machen, stille Rückzugsräume schaffen, offen mit den eigenen Bedürfnissen umgehen und notfalls Migräne vortäuschen.

Was würdest Du Dir an Unterstützung (privat wie institutionell) wünschen, um mit den Schwierigkeiten im Berufsleben besser umgehen zu können oder diese zu lösen?
Arbeitgeber müssen lernen – und das scheint ja momentan auch Thema zu sein –, individuelle Charakter und besondere Bedürfnisse ihrer Mitar-

beiter zu respektieren und entsprechende Unterstützungsleistungen dort anzubieten, wo nötig, z. B. in Form von Job-Coaches, Rückzugsräumen, reizärmeren Arbeitsplätzen, Teilzeitstellen, Möglichkeit der schriftlichen Kommunikation, flexibleren Arbeitszeiten. Dann können autistische (oder auch anders behinderte) Mitarbeiter ihre besonderen Stärken oder Talente und ihre nicht selten hohe Leistungsbereitschaft besser zum Wohle der Firma einsetzen und ausbauen. Momentan liegt da leider noch sehr viel Potenzial brach.

Integrationsfachdienste und andere institutionelle Strukturen müssen für die Stärken und Schwächen autistischer Bürger sensibilisiert sein und sollten potenzielle Arbeitgeber finanziell und beraterisch sowie bei notwendigen Beantragungen durchgängig unterstützen. Behinderte einzustellen muss für Arbeitgeber wirtschaftlich sein, auch in Bezug auf die notwendigen Investitionen zur Herstellung benötigter Arbeitsbedingungen.

Außerdem sollten Integrationsfachdienste schon für Behinderte tätig werden, wenn sie noch keine Beschäftigung haben und nicht erst, wenn sie bereits angestellt sind. Mir wurde jedenfalls einmal von einer Sachbearbeiterin des Integrationsfachdienstes mit dieser Begründung eine Beratung versagt. Ob das korrekt ist oder sie mich nicht mochte, kann ich nicht sagen.

Emma

»Sie sind im Autismus Spektrum, Bereich Asperger«.
Da war nun meine Antwort auf so viele Fragen, Erlebnisse und mein Leben.
Ist die Antwort so einfach? Ja.
»Und was machen wir mit dieser Diagnose?«.
Ich war sprachlos und dabei hatte ich so viele Bilder in meinem Kopf.
Zurück zum Anfang.

Frühe Kindheit, Kindergarten

Meine ersten fünf Jahre waren relativ unauffällig. Ich wuchs auf einem Bauernhof auf und war viel mit Erwachsenen zusammen. Kinder gab es keine. Als ich drei Jahre alt war, kam meine Schwester zur Welt. Mit fünf kam ich dann in den Kindergarten. Dort lief auch alles soweit gut. Es war eine kleine übersichtliche Gruppe. Wir waren viel im Freien und es war nie wirklich laut. Auffällig war, dass ich sehr ruhig und zurückgezogen war. Dies wurde damit erklärt, dass ich auf dem Land aufwachse und wenig Kontakt zu anderen Kindern habe. Ich ging sehr gerne in den Kindergarten und auf die anderen Kinder freute ich mich. Mühe bereitete mir das Basteln und Malen. Auch in der Motorik war ich ungeschickt. Gesellschaftsspiele gefielen mir sehr, aber ich war ein schrecklicher Verlierer. Einmal warf ich das ganze Mühlebrett vom Tisch.

Schule

Nach einem Jahr Kindergarten kam die Grundschule. Irgendwie war ich anders, aber die Lieblingserklärung war immer, dass ich halt auf einem Bauernhof aufwuchs. Es passierten mir viele seltsame Geschichten, weil ich nicht wirklich aufpasste, abgelenkt war oder einfach nicht alles verstand. Ich war sehr ehrlich und direkt. Viele Witze verstand ich nicht. Meistens lernte ich sie auswendig, damit ich wusste, wann zu lachen ist. Ich wiederholte sehr gerne einfache Handlungen, Sätze oder Wörter. Gleichzeitig verstand ich nicht, weshalb dies andere stört. Besonders schwierig waren das Turnen im Sportunterricht und die Pausen. Im Turnen zeigte sich meine Ungeschicklichkeit. Zum Beispiel hatte ich Mühe, die Bälle zu fangen, konnte Distanzen zu wenig abschätzen, was häufig zu unabsichtlichen Zusammenstößen führte – mit Geräten, aber auch bei Spielen mit anderen Mitspielern.

Oft war es auch laut. Beim Umziehen fühlte ich mich überhaupt nicht wohl. Duschen mit den anderen wollte ich gar nicht, ich ertrug nicht, dass mich die anderen Mädchen anschauten. In den Pausen war es oft laut und ich wusste nie so recht, was ich in der Zeit machen sollte. Es war ein steter Stress, jemanden zu finden, der mit mir spielt. Hätte ich damals gewusst, dass es auch in Ordnung ist, wenn ich alleine die Pause verbringe, wäre es mir viel bessergegangen.

Meine Noten waren gut, aber meine Mitarbeit im Unterricht sehr schlecht und ein ständiger Kritikpunkt an mir. Ich wollte aber nicht mitmachen, weil mich dann alle anschauen. Und was wäre, wenn es doch falsch wäre, was ich sage? Zu jeder vom Lehrer gestellten Frage hatte ich so viele Sorgen und machte mir Gedanken, ich könnte etwas Falsches sagen, dass ich lieber nichts sagte.

Als es zum nächsten Schulwechsel kam, empfahlen die Lehrer meinen Eltern, mich auf eine Hauptschule zu schicken. Es war nicht wegen der Noten, sondern wegen der Bedenken, dass ich untergehe, nicht mitkommen werde im Unterrichtsverlauf, weil die mündliche Mitarbeit so sehr mangelhaft war und nicht zu den restlichen Leistungen passte. Die weiterführenden Schulen wären zudem in einer größeren Stadt gewesen und es traute mir niemand zu, jeden Tag diesen Weg allein zu fahren. Hätte es damals Sozialpädagogen gegeben, dann hätte die Empfehlung »Hauptschule« wahrscheinlich anders gelautet.

In der Hauptschule hatte ich sehr gute Noten und konnte somit am Zusatzunterricht, für einen möglichen Wechsel an eine weiterführende Schule (Realschule, Gymnasium) teilnehmen. Immer deutlicher wurde zugleich der Unterschied zu den anderen Mädchen: Ich lebte irgendwie in einer anderen Welt.

Nach der neunten Klasse kam der nächste Wechsel. Auch an der neuen Schule war ich nicht wirklich integriert. Es war nur ein Jahr, welches einem Realschulabschluss dann entsprach. Ich war nicht ausgeschlossen, wurde auch nicht gemobbt; ich war da und doch auch nicht, zumindest nicht wahrgenommen. Langsam ging es um die Berufswahl und ich hatte keine Ahnung, welcher Beruf mir gefällt. Mathematik gefiel mir, aber wollte ich zu einer Bank oder in ein Büro? Ich wusste es nicht. Sehr gerne wäre ich aufs Gymnasium gegangen, aber meine Eltern meinten, ich solle arbeiten und Geld verdienen. Lernen gefiel mir gut, aber ich wusste auch nicht so recht, was nach dem Gymnasium dann hätte kommen können. Mit einem konkreten Ziel wäre es sicher möglicher gewesen, meine Eltern von dem Gymnasiumswunsch zu überzeugen.

Meine Mutter arbeitete als Krankenschwester und mein Vater war als Patient immer wieder im Spital, mit verschiedenen Unfällen oder Verletzungen. Also stellte ich mich in dem Spital vor, in dem meine Mutter schon arbeitete. Eine für mich sehr logische Entscheidung. Ich kannte das Spital und die Arbeitstätigkeiten dort waren mir von meiner Mutter bekannt.

Praktikum, Ausbildung

Nach dem Realschulabschluss bekam ich einen Praktikumsplatz, mein Praktikumszeugnis war sehr gut, so folgte anschließend die Ausbildung zur Krankenschwester. Auch im Spital war ich auffällig, aber nicht so, dass es das Praktikum beeinflusst hätte. Auch dort sagten alle, ich sei halt noch jung und auf dem Land aufgewachsen. Auffällig war, dass ich sehr ruhig, zurückhaltend war und anfangs sehr wenig redete. Es störte niemanden. Ich beobachtete viel und lernte den Umgang mit den vielen Patienten. Die Patientengespräche fielen mir einfach. Im Praktikum wurde noch nicht viel darüber hinaus erwartet. Ein freundlicher, wertschätzender Umgang war wichtig und den hatte ich.

Nach mehreren Monaten Praktikum startete also die Ausbildung. Anfangs war ich eine super Schülerin und hatte die besten Noten, insbesondere, wenn mich ein Thema interessierte. In der zweiten Ausbildungshälfte fiel mir das Lernen dann schwer. Ich war häufig abgelenkt und brauchte einfach mehr Zeit zum Lernen als andere. Mir Visuelles einzuprägen fiel mir einfacher als Beschreibungen, aber ich brauchte auch dafür viele Wiederholungen. Zusätzlich war ich oft krank.

Insgesamt war es dennoch eine gute Zeit, da ich auch Freundinnen fand. Zu diesen habe ich noch heute Kontakt. Nach drei Jahren war meine Ausbildung beendet und wieder stellte sich die gleiche Frage einer Entscheidung, diesmal: Welche Fachrichtung möchte ich wählen. Es hat mir nicht wirklich etwas von den Fächermöglichkeiten gefallen, aber da meine Mutter schon auf der Chirurgie arbeitete, wählte ich das und fand es wiederum so logisch.

3 Jahre Visceralchirurgie, 100 % Pflegefachfrau

Auf der Visceral(= Bauch)-Chirurgie arbeitete ich drei Jahre. Es war eine sehr arbeitsintensive Zeit, bei der kaum Zeit für zwischenmenschliche Patientengespräche blieb. Dort mussten alle Mitarbeiter einfach funktionieren. Entgegen kam mir dabei, dass es klare Abläufe, Strukturen und Standards gab.

Durch sehr viel Schlaf kompensierte ich diese sehr arbeitsintensive, sicher objektiv anstrengende Zeit. So lange das Team konstant war und ich mich wohl fühlte, war jedoch auch der intensive Arbeitsalltag gut zu bewältigen. Irgendwann löste sich unser Team aber langsam auf und viele wechselten den Arbeitsplatz. Von diesem Zeitpunkt an veränderte sich das Arbeitsklima und ich merkte, dass auch für mich das Fachgebiet langfristig nicht passt.

5 Jahre Universitätsspital Zürich, Rheumatologie, 100 % Pflegefachfrau, Berufsbildnerin

Mit der Zeit keimte die Idee, in der Schweiz zu arbeiten. Ich schaute mir viele interessante Stellen an, aber irgendwie konnte ich mich nicht entscheiden und zögerte immer wieder, fand kein Team, in dem ich mich wohl fühlen würde. Als ich von einem Vorstellungsgespräch kam und durch Zürich fuhr, verliebte ich mich in diese Stadt. Am meisten gefiel mir der See. Er erinnerte mich an den Bodensee, an mein Zuhause. Zufällig sah ich auch das Schild »Universitätsspital Zürich«. Dorthin ging ich spontan zur Personalabteilung und fragte, ob sie eine freie Stelle hätte. Eine Woche später kam ich wieder dorthin zurück, diesmal zum Probearbeiten in der Rheumatologie. Ich hatte keine Ahnung von dem Fachbereich. Zwei Tage war ich dort und es gefiel mir dennoch sehr. Meine Entscheidung, dort anzufangen, wurde durch die Pflegedienstleistung und das Team beeinflusst. Sie waren mir sympathisch und ich konnte mir vorstellen, dort zu arbeiten. Wieder spielten diese herzlichen Mitarbeiter eine große Rolle. Unbewusst achtete ich darauf, wo ich menschlich dazu passe, weniger auf das Tätigkeitsfeld. Vier Monate später begann ich auf der Rheumatologie.

Lange Zeit verlief die Arbeit dort harmonisch. Eine sehr gute Einarbeitung, klare Regeln und Vorgaben erleichterten mir den Einstieg. Im Team arbeiteten wir gut zusammen und trafen uns auch privat. Auch das Fachgebiet war sehr spannend. In dieser Zeit lernte ich sehr viel und sah seltene Krankheitsbilder. Viele der Patienten kamen regelmäßig oder blieben längere Zeit. Die Gespräche mit ihnen waren einfach, da es klare Strukturen gab für Eintrittsgespräche usw. Oft ging es um Beratung und medizinische Fachthemen. Selten war es Small Talk, der mir nicht liegt. Als ich mir im Fachgebiet sicher war, informierte ich mich über Weiterbildungen. Lernen war schon immer wichtig für mich. Mit Unterstützung meiner Vorgesetzten begann ich die höhere Pflegefachschule Stufe 1. Welche ich nach einigen Monaten abbrach. Weshalb es dazu kommen musste, war mir damals nicht klar. Erst heute habe ich die Erklärung über den Autismus. Ich nahm vieles zu wörtlich. Die Leiterin sagte beispielsweise, dass wir etwas Besseres seien. Sie meinte damit unsere Qualifikation, aber ich nahm es wörtlich. Ich protestierte: Niemand ist besser als der andere, alle Menschen sind gleich viel wert.

Mein Vorgesetzten waren entsetzt und verstanden mich überhaupt nicht mehr. Mit der Leiterin der Weiterbildung musste ich mich vier Stunden zusammensetzen und über Pro und Kontra des Weiterbildungsabbruches unterhalten. Ich brach die Weiterbildung ab und mein Arbeitsverhältnis veränderte sich vor allem im Bereich der zwischenmenschlichen Beziehungen zu meinen direkten Vorgesetzten. Etwas Entspannung brachte ein Sprachaufenthalt in New York. Zusammen vier Wochen New York und Washington brachten mir den nötigen Abstand. Als ich erholt zurück ins Spital kam, war die Situation wieder entspannter und langsam fanden wir zu unserer alten Teamsituation zurück.

Eine sehr schwierige Veränderung für mich war, dass ich aus dem Personalwohnheim ausziehen musste. Wir durften nur eine begrenzte Zeit bleiben, also begab ich mich auf Wohnungssuche. Es war schrecklich. In Zürich fand ich keine finanzierbare Wohnung, also entschied ich mich für einen Wohnort außerhalb. Nach einiger Zeit fand ich eine schöne Wohnung, aber wirklich glücklich war ich dort nicht. Mir fehlte Zürich.

Nachdem einige Zeit vergangen war, wurde mir der Ausbildungsbereich für diverse Pflegeschüler angeboten. Ich durfte eine tolle Weiterbildung für den Bereich »Ausbildung« absolvieren und war von nun an für die Pflegeschüler zuständig. Meine zweite große berufliche Leidenschaft: Ausbilden, Wissen vermitteln und weitergeben. In dieser Zeit lernte ich meinen Mann kennen, welcher in Basel lebte und arbeitete. Bald darauf zogen wir in eine gemeinsame Wohnung. Wir entschieden uns für Basel. Ich liebe Basel und an meinem Wohnort war ich immer noch sehr unglücklich. Anfangs pendelte ich noch nach Zürich, aber irgendwann war ich müde und zu erschöpft dafür. Auch das Arbeitspensum nahm stark zu und das Team veränderte sich. In dieser Zeit war mir mein Ehemann eine besondere Unterstützung, da ich sehr erschöpft war. Vielleicht hätte mir eine Pause gereicht, aber ich entschied mich, in Basel etwas Neues als Arbeitsstelle zu suchen.

Kurzer Einblick in ein Altersheim, 3 Monate

Es wurde dieses Mal eine Anstellung in einem Altersheim. Eigentlich wollte ich dort auf die Demenzabteilung, aber da ich keine Erfahrung mit Dementen hatte, baten sie mich in den »normalen« Bereich. Es war ein schönes Altersheim, aber ich hatte Mühe mit den Abläufen im Team und mit dem Small Talk. Es war eine tolle Erfahrung, aber zu diesem Zeitpunkt noch nicht das Richtige. Die einzelnen Mitarbeiter waren sympathisch, aber es passte für mich irgendwie vom Gefühl her nicht.

Geriatrie-Spital, Akut-Geriatrie, 100 % Pflegefachfrau, Berufsbildnerin

Nach drei Monaten wechselte ich daher wieder in ein Spital, diesmal auf die Akut-Geriatrie. Vom Fachgebiet, vom Thema her, genau das Richtige für mich. Anfangs fiel es mir schwer, in einem so großen Team zu arbeiten. Mit der Zeit lernte ich aber alle besser kennen und fühlte mich wohler. Ich hatte richtig Spaß daran, mit alten Menschen zu arbeiten, und ich spürte deutlich, dass es mir lag, demente Menschen zu betreuen. Irgendwie spürte ich sie anders. Es basiert viel auf nonverbaler Kommunikation, welche mir sehr liegt. Mein bildliches Denken ist in diesem Bereich von großem Vorteil. Nach einiger Zeit interessierte ich mich für eine Stelle als Ausbildungsleiterin, dafür hätte ich aber diverse Weiterbildungen besuchen müssen. Damit wäre eine Schwangerschaft für lange Zeit nicht möglich gewesen. Ich entschied mich zuerst für ein Kind. In der Akut-Geriatrie arbeitete ich bis zur Schwangerschaft. Schon in den ersten Wochen der Schwangerschaft gab es Komplikationen und es wurde insgesamt eine schwierige Schwangerschaft. Meine empfindlichen Geruchsempfindungen wurden noch stärker, teilweise sogar unerträglich intensiv. Was auch zur Ablehnung von vielen Nahrungsmitteln führte und zu starkem Gewichtsverlust. Wegen diverser Komplikationen wurde ich schon früh arbeitsunfähig.

Mein schwierigster Beruf – Mami

Mit der Schwangerschaft kam mein schwierigster Beruf. Eigentlich wollte ich nach spätestens zwei Jahren wieder arbeiten. Als allerdings dieses kleine Wesen da war, da konnte ich mich nicht von ihm trennen.

Ich hatte immer Panik, dass ihn mir jemand wegnimmt. Mittlerweile ist mein Sohn sechs und in diesen sechs Jahren wurde ich so viel kritisiert wie nie zuvor und es war keine konstruktive Kritik. Sie bezog sich auf das auffällige, oft wütende Verhalten meines Sohnes, das mir als dessen Auslöserin angelastet wurde. Mein Sohn ist mir sehr ähnlich und erhielt mit fünf Jahren die Diagnose »Autismus-Spektrum-Störung«. Ich erkannte oft die Ähnlichkeit zwischen ihm und mir, als ich selbst Kind war.

Bis zu meiner eigenen Diagnosestellung kam ich häufig an meine Grenzen. Ich wollte wie andere Mütter sein, aber war auch hier fremd. Lebte wie in einer anderen Welt. Anfangs war ich mit meinem Sohn in einer Mutter-Kind-Gruppe und wir passten beide nicht dazu, aber ich konnte da noch nicht verstehen, weshalb dem so ist. Warum war ich nach dem Mutter-Kind-Schwimmen so gestresst und extrem erschöpft?

Hinzu kam ein Wohnortwechsel. Ich freute mich sehr und doch bereitete mir das viele Neue extrem Mühe. Die neue Umgebung, das Einkaufen, Spazieren, sogar einfache Dinge wie in den Park gehen. Erst nach über einem Jahr fühlte ich mich hier wirklich wohl und auch zu Hause. Mittlerweile – heute – kann ich mir nicht vorstellen, an einem anderen Ort zu leben.

Am neuen Wohnort kam das Mutter-Kind-Turnen dazu. Das konnte ich leider gar nicht aushalten. Nach drei Terminen hörte ich auf damit. Die große Halle, der Lärm, von beidem war ich so abgelenkt, dass ich oft nicht wusste, was wir beim Turnen machen sollten. Hinzu kam, dass alle anderen Kinder Spaß hatten und es für sie kein Problem war, im Kreis zu sein, einen Parcours oder einzelne Übungen zu absolvieren. Mein Sohn hatte Freude auf seine eigene Art und Weise und nicht an den gängigen Spielsachen. Keine der Mütter konnte verstehen, weshalb ich so sehr gestresst war. Diese sozialen Aktivitäten waren für mich viel schwieriger als Arbeitengehen. Irgendwie gab es keine Regeln, bzw. ich kannte sie in diesem Müttergruppenkontext nicht. Auch die anderen Aktivitäten wie auf einen vollen Spielplatz zu gehen oder ins Hallenbad führten zu einer enormen Reizüberflutung. Die vielen Geräusche, Stimmen, der Lautstärkepegel waren quälend und nach solchen Aktivitäten war ich ganz unruhig, nervös und konnte dies dennoch nie einem konkreten Grund zuordnen. Solange ich ohne Kind war, hatte ich solche Situationen unbewusst gemieden. Im ersten Kindergartenjahr kam ich regelmäßig an meine Grenzen. Die vielen mitzumachenden Aktivitäten (Fasnacht, Sommerfest, Waldmorgen ...) und der Umgang mit den anderen Eltern, immer gab es irgendetwas Neues, Stressiges. Kaum hatten wir uns beide an die Kindergartenstrukturen gewöhnt, steht der nächste Wechsel an, die Schule!

Sommer 2014: So begann mein neues Leben

Nachdem mein Sohn die Diagnose »Autismus-Spektrum-Störung« erhalten hatte und wir uns sehr ähnlich sind im Wesen, kam ich auf die Idee, dies auch zu meiner Person testen zu lassen.

»Sie sind im Autismus-Spektrum, Bereich Asperger«.

Da war nun meine Antwort auf so viele Fragen, Erlebnisse und mein bisheriges Leben.

»Und was machen wir mit dieser Diagnose?«. Ich war sprachlos und dabei hatte ich so viele Bilder in meinem Kopf. Ich freute mich, weil es so vieles gibt, bei dem mir die Diagnose hilft.

Wiedereinstieg

Nach der Diagnose kam meine Entscheidung, auch wieder zu arbeiten. Ich liebe meinen Sohn und verbringe weiterhin viel Zeit mit ihm, aber ich bin nicht gerne Hausfrau. Er braucht ein Vorbild, damit er sieht, auch mit dieser Diagnose ist arbeiten möglich. Meine Arbeit hat mir immer Spaß gemacht. Sicher es war auch anstrengend, aber ich hatte eine Bestätigung, gute Zeugnisse und einen Lohn. Und das wichtigste ist, dass ich durch die Arbeit mehr Struktur bekomme. Bei meiner alten Stelle fragte ich nach, aber meine Rahmenbedingungen war schwierig, denn ich brauchte nun regelmäßige Arbeitstage. Kinderbetreuung und Schichtdienst sind leider nicht zu kombinieren, daher konnten sie mich nicht einstellen.

Altersheim, Demenzabteilung, 40 % Pflegefachfrau

Ich bewarb mich in einem Altersheim. Sollte ich beim Bewerbungsgespräch von meiner Diagnose erzählen oder nicht? Ich tat es nicht, aber hätten sie mich gefragt, dann hätte ich ehrlich geantwortet. Diese Mal durfte ich auf die Demenzabteilung und ich habe das Richtige für mich gefunden. Die Pflegedienstleistung hat mich sehr herzlich empfangen und auch meine Rahmenbedingungen waren für sie gut. Nach zwei Tage Probearbeiten war ich mir sicher, dass ich es hier versuchen möchte. Davor hatte ich viele schlaflose Nächte. Ich war so nervös. Nach so langer Zeit war mein Selbstwertgefühl als leistungsfähige Berufstätige nicht besonders stark. Ich war auch von der Diagnose verunsichert. Doch es ist ein ganz tolles Team und nach kurzer Zeit war ich wieder im Rhythmus. Erst jetzt merkte ich, wie sehr mir das Arbeiten fehlte. Diese Struktur, der Kontakt und die andere Art von Austausch.

Fazit

Meine größte Hilfe waren die vielen verständnisvollen Menschen, welche mich akzeptieren, so wie ich bin. Sozusagen eine unbewusste Inklusion. Auch geholfen haben mir immer wieder kürzere Arbeitspausen, Ferien und wieder Energie tanken. Durch das viele Beobachten von anderen Menschen lerne ich mich entsprechend zu verhalten. Dabei analysiere ich alle Situationen und entdecke vieles, das ich übernehmen kann.

Pflegefachfrau und Autistin, wie passt das denn? Viele würden sagen »Nein!«. Ich bin darum nicht traurig, dass ich erst seit einem Jahr von meiner Diagnose weiß. Denn beides passt zusammen und ich liebe meinen Beruf. Mittlerweile wissen meine Vorgesetzten von meiner Autismus-Spektrum-Diagnose und sie sehen keine Schwierigkeiten. Drei sehr liebe

Mitarbeiterinnen fragte ich, ob sie mir schreiben, wie sie mich beim Arbeiten erleben. Ich wusste nicht genau, ob ich es wirklich lesen will. Doch gleichzeitig dachte ich, dass es ein gesamthaftes Bild abgibt. Sie schrieben gerne für mich und dieses Buchprojekt. Dieses Projekt finde ich extrem wichtig, weil es den Kindern mit einer Autismus-Spektrum-Störung zeigt, dass es Autisten gibt, die erfolgreich arbeiten, und das in einem Beruf, welchen niemand erwartet.

Von Heidy, für Emma

Da ich Deinen Schnuppertag verpasst habe, war ich schon gespannt und neugierig, wer zu uns ins Team kommt. Du hast mich angenehm überrascht mit Deinem Wesen, aus Deiner anfänglichen Zurückhaltung wurde Herzlichkeit, Anteilnahme und ich habe das Gefühl, dass Du Deinen Platz bei uns und unseren Bewohnern gefunden hast. Auch habe ich Dich von Anfang an verstanden. Ich schaue, höre und beobachte Menschen in Situationen und bilde mir meine Meinung erst dann. Auch hat es mich wirklich sehr berührt, dass Du mir »Deine Krankheit« anvertraut hast. (Für mich keine Krankheit, weil Du als Mensch für mich zentral und wichtig bist.)

Für unser Team und auch für mich bist Du ein richtiger Glücksgriff und ich bin nicht die Einzige, die das so spürt und sieht.

Nachtrag: Ich wäre selbst nicht darauf gekommen, dass Du Autistin bist. Ich nehme die Menschen, so wie sie sind, und reflektiere das Positive.

Von Melanie, für Emma

Also, es macht sehr viel Spaß, mit Dir zu arbeiten, da Du eine sehr ruhige und einfühlsame Art hast. Auch merkt man, dass Du ein Kind zu Hause hast, wo Du sehr geduldig sein musst, auch das strahlst Du aus. Du bist kritikfähig, interessiert und motiviert. Was mich am Wochenende sehr beeinflusst hat, war Deine ruhige Art, da ich sonst sehr wahrscheinlich an die Decke gegangen wäre. Auch Deinen Umgang mit dementen Menschen finde ich super. Du gehst auf sie ein, auch wenn es nicht immer leicht ist. Ich kann nicht wirklich etwas Negatives über Dich sagen, da es bis jetzt nichts Negatives gibt. Aber Du darfst noch selbstbewusster sein, denn das, was Du machst, machst Du sehr gut!

Von Ruth, für Emma

Liebe Emma, hier nun meine Eindrücke, mein Empfinden, wie ich Dich bei unserem gemeinsamen Arbeiten erlebe:

Für mich ist Emma eine wichtige Stütze in unserem Arbeitsalltag. Ich kann mich zu 100 % auf sie verlassen mit ihrem Berufswissen und ihrem Teamgeist. Man merkt ihr an, wie gerne sie mit den Bewohnern arbeitet. Emma versucht, im Vorfeld intensiv durchdacht, umzusetzen, was dem Bewohner im Hier und Jetzt gut tun würde. Es ist immer wieder beeindruckend, welche Art »Kommunikation« zwischen ihr und unseren Bewohnern stattfindet. Auch wenn kein leichtfüßiges, eventuell mit einer Prise Humor gespicktes Gespräch möglich wird, besitzt sie die wunderbare Art, auf einer anderen Ebene mit unseren Bewohnern zu kommunizieren. Ruhe, wohltuende Nähe, Wahrnehmung, Verständnis und Respekt spiegelt sich in diesem Moment der »Sprachlosigkeit«.

Emma: Interview

Wenn Du Dich in ein neues Arbeits-/Wissensfeld einarbeiten musst, wie lernst Du die Inhalte am liebsten?
Es hilft mir sehr, strukturiert zu lernen. Mit einem genauen Plan und vielen Bildern. Nach Möglichkeit wird jeder Text bildlich umgesetzt. Ohne Struktur würde ich mich verlieren.

Es heißt, Asperger seien oft pragmatisch und rational, was die Studien-/Berufswahl angeht. »Träume« werden hintangestellt. Stimmt das auch für Dich? Warum ist das so?
Ja. Ich wusste nicht, welchen Beruf ich ergreifen sollte. Am nächsten lag der Pflegeberuf, weil meine Mutter schon darin tätig war.

Wo siehst Du Dich beruflich in 5 Jahren?
Ich sehe mich weiterhin im Pflegeberuf. Evtl. mit zusätzlichen Funktionen im Ausbildungsbereich. Sicher werde ich mich weiterhin aufklären über das Autismus-Spektrum.

Viele Aspies haben eine Schwäche beim Wiedererkennen von Gesichtern und damit von Menschen. Du auch? Was ist ein guter Umgang mit dieser Schwäche?
Ja. Das habe ich auch. Ich erkenne die Menschen an ihrem Äußeren, an der Gestalt und an der Kleidung. Was leider auch immer wieder zu Verwechslungen führt. Ich versuche, mir Besonderheiten der einzelnen Personen einzuprägen, aber eine wirklich gute Lösung habe ich nicht.

Hast Du im Beruf Menschen wahrgenommen, die ähnlich »einsam« oder »seltsam« erschienen wie Du selbst? Wie würdest Du damit umgehen, Asperger als KollegInnen zu haben?
Ich hatte diverse »seltsame« Arbeitskollegen. Eigentlich relativ einfach! Jeden zu akzeptieren, wie er ist. Missverständnisse schnell klären.

Hast Du auch das Gefühl, eine Art soziales Theater zu spielen, bei dem Du neurotypisches Verhalten kopierst? Welche Erfahrungen hast Du damit gemacht?
Besonders während der Schulzeit. Ich wollte so sein wie die anderen Mädchen und das war extrem anstrengend. Auch in den ersten paar Jahren nach der Geburt meines Sohns kopierte ich viel. Ich war anders als die anderen Mütter und ich versuchte, vieles dennoch gleich zu machen. Ich konnte mir nicht erklären, weshalb mir viele Aktivitäten schwerfielen. Heute denke ich, dass diese Jahre meine schwierigsten waren. Dieser ständige Small Talk mit anderen Müttern. Ich lernte schnell, worüber ich mich unterhalten konnte, aber es war mehr ein Kopieren und nicht ich selbst.

Oft heißt es, Aspies seien ehrlichere Menschen sind als Neurotyptische und hätten einen stärkeren Gerechtigkeitssinn. Siehst Du das auch so, bzw. gilt das auch für Dich? Warum?
Ja. Ich sehe das auch so. Gerechtigkeit ist mir sehr wichtig. Ich kann es nicht aushalten, wenn jemand schlecht behandelt wird. Allerdings: Ob es wirklich stärker ausgeprägt ist, weiß ich nicht. Ich denke, auch hier gibt es Unterschiede, wie bei den neurotypischen Menschen. Auch sage ich häufig die Wahrheit, bzw. hier habe ich es mühsam gelernt, wann es besser ist, ruhig zu sein oder ein Kompliment zu machen, anstatt die Wahrheit zu sagen, z. B.: Du siehst gut aus (und bist hässlich).

Was schätzen Deine KollegInnen an Dir?
Meinen Umgang mit den Bewohnern, meine andere Art der Kommunikation mit den Demenzkranken, meine ruhige Art.

Wie gehst Du mit Schwierigkeiten bei der Orientierung im Arbeitsalltag und in den Strukturen um?
In meinem Arbeitsalltag ist sehr viel geregelt, klare Strukturen und Richtlinien. Dies ist sehr zu meinem Vorteil.

Wie gehst Du mit den Unvorhersehbarkeiten im Team um?
Wir sind ein eingespieltes Team und es viel absehbar. Auch durch das Offenlegen meiner Diagnose wird viel Rücksicht genommen auf mich bzw. auf mich eingegangen. Bei schwierigen Diskussionen ziehe ich mich innerlich zurück; ich kann aber auch viel zu direkt sein. Mein Filter funktioniert nicht und ich sage, was ich denke.

Wie äußern sich Deine Schwierigkeiten, dem Arbeitsinhalt Struktur zu geben? Was hilft Dir?
Wenn der Arbeitsplan schriftlich vorliegt, dann setze ich ihn bildlich um.

Was war Auslöser dafür, das Asperger-Syndrom diagnostizieren zu lassen? Welche Auswirkungen hatte die Diagnose?
Mein Sohn erhielt mit 5 Jahren seine Diagnose und danach ließ ich mich abklären. Für mich selbst, als Erklärung, warum ich mich immer anders fühlte. Aber auch für meinen Sohn. Um ihm zu zeigen, dass es auch einen guten Weg gibt als Autist. Ich bin nicht »nur« Mutter, sondern auch selbst Betroffene. Für mich persönlich hat sich vieles verändert, weil ich jetzt weiß, was Reizüberflutung bedeutet. Ich kenne den Grund, warum ich mich manchmal seltsam verhalte. Es hat sich vieles verbessert. Ich bin mehr ich selbst und kann »Stop« sagen, wenn es mir zu viel wird.

Was würdest Du Dir an Unterstützung (privat wie institutionell) wünschen, um mit den Schwierigkeiten im Berufsleben besser umgehen zu können oder diese zu lösen?
Für mich sehe ich aktuell keine Schwierigkeiten. Aus meiner Sicht hat sich schon viel getan in den letzten Jahren. Es ist noch lange nicht gut, aber eine Öffnung der Gesellschaft ist da.Ich würde mir wünschen, dass jeder Autist eine oder auch mehrere Bezugspersonen hat, welche ihn in bestimmten Situationen unterstützen.

Garibaldi

Ich bin Anfang der siebziger Jahre geboren, meine Mutter war Lehrerin, sie starb, als ich 10 Jahre alt war an Alkoholmissbrauch, mein Vater ist selbstständiger Architekt. Ich habe einen Bruder der 2¼ Jahre jünger ist und als Neurobiologe arbeitet. Ich bekam eine Diagnose aus dem Autismus-Spektrum mit 41 Jahren. Ich habe demzufolge viele Probleme, die ich im Nachhinein mit dem Autismus in Zusammenhang bringen kann, selbstständig oder mit sehr unterschiedlich organisierter Hilfe gelöst.

Bereits vor dem Tod meiner Mutter waren meine Eltern geschieden, ich bin mit meinem Bruder bei meinem Vater aufgewachsen. Wenn ich mich an meine Kindheit zurückerinnere, kommen mir einerseits die chaotischen Szenen mit einer alkoholisierten Mutter und dem Scheidungskrieg meiner Eltern in den Sinn, andererseits aber auch sehr schöne Erinnerungen an Ferien im Landhaus meiner Großeltern oder die langen gemeinsamen Italien-Reisen mit Vater und Bruder. Ich habe viel allein gespielt oder mit meinem Bruder als wichtigste Bezugsperson. Ich habe viel gezeichnet, fast ausschließlich Insekten. Ich habe Tier-Dokumentationen und -Lexika gelesen, Insekten gesammelt und in Terrarien gehalten und zudem Kakteen, Zitruspflanzen, Krokusse und was ich sonst draußen fand gezüchtet. Ich war viel in der Natur, habe Moos-Beete angelegt, war im Garten unterwegs und kannte die einheimische Insektenfauna und große Teile der Flora.

Von Kindergarten und Grundschule sind mir vor allem die räumlichen Gegebenheiten in Erinnerung geblieben, Kinder gehörten zu beiden Einrichtungen dazu, aber ich erinnere mich, dass ich bereits im Kindergarten unsicher im sozialen Kontakt war, irritiert wurde durch Rollen- und Kreisspiele, deren Sinn mir oft verschlossen blieb. Soziale Kontakte wurden über meine Eltern und meinen Bruder hergestellt, ich erinnere mich nicht an Freunde, vielmehr an heftige Wutausbrüche, wenn ich mit anderen Kindern gespielt habe. Später in der Grundschule hatte ich zwei Klassenkameraden, die ich nachmittags besucht habe, ich habe mich auch an Spielen auf dem Schulhof beteiligt, Freundschaften aber nicht dabei geschlossen. Auf dem Grundschulzeugnis wurde vermerkt, dass ich in neuen Situationen sowie bei neuen Aufgaben irritiert und verunsichert wirke und dann verstärkt Unterstützung bräuchte, »um zur Selbstsicherheit zurückzufinden«. Mein Vater erzählte mir später, dass ich, auch im Urlaub, immer zur gleichen Zeit ins Bett gehen wollte. Ich erinnere mich auch an Rituale beim Zubettgehen, die eingehalten werden mussten, weil ich sonst nicht schlafen konnte. Das sind kleine Anekdoten, die beschreiben, dass irgendetwas anders verlief bei mir, etwas das von Außenstehenden (Lehrern, Psychologen, Ärzten, Familie) als Folge des Familienkonflikts gesehen wurde, obgleich mein Bruder völlig anders und sozial integriert war. Um das Thema Kindergarten- und Grundschulzeit abzuschließen und zusammenzufassen: Ich war ein eher unkomplizierter Mitläufer, wenn man von Wutausbrüchen und speziellen Interessen absieht, akzeptiert, aber nicht immer verstanden; Insekten fanden die anderen Kinder einfach eklig und noch dazu in einem Schaukasten aufgespießt im Schlafzimmer. Es gab keine schulischen Leistungsprobleme, vielmehr war ich sprachlich sehr weit entwickelt für mein Alter und sehr gut in mathematischen und naturwissenschaftlichen Fächern.

Mit dem Wechsel auf die weiterführende Schule, ein altsprachliches Gymnasium, bin ich in eine neue Lebensphase eingetreten. Diese Phase bis zu meinem Schulwechsel in die 12. Klasse eines anderen Gymnasiums, an dem ich dann 1992 Abitur gemacht habe, erscheint mir rückblickend wenig strukturiert, ich bin damals zunehmend depressiv geworden. Leistungsprobleme gab es zunächst keine in der Schule, Lieblingsfächer waren Naturwissenschaften, da vor allem Biologie, aber auch Geschichte, genauer die Frühgeschichte, und Latein. Mein Leistungsverhalten war sehr abhängig von der Sympathie zum Lehrer. Latein war problemlos, da mir das Strukturieren der Sprache, die Grammatik, leichtfiel. Von Englisch und Französisch sind mir auch die Grammatik gut in Erinnerung, aber der praktische, kommunikative Gebrauch der Sprachen fehlt mir. Englisch habe ich mir später im Studium quasi nochmals selber beigebracht durch das Lesen von Fachliteratur. Im Deutschunterricht fiel mir das Strukturieren von Informationen schwer, sei es bei der Inhaltsangabe oder bei einer Bildbeschreibung. Ich habe auswendig gelernt, welche Informationen als wesentlich erachtet werden, intuitiv konnte ich das nicht erarbeiten. Mein Verständnis von Bildgeschichten war ein anderes. Oft habe ich mich in Details verzettelt und bin bei Aufgaben mit Zeitvorgabe nicht fertig geworden. Im Religionsunterricht sollten wir unseren Sitznachbarn vorstellen, ich erinnere mich in diesem Zusammenhang an ein Gespräch, von dem mir vor allem das Gefühl der Andersartigkeit in Erinnerung geblieben ist. Ich habe dieses Gefühl immer wieder mit meiner schwierigen Kindheit in Verbindung gebracht, habe dann aber festgestellt, dass ich unabhängig von dem anderen familiären Startpunkt auch eine andere Entwicklung durchmachte: Mode, Frisur, Musik, Rucksack oder nicht, haben mich nie interessiert, ich war Mitläufer in der Klassengemeinschaft, irgendwie akzeptiert, aber nicht integriert. Ich hatte massive Schwierigkeiten, mich in Gruppenarbeiten zurechtzufinden, ich habe geweint in Klassenarbeiten, bei Ungerechtigkeiten, habe mich in einen extremen Leistungsstress hineingesteigert, bin bei Hausaufgaben verzweifelt, habe Aufgabenstellungen oder Regeln nicht hinterfragt. Ich erinnere mich auch an ein deutliches Unverständnis von Aufgaben und Situationen, wo sich bei mir ein diffuses Bild von »Ich bin zu blöd, um das zu verstehen« festgesetzt hat.

Ich habe anfangs auf der weiterführenden Schule versucht, mich zu integrieren, habe wie zuvor in der Grundschule mitgespielt bei Fußball oder Fangen auf dem Schulhof, was mir auch Spaß gemacht hat. Zunehmend habe ich mich aber dann auch sehr einsam gefühlt, was diesen gesamten Zeitraum als sehr unstrukturiert, einsam, als graue Masse erscheinen lässt. Ich habe mir einen Freund gewünscht, ohne zu wissen, was das bedeutet und wie man einen gewinnen kann. Schon damals habe ich versucht Hilfe zu bekommen, diese Versuche dann aber auch eingestellt und mich zunehmend zurückgezogen bzw. versucht durch strukturierte Institutionen und Gruppen – z. B. Pfadfinder, Schwimmverein – Kontakte aufzubauen, was mir auf einer persönlichen Ebene aber nie gelungen ist. Ich habe mich in dieser Zeit oft leer gefühlt, antriebslos. Ich hatte, wie bereits geschrieben, zunächst keine schulischen Leistungsprobleme, habe mich irgendwie durchgekämpft, nur eben eine völlig andere, auch nach außen nicht deutlich sichtbare, innere Entwicklung genommen. Ich bin durch die Schuljahre gegangen, in meinem Umfeld gab es Pläne über die berufliche Zukunft, Freundschaften, erste Liebe, all diese Erfahrungen, Gedanken, die habe ich nicht geteilt. Genauso bin ich dann auch in die Oberstufe eingetreten, in welcher der Klassenverband abgelöst wurde durch ein Kurssystem. Hier wurde dann meine fehlende soziale Integration besonders deutlich und mein innerer Druck nahm zu. Jetzt gab es auch erste Leistungsprobleme, ich war zunehmend in Klausursituationen komplett blockiert und brachte gar nichts mehr zu Papier.

Die Idee, die Schule kurz vor dem Abitur zu wechseln, war plötzlich da. Es sollte nicht das letzte Mal sein, dass ich Probleme im zweiten Anlauf besser löste. Die Bedeutung dieses Schulwechsels hat mein Umfeld nicht verstanden, ich habe aber bewusst das Risiko eines Neubeginns auf mich genommen, der Gedanke an ein Scheitern ist mir gar nicht in den Sinn gekommen. Ich habe sehr bewusst gegen die Meinung der Schulleitung den Schulwechsel regelrecht durchgesetzt. Der Schulwechsel wurde zudem begleitet von einer ersten Psychotherapie, der noch vier weitere folgen sollten. Auch war mein psychischer Druck so stark geworden, dass ich in dieser Zeit mehrfach einen Hörsturz erlitt. Der Schulwechsel war eine entscheidende Wendung. Ich habe den Neuanfang genutzt, um mein Sozialverhalten sozusagen auf Null zu setzen. Zwar war es ähnlich wie vorher auch, Klassenkameraden gehörten zur Schule, tiefere freundschaftliche Beziehungen konnte ich nicht aufbauen, aber ich wurde irgendwie akzeptiert in meinem Verhalten, galt als nerdig, aber sehr intelligent. Die Kontakte zu meinen Schulkameraden sind mit dem Tag der Abiturfeier und dem Überreichen der Abiturzeugnisse abgebrochen. Die Probleme, unter Zeitdruck zu arbeiten, haben mich zuvor fast das Abitur gekostet. Letztlich habe ich diesen Lebensabschnitt aber mit einem guten Abitur (Leistungskurse Biologie und Latein, weitere Fächer Mathematik und Philosophie) zu Ende gebracht.

Dass ich studieren würde, stand nie außer Frage. Ich habe mich zunächst für ein Medizinstudium entschieden. Ich erinnere mich in diesem Zusammenhang an das Pflegepraktikum, das ich zuvor in einem Krankenhaus absolvieren musste. Ich konnte mit einer Kollegin gut zusammenarbeiten, diese Kollegin war mir gegenüber sehr geduldig. Mit meiner Chefin gab es von Anfang an Unstimmigkeiten durch Missverständnisse. An diese Situationen erinnere ich mich deswegen so gut, weil sie mir in ähnlicher Weise öfter und regelmäßig begegnet sind, ich diese aber nie richtig einschätzen, verstehen und integrieren konnte. Ich war langsamer als die anderen, außerdem erschien ich für mein Umfeld desinteressiert, weil ich wenig Zustimmung signalisierte, sondern vor mich hin arbeitete, ohne den Kontakt zu Kollegen zu suchen. Ich war zudem sehr ruhig, stellte wenig Fragen, brauchte ein wenig länger, bis ich Handlungsabläufe verstanden habe. Das ist die Außensicht, die mir über mein Arbeitsverhalten vermittelt wurde. Dieses Verhalten wurde als eigensinnig interpretiert. Ich verstand damals die Frage, ob ich eigensinnig sei, nicht bzw. verstand die versteckte Kritik nicht, die diese Frage wohl beinhalten sollte und beantwortete sie aus voller Überzeugung mit »ja«. Das ist ein Beispiel für eine Situation, die ich erst Jahre später verstanden habe. Meinen Medizinstudienplatz bekam ich am anderen Ende von Deutschland – ich habe dieses Studium nach wenigen Tagen abgebrochen, weil ich mit der neuen Situation in der fremden Stadt nicht klargekommen bin. Es schloss sich ein weiteres Semester Studienversuch in einer Geisteswissenschaft an, bis ich dann letztlich doch Biologie studierte – näher an meiner Geburtsstadt.

Biologie interessierte mich wie bereits geschrieben seit meiner Kindheit, zudem war das Studium zumindest im Grundstudium stark verschult und besaß eine klare Struktur, an der ich mich orientieren konnte. Zunächst verlief das Studium so, wie ich es aus der Schule her kannte: Ich verstand nicht, wie meine Studienkollegen sich untereinander vernetzten, plötzlich kannten sie sich untereinander, waren in der Fachschaft organisiert. Durch die Struktur bin ich aber immer wieder den gleichen Personen begegnet, so dass ich mir auch so etwas wie eine Gruppe aufgebaut habe, mit der ich mich ausgetauscht habe. Ich erinnere mich aber auch daran, dass ich viel Zeit allein verbracht habe und die mir schon bekannten Zyklen von Überforderung und depressiven Phasen durchlebte. Kontakte brachen immer wieder schnell ab. Daher habe ich mir Unterstützung durch Psychologen sowie dem sozialen Dienst an der Uni organisiert, ich habe aktiv an Selbsthilfegruppen und Fachschaftsveranstaltungen teilgenommen, um diese Isolation zu durchbrechen. Im Studium habe ich viel im Bereich der Selbstorganisation gelernt; durch Versuch und Irrtum habe ich soziales Verhalten erlernt, in der damaligen Überzeugung, dass ich nur gewisse Defizite überwinden müsste und dann würden sich alle Probleme wie von allein lösen. Zum Studium: Die Vorlesungen waren unproblematisch. Mensa und die vielen Menschen in der Bibliothek waren zwar Herausforderung, aber kein Hindernis. Meine Selbstorganisation sah so aus, dass ich in Erfahrung brachte, was geprüft wurde und ich mir dann die entsprechenden Bücher besorgte, um mir schließlich vieles autodidaktisch beizubringen. Das Vordiplom habe ich im zweiten Anlauf bestanden nach dem Muster »zweiter Versuch«. Mit dem Vordiplom löste sich die Struktur des Grundstudiums auf, das Hauptstudium musste ich weitgehend selbstständig organisieren Es bestand aus mehrwöchigen Kursen, die ich nach Wunsch und Zuteilung durch die Uni belegen konnte. Bei meiner Diplomarbeit habe ich mich sehr pragmatisch für eine Arbeitsgruppe entschieden, die eine gute Betreuung versprach. Wie bereits geschrieben, es war für mich kein Problem, mich an Aufgabenstellungen, strukturierten Tagesabläufen entlang zu einem Ziel zu hangeln, in diesem Fall eben das Diplom, das ich mit »Sehr gut« bestand.

Nach dem Studium habe ich mich dazu entschieden, als wissenschaftlicher Mitarbeiter in einem Forschungsinstitut zu promovieren. Auch hier möchte ich verkürzen, der erste Versuch scheiterte nach 6 Monaten. Ich habe mich in der Arbeitsgruppe nicht vernetzt, habe keinen Anschluss gefunden und habe schließlich einen Neubeginn initiiert, der radikal und mit einem Umzug aus dem Rheinland nach Berlin verbunden war.

In Berlin war ich dann 4 Jahre als wissenschaftlicher Mitarbeiter tätig und habe die Uni als Dr. rer. nat. verlassen. Bei dieser Tätigkeit stellte sich heraus, wie in der Diplomarbeit zuvor auch, dass ich gut darin war, im Labor zu arbeiten, weil ich genau, aber auch kreativ arbeite und Rezepturen sowie Abläufe sehr gut organisieren und reorganisieren und erweitern kann. Ich war Teil einer Arbeitsgruppe, habe aber fast ausschließlich selbstständig gearbeitet. Auf fachlicher Ebene konnte ich gut mit anderen Arbeitsgruppen kooperieren, wobei die Initiative zur Zusammenarbeit nicht von mir ausging. Deutlich wurde das dann wieder bei den informellen Kontakten z. B. auf Tagungen. Die dortigen abendlichen Zusammenkünfte waren Schwerstarbeit für mich und oft saß ich nur schweigend daneben – wenn sich eine Teilnahme nicht vermieden ließ – und musste zum Gespräch regelrecht genötigt werden. Wie bereits erwähnt, die Arbeit als Wissenschaftler war sehr erfolgreich, es fehlte mir nur das Verständnis für Eigenwerbung und Netzwerkbildung und so gelang es mir nicht, über Kontakte nach der Promotion an der Uni zu verbleiben. Ich war in diesem Zusammenhang zum damaligen Zeitpunkt sehr naiv, weil ich davon ausging, dass allein gute Arbeitsleistung ausreicht, um weiterzukommen.

Nach der Promotion kam es zu einem Bruch in meiner Erwerbsbiografie. Waren die Übergänge Schule, Uni und schließlich Diplomarbeit, Promotion noch einigermaßen strukturiert und miteinander über ähnliche Tätigkeiten oder Aufgaben verknüpft – was mir die Veränderungen erleichterte –, stand ich jetzt vor dem Problem, mich zu bewerben. Ich ging sehr naiv an diese neue Aufgabe heran und musste mir quasi alles neu erarbeiten: Von der Gestaltung der Bewerbungsmappe, welches Foto ich nehme, welche Außenwirkung habe ich – darüber habe ich mir nie einen einzigen Gedanken gemacht –, bis hin zu gezielt ungezielten Formulierungen, wie sie in Anschreiben Usus sind. Um es zusammenzufassen, es ging für mich nach der Uni direkt in die Arbeitslosigkeit, zuerst Arbeitsamt und schließlich Jobcenter. Ich habe in den nachfolgenden drei Jahren nach der Doktorarbeit hunderte Bewerbungen geschrieben, die Absagen, oft nach erfolgtem Bewerbungsgespräch, füllen zwei dicke Aktenordner. Ich absolvierte Bewerbungstrainings, hatte viele Coachingphasen durch Karrierezentren an verschiedenen Universitäten, bei der Akademikerberatung oder der Beratung für die Aufnahme einer Arbeit im Ausland beim Arbeitsamt. Ich habe zudem dann eine Weiterbildung im Qualitätsmanagement sowie einige Praktika absolviert und schließlich als Nachhilfelehrer in den Fächern Biologie und Chemie gearbeitet. Das irgendetwas mit mir nicht stimmen konnte, war mir mittlerweile deutlich geworden: Ich wurde auf Basis meiner Unterlagen eingeladen zum Gespräch, aus diesem resultierten aber immer Absagen.

Die Probleme im Bewerbungsprozess stellen sich für mich wie folgt dar: Fehlende Flexibilität, einmal im Sinne von räumlich – ich habe mich sehr stark in einem Wirtschaftsraum beworben, in dem die Arbeitslosigkeit sehr hoch und die Konkurrenz entsprechend groß war, weil ich in meinem gewohnten Umfeld verbleiben wollte –, dann aber auch Flexibilität im Zusammenhang mit der Tätigkeit: Ich habe wenig über mögliche Tätigkeiten außerhalb dessen nachgedacht, was ich bisher getan habe, konnte mir aber auch nicht vorstellen, wo ich meine entsprechenden Stärken einbringen sollte. Ich habe große Schwierigkeiten, mich in einen potenziellen Arbeitgeber hineinzuversetzen und zu verstehen, welche meiner Eigenschaften oder Fähigkeiten für ihn bzw. seine Aufgaben besonders interessant sein können. Die Gespräche verliefen oft stockend, entweder antwortete ich zu knapp oder zu ausführlich, das Auswendiglernen von Antworten bzw. das genaue Vorplanen des Gesprächs hat mir nur dann geholfen, wenn es keine unvorhersehbaren Wendungen gab. Ich musste lernen, dass, wenn man nicht sagt, man könne alles und mache alles (Ironie), man sich aus Sicht des Arbeitgebers unter Wert verkauft. Eine realistische Einschätzung der eigenen Fähigkeiten war eher nicht gefragt. Für mich ist es logisch, nicht zu behaupten, etwas zu können, wenn ich es nie gemacht habe, auch um mich nicht a priori einem immensen Erfolgszwang auszusetzen.

Nach 2,5 Jahren Arbeitslosigkeit habe ich mich dann für ein Lehramtsstudium eingeschrieben. Die Entscheidung, Lehrer zu werden, habe ich aus der Logik des Arbeitsmarktes heraus getroffen: Lehrer wurden gesucht, außerdem funktionierte der Nachhilfeunterricht in der 1:1-Situation gut, die von mir durchgeführte Abiturvorbereitung war im Wesentlichen fachlich orientiert. Wie sich aber schnell herausstellte, war die Unterrichtssituation in einem Klassenverband eine völlig andere. Die Anforderungen an meine Organisationsfähigkeiten waren bei 28 zu erarbeitenden Scheinen in vier Semestern Studienzeit noch höher als im Erststudium, zudem kamen praktische Unterrichtseinheiten an verschiedenen Berliner Schulen hinzu. Das bedeutete viel Stress. Das Studium habe ich dennoch erfolgreich mit dem 1. Staatsexamen abgeschlossen, das Experiment Referendariat in einer Brennpunktschule aber nach 3 Monaten abgebrochen. Ich bin zurückgegangen in die Arbeitslosigkeit. Schwierigkeiten in der Unterrichtssituation bestanden aus folgenden Gründen: Es gab Probleme mit der Disziplin, was dadurch begründet war, dass ich nicht so schnell zwischen verschiedenen Störquellen und Tätigkeiten hin und herschalten konnte. Zudem hatte ich große Schwierigkeiten, Unterrichtsituationen zu antizipieren, weil ich mich kaum in die Schüler hineinversetzen konnte. Das führte auch dazu, dass ich nicht verstand, was die Schüler nicht verstanden, und es mir kaum gelang, Unterricht aus Schülerperspektive zu planen.

Während dieser Lebensphase gab es Fortschritte auf dem Nebenschauplatz Ursachenforschung für die immer wieder aufkommenden Probleme, in denen ich retrospektiv ein Muster erkannte. Letztlich wurde eine Hochbegabung festgestellt, eine Ärztin war der Meinung, bei mir liege ein Aufmerksamkeitsdefizit vor. Dieses wurde später mehrfach widerlegt, aber dieser Ärztin fiel auf, dass ich unbeholfen im sozialen Kontakt wirke, irgendwie verlangsamt und in mich gekehrt.

Mit dem zweiten Universitätsabschluss war ich also fünf Jahre nach der erfolgreichen Doktorarbeit wieder arbeitslos, bezog Arbeislosengeld II. Diese zweite Phase der Arbeitslosigkeit unterschied sich von der ersten, weil ich deutlich weiter von einer beruflichen Tätigkeit weg war als je zuvor und ich den Umweg Lehramt in meiner Erwerbsbiografie irgendwie erklären musste. Geholfen hat mir in dieser Situation ein persönliches 1:1-Coaching durch eine Berliner Initiative, die eigentlich für Weiterbildung zuständig ist. Die Leiterin eines dieser Institute war bereit, mich in einem direkten Coaching zu betreuen. Sie hat Bewerbungen gegengelesen, wir haben Bewerbungsgespräche geübt und schließlich hat sie mir immer wieder Mut gemacht, mich weiter zu bewerben.

Am Ende dieses Coachings stand die Arbeitsaufnahme in einem Bundesamt am Rhein, eine befristete Stelle in einem Internetprojekt, bei der ich weitgehend unabhängig arbeiten konnte. Es waren ähnliche Bedingungen wie Jahre zuvor in der Tätigkeit als wissenschaftlicher Mitarbeiter: Eigene Aufgaben, wenig Absprache und dazu ein eigener Arbeitsraum. Die doppelte Haushaltsführung (Köln, Berlin) und die Pendelei zwischen den beiden Städten hat mich in dieser Zeit sehr angestrengt, Unterstützung bekam ich durch meine Arbeitskollegen und privat durch meinen Freund, irgendwie war ich auf der Arbeit gut integriert, galt wie in der Schule als nerdig, aber eben auch als zuverlässig, eine Konstellation, die ich kannte. Das Leben in Köln gestaltete ich sehr routiniert, es gab die Phasen von Überforderung und lange Infektionszeiten und Versuche, dies durch Routinen zu bändigen: Allabendlich gab es Ravioli oder Linsensuppe aus der Dose und einen Tatort im Fernsehen. Ich habe mich – da die Stelle befristet war – von Anfang an nach Berlin zurückbeworben, auch weil ich versuchen wollte, mich mit dieser Anstellung im Rücken im öffentlichen Dienst festzusetzen. Ich bekam tatsächlich eine Folgeanstellung an einem anderen Bundesamt, allerdings sehr kurz befristet, noch kürzer dadurch, dass ich während der Probezeit rausflog. Es gab große Ähnlichkeiten zu dem bereits beschriebenen Krankenhauspraktikum: Mir wurde Kompetenzüberschreitung vorgeworfen, ich war sehr verunsichert, wusste nicht, was ich fragen kann, mir fehlten Struktur und klare Unterstützung, außerdem fehlten mir Regeln, die nicht beliebig ausgelegt werden.

Acht Jahre nach Beendigung der Promotion wiederholte sich die Situation Arbeitslosigkeit zum dritten Mal. Es gab aber doch Unterschiede bzw. eine Weiterentwicklung: Mehr Arbeitslosengeld I und deutlich professionalisierte Bewerbungen und daraus folgend mehr Bewerbungsgespräche – aber wiederum keine daraus resultierende Anstellung. Meine brüchige Erwerbsbiografie ließ sich zunehmend schwerer erklären. Ich hatte in dieser Zeit wieder ein persönliches Coaching, diesmal durch das Patenmodell der Diakonie.

Mit dem Übergang zu Arbeitslosengeld II kam die Krise zurück, die mich wieder Ursachenforschung betreiben ließ: So ließ ich den Verdacht auf eine Psychose (wegen des andauernden Gefühls von Fremdheit) und auf eine Angsterkrankung abklären – beide Mal negativ. In dieser Phase nahm ich an einem sozialen Kompetenztraining teil, bezahlt durch die Krankenkasse. Hier hatte ich einen sehr deutlichen Aha-Effekt, weil ich zum ersten Mal den Ping-Pong-Effekt von Small Talk verstand, noch ohne zu wissen, worin sich meine Schwierigkeiten eigentlich begründeten. Ich verstand aber plötzlich, warum Gespräche oft stockten, warum ich kaum lockere Gespräche führen konnte. Ich setze seitdem Floskeln und Nachfragen gezielt ein, um einen Gesprächsverlauf besser zu steuern. Schließlich kam der Hinweis auf Autismus aus der eigenen Familie und die diagnostische Abklärung 2013 in einer spezialisierten Autismusambulanz. Der Arzt meinte in dem Abschlussgespräch, er sei sich der Diagnose »Asperger-

Syndrom« sicher, auch weil er meine lange Ursachenforschung kannte. Mir wurde deutlich, dass diese Diagnose bereits stückweise (Aspekt für Aspekt) in den vorausgegangenen Therapien und Gutachten gestellt worden war, aber niemand den Gesamtzusammenhang erkannt hat.

Ich bekam problemlos einen Schwerbehindertenausweis, sogar rückwirkend bis zur Ausmusterung aus dem Zivildienst, wo meine besonderen sozialen Kompetenzen (Ironie) bereits dem damals begutachtenden Arzt aufgefallen waren. Den Ausweis sehe ich zwiespältig: Ich wurde zu Bewerbungsgesprächen eingeladen, eine Anstellung resultierte daraus allerdings nicht. Ich glaube, die Bewerbungsgespräche waren Alibi-Veranstaltungen ohne Einstellungsoption. Allerdings hat mir der Ausweis zu Leistungen zur Teilhabe am Arbeitsleben verholfen und dadurch zu einer schonenderen Behandlung durch die Reha-Abteilung des Jobcenters – obgleich die eingeleitete Reha-Maßnahme selber eher nutzlos war, weil sie nur auf Praktika ausgerichtet war. Außerdem war ich ja nicht krank oder beruflich eingeschränkt, vielmehr wurde ich beschränkt.

Ich konnte aber wie zuvor auch, das persönliche Coaching sowie die Strukturen nutzen und bin seit 2014 wieder in einer Anstellung im Bereich der Datenauswertung tätig. Dresden ist mein neuer Arbeitsort. Die neue Arbeit, die nach einer einjährigen Probephase mittlerweile entfristet wurde, ist wieder mit Pendelei verbunden, allerdings deutlich besser zu organisieren als von Köln aus. Die Arbeit selber umfasst viele routinierte Tätigkeiten was mich teils intellektuell unterfordert, gleichzeitig bin ich durch die Ablenkung in einem 3-Personen-Büro überfordert, aber ich habe einen gewissen Ausgleich und Rückzug durch Telearbeit (Homeoffice). Meine Kollegen wissen über meine Diagnose Bescheid. Es zeigen sich die mir bereits bekannten Verhaltensbesonderheiten, bzw. diese werden mir rückgemeldet. Aber mit meinem Wissen und dem offenen Umgang mit der Diagnose, ist es mir bisher gelungen, Konflikte zu lösen. Ich bekomme aktuell Unterstützung durch eine Autismus-Ambulanz, um den aufkommenden Stress durch Entlastungsgespräche abzufedern. Der doppelte Haushalt bedeutet für mich viel Unsicherheit, weil sich mir Berlin, vor allem mein Freund dort, aber auch mein mühsam aufgebautes Umfeld sehr schnell entfremden, wenn ich keinen konkreten und ständigen Umgang habe. Die fremde (neue) Stadt bleibt fremd.

Am Schluss die in meinen Augen wichtigsten Punkte zusammengefasst

In meiner bisherigen Erwerbsbiografie machen mir erwartete Flexibilität, Spontanität, Netzwerken auf der einen und Stressanfälligkeit und die daraus resultierenden depressiven Phasen der Überforderung auf der anderen Seite besonders zu schaffen. Ich habe nie aufgegeben, immer irgendwie weitergewurschtelt, das ist meine große Stärke. Die Auseinandersetzung mit dem Autismus hat auch nicht erst mit der Diagnose begonnen, nur hat das Ganze einen Namen erhalten. Ich möchte mich für die Zukunft weniger anpassen und eine geeignete Umgebung finden, um mit meinen Kräften besser haushalten zu können. Denn aktuell lebe ich am Limit, wie oft die Jahre zuvor auch. Ich schwanke zwischen Grenzen setzen und dem, was ich (fehl-)gelernt habe durch die Therapien: Verbiegen und Anpassen bis zur Unkenntlichkeit. Ich bin durch die vielen Misserfolge hyperkritisch und auch unsicher geworden, scanne permanent meine Umgebung und dieses Verhalten kostet zusätzlich Energie. Bei meiner bisherigen Leistung brauche ich diese Unsicherheit nicht, diese Erkenntnis ist aber noch nicht in meinem Handeln angekommen. Ich weiß nur sicher, dass ich die beständige Stresssituation loswerden möchte, die mich unzufrieden, nörgelig und auch irgendwo neidisch macht, weil ich meine zu erkennen, wie viel einfacher es andere haben. Ich möchte den Überlebensmodus tauschen gegen den Lebensmodus, den ich beispielsweise dann spüre, wenn ich – wie vermehrt wieder seit dem letzten Jahr – mit meiner Kamera ausgerüstet durch die Wiesen streife und Orchideen und Schmetterlinge fotografiere.

Mittlerweile arbeite ich seit zwei Jahren in Dresden, ich habe die Telearbeit auf zwei Tage pro Woche ausdehnen können, was bedeutet, dass ich jetzt wieder die meiste Zeit in Berlin in meinem gewohnten sozialen Umfeld und bei meinem Freund verbringen kann.

Garibaldi: Interview

Wenn Du Dich in ein neues Arbeits-/Wissensfeld einarbeiten musst, wie lernst Du die Inhalte am liebsten?
Für mich ist es wichtig, das Ziel zu kennen, z. B. habe ich im Studium versucht herauszufinden, was in Prüfungen abgefragt wird. Das hat mir sehr geholfen, mich nicht in Details zu verzetteln. Ich lerne davon abgesehen sehr gerne selbstständig, weil ich dadurch mein Lerntempo selber bestim-

men kann. Schwer fällt es mir, mündlichen Vorträgen zu folgen, entweder ich genieße einen interessanten Vortrag und höre zu oder ich habe Stress, weil ich Mitschreiben und Zuhören nur schwer kombinieren kann. Ich lerne sehr strukturiert, d. h., ich kombiniere neuen Lernstoff mit wiederkehrenden Phasen von Wiederholungen, um den Lernstoff zu festigen. Mir hilft eine klare zeitliche Struktur, aber auch eine räumliche Struktur, ich lerne z. B. (evtl. mit Ohrstöpseln) gerne in der Bibliothek, weil ich dort auch gezwungen bin, mich mit dem Lernstoff zu beschäftigen.

Asperger sind oft pragmatisch und rational, was die Studien-/Berufswahl angeht. »Träume« werden hintangestellt. Stimmt das auch für Dich? Warum ist das so?
Stimmt teilweise, Biologie ist mein Traumfach gewesen als Diplom-Studienfach, das Lehramtsstudium war dagegen eine Entscheidung aus der Notwendigkeit heraus, etwas für den Arbeitsmarkt zu lernen. Meine jetzige Tätigkeit habe ich auch eher aus pragmatischen Gründen ausgewählt, diese Arbeit kann ich gut bewältigen, der Unterforderung setze ich mit meiner privaten Forschung etwas entgegen.

Wo siehst Du Dich beruflich in 5 Jahren?
Ich versuche im Moment, meine Situation zu stabilisieren, d. h., den Stresslevel runterzufahren und mein Berufs- und Privatleben besser miteinander zu kombinieren und Zeit für meine eigenen Interessen zu bekommen. Ich habe keine Lust mehr zu konkurrieren. Vielleicht unternehme ich nach Ablauf einer gewissen Zeit doch nochmal den Versuch, eine für mich interessantere Aufgabe zu finden, allerdings mit der festen Stelle im Rücken.

Was löste berufliche Krisen aus? Wie wären diese im Nachhinein vielleicht zu verhindern gewesen?
Der Einstieg in den Beruf war sehr schwer, oft auch die Einarbeitungsphase. Ich habe sehr von privatem Coaching profitiert, wenn dieses in 1:1-Situationen stattfand und auf mich ausgerichtet war. Ein solches Coaching nach dem Abitur, aber auch nach dem Studium, also in Übergangszeiten, hätte mir vermutlich viele Umwege erspart.

Welche Strategien hast Du für einen konfliktarmen und vielleicht sogar freundschaftlichen Umgang mit KollegInnen?
Rückzug, wenn es notwendig ist, bevor der Stress überkocht. Offenheit, Stärken und Schwächen klar kommunizieren.

Viele Aspies haben eine Schwäche beim Wiedererkennen von Gesichtern und damit von Menschen. Du auch? Was ist ein guter Umgang mit dieser Schwäche?
Nein, Gesichter kann ich erkennen, Namen merke ich mir nicht.

Viele Aspies haben eine Schwäche beim Erkennen von Intentionen und Gefühlen von KollegInnen. Du auch? Was ist ein guter Umgang mit dieser Schwäche?
Ja, es ist bereits zu Missverständnissen gekommen. Wie erwähnt, die Kenntnis über das Vorhandensein dieser Schwäche erleichtert meinen Kollegen den Umgang mit mir, außerdem frage ich manchmal einfach nach, was sie meinen, wenn ich es nicht verstehe.

Hast Du im Beruf Menschen wahrgenommen, die ähnlich »einsam« oder »seltsam« erschienen wie du selbst? Wie würdest Du damit umgehen, Asperger als KollegInnen zu haben?
Umgang wie mit anderen Kollegen auch, habe aber keine Erfahrung damit gemacht bisher.

Warum prägt das Gefühl der Einsamkeit oder des Nichtdazugehörens so oft das Leben? Wächst da nicht die Akzeptanz, halt ein Einzelgänger zu sein?
Für mich verschwinden Menschen oft wie in einem Nebel, ich muss sie immer wieder neu kennenlernen, sie entfremden sich mir sehr schnell und der Kontakt bricht ab; mit vertrauten Menschen kann ich aber auch nach Jahren dort wieder einsteigen, wo wir verschiedene Wege gegangen sind. Ich mag Menschen, ich bin nicht gern allein auf der einen Seite, auf der anderen Seite erschöpfen mich soziale Kontakte schnell. Vermutlich habe ich gelernt, dass ich für das Mitspielen eben als Gegenleistung soziale Kontakte bekomme, wenn ich nicht mitspiele, werde ich allein gelassen, eine sehr ungesunde (fehlgeleitete) Erkenntnis aus der Erziehung heraus. Ich beginne langsam zu akzeptieren, dass ich das Alleinsein brauche, um Kraft zu schöpfen.

Hast Du auch das Gefühl, eine Art soziales Theater zu spielen, bei dem Du neurotypisches Verhalten kopierst? Welche Erfahrungen hast Du damit gemacht?
Ja und ich mache immer wieder die Erfahrung, dass es mich anstrengt und ich es auch nicht so gut hinbekomme. Ich kann z. B. keine Fehler charmant weglächeln, ich merke jetzt, dass ich auf dieser Ebene im sozia-

len Verhalten nicht konkurrieren kann, ich möchte es auch eigentlich nicht mehr, weil es mich, wie oben bereits beschrieben, sehr anstrengt.

Es heißt ja oft, Aspies seien besonders ehrlich, hätten einen ausgeprägten Gerechtigkeitssinn. Trifft das auf Dich zu?
Ja, das Nichteinhalten von Regeln irritiert mich, was nicht bedeutet, dass ich nicht auch Regeln breche.

Hast Du einen hohen Perfektionsanspruch an Dich in Deinem Job? Bist Du nur zufrieden, wenn Du alles perfekt erledigt hast?
Ja, ich bin perfektionistisch und arbeite daran, diesen Perfektionismus abzulegen, z. B. indem ich mir klare zeitliche Grenzen setze beim Lösen einer Aufgabe, damit ich mich nicht verrenne.

Was schätzen Deine KollegInnen an Dir?
Wortgewandtheit, Ehrlichkeit, Zuverlässigkeit.

Kannst Du in einem Satz zusammenfassen, welche Rolle die Familie/der Partner für Dich beim Erfüllen der Berufstätigkeit spielt/e?
Die Beziehung mit meinem Freund stabilisiert und entspannt mich, Gleiches gilt für meinen Bruder.

Wie meinst Du wirkst Du auf andere Menschen? Eher empathisch oder unempathisch? Eher logisch denkend oder intuitiv handelnd? Woran machst Du das fest?
Eher logisch, etwas schüchtern, auch unsicher handelnd, sensibel. Ich werde gebeten, bei sachlichen Themen, Stellung zu beziehen. Small-Talk-Versuche werden unternommen, gelingen auch, wenn mich das Thema interessiert.

Wie gehst Du mit Schwierigkeiten bei der Orientierung im Arbeitsalltag und in den Strukturen um?
Durch eine klare Strukturierung, auch mit Unterstützung.

Wie gehst Du mit Unvorhersehbarem im Team um?
Ertrage ich, merke aber, dass mich dieses Verhalten erschöpft. Ich versuche daher mir, wenn ich spüre, dass ich erschöpfe, mehr Zeit für mich zu nehmen oder auch mich abzuschotten (Ohrstöpsel, Telearbeit oder Einzelarbeitsplatz, den ich zeitweise nutzen kann).

An wen hast Du Dich mit Deinen psychischen Problemen wie Depression und/oder Ängsten gewandt? An wen wendest Du dich aktuell?
Autismusambulanz, Entlastungsgespräche.

Was war Auslöser dafür, das Asperger-Syndrom diagnostizieren zu lassen? Welche Auswirkungen hatte die Diagnose?
Wie erwähnt, Jobkrise, ich kann viele Probleme seitdem besser einordnen.

Hast Du an psychologischen, sozialen oder den Beruf fördernden Angeboten speziell für Aspies teilgenommen? Welche Erfahrungen hast Du gemacht?
Nein, keine speziellen Angebote, das, was ich von Jobcenter und Arbeitsamt und Reha mitbekommen habe, war zu großen Teilen nutzlos. Das selbstständig organisierte Coaching dagegen hat mir sehr weitergeholfen.

Leidest Du manchmal an Reizüberflutung? Wenn ja, wie gehst Du damit um?
Ja, ich versuche sie zu vermeiden, entweder durch zeitliche Planung, z. B. kein Einkaufen im Weihnachtsrummel (Extrembeispiel) oder durch Abschotten (Ohrstöpsel), Schwimmen entspannt mich, aber auch einsame Wanderungen durch die Natur. Ich versuche, Pausen bewusst einzuplanen.

Was würdest Du Dir an Unterstützung (privat wie institutionell) wünschen, um mit den Schwierigkeiten im Berufsleben besser umgehen zu können oder diese zu lösen?
Ich habe mich momentan mehr oder weniger gut eingerichtet, hilfreich sind Entlastungsgespräche und Coaching, davon gibt es zu wenig Angebote.

Steffi

Steffi kennt nur wenige Gefühle von sich selbst. Die aufgeweckte 40-Jährige hat das Asperger-Syndrom, hat dies aber erst mit 34 Jahren erfahren. Steffi erzählt nun ihre Lebensgeschichte mit ihrem Verhalten und ihrer Gefühlswelt.

Steffi schreit, immer wieder und dies ganz schön lange. Gleich nach der Geburt geht es los. Ihre Mutter hält das Untersuchungsheft für Kinder in den Händen, in dem steht, dass Steffi eine schwere neuropathische Erregbarkeit hat. Aber sie ist ein Wunschkind, ein Traumkind. Mit viel Geduld und Liebe werde die Familie dies schon schaffen, ist sich die Mutter sicher. Das jedoch geht in die Hose. Steffi schreit, schreit bei vorbeifliegenden Flugzeugen, beim Geräusch eines Staubsaugers oder beim Telefonklingeln. Einmal hat die Mutter die Nase voll. Sie stellt den Kinderwagen mit Steffi in die Küche und lässt diese eine halbe Stunde schreien. Plötzlich ist Ruhe. Was ist mit Steffi los? Die Mutter geht in die Küche und findet Steffi friedlich spielend im Kinderwagen vor.

Anstatt zu krabbeln, rollt Steffi lieber in Affengeschwindigkeit um ihre eigene Achse durchs Zimmer. Und das immer wieder. Selbst als die Mutter ihr das Krabbeln vormacht, findet Steffi keinen Zugang dazu. Sie rollt weiterhin über den Boden, um sich fortzubewegen.

Nach einem Streit verbietet die Mutter Steffi das Fernsehen, für 14 Tage kein Sandmännchen mehr zu schauen. Was Steffi aber ja nicht wissen konnte mit ihren zwei Jahren, was 14 Tage sind, laut ihrer Mutter. Aber Steffi setzte sich 14 Tage nicht vor den Fernseher. Als dann genau diese rum waren, zog sie ihr Stühlchen wieder hin und sah ihre Mutter erwartungsvoll an.

Fast drei Jahre später kommt Steffis Schwester Anne gesund zur Welt. Anstatt wie Anne die Mutter zu umarmen, drückt Steffi der Mutter immer wieder die Luft ab beim Umarmen. Steffi probiert Anne nachzuahmen, ohne aber zu verstehen, wie sich eine zärtliche Umarmung anfühlt. Als Steffi dann so alt war, dass sie Biene Maja anschauen durfte, konnte sie danach nicht mehr laufen, sondern musste fliegen können. Damit baute sich Steffi so langsam eine Traumwelt auf, die bis zu ihrem 25. Lebensjahr Bestand hatte.

Dadurch, dass Steffi mit vier Jahren nicht richtig sprechen konnte, ging man mit ihr zur Sprachtherapie. Danach ging Steffi zu einer Spieltherapie, wo Steffi spielen durfte, was sie wollte. Darum hatte man auch kein Problem dort mit ihr. Nebenbei besuchten die Eltern von Steffi auch eine Therapie. Wenn Steffi ihr Zimmer aufräumen sollte, räumte sie alles aus ihren Schränken und Regalen aus und war dann überfordert, es wieder einzuräumen.

Als Steffi dann lesen konnte, hat Steffi die Figuren, wie die »5 Freunde« oder »TKKG«, mit in ihre Traumwelt eingebunden. Sie fuhr oft mit dem Fahrrad alleine weite Strecken, war aber nie alleine – weil sie dann in ihrer Traumwelt war.

In der 2. Klasse wollte die Klassenlehrerin Steffi auf die Sonderschule schicken. Steffis Mutter redete dann mit dem Schulleiter und Steffi durfte weiter in die 3. Klasse gehen. Mit Hilfe der Mutter schaffte Steffi auch immer gute Noten. Alleine war sie sonst der Durchschnitt. Das bedeutete, wenn sich Steffis Mutter mit hinsetzen würde und kräftig mitlernen würde, würde Steffi die Realschule schaffen, hieß es vom Schulleiter und gleichzeitig auch Klassenlehrer von Steffi. Aber man entschied sich, dass Steffi die Hauptschule bestreiten sollte, und damit war die Mutter etwas entlastet.

Steffi merkte auch in der Hauptschule, dass sie anders war als die Mitschüler. Sie wurde viel gehänselt und in den Schullandheimen wurde drum gestritten, in welches Zimmer Steffi sollte, weil keiner sie wollte, bis der Lehrer ein Machtwort sprach. Als Dankeschön erkaufte sich Steffi mit ihrem Taschengeld die Freundschaft der Klassenkameraden.

Bei solch einem Schullandheimaufenthalt gab es auch ein Schwimmbecken. Da wollten die Klassenkameraden von Steffi ein Foto mit ihr und diesem Becken machen. Sie schieben die zum Becken rückwärts stehende Steffi mit gut gemeinten Sprüchen, wie »noch einen Schritt zurück«, immer näher ans Wasser ran, bis die Ahnungslose dann ins Wasser fiel, mitsamt ihren Klamotten. Dies war dann ein Lacher für die Klasse. Aber es gab dann auch ein Donnerwetter vom Lehrer.

In dieser Zeit musste Steffi auch mit dem Bus in die Hauptschule fahren und freundete sich mit den Busfahrern an. Sie stand dann meistens vorne bei ihnen und plauderte mit ihnen und sie machten Späße zusammen. Dann war die Hauptschule geschafft. Steffi wollte gerne Krankenschwester werden, aber dazu brauchte sie den Realschulabschluss. Sie ging dann in eine Gesundheits- und Krankenpflegeschule. Wo sie immer wieder auch gehänselt wurde. Einmal steckte man ihr eine Banane in eine Mütze, die Steffi dann aufzog und die Banane in den Haaren klebte.

Aber sie hatte auch weiterhin die Busfahrer als »Freunde«. Sie verbrachte jetzt die Mittage und Nachmittage damit, mit den Busfahrern rumzufahren. Auf den Hof und in den Aufenthaltsraum durfte sie auch bei der Firma XY. Es machte Steffi sehr viel Spaß und für sie war es eine sehr schöne Zeit bei »ihren« Busfahrern. Oft fand Steffi für ihre Eltern Ausreden, um bei den Busfahrern zu sein.

Als Steffi dann 18 Jahre alt war, fragte der Busfahrer Andreas, ob sie mit ihm Sex haben möchte. Nach langem Überlegen und weil die Klassenkameraden auch davon schwärmten, willigte sie ein. Andreas war sehr vorsichtig und zärtlich zu Steffi und daraus wurde eine kleine Beziehung. Obwohl Andreas eine Familie hatte, trafen sie sich nun häufiger. Bis Steffis Vater in ihrem Tagebuch darüber las und sie dann abends verfolgte. Nun gab es richtigen Ärger.

Nachdem Steffi auch diese Schule absolviert hatte und sie selber gemerkt hatte, anhand verschiedener Praktika, dass der Beruf der Krankenschwester doch nichts für sie war, ging man zum Arbeitsamt. Dort wurde sie mit ihrer Mutter beraten, dass sie doch eine Gärtnerlehre machen sollte.

Jetzt begannen bei Steffi Migräne-Anfälle und sie nahm mengenweise Tabletten zu sich, nur um fit bei der Arbeit zu sein. Dadurch verlangsamte sich aber die Schnelligkeit bei der Arbeit und Steffi war oft unkonzentriert. Dies führte nach einem Jahr zur Abmahnung. Nun traute sich Steffi nicht mehr heim, weil sie Angst hatte vor ihrem Vater, der sehr zornig werden konnte. Sie haute ab und als es auf die Nacht zuging und sie keine Übernachtungsmöglichkeit gefunden hatte, ging sie zur Polizei und tischte denen eine Geschichte vom Feinsten auf. Aber ihre Eltern hatten schon die Polizei benachrichtigt. Und so kam Steffi wieder heim.

Nach langen Gesprächen stand fest, dass eine Gärtnerlehre nichts für Steffi ist, und man brach die Lehre ab und ging wieder zum Arbeitsamt. Dort machte man mit ihr verschiedene Tests, wo rauskam, dass Steffi noch für keine Lehre bereit war, und sie sollte eine Berufsfindung in einem Reha-Zentrum machen. Bis dort ein Platz frei wurde, machte sie eine Berufsfachschule in B. U.

Die Freundschaft zu den Busfahrern blieb die ganze Zeit und sie lernte immer wieder neue kennen.

An Ostern 1996 war dann der Platz im Reha-Zentrum in N. frei. Sie begann mit der Erprobung im Metallbereich. Dort lernte sie auch ihren ersten richtigen Freund Martin kennen und Stefan, der im Rollstuhl saß. Etwas schwierig gestaltete sich die Beziehung zu Martin, weil er aus dem Norden Deutschlands kam. Mit Hilfe von Martin brachte Steffi jeden Abend Stefan ins Bett, was bedeutete, dass sie ihn auszog und bettfertig machte, weil zu der Zeit, wenn Stefan ins Bett wollte, kein Mitarbeiter frei war.

Nach einem Monat wechselte Steffi vom Metallbereich in den kaufmännischen Bereich und danach in den Elektrobereich. Da stellte sich heraus, dass sie für eine kaufmännische Lehre noch eine Berufsförderung in U. machen sollte. Das bedeutete für Steffi eine Trennung von ihrem Martin, der im Reha-Zentrum in N. bleiben sollte.

Nach einem Besuch von ihren Eltern kam Steffi wegen eines Selbstmordversuchs – nachdem ihr Vater große Vorwürfe wegen der hohen Telefonrechnungen und Geldausgaben gemacht hatte – in eine psychiatrische Klinik. Nach vielen Gesprächen dort hat Steffis Mutter Steffi wieder von dort rausgeholt und gleich wieder nach U. zurückgebracht.

Im Januar 1997 machte Martin mit Steffi Schluss, weshalb für sie eine Welt zusammenbrach.

Aber in U. lernte sie kurz danach Peter kennen und verliebte sich in ihn. Peter stand Steffi auch bei, als Steffis Schwester Anne mit ca. 19 Jahren einen schweren Verkehrsunfall mit dreifachem Genickbruch hatte. Steffis Mutter wollte dies der Steffi nicht am Telefon erzählen und bat diese, am Wochenende heimzukommen. Aber da Steffi was vorhatte, verneinte sie dies unwissentlich. Der Wochenendausflug wurde wegen Krankheit verschoben. Nun fuhr Steffi nach Hause, ohne dass ihre Eltern etwas wussten. Dort wollte Steffi ihre Mutter im Geschäft überraschen. Als sie dort ankam, war das Auto von ihrer Mutter nicht da. Die Kollegen von Steffis Mutter waren gleich alarmiert, als Steffi den Empfangsraum betrat. In Absprache mit der Mutter nahmen die Kollegen – die sowieso Anne im Krankenhaus besuchen wollten – Steffi mit. Steffis Mutter befahl aber, dass man Steffi noch nichts sagen sollte von dem Unfall ihrer Schwester. Steffi war irritiert, warum ihre Mutter nicht da war und warum sie jetzt mit den Kollegen mitfahren sollte. Aber um Steffi abzulenken, fragte man sie ständig über das Leben im Rehabilitationskrankenhaus aus. Als sie im Krankenhaus angekommen waren und Steffis Mutter Steffi in Empfang genommen hatte und diese ihr schonend beigebracht hatte, was mit ihrer Schwester los war, bekam Steffi einen Schreianfall. Sie konnte keine Minute bei ihrer kahlgeschorenen Schwester sein. Steffi packte auch am gleichen Abend noch ihre Sachen und fuhr wieder nach U. zurück. Nach 6 Monaten war Anne zum Glück wiederhergestellt und es waren keine bleibenden Schäden geblieben.

Um im Berufsbildungswerk in A. in Bayern eine Bürolehre zu machen, brauchte Steffi einen Behindertenausweis. Nach einigen Untersuchungen bekam Steffi einen Schwerbehindertenausweis mit 50 %. Jetzt konnte die dreijährige Ausbildung zur Bürokauffrau im Berufsbildungswerk beginnen.

Peter ging zur Berufsausbildung ins Berufsbildungswerk nach W. in Bayern. Aber das störte das Paar wenig und sie besuchten sich regelmäßig.

Ende des 1. Lehrjahres wurde Steffi von Peter trotz Spirale schwanger. Sie merkte gleich, dass etwas nicht stimmte und ging zum Frauenarzt. Der riet ihr zur Abreibung. Mit der Abtreibung legte man Steffi wieder eine neue Spirale. Mit dieser wurde sie dann drei Monate später trotz Kondom und Spirale ein zweites Mal schwanger. Nun riet ihre Mutter ihr zur Abtreibung und Sterilisation. Was dann auch gemacht wurde. In dieser doch für Steffi schweren Zeit, saß Peter bloß am PC und interessierte sich wenig für Steffis Lage. Deswegen machte Steffi dann mit ihm Schluss.

Die Ausbildung im Berufsbildungswerk bestand Steffi im Jahr 2000 durchschnittlich. Danach wollte sie wegen ihres neuen Freundes Andreas nach M. ziehen. Sie war jetzt 23 Jahre alt. Steffi zog erstmals in ein Frauenhaus und jobbte bei Andreas Vater in der Montessori-Schule als Volontärin. Aber als Andreas wegen des Glaubens und Sex mal wieder Schluss machte, konnte sie auch nicht mehr in dieser Schule bleiben. Sie versuchte sich in verschiedenen Kursen vom Arbeitsamt, aber einen richtigen Job fand sie nicht. Dann schlug ihr die Sozialarbeiterin vom Frauenhaus vor, sich auf dem zweiten Arbeitsmarkt zu versuchen, und so kam Steffi nach W. und arbeitete dort in der Zentrale der Einrichtung.

In dieser Einrichtung, wo Steffi in einer Wohngruppe in einem Appartement wohnte, gab es auch wieder Probleme. Mit der Zeit wirkten sich die Probleme von Steffi auf die Blase aus. Sie musste immer wieder auf die Toilette und es kam nichts raus. Das waren Schmerzen für Steffi und was man bis dahin nicht wusste ist, dass Steffi Schmerzen nicht wie ein normaler Mensch empfindet, sondern viel extremer. Aber man glaubte ihr nicht. Da nahm Steffi eines Abends alle Tabletten, die sie hatte. Man fand sie dann und rief den Krankenwagen. Vom Krankenhaus aus wurde sie eine psychiatrische Klinik verlegt. Dort spielte man mit Steffi – die immer noch Blasenschmerzen hatte – Zimmer-Wechsel-Dich. Immer wenn sie sich in einem Zimmer eingerichtet hatte, wurde sie wieder in ein anderes verlegt. Da tickte Steffi dann aus und sie kam auf die geschlossene Abteilung.

Steffi beschloss, wieder Richtung Heimat nach Baden-Württemberg zu ziehen. Sie kam dann in eine Gastfamilie nach M. und machte dort in der Werkstatt für behinderte Menschen eine Berufsfindung. In dieser Gastfamilie blieb Steffi 6 Jahre. Auch war sie wieder in der Nähe ihrer Mutter. Nachdem sie die Berufsfindung abgeschlossen hatte, ging sie auf einen Biolandhof und arbeitete dort in der Hauswirtschaft in einer Seniorengruppe. Da Steffi zwar ihre Arbeit dort verrichtete, aber sonst regen Kontakt zu den Senioren pflegte, gab es wieder Stress. Dadurch sollte Steffi wieder den Arbeitsplatz wechseln. Sie kam in eine Montagegruppe in eine Behindertenwerkstatt nach RT. Dort fühlte sie sich aber total unterfordert. Eines Tages sah Steffi einen Aushang, wo man Beschäftigte für eine Bürogruppe suchte. Nach Gesprächen mit ihrer Betreuerin wechselte Steffi dorthin. Dort blieb sie ca. 10 Jahre und war glücklich.

Noch in der Gastfamilie W. bekam Steffi einen gesetzlichen Vormund. Das war das letzte, was sie unterschrieben hatte. Der bestimmte auch Steffis Ärzte. Nach sechs Jahren zog Steffi dann nach P. zur Frau. S. Bei dieser war Steffi aber auch nicht glücklich. Bei der Konfirmation von der Pflegetochter soll Steffi die Toilette so mit Papier verstopft haben, dass der Keller unter Wasser stand. Den Schaden musste Steffi mit ihrem Gehalt und ihrer EU-Rente begleichen – dafür sorgte schon der Vormund.

Als dieses Wohnen auch schiefging, zog Steffi nach RT-S. zur Familie B. Dort fühlte sich Steffi zum ersten Mal wohl.

Bei einem Ausflug mit ihrer Mutter und ihrer Schwester Anne fiel das erste Mal das Wort Autismus. Nach dem Ausflug las Steffis Mutter viel darüber. In der Zeit, als Steffi nach Baden-Württemberg zurückkam, suchte sie dann auch auf verschiedene Weise Freunde. Dabei kam sie mit Konrad, der auch das Asperger-Syndrom hatte, zusammen. Die Mütter der beiden haben sich dann auch kennengelernt und sich ausgetauscht. Steffis Mutter wurde sich immer sicherer, dass Steffi auch das Asperger-Syndrom hat. Konrad war zu dieser Zeit schon Mitglied in einem Autismus-Verein und dort gab es einmal in der Woche ein Treffen der Selbsthilfegruppe, zu dem er Steffi dann auch mitnahm. Dort lernte Steffi auch die Vorsitzende Frau H. kennen. Die half dann Steffi aus der gesetzlichen Bevormundung raus. So dass der Betreuer bloß noch für die Finanzen von Steffi zuständig war. Jetzt konnte Steffi auch selbst den Arzt wechseln. Frau H. und Steffis Mutter ließen nicht locker mit dem Asperger-Syndrom und man ging mit Steffi zu einem Kinder- und Jugendpsychiater nach T. Der stellte die Verdachtsdiagnose Asperger-Syndrom. Dann hörte Steffis Mutter von der Asperger-Ambulanz an der Universität in F. und man ging dort nochmal zur Diagnose-Stellung hin. Aber es war wieder bloß ein Verdacht. Durch Probleme wegen falscher Medikation wurde sie nach T. in die Uniklinik überwiesen. Dort wurden wieder Tests gemacht auf Asperger-Syndrom. Als sie mit einem neuen Medikament aus der Klinik entlassen worden war, legte man ihr ein spezielles Therapie-Programm nahe, das an der Universität in F. angeboten wurde, dort wo sie auch schon zur Diagnose war. Was sie dann auch einmal in der Woche besuchte.

In dem Autismus-Verein lernte Steffi dann auch, in der Selbsthilfegruppe, den Udo etwas näher kennen, den sie eigentlich schon immer sehr mochte.

Als Steffi das zweite Mal nach F. fuhr, fand sie einen Zettel an der Tür, dass der Kurs ausfällt. Sie war also umsonst insgesamt 4 Stunden unterwegs und dadurch verständlicherweise sehr verärgert. Und so verärgert ging sie auch zur Selbsthilfegruppe. Udo fragte, was mit ihr los sei und sie berichtete es ihm. Da Udo eigentlich erst einmal nur wollte, dass Steffi wieder lacht, gab er ihr das für Steffi so schwer errungene Fahrgeld. Spontan umarmte Steffi Udo und da musste bei beiden etwas passiert sein. Steffi fragte Udo dann, ob sie mehr als nur Freunde sein könnten, worauf dieser um eine Stunde Bedenkzeit bat. Aber noch am gleichen Abend war dann klar, dass Udo und Steffi ein Paar waren.

Steffi übernachtete dann häufig bei Udo in R. und wollte dann auch nach R. zu ihrem Udo ziehen, was aber der Betreuer zu verhindern suchte. Aber Steffi kämpfte mit Hilfe von Udo gegen ihn an und gewann so ihre Freiheit zurück.

Nach dem Therapie-Programm in F. ging sie dort nochmal zur Diagnose-Stellung hin und kam jetzt mit der festen Diagnose Asperger-Syndrom nach Hause. Eine Woche später, nachdem Steffi und Udo ein Paar waren, starb Udos Vater. Er hinterließ eine Eigentumswohnung, die ausgeräumt werden musste, was sie mit Hilfe der Mutter von Steffi nach einem Jahr geschafft hatten.

Im Januar 2013 machte Udo seiner Steffi einen Heiratsantrag, in den sie sofort einwilligte.

Beide zogen dann in eine Mietwohnung nach RT. Ein Jahr später heiratete Steffi ihren Udo. Die Wohnung von Udos Vater konnte nun auch verkauft werden. Mit dem Geld kaufte Udo dann in B. U. eine Eigentumswohnung und beteiligte Steffi daran. Endlich konnten beide ihre Hobbys ausleben. Steffi schwärmte für Fische und hat ein eigenes Aquarium und Udo seine Modellauto-Sammlung.

Nachdem Udo und Steffi sich die Eigentumswohnung in B. U. gekauft haben, hat Steffi den Arbeitsplatz nach 10 Jahren nach B. U. verlegt und konnte ihre bisherige Arbeit mitnehmen. Auch hat sie dort einen Ansprechpartner gefunden, der sie in allen Bereichen unterstützt.

Jetzt kam der Wunsch von Steffi, einen Führerschein zu machen. Sie bewarb sich in dem einzigen Führerscheininternat in G. und wurde dann auch angenommen. Udo begleitete sie. Steffi bestand die Fahrprüfung im zweiten Anlauf.

Steffi hat sich um einen BIA Arbeitsplatz (Beruflich integrierter Arbeitsplatz) beworben und gleich einen bekommen, in einem Kindergarten. In dem Kindergarten betreut sie die Kinder beim Frühstück, ist dann beim Morgenkreis dabei und bereitet mit zwei Kindern den Imbiss vor. Wenn es die Zeit erlaubt, ist Steffi dann noch beim Imbiss mit dabei. Diese Arbeit findet wöchentlich am Freitag statt.

Am Wochenende arbeitet Steffi dann noch im Altenheim der BD. Was ihr auch sehr viel Spaß macht und sie auch den großen Unterschied sieht vom Kindergarten zu den Senioren.

Nun wird Steffi 40 und Udo ist 60 Jahre alt und geht aufgrund seiner Einschränkungen bald in den Ruhestand. Mit Udo ist Steffi nun seit über 3 Jahren glücklich verheiratet. Jetzt ist sie dort ankommen, wie sie es sich immer erträumt hat.

Steffi: Interview

Wenn Du Dich in ein neues Arbeits-/Wissensfeld einarbeiten musst, wie lernst Du die Inhalte am liebsten?

Ich lerne die Inhalte für ein neues Arbeits- oder Wissensfeld am liebsten im Unterricht und dann kann ich es daheim nochmal wiederholen. Wie bei der Theorie beim Führerschein. Das hatte ich theoretischen Unterricht und musste dann abends noch die Prüfungsfragen mit einem Tablet lernen. Im Unterricht wird der Stoff erklärt und wenn man eine Frage hat, kann man sie stellen.

Asperger sind oft pragmatisch und rational, was die Studien-/Berufswahl angeht. »Träume« werden hintangestellt. Stimmt das auch für Dich?
Zum Teil stimmt dies auch auf mich. Aber dazu lies doch meine Biografie. Ich wollte nach der Hauptschule Krankenschwester werden und hab dies auch am Anfang durchgesetzt, was aber dann doch scheiterte und nun bin ich in meinem gelernten Beruf als Bürokauffrau sehr glücklich.

Wo siehst Du Dich beruflich in 5 Jahren?
Am gleichen Platz wie heute. Es sollte sich nichts ändern.

Was löste berufliche Krisen aus? Wie wären diese im Nachhinein vielleicht zu verhindern gewesen?
Wenn man schon früher gewusst hätte, dass ich das Asperger-Syndrom habe, dann wäre mein Leben eventuell anders verlaufen. In manchen Situationen von früher hätte ich mir im Beruflichen so einen Menschen gewünscht, wie ich es jetzt in Frau R. habe. Diese versteht mich und bildet sich im Asperger-Bereich immer weiter und das kommt mir dann wieder zugute.

Welche Strategien hast Du für einen konfliktarmen und vielleicht sogar freundschaftlichen Umgang mit KollegInnen?
Ich habe kaum Kontakt zu meinen Kollegen hier in der Werkstatt in B. U. Früher im Büroservice in RT hatte ich zu allen einen freundschaftlichen, neutralen Kontakt. Ich habe sie mit ihrer Art akzeptiert und sie mich, glaube ich, und wir konnten auch zusammen oft viel Spaß haben. Aber dies Verhältnis musste auch erst wachsen. Das war nicht immer so. Jetzt helfen wir uns gegenseitig, auch wenn ich in B. U. bin und sie in RT sind.

Viele Aspies haben eine Schwäche beim Wiedererkennen von Gesichtern und damit von Menschen. Du auch? Was ist ein guter Umgang mit dieser Schwäche?
Die Menschen, die ich oft in meinem Leben gesehen habe, kenne ich gleich wieder. Aber die ich seltener sehe, da habe ich oft mein Problem,

wer dies sein soll. Wenn es die Situation erlaubt, frage ich nach, woher wir uns kennen. Da kenne ich keine Scheu.

Viele Aspies haben eine Schwäche beim Erkennen von Intentionen und Gefühlen von KollegInnen. Du auch? Was ist ein guter Umgang mit dieser Schwäche?
Das ist ein großes Problem für mich. Um mit diesem Problem besser zurechtzukommen, bin ich dabei, ein Lexikon zu erstellen, wo ich alle Gefühle beschreibe und ihnen ein passendes Bild oder Foto zuordne. Dabei lerne ich schon selber, wie die Gefühle als Wort und im Bild auf mich wirken und benote dies dann noch nach meinem Bauchgefühl.

Hast Du im Beruf Menschen wahrgenommen, die ähnlich »einsam« oder »seltsam« erscheinen wie Du selbst? Wie würdest Du damit umgehen, Asperger als KollegInnen zu haben?
Da ich ja selber in einem Verein (Autismus-Verstehen) bin und dort in einer Selbsthilfegruppe, komme ich mit Aspies gut klar. Also hätte ich auch kein Problem damit, wenn ich so eine/einen Kollegen/in hätte. Ich würde sie genauso behandeln, wie man mich behandeln soll, nämlich mit Respekt.

Warum prägt das Gefühl der Einsamkeit oder des Nichtdazugehörens so oft das Leben? Wächst da nicht die Akzeptanz, halt ein Einzelgänger zu sein?
Ich fühle mich nicht als Einzelgänger oder als nichtdazugehörig. Denn ich habe einen Mann – der auch das Asperger-Syndrom hat – und mit diesem kann ich alles machen, was ich möchte. Ich akzeptiere seine Schwächen und Stärken, so wie er meine akzeptiert. Auch in der Arbeit fühle ich mich durch Frau R. akzeptiert und auch aufgehoben und mit den anderen Menschen habe ich kaum Kontakt.

Hast Du auch das Gefühl, eine Art Theater zu spielen, bei dem Du neurotypische Verhalten kopierst? Welche Erfahrungen hast Du damit gemacht?
Dadurch dass man mich überall so nimmt, wie ich bin, egal ob in der Familie oder bei der Arbeit, muss ich kein Theater spielen, außer ich spiele Theater im Theater.

Es heißt oft, Aspies seien besonders ehrlich, hätten einen ausgeprägten Gerechtigkeitssinn. Trifft das auf Dich zu?
Ja, ich kann schlecht lügen und wenn ich es mal muss, dann kommt es meistens auch raus. Und ich habe einen großen Gerechtigkeitssinn. Wenn

man einer Rollstuhlfahrerin nicht die Tür aufhält oder man einem anderen Menschen mit Handicap nicht hilft, dann kann ich schon mal wütend werden.

Hast Du einen hohen Perfektionsanspruch an Dich in Deinem Job? Bist Du nur zufrieden, wenn Du alles perfekt erledigt hast?
Irgendwo schon und ich bin – weil ich meinen Beruf und meine Arbeit schon seit 10 Jahren mache – fast perfekt in der Arbeit. Aber ich kann es – glaube ich – auch tolerieren, wenn jemand nicht so gut ist wie ich.

Was schätzen Deine KollegInnen an Dir?
Kann ich so nicht sagen, weil ich seit Anfang 2015 keine habe. Aber was haben sie an mir früher geschätzt? Dass man mit mir Spaß haben kann, dass ich ehrlich meine Meinung sage, dass man sich auf mich verlassen kann.

Kannst Du in einem Satz zusammenfassen, welche Rolle die Familie/der Partner für Dich beim Erfüllen der Berufstätigkeit spielt?
Mein Ehemann steht in allen Dingen, egal ob es privat oder beruflich ist, immer hinter mir. Bei meiner Familie ist es schon schwieriger zu beurteilen, und dies würde hier den Rahmen sprengen.

Wie meinst Du wirkst Du auf andere Menschen? Eher empathisch oder unempathisch? Eher logisch denkend oder intuitiv handelnd? Woran machst Du das fest?
Ich kann mich eher schlecht in andere Menschen reinversetzen, da ich keine Gefühle so kenne. Ich lerne dies über mein Lexikon kennen. Ich reagiere oft logisch und es sollte auch alles logisch und nachvollziehbar sein in meinem Leben. Es sollte – wenn man mir eine Erklärung auf eine Frage gibt – logisch nachvollziehbar sein. Eine Frage mit einer Gegenfrage zu beantworten ist nicht logisch.

Wie gehst Du mit Schwierigkeiten bei der Orientierung im Arbeitsalltag und in den Strukturen um?
Da ich eine Arbeit schon seit 10 Jahren mache, habe ich keine Schwierigkeiten.

Wie gehst Du mit den Unvorhersehbarkeiten im Team um?
Wie ich schon erwähnt habe, habe ich kein Team. Früher als ich noch im Büroservice gearbeitet habe, bin ich dann schon mal ausgetickert bei Unvorhersehbarkeiten.

Hast Du Schwierigkeiten, dem Arbeitsinhalt Struktur zu geben? Wenn ja, was hilft Dir?
Nein, habe ich nicht. Außer es gibt keine Arbeit für mich – d. h., ich bin für die Zeiterfassung zuständig und wenn dort nichts reinkommt an Korrekturscheinen – dann sitze ich da und surfe im Internet oder bearbeite mein Gefühlslexikon.

An wen hast Du Dich mit Deinen psychischen Problemen wie Depressionen und/oder Ängsten gewandt? An wen wendest Du Dich aktuell?
Da habe ich einen guten Verhaltenstherapeuten und einen guten Hausarzt, der sich mit Aspergern auskennt.

Hast Du an psychologischen, sozialen oder berufsfördernden Angeboten speziell für Aspies teilgenommen? Welche Erfahrungen hast Du gemacht?
Ich bin – seitdem ich weiß, dass ich ein Aspie bin – in einem Verein (Autismus-Verstehen.de) und leite mit meinem Mann zusammen eine Selbsthilfegruppe für Aspies in B. U. In meiner Werkstatt gibt es kein spezielles Angebot für Autisten.

Leidest Du manchmal an Reizüberflutung? Wenn ja, wie gehst Du damit um?
Ja, es kommt dann vor, wenn ich abends in vollen Zügen noch nach Hause muss. Dann ist mit mir nichts mehr anzufangen. Ich blockiere dann alles und jeden. Es ist dann schwer an mich ranzukommen. Man sagt dann zu mir, ich sei ein bockiges, trotziges Kleinkind.

Dann probiere ich, mich mit Musik abzuschalten, oder früher habe ich mich in eine Traumwelt verzogen, wo ich mich jetzt aber seit meinem 25. Lebensjahr nicht mehr reindenken kann. Oder ich setze mich daheim vor mein Aquarium und lasse die Fischwelt auf mich wirken.

Was würdest Du Dir an Unterstützung (privat wie institutionell) wünschen, um mit den Schwierigkeiten im Berufsleben besser umgehen zu können oder diese zu lösen?
Diese Unterstützung habe ich in meiner Frau R. schon gefunden. Ich bin glücklich, so wie es jetzt ist.

Jürgen

Während meiner Kindheit und Jugend war Autismus allenfalls ein Thema für wenige Spezialisten. Die Schule setzte in den 60er und 70er Jahren strikt auf konformes Verhalten, sanktionierte jeden, der sich nicht daran halten wollte oder konnte. Ich möchte auf diese weit zurückliegende Schulzeit nicht näher eingehen, zumal mich das Erwerbsleben vor vergleichsweise ernsthaftere Probleme gestellt hat.

2010

Bis zu meinem 40. Lebensjahr (1998) entspricht meine Erwerbsbiografie derjenigen eines wissenschaftlichen Mitarbeiters. Ihr Verlauf weicht jedoch von der üblichen akademischen Laufbahn ab. Mit einer Planstelle an einem Max-Planck-Institut hatte ich 1995 nach meiner Promotion das Maximum an beruflicher Perspektive erreicht: einen unbefristeten Arbeitsplatz. Möglich wurde das, weil das Jobprofil zehn Jahre lang perfekt zu meinen Stärken gepasst hatte. Nie wieder habe ich so viel positiven Stress durch »Flow« erlebt wie damals. So gesehen hatte ich diesen Erfolg auch meinen (damals noch unentdeckten) autistischen Stärken zu verdanken. Statt diese Position strategisch auszubauen, gab ich diese sichere Stelle wieder auf. Der bevorstehende Umzug des Instituts von einer Kleinstadt nach Berlin und die steigenden Anforderungen an meine soziale Kompetenz verschreckten mich. Damals beobachtete ich an mir eine merkwürdige Unterlegenheit in sozialen Situationen, die meine Kollegen anscheinend mühelos bewältigten. Diskussionen und Themenwechsel erfolgten in einem solchen Tempo, dass es mir schwerfiel, Schritt zu halten und überhaupt zu Wort zu kommen. Deshalb entschied ich mich auch, ein Habilitationsstipendium abzulehnen. Ich wollte nicht Professor werden, ich wollte einfach nur meine Arbeit tun, die mir wirklich Freude machte. Doch auch den nächsten, von ständigen Auseinandersetzungen mit einem »schwierigen« Vorgesetzten geprägten Arbeitsplatz gab ich 1998 auf – die »Chemie« stimmte einfach nicht. Nun begann sich die von Schwächen dominierte Seite meines Autismus zu offenbaren.

Nach den beruflich erfolgreichen und finanziell abgesicherten Jahren schloss sich eine von teilweise unfreiwilligen Stellenwechseln, Wendungen und Brüchen gekennzeichnete Phase an. Bis heute wechselten sich kurzfristige Beschäftigungsverhältnisse mit Perioden der Selbstständigkeit oder freiberuflicher Tätigkeit ab, immer wieder unterbrochen von Erwerbslosigkeit (ALG I und II) oder Rehabilitationen. In der Selbstständigkeit (2000–2005, Ausbildungslabor) fand ich zwar die Möglichkeit, wieder meine Stärken einsetzen zu können, doch ich hatte die Belastungen, denen ich mich im sozialen Umgang mit Bankern, Unternehmensberatern, Beamten, Anwälten, Notaren, Immobilienmaklern, Lieferanten und Kunden auszusetzen hatte, unterschätzt. Hinzu kam die rückläufige Nachfrage nach meinen Dienstleistungen. 2008, in einem erneuten Angestelltenverhältnis, habe ich zum ersten Mal erleben dürfen, wie man anhand böswilliger Behauptungen so unter falschen Verdacht gerät, dass sich nahezu die gesamte Arbeitsgruppe von einem abwendet. Was war geschehen? Ich war in den Laborprotokollen auf fehlerhafte Messdaten meiner Vorgängerin gestoßen, über die ich den verantwortlichen Mitarbeiter in Kenntnis setzte. Dieser behauptete in einer Arbeitsbesprechung jedoch in völliger Verdrehung der Tatsachen, meine Messergebnisse seien falsch, meine Arbeit deshalb fehlerhaft. Vom empörten Chef vor versammelter Mannschaft abgekanzelt stand ich da wie ein ertappter Ladendieb. Das auszuhalten und mich zu wehren, hatte ich nie gelernt. Obwohl die Unterstellung von einem netten Kollegen später als völlig unbegründet und unhaltbar entlarvt werden konnte, wurde der befristete Arbeitsvertrag nicht verlängert. Da ich bereits Teilarbeitslosengeld in Anspruch genommen hatte, war 2009 mein Anspruch auf Arbeitslosengeld I bald erschöpft und ich wurde auf das Arbeitslosengeld II (ALG II, besser bekannt als »Hartz IV«) herabgestuft. Die Einladungen des Jobcenters zu den obligatorischen Gesprächen über meine »berufliche Zukunft« gestalteten sich realitätsferner als je zuvor. Überqualifizierung schützte nun nicht mehr vor der Pflicht, auch Lower-status-Jobs annehmen zu müssen. Ich schrieb Bewerbungen wie am Fließband, schon um einer Zwangsbeschäftigung durch das Jobcenter zuvorzukommen. Die Bemühungen, meine Familie wieder auf eine solide finanzielle Basis zu stellen, litten unter anderem auch darunter, dass ich mich 2008 wegen gesundheitlicher Probleme in ärztliche Behandlung begeben musste. Die Diagnose »mittelgradige depressive Episode« überraschte mich nicht wirklich. Was mich erschreckte, war der »Verdacht auf soziale Phobie, Zwangssymptomatik und schizoide Persönlichkeit«. Nach eingehender Beratung mit meiner Frau akzeptierte ich die Medikation mit Cipralex®, war aber nicht bereit, mich auf eine stationäre Aufnahme zwecks »Gruppentherapie und vertiefter Diagnostik der Zwangsstörungssymptome« einzulassen.

Mein angegriffener Gesundheitszustand änderte jedoch nichts an der Notwendigkeit, möglichst schnell wieder in ein Arbeitsverhältnis zu gelangen. Hatte ich zuvor ausschließlich bei wissenschaftlichen Einrichtungen nach Stellen gesucht, bewarb ich mich nun nach dem Gießkannenprinzip. Die Strategie der (Initiativ-)Bewerbung nutzte sich aber allmählich ab. Sie diente lediglich noch als Nachweis meiner »Eigeninitiative«, um den Anspruch auf ALG II nicht zu verlieren. Auf die Ausübung meines erlernten Berufes konnte ich offenbar nicht mehr hoffen. Ich musste neue Wege finden. Trotz des Lehrermangels scheiterten meine Versuche, als Seiten- oder Quereinsteiger in den Schuldienst zu wechseln, stets an meiner angeblich fehlenden pädagogischen Qualifikation: Eine Übernahme in den Schuldienst sei nur durch ein Pädagogikstudium zu erlangen. Während der mindestens zweijährigen Ausbildung würde ich wiederum kein Einkommen haben. Eine Lehrerausbildung könne jedoch schon daran scheitern, dass ich altersmäßig über der Zulassungsbegrenzung läge.

Ein Jahr nach der verlorengegangenen Stelle fand ich doch noch eine Anstellung an einer Uniklinik. Da aufgrund eines formalen Fehlers beim Vertragsabschluss, den ich nach Aussage der Personalverwaltung nicht zu verantworten hatte, der Wiedereingliederungszuschuss durch die ARGE an den Arbeitgeber nicht ausgezahlt werden konnte, erhielt ich noch während der Probezeit die Kündigung wegen »fehlender Qualifizierung«. In der Einstellungsbegründung war noch vom »unverzichtbaren Experten« die Rede gewesen.

Die finanziellen Belastungen hatten nun solche Ausmaße angenommen, dass ich die Dienste eines Pfandleihhauses in Anspruch nehmen musste, um den schlimmsten finanziellen Engpass zu überstehen. In dieser für die gesamte Familie schweren Zeit brachte meine Frau zum ersten Mal den Begriff Autismus ins Spiel. Meine Begeisterung hielt sich in Grenzen. Ausgerechnet Autismus! Meine innere Gegenwehr war jedoch nicht von langer Dauer. Es gab so viele gemeinsame Schnittmengen, dass der begründete Verdacht die Oberhand über die Skepsis gewann. Das Thema Autismus überlagerte plötzlich alles andere. Ich recherchierte, sah mir ein TV-Interview mit der Autistin Nicole Schuster an. Meine Frau schlug eine Diagnose vor. Der Verdacht müsse zur Gewissheit oder ausgeräumt werden. In der Autismusambulanz der Berliner Charité setzte man eine neue Methodik ein, die es erlaubte, auch ältere Erwachsene zu diagnostizieren. Während der mehrmonatigen Wartezeit auf die Termine in Berlin trat der Alltag wieder verstärkt in den Vordergrund. Ich fühlte mich wegen der verlorengegangenen Arbeitsplätze mies, abgespannt, müde und antriebslos. Erneut musste ich mich in nervenärztliche Behandlung begeben. Erneut wurde eine mittelschwere depressive Episode diagnostiziert. Doch diesmal wurde ich längerfristig krankgeschrieben und erhielt Mirtazapin verordnet. Eine stationäre Psychotherapie lehnte ich jedoch wiederum ab. Stattdessen begab ich mich in eine ambulante Psychotherapie, in deren Verlauf sich der »dringende Verdacht für eine Störung aus dem autistischen Spektrum« verdichtete.

In diesen von quälenden Selbstzweifeln, Mut- und Perspektivlosigkeit erfüllten Monaten rückte das Thema Autismus wieder in den Vordergrund. Nach der Charité gab nun die Autismusambulanz in Dresden ebenfalls grünes Licht für einen Test. Auch meine behandelnde Neurologin war mittlerweile zu der Erkenntnis gelangt, dass hinter meinen gesundheitlichen Problemen mehr stecken müsse als nur die »Kränkung über den Verlust des Arbeitsplatzes«. Immerhin erbrachte eine psychologische Hirnleistungsdiagnostik am Fachkrankenhaus für Psychiatrie und Neurologie in Altscherbitz ein Resultat, das den Verdacht auf Autismus erhärtete. Am 19.10.2010 wurde bei mir das »Asperger-Syndrom im Erwachsenenalter gemäß DSM-IV und ICD-10 (F84.5)« entdeckt. Der 19. Oktober ist seither so etwas wie ein zweiter Geburtstag für mich.

Mit der Entdeckung meines Autismus erschien meine zuvor nur diffus wahrgenommene Besonderheit plötzlich in einem hellen Licht. Die Probleme in der Schule, die Schwierigkeiten und Hemmungen in sozialen Situationen, der »Flow«, den ich bei meiner wissenschaftlichen Arbeit erlebte sowie manche andere kuriose Erfahrung in meinem Leben hatten nun plötzlich eine plausible Erklärung gefunden. Sie änderte jedoch nichts an den materiellen Sorgen. Solange meine Arbeitsunfähigkeit andauerte, war der Lebensunterhalt durch Bezug von Krankengeld gesichert. Doch wie sollte es anschließend weitergehen? Nachdem nun auch noch eine durch die Depression bedingte Phase der Langzeitarbeitslosigkeit meinen Lebenslauf belastete, schien es so gut wie ausgeschlossen, auf dem üblichen Weg wieder in Lohn und Brot zu kommen. Zudem war nicht zu erwarten, dass sich eine Eigenschaft wie Autismus besonders förderlich auf die Arbeitssuche auswirken würde. Im Gegenteil: Ein Gutachten des Medizinischen Dienstes der Krankenversicherung sah in meinem Fall eine »erhebliche Gefährdung der Erwerbstätigkeit« vorliegen. Um der Sache etwas Positives abzugewinnen, wollte ich zukünftig zur Aufklärung über das Phänomen Autismus beitragen. Motiviert hatten mich Organisationen und Vereine wie Autworker und Aspies. Zudem schloss ich mich der Autismus-Forschungskooperation AFK in Berlin an. Über deren Studienergebnisse berichtete ich auf einer Internetplattform für Autoren. Doch so wichtig diese Beschäftigungen für mich auch waren, leben konnte man davon nicht. Ich musste endlich einen Weg finden, den Lebensunterhalt für meine Familie auf Dauer zu sichern. Während meine ehemaligen Kolleginnen und Kollegen bereits auf ihren Lehrstühlen saßen, stellte ich beim Rentenversicherungsträger einen Antrag auf Teilhabe am Arbeitsleben und suchte beim Beruflichen Trainingszentrum (BTZ) um Unterstützung bei der beruflichen Wiedereingliederung nach.

2011

Am 17.01.2011 bestätigte die Autismusambulanz in Dresden den Befund der Charité. Da die autistischen Syndrome nach dem Schwerbehindertenrecht als psychische Behinderungen gelten, war ich im Rahmen des sozialen Nachteilsausgleichs von nun an lebenslang und rückwirkend mit dem »Grad der Behinderung von 50« gesegnet. Trotz meines Akzeptanzproblems mit der Formulierung »psychische Behinderung« hegte ich die Hoffnung, dass sich dieser Makel möglicherweise als ein Steigbügelhalter bei der Arbeitssuche erweisen könnte. Immerhin wurden Menschen mit Schwerbehinderung stets ausdrücklich dazu ermuntert, sich auf ausgeschriebene Stellen zu bewerben.

Im Sommer begann ich am BTZ in Dresden eine zwölfmonatige Rehabilitationsmaßnahme. Sie sicherte mir den Bezug eines Übergangsgeldes, das sich an meinem letzten Gehalt orientierte. Meine Hoffnung war natürlich, noch während der Maßnahme einen Arbeitsplatz zu finden. Da ein potenzieller Arbeitgeber Aussicht auf einen Lohnkostenzuschuss hatte, ging ich entsprechend optimistisch an die Sache heran. Im BTZ hätte man es jedoch lieber gesehen, wenn ich »kleinere Brötchen gebacken« und mich auf Praktikantenstellen beworben hätte. Ich hatte allerdings Zweifel, ob man einen promovierten Naturwissenschaftler Mitte fünfzig, der sich als Praktikant bewirbt, überhaupt ernst nehmen würde.

Ich dachte an meine früheren Arbeitsplätze in großen deutschen Forschungsinstituten zurück. Weshalb war es dort nie zu solchen Schwierigkeiten gekommen? Warum plötzlich diese Abstürze? Vor dem Hintergrund meiner neuentdeckten Besonderheit suchte ich nach Gründen. Möglicherweise lag mein früherer Erfolg in den internationalen, multikulturellen Arbeitsgruppen begründet. Wenn Menschen aus den unterschiedlichsten Ethnien und Kulturen auf hohem Niveau zusammenarbeiten, besteht offenbar eine gewisse Toleranz gegenüber individuellen Eigenheiten und Eigenarten. Anscheinend waren meine autistischen Merkmale dort als persönliche Gewohnheiten akzeptiert worden. Später, in den rein deutsch zusammengesetzten Arbeitsgruppen, wurden diese Gewohnheiten als »Macken« deutlicher wahrgenommen und als unangebrachte Kaprizen missbilligt.

2012

Die Chance auf eine halbwegs anspruchsvolle Stelle schien sich im März 2012 zu bieten: Die Firma Auticon hatte das Talent mancher Autisten zur Softwareprüfung erkannt und suchte nun nach geeigneten Kandidaten. Obwohl ich mich auf diesem Gebiet selbst für nicht besonders begabt halte, nahm ich an dem Test teil. Doch offenbar reichten meine Fähigkeiten als Wort-Denker nicht aus, auch ein Softwaretester zu werden. Ich hatte zwar »Asperger«, aber leider nicht die passende Denkstruktur. Dafür schien die Resonanz auf meine Bewerbungen die These von den »kleinen Brötchen« Lügen zu strafen: Die 103 Anschreiben, die ich am BTZ verschickt hatte, bescherten mir zwölf Einladungen aus dem ganzen Bundesgebiet. Eine hervorragende Erfolgsquote! Allein, sie brachten nicht das erhoffte Resultat, ganz gleich, ob ich mein Handicap thematisiert hatte oder nicht. Was ich damals nicht wusste: Bei vergleichbarer Eignung müssen Bewerber mit Handicap immer zum Vorstellungsgespräch eingeladen werden – auch wenn von vornehrein feststeht, dass man sie gar nicht einstellen wird. Das relativierte die Erfolgsquote natürlich erheblich. Wenigstens ergab sich die Möglichkeit, nach Ablauf der Maßnahme auch ohne Pädagogikstudium als Honorardozent an der Sozialpflegeschule in Döbeln zu arbeiten. Da ich nur an einem Tag in der Woche zu unterrichten hatte, blieb nach Abzug der Fahrtkosten zwar nur ein bescheidenes Honorar, es half jedoch wenigstens zu wirtschaften.

Auch wenn die harte Bewerbungsarbeit am BTZ nicht zu einem Arbeitsplatz geführt hatte, war mir zumindest wieder für einige Monate ein Anspruch auf ALG I sicher. Meinem Wunsch nach sozialversicherungspflichtiger Lohnarbeit standen aber nach wie vor nur sehr geringe Chancen auf dem Arbeitsmarkt entgegen. Welche Wege gab es noch, die aus dem Dilemma herausführen konnten? Selbstständigkeit kam nicht mehr in Frage. Diese Variante hatte von der Familie bereits zu große Opfer gefordert. Doch da gab es noch das Konzept eines Autismus-Informationsdienstes (AID), das ich mir am BTZ ausgedacht hatte. Ob am Autismuszentrum Oberlausitz, ob beim Regionalverband Autismus Sachsen: Wo immer ich die Idee einer wissenschaftlich validierten Auskunftei über Autismus präsentierte, stieß sie auf rege Zustimmung. Jemand meinte gar, ein AID könne »das große Problem vieler Eltern ohne Orientierung lösen«.

Bedarf war zweifellos vorhanden. Jetzt musste »nur« noch ein Weg gefunden werden, die Idee zu realisieren. Für eine professionelle Umsetzung wurde ein Partner gesucht, der sowohl über die technischen Voraussetzungen verfügte als auch als Trägerinstitution infrage kam. Dieser Partner musste jedoch auch über Kapital verfügen – schließlich sollte ja auch eine bezahlte Stelle für mich dabei herausspringen. Meine Überlegungen gingen dahin, Stiftungen anzusprechen, die sowohl über Geld als auch über politischen Einfluss verfügen. Außerdem sah mein Konzept vor, langfristige Bundesmittel zu akquirieren. Daneben wollte ich die Wirtschaft durch vorbildliche Unternehmen wie Auticon, Specialisterne und Asperger AG (Zürich) vom Potenzial autistischer Mitarbeiter und Mitarbeiterinnen (nicht nur im IT-Bereich) überzeugen. Mit der Aussicht, Gewinn zu erwirtschaften, dachte ich, würde auch die Bereitschaft steigen, Gelder für das Projekt zur Verfügung zu stellen. Um Geldgeber und Förderer zu gewinnen, war jedoch die Unterstützung durch Wissenschaftler nötig. Deshalb verschickte ich nun als Bewerbungsschreiben ganz besonderer Art meine Projektskizze an eine Reihe ausgewählter Wissenschaftseinrichtungen.

Das Uniklinikum Marburg hielt einen AID zwar für sinnvoll, bedauerte aber, nicht über die Mittel zu verfügen, um ein geeignetes Arbeitsverhältnis für mich initiieren zu können. An der FU Berlin hielt man meine Idee zwar ebenfalls »grundsätzlich für sehr gut«, ging jedoch nicht weiter darauf ein. Wenigstens fügte man eine Liste sämtlicher Autismusforscher Deutschlands bei. Wissenschaftler des Fachbereichs Sozialwesen der FH Münster und des Instituts für Rehabilitationspädagogik der Universität Halle/Wittenberg bekundeten hingegen ihr Interesse. In Münster bestätigte man meine Einschätzung, dass es in der Bundesrepublik »selbst im therapeutischen Bereich an fundierten und wissenschaftlich abgesicherten Informationen zu den Autismus-Spektrum-Störungen mangele«. Eine fachliche Mitwirkung an meinem Vorhaben wäre somit sehr gut vorstellbar. Aus Halle war zu vernehmen, dass man meine Idee »sehr interessant« fände und »an einer Zusammenarbeit interessiert« sei. Auch Autismus Deutschland e.V. signalisierte Interesse, sich an dem Projekt beteiligen zu wollen. Sowohl Halle als auch Münster wären als Standorte in Frage gekommen. Beide Hochschulen hätten einen Arbeitsplatz mit entsprechender Hardware zur Verfügung stellen können. Beide Ansprechpartner verhehlten jedoch nicht, dass ihre Einrichtungen nicht über die Geldmittel verfügten, ein so ambitioniertes Projekt alleine zu finanzieren.

Bei der Lösung dieser schwierigen Frage hatte ich in dem Koordinator des Arbeitgeber-Service für schwerbehinderte Akademiker der Zentralen Auslands- und Fachvermittlung ZAV der Bundesagentur für Arbeit in Bonn einen stets geduldigen Ansprechpartner und unermüdlichen Helfer gefunden. Er hörte zu, nutzte seine weitreichenden Kontakte, führte manches Sondierungsgespräch und klopfte die unterschiedlichsten finanziellen Fördermöglichkeiten auf ihre Tauglichkeit ab. Trotz allem durfte die Stellensuche jedoch auf gar keinen Fall vernachlässigt werden, da für die Arbeitsagentur nur Bewerbungen zählen. Ich bewarb mich nun nicht mehr wahllos, sondern suchte Stellenausschreibungen nach strategischen Gesichtspunkten aus. Meine Strategie sah nun vor, den Status »schwerbehindert« gezielt in die Waagschale zu werfen. Ich nannte in einigen, ausgewählten Bewerbungen mein Handicap beim Namen, wies jedoch gleichzeitig auf meine Stärken hin. Es kamen nur Absagen, unter anderem auch von der Firma SAP, die – welch Ironie – ein Jahr später weltweit nach dem Vorbild kleinerer Softwarefirmen autistische Mitarbeiter und Mitarbeiterinnen zu akquirieren begann!

2013

2013 befand ich mich erneut in einer depressiven Phase. Wieder wurde mir Mirtazapin verordnet. Als mir der Arzt riet, mich in mein Schicksal zu fügen, anstatt dagegen anzukämpfen, brach ich die Therapie ab. Autismus Deutschland e. V. riet mir, lieber Erwerbsunfähigkeitsrente zu beantragen, als mir den Stress mit der Stellensuche anzutun. Dann hätte ich meine Ruhe und könne endlich meinen Spezialinteressen nachgehen. Eine EU-Rente hätte jedoch nur Nachteile gebracht. Meine geringen Rentenansprüche wären wegen vorzeitiger Inanspruchnahme noch bescheidener geworden. Der Rentenversicherungsträger zeigte sich jedoch geneigt, mir eine zweite Maßnahme zur Teilhabe am Arbeitsleben zu gewähren. Allerdings nur, wenn ich Abstriche an meinen »überzogenen Vorstellungen von einem Arbeitsplatz« vornähme. Man empfahl mir, zuvor einen Antrag auf Arbeitslosengeld II zu stellen, um die Zeit bis zum Beginn der neuen Maßnahme zu überbrücken. Da ALG I, ALG II und auch das Überbrückungsgeld stets auf der Grundlage des jeweils letzten Leistungsbezugs berechnet und mit einem Abzug versehen werden, gerät man zwangsweise auf eine finanzielle Talfahrt.

Um noch vor Beginn der Maßnahme einen Job zu bekommen, suchte ich die Unterstützung der Schwerbehindertenvertreterin der TU Dresden. Die angekündigte Präsentation meines AID-Projektes in der Inklusionssitzung der Universitätsleitung fand jedoch nie statt. Von der Beauftragten für Schwerbehindertenangelegenheiten des Arbeitgebers TU Dresden erfuhr ich sehr viel Entlarvendes über den Einstellungsstopp und den chronischen Kapitalmangel an der TU Dresden. Ich solle mich lieber an den Integrationsfachdienst wenden. Ein Mitglied der Hauptschwerbehindertenvertretung beim Sächsischen Staatsministerium für Wissenschaft und Kunst empfahl mir, mich beim Personaldezernenten der Universitätsbibliothek um ein Praktikum zu bewerben. In seinem Antwortschreiben wies dieser unmissverständlich darauf hin, dass ein unentgeltliches Praktikum »keinen Anspruch auf ein Beschäftigungsverhältnis« begründe. Einer »Übernahme in ein Beschäftigungsverhältnis [würde] mit Abschluss eines Praktikumsvertrages widersprochen werden«. Deutlicher kann man nicht signalisieren, wie gleichgültig einem das Prinzip Inklusion im Grunde ist.

Da von den so genannten Schwerbehindertenvertretern keine Unterstützung zu erwarten war, erkundigte ich mich bei der Autismusambulanz nach der Möglichkeit, mich zum Schulbegleiter für autistische Kinder ausbilden zu lassen. Ein Praktikum sei möglich, doch bei den Arbeitsplätzen sähe es schlecht aus. Man wolle aber nach Aufgabengebieten suchen, die zu meinen Fähigkeiten passten. Fündig geworden ist man anscheinend nicht. Stattdessen sollte ich mein AID-Projekt vorzustellen. Es blieb jedoch neben der Versicherung, dass das Projekt »interessant« sei, nicht viel mehr als die Bitte, ich möge mir bitte keine allzu großen Hoffnungen machen.

Da sich Autismus Deutschland e. V. von dem Projekt AID zurückgezogen hatte, stand die Universität Halle auf meiner Liste ganz oben. Wie sich herausstellte, war ein Förderantrag bei der Deutschen Forschungsgemeinschaft DFG nutzlos, da es sich bei meinem Projekt nicht um ein Forschungsvorhaben handelte, sondern um eine Dienstleistung. Die Förderorganisation »Aktion Mensch« schied ebenfalls aus, da sie keine universitären Einrichtungen fördert. Als Alternative bot sich eine Unterstützung durch das Bundesministerium für Arbeit und Soziales BMAS an, welches bereits das »Netzwerk Epilepsie und Arbeit« gefördert hatte. Deshalb wurde die Epilepsie-Vorlage in einen Autismus-Antrag umgemodelt. Er sah immerhin eine halbe Million Euro für einen Zeitraum von drei Jahren und dreieinhalb Stellen vor. Mit der Antragstellung wären die Probleme jedoch mitnichten gelöst gewesen, denn sie konnte Jahre dauern und der Ausgang war ungewiss. Aber wo sollten kurzfristig Gelder bis zur Bewilligung der Fördermittel herkommen? Leider erfüllt ein Non-profit-Projekt wie ein AID die Förderbedingungen vieler Stiftungen nicht.

Nun rückte meine zweite Maßnahme zur Teilhabe am Arbeitsleben in Gestalt eines Computerkurses für Langzeitarbeitslose näher. Dieses Mal hatte ich die strikte Vorgabe, mich »bestenfalls [auf] eine Beschäftigung auf Facharbeiterniveau« zu bewerben. Zudem sollte ich meine Lehrtätigkeit an der Sozialpflegeschule aufgeben. Mein Einwand, ein Tag Unterricht pro Woche sei im Moment meine einzige Verdienstmöglichkeit, wurde vom Rentenversicherungsträger zurückgewiesen. Es handele sich um eine »Vollzeitmaßnahme mit festen Anwesenheitsstrukturen«. Ziel der Maßnahme sei schließlich »die Suche nach einer leidensgerechten Arbeit«, da ich nach der Leistungsbeurteilung durch den sozialmedizinischen Dienst ein »für pädagogische Tätigkeiten negatives Leistungsbild« aufwiese und »Tätigkeiten mit besonderen Anforderungen an geistige Belastbarkeit (!)« für mich sowieso nicht in Frage kämen. Mein Ratgeber in Bonn schüttelte ob dieser defizitorientierten, fast diskriminierenden Einschätzung nur den Kopf. Er riet mir davon ab, die freiberufliche Dozententätigkeit mit eventueller Option auf Übernahme gegen eine Reha-Maßnahme mit ungewissem Ausgang einzutauschen. Dennoch tat ich genau das. Die Rechnungen und die Miete wollten *jetzt* beglichen werden. Das waren die Fakten.

Meine Krankenkasse vermittelte mir daraufhin eine Beratung für Menschen mit psychischen Erkrankungen durch den Psychosozialen Trägerverein Sachsen, genannt »plan b«. Da der Plan B bei »plan-b« (wie in vielen anderen Einrichtungen dieser Art) offenbar darin besteht, die Klienten zu sedieren und an ihre missliche Lage und an Hartz IV zu gewöhnen, brach ich diese Art der »integrierten Versorgung« ab, zumal die Zeit gekommen war, meine zweite Reha-Maßnahme anzutreten. Trotz der strikten Vorgaben bewarb ich mich insgeheim unter dem Stichwort »Jobs ohne Barrieren« bei Siemens und im Rahmen des »Tandem-Modells« beim Robert-Koch-Institut. Leider reichte es nur auf die Warteliste – kein Wunder, bei 7 541 schwerbehinderten Akademikern, die allein 2013 in Deutschland eine Stelle suchten! Statt einer Arbeit in einem Forschungslabor erhielt ich bereits kurz nach Beginn der Reha-Maßnahme einen Praktikumsplatz an einer Dresdner Universitätsklinik. Zwar bestanden meine Aufgaben auch darin, Dienstbotengänge zu erledigen, einzukaufen, Serienbriefe einzutüten, Kaffee zu kochen oder defekte Fahrräder zur Werkstatt zu bringen, doch wurde ich wenigstens zeitweise zu Arbeiten herangezogen, die meiner Ausbildung und meinen Stärken entsprechen.

2014–2016

Abgesehen von dem separierten PC-Arbeitsplatz, den ich sehr zu schätzen weiß, fehlt an der Klink nahezu alles, was einer »leidensgerechten« Beschäftigung entsprechen würde. Ursprünglich auf drei Monate begrenzt, wurde das Praktikum seitens der Klinik sukzessive auf 15 Monate ausgedehnt. Als der Kostenträger Druck machte, wurde ich bei einer Tochtergesellschaft des Uniklinikums angestellt und an die Klinik »ausgeliehen«. Da mein Gehalt aus Drittmitteln finanziert und zudem vom Rentenversicherungsträger bezuschusst wurde, entstanden dem Arbeitgeber praktisch nie Lohnkosten. Da jedoch ab 2017 in die eigene Gehaltskasse gegriffen werden muss, möchte sich niemand zu einer Vertragsverlängerung auf eigene Rechnung durchringen. Der Schlusspunkt unter ein für meine Familie quälend langes Wechselbad aus Arbeitslosigkeit, Rehabilitation, selbstständiger bzw. freiberuflicher Tätigkeit und Praktika ist somit immer noch in weiter Ferne. Ob es doch noch Alternativen gibt, die eventuell zu einem Wechsel in ein anderes Beschäftigungsverhältnis führen könnten, ist eine Frage, die mich auch weiterhin beschäftigen wird. Immerhin sind noch sechs Jahre bis zum frühestmöglichen Renteneintritt zu überbrücken.

Jürgen: Interview

Wenn Du Dich in ein neues Arbeits-/Wissensfeld einarbeiten musst, wie lernst Du die Inhalte am liebsten? Warum kommt Dir gerade das entgegen?
Ich habe nichts gegen strukturierten Unterricht. Je weniger Teilnehmer, desto besser. Viele Inhalte lassen sich besser selbstständig erarbeiten – durch Vorwissen und Internetnutzung beispielsweise. Es kommt auf den Stoff und auf das Umfeld an. In einer Volkshochschulgruppe zu sitzen wäre nichts für mich.

Es heißt, Asperger seien oft pragmatisch und rational, was die Studien-/Berufswahl angeht. »Träume« werden hintangestellt. Stimmt das auch für Dich? Warum ist das so?
Erfahrungen in Kindheit/Jugend waren prägend für meine Berufswahl. Ich wollte Biologie studieren. Traumberufe (wie Astronaut oder Rennfahrer) gab es nicht. Ich hätte mich besser von Anfang an auf das Schreiben als Beruf, z. B. für einen Verlag, konzentrieren sollen, aber hinterher ist man immer schlauer.

Was löste berufliche Krisen aus? Wie wären diese im Nachhinein vielleicht verhinderbar gewesen?
Fehlverhalten bzw. atypisches Verhalten oder der Situation nicht angemessene Reaktionen meinerseits. Verhinderbar vielleicht nicht. Dazu fehlte das Wissen über mich selbst. Für mich günstige Arbeitsbedingungen haben mir jahrelang genutzt, bevor die »unerklärlichen« Brüche kamen.

Welche Strategien hast Du für einen konfliktarmen und vielleicht sogar freundschaftlichen Umgang mit KollegInnen?
Freundlichkeit, Aufmerksamkeit, Gebrauch höflicher Floskeln, Zurückhaltung bei mehreren Gesprächspartnern, Notizen machen. Habe das alles im Lauf der Jahre dem Leben abgeschaut und setze es mit mehr oder weniger Erfolg ein. Das alles ist Schauspielerei, die Kraft und Energie kostet. Wenn ich an meine Grenzen komme, in wirklich kritischen Situationen, kann ich die Sache nicht mehr wirklich handeln.

Wie gehst Du mit den Unvorhersehbarkeiten im Team um?
Ich versuche, ruhig zu bleiben, die Übersicht nicht zu verlieren, »Stimming«, um Denkblockaden zu vermeiden. Wenn alles nichts hilft, bleibt nur

noch Aussteigen und Flucht. [Anm.: Stimming meint selbststimulierendes Verhalten in Form von ungewöhnlichen motorischen Bewegungen].

Viele Aspies haben eine Schwäche beim Wiedererkennen von Gesichtern und damit von Menschen. Du auch? Was ist ein guter Umgang mit dieser Schwäche?
Ich mache Erkennungstraining mit selbstangelegten Bilddateien aus dem Internet. Not macht erfinderisch. Es kommt vor, dass ich mich im Gespräch mit Personen komplett vorstelle, obwohl ich das eine Woche zuvor schon getan habe. Im konkreten Fall gestehe ich das Missgeschick ein (»Sie kamen mir irgendwie bekannt vor«, »Ich hatte das Gefühl, dass wir uns schon mal begegnet sind.«). Manchmal funktioniert ein Wiedererkennen prima durch körperlich auffällige Muster wie Zahnlücke oder O-Beine.

Viele Aspies haben eine Schwäche beim Erkennen von Intentionen und Gefühlen von KollegInnen. Du auch? Was ist ein guter Umgang mit dieser Schwäche?
Als Jugendlicher habe ich viel Comics gelesen und mich für Theater und Film interessiert, weil dort besonders intensiv mit Mimik und Gestik gearbeitet wird. Da ich ein wenig Talent habe, hatte ich auch Gesichter gezeichnet, aber die waren meist sehr »ausdruckslos«. Besonders Mimik kann manchmal sehr missverständlich sein. Der akustische Sinn ist dabei nicht zu unterschätzen – genau zuhören und nachfragen, bis man weiß, woran man ist. Manchmal irritiert es den anderen dann, dass man ihn nicht anschaut. Aber beim Telefonieren funktioniert es ja auch so.

Hast Du im Beruf Menschen wahrgenommen, die ähnlich »einsam« oder »seltsam« erschienen wie Du selbst? Wie würdest Du damit umgehen, Asperger als KollegInnen zu haben?
In der Rückschau war immer eine gewisse Affinität zu solchen Menschen. Ich würde solche KollegInnen auf ihre Besonderheiten ansprechen; man weiß ja, wovon man redet und muss sich nicht immer wieder rechtfertigen oder entschuldigen. Das macht es einfacher als mit anderen.

Warum prägt das Gefühl der Einsamkeit oder des Nichtdazugehörens so oft das Leben? Wächst da nicht die Akzeptanz, halt ein Einzelgänger zu sein?
Einzelgängersein ist nicht das Problem. Aber auch Einzelgänger müssen von irgendwas leben, Rechnungen, Miete und Krankenversicherung bezahlen und ggf. eine Familie ernähren. Das ist ein schwieriger gesellschaft-

licher Spagat. Da wird man schnell als Außenseiter ausgegrenzt oder gemobbt.

Oft heißt es, Aspies seien ehrlichere Menschen als Neurotyptische und hätten einen stärkeren Gerechtigkeitssinn. Siehst Du das auch so, bzw. gilt das auch für Dich? Warum?
Als Kind und Jugendlicher galt ich als »gutmütig«. Eine gewisse Gutgläubigkeit und Naivität habe ich immer noch. Gerechtigkeitssinn: ja. War immer ein miserabler Lügner. Wie manche sich durchs Leben schwindeln können, ist mir ein Rätsel. Höfliches diplomatisches Schweigen funktioniert aber.

Kannst Du in einem Satz zusammenfassen, welche Rolle die Familie/der Partner für Dich beim Erfüllen der Berufstätigkeit spielt/e?
Meine Frau ist seit vielen Jahren die treibende Kraft bei der Suche nach Wegen und Möglichkeiten, um nicht vollständig aussortiert zu werden.

Wie meinst Du wirkst Du auf andere Menschen? Eher empathisch oder unempathisch? Eher logisch denkend oder intuitiv handelnd? Woran machst Du das fest?
Affektive Empathie (Mitgefühl): ja, unbedingt. Kognitive Empathie (sich in andere hineinversetzen): eher schwach ausgeprägt. Oft höre ich »Sie sehen das eher analytisch«. Diese Sichtweise ist sicher auch berufsbedingt. Meine Frau gibt mir oft ein Feedback, wie ich so wirke.

Was war Auslöser dafür, das Asperger-Syndrom diagnostizieren zu lassen? Welche Auswirkungen hatte die Diagnose?
Ebenfalls meine Frau und ein TV-Interview mit Nicole Schuster. Da ging mir ein Licht auf. Ich wollte zwei voneinander unabhängige Diagnosen, um sicher zu sein. Seither (2010) beschäftige ich mich stark mit diesem Thema, publizistische Aktivitäten, Seminare, Vorträge usw. Beruflich hatte die »Erleuchtung« keine Auswirkungen, jedenfalls keine positiven.

Hast Du an psychologischen, sozialen oder berufsfördernden Angeboten speziell für Aspies teilgenommen? Welche Erfahrungen hast Du gemacht?
Speziell für Aspies nicht, aber zwei Maßnahmen zur beruflichen Teilhabe. Haben aber nicht wirklich zu einer befriedigenden (»leidensgerechten«) Beschäftigung geführt.

Leidest Du an Reizüberflutung? Wie äußert sich das? Was ist Deine Strategie, um mit Situationen der Reizüberflutung umzugehen?
In speziellen Situationen: Konversation in Gruppen, Multitasking, neue, für mich noch unbekannte, Situationen, fremde Umgebung oder Menschen. Da ich Tinnitus und funktionelle Dyspepsie habe, stehe ich in meiner Körperwahrnehmung ständig unter »Dauerfeuer«. Strategien: Vermeidung von negativem Stress, wo es nur geht, Auszeiten, Ruhephasen, ausreichend Schlaf und Beschäftigung mit Dingen, die mich wirklich interessieren.

Was würdest Du Dir an Unterstützung (privat wie institutionell) wünschen, um mit den Schwierigkeiten im Berufsleben besser umgehen zu können oder diese zu lösen?
Privat kann ich mir kaum mehr Unterstützung wünschen oder vorstellen. Institutionell: mehr Toleranz, Akzeptanz und Aufgeschlossenheit gegenüber ALLEN gesellschaftlichen (Rand)gruppen. Das heißt auch: konsequente Umsetzung der UNESCO-Behindertenrechtskonvention. Die Ausgleichskasse in Berlin läuft über, weil Arbeitgeber lieber die Abgabe zahlen, als Behinderte einzustellen. Ich habe ja so mein Problem mit dem Wort Behinderung. Ich bin nicht, sondern ich werde behindert. Aber da könnte man endlos weiterdiskutieren.

Christiane

Ganz normal war anders

Mein Leben teile ich in zwei Phasen: die Zeit vor und die Zeit nach der Diagnose des Asperger-Autismus. Vieles der ersten Phase erklärt sich erst nach dem Wissen um das Autistin-Sein – was das Vergangene verstehbarer macht, aber das Aktuelle nicht unbedingt leichter. Das liegt vor allem an der Verunsicherung, die sich eingestellt hat im Umgang mit anderen Menschen, mir ist jetzt bewusst, dass nicht die anderen »seltsam« sind, sondern eher ich anders bin. Ich komme aus einer Familie mit einigen autistischen Menschen. Meinen Vater und meine Oma würde ich dazu zählen, meine um zwei Jahre ältere Schwester hingegen nicht, sie hat allerdings einige autistische Merkmale anerzogen bekommen, weil der Umgang miteinander in der Familie entsprechend den autistischen Wesenszügen geprägt war. Meine Mutter hat sich irgendwann dem Verhalten meines Vaters und meiner Oma (die im gleichen Haus lebte) angepasst. Für uns als Familie war das »Autistische« daher immer die Norm, die anderen Menschen, die außerhalb der Familie, die waren die Andersartigen, von denen wir uns ggf. abgegrenzt haben und Kontakte beendeten. Aufgerüttelt hat mich dann die Bemerkung meines zweiten Mannes, das war vor rund 11 Jahren, ich hatte ihn kurz zuvor in einer Reha-Klinik kennen gelernt, ich sei ganz anders als alle, die er zuvor kennen gelernt habe. Mir ist dazu ein Beispiel in Erinnerung: Auf die Frage, was denn für mich der Begriff des »Kompromisses« beinhaltet, antwortete ich »Zwei sagen, was sie sich zu einem Thema vorstellen und dann entscheidet einer, was gemacht wird«. Da erst fragte ich mich, was das sein könnte, das mich die Welt so anders wahrnehmen lässt und mir ganz andere Begriffe gibt von sozialen Interaktionen.

Vor dem Zweifeln

Die Welt außerhalb der Familie war für mich immer eine Herausforderung, sie war laut und verwirrend. Ich bin Mitte der sechziger Jahre geboren. Wichtig in der Kindheit war für mich meine Schwester – sie war der »Blitz« und ich die dranhängende »Schlaftablette«. Zum einen war sie mir Halt, z. B. solange wir gemeinsam eine Grundschule besuchten oder wir in die Ferien fuhren (was ich nie wollte, aber musste), zum anderen konnte sie meine ruhige und nie aufmüpfige Art auch ganz gut für eigene Zwecke ausnutzen. Ich wurde als langsam, sehr ruhig und bequem wahrgenommen. Dazu passte, dass ich ein dickes Kind war.

Im Kindergarten war ich sehr ungern. Ich habe nicht gewusst, was ich dort machen soll. Ich habe keine Erinnerung an Freundinnen oder gemeinsames Spielen, ich weiß nur noch, ich war immer froh wenn der Kindergarten rum war. Auf dem Abschlussbild vor dem Wechsel auf die Schule war ich, wie immer, die Größte und ragte körperlich heraus – und ich musste immer aufs Klo, das war ebenfalls mein Erkennungsmerkmal. Das wurde zum Problem, weil der Schulweg doppelt so weit war wie der Weg zum Kindergarten, den Weg schaffte ich nicht, ohne meine Notdurft an einem Misthaufen unterwegs zu machen.

Ich ging auf eine normale Grundschule. Im ersten Jahr war meine Schwester auch noch auf derselben Schule und konnte mich beschützen vor dem Gewimmel auf dem Pausenhof. Ich benötigte immer ein anderes Kind, an das ich mich dranhängen kann bei Aktivitäten. In der zweiten Klasse wurden wir wegen Schulumbau ausgelagert, wir waren dann nur zwei Klassen in diesem Übergangsbau, das war überschaubar und für mich schaffbar – auch weil ein Nachbarkind mit zur selben Schule ging und ich mich an diesem orientieren konnte, das Mädchen ist in allem immer vorangegangen und ich hintendrein. Ich war auch sonst sehr passiv, beim Gummitwist, das ich gerne mitspielte, bin ich nie gesprungen, sondern war die, die still mit den um meine Beine geführten Gummilitzen dastand, damit andere springen können. Insgesamt war ich sehr ängstlich, was Bewegungen angeht, ich habe mir vieles im Sport nicht zugetraut, war keine Turnerin und eher allgemein ungeübt. Nur im Wasser, beim Schwimmen in der Schwerelosigkeit, da hatte ich sehr viel Freude und mein Dicksein, mein Unbeholfensein war nicht störend. Bei den Schulfächern mochte ich vor allem Handarbeit. Ich stickte schon als Kind auch außerhalb der Schule große Gobelins mit nicht endender Geduld. In den anderen Fächern war ich eher mittlerer Durchschnitt. Ich konnte den Unterrichtsstoff so wiedergeben, wie ich ihn gesehen oder gehört hatte, aber ich hatte keine eigene Meinung zu den Themen und konnte nicht drauflosreden. Auch hier machte ich einfach nach, was vorgemacht wurde.

Nach der Grundschule bestand ich auf den Besuch einer höheren Schule, ich wollte einen erfolgreicheren Weg gehen als meine Schwester, die ich als Konkurrentin sah – und die nur die Hauptschule besuchte. Nach der Orientierungsstufe einer Gesamtschule bekam ich die Empfehlung für die höhere Schule und nahm mir vor, schlank in die 7. Klasse zu gehen, ohne weiterhin dick zu sein. Mit Hilfe der Eierkur einer Tante und sicher auch einem Wachstumsschub schaffte ich es, total schlank mit dem Realschulzweig zu beginnen und diesen auch nach der 10. Klasse ebenso abzuschließen.

In der 6. Klasse hatte ich erstmals eine Freundin, zumindest für ein Jahr. Ansonsten bin ich nicht gerne zur Schule gegangen. Bereits der Schulweg war eine große Schwierigkeit, wenn ich mit dem Bus fahren musste; die Busse waren zu voll, ich hatte Angst, in das Vollgequetschte nicht auch noch dazu reinzupasen, wusste nicht, wie ich mich gut festhalten könnte, und stand unter hohem Stress. Musste ich einen Bus später mit einer anderen Route nehmen oder wenn sonst etwas Unvorhersehbares geschah, verirrte ich mich. Gerettet hat mich die Möglichkeit, bei der Freundin mitzufahren, die von ihrem Vater mit dem Auto zur Schule gebracht wurde. Schulausflüge waren entsprechend auch ein Horror – wenn die anderen Kinder froh waren, freie Zeit mit Herumstreunen zu erhalten, so bekam ich Panik aufgrund meiner Orientierungsschwierigkeiten. Also habe ich mich immer an andere Kinder drangehängt, die darüber aber nicht erfreut waren, weil ich schlichtweg uninteressant war. Darum bin ich dann, wann immer es ging, als krank daheim geblieben, wenn Ausflüge anstanden.

In den sprachlichen Fächern war ich nicht gut, Englisch war ein Desaster und der Lehrer sprach nach dem ersten Diktat die Empfehlung aus, mich wieder von der Schule zu nehmen. Ich konnte die anders gesprochenen als geschriebenen Worte nicht als Vokabeln umsetzen, fand den Sinn nicht. Diktierte der Lehrer am Ende eines Satzes ein »Questionmark«, so schrieb ich »Questionsmark« anstatt ein Fragezeichen »?« zu setzen. Später erhielt ich die Möglichkeit, die Klassenarbeiten nicht diktiert zu bekommen, sondern als Aufgabenblatt zu erhalten, damit wurden meine Noten besser.

Mathematik hat mir dagegen Freunde gemacht, auch wenn es in dem Fach ebenfalls Probleme wegen wörtlich genommener Anweisungen gab. Bei einer Hausaufgabenüberprüfung war folgende Aufgabe: »Schreibe in Worten: 46 x 3 = X« so schrieb ich »sechsundvierzig mal drei sind einhundertachtundreißig« in Worten und nicht »Multipliziere den Faktor 1 mit dem Faktor 2 und erhalte das Produkt« wie es erwartet wurde.

Meinen Realschulabschluss machte ich mit einem durchschnittlichen Zeugnis, auch die Englischnote hatte sich eingependelt, meine Leidenschaft, das Lieblingsfach Stenografie, erbrachte den einzigen Einser im Zeugnis.

Gerne wäre ich Bankkauffrau geworden – ich erhielt aber nur Absagen, weil ich die Vorstellungsgespräche mit ihren Eignungstests nicht bestand. So wählte ich den Beruf der Bürokauffrau als Alternative und erhielt ohne Bewerbungsphase, nach nur einem Gespräch, mit 16 Jahren eine Lehrstelle in der Einkaufsfirma meines Vaters, der dort als Handwerker guter Kunde und bekannt war. Mein Einstieg in die Arbeitswelt war dennoch nicht glatt. So trafen wir am Samstag auf einem Fest zwei Menschen, die ich am Montag drauf bei Ausbildungsbeginn nicht wiedererkannte – dabei waren es meine Chefin und ihr Mann in dem Verkaufsbetrieb für Sanitär- und Eisenwaren.

Mit der Berufsschule kam ein Lichtblick meines Lebens, ich hatte dort genau die Fächer, die mich interessierten und einen tollen aufmüpfigen Nachbarn mit Schalk im Nacken, der Schwung in den Tag brachte. Die Berufsschule habe ich gut absolviert. Es gab an zwei Tagen in der Woche vormittags Schule, am Nachmittag arbeitete ich dann noch im Betrieb. Und ich hatte 2,5 Jahre Alpträume, dass ich den Weg von der Schule zum Betrieb nicht finde. Die Abschlussprüfung konnte ich vorgezogen nach 2,5 statt 3 Jahren mit viel Anerkennung im Betrieb absolvieren. Mein sehr gutes Prüfungszeugnis mit Auszeichnung sollte in der Firma ausgehangen werden, dies wollte ich allerdings nicht, um die anderen, die länger für ihre Ausbildung benötigen, nicht zu frustrieren.

Ich hatte bereits während der Ausbildung die Stelle im Kassenbereich übernommen, weil die vorherige Stelleninhaberin gekündigt hatte. Ich war verantwortlich für die Kasse und konnte herrlich allein für mich arbeiten, gut getrennt durch eine Scheibe von den Bezahlenden. Nach kurzer Zeit hatte ich das bestehende System weitergeführt und lebte mit Zahlen und Ablage in guter Strukturierung. Auch durfte ich für die Chefs Steno schreiben, was wegen meiner Schnelligkeit sehr geschätzt war.

Schwierig waren nur die Pausen, diese benötigten verschiedene Absprachen, beispielsweise wer wann und wie lange Pause macht. Ich wusste nicht, was ich mit den anderen reden sollte, wo ich in der Pause hingehöre, und versuchte, mit der mir zugewandten Azubi aus dem vorgehenden Lehrjahr die Pausen zu verbringen und mir ihr Verhalten abzuschauen. Die Pausensituationen wurden besser, als wir angefangen haben, Karten zu spielen, denn dabei musste man nicht reden. Korrekte Arbeitszeiten waren mir wichtig, auch der pünktliche Feierabend – ich bin zu der Zeit dann solange über den Flur getingelt, bis man mir sagte »Geh heim!«.

Während der Lehre hatte ich geheiratet und wollte nach der Lehre zu meinem Mann ziehen, daher schlug ich die angebotene Übernahme in den Betrieb aus und kündigte. Als dieser das Studium abbrach, sind wir zurückgezogen und ich bekam übergangsweise eine Stelle in meinem Ausbildungsbetrieb. Nach wenigen Monaten hatte ich eine neue Stelle gefunden in der Zentrale einer großen Baumarkt-Kette. Dort hatte ich wieder ein eigenes Büro und konnte allein und damit konzentriert arbeiten. Ich erhielt schon bald ein gutes Feedback vom Chef, galt als schnell und kompetent – mir gelang es, eine vorteilhafte neue Struktur zur Büroorganisation aufzubauen.

Nach einer Arbeitspause aufgrund Mutterschaft begann ich mit rund 20 Jahren einen Job beim Arbeitsamt, dieser war befristet. Es folgte eine Halbtagsstelle, die dann aber kurz darauf abgelöst wurde, denn die Baumarkt-Kette suchte wieder eine Mitarbeiterin und ich wurde auf die Stelle genommen. Ich hatte einen neuen Chef und ein neues Tätigkeitsfeld, was mir erst schwerfiel. Mit der Geburt meines zweiten Kindes war ich drei Jahre lang Hausfrau und nicht berufstätig. In der Zeit, als meine beiden Kinder, Tochter und Sohn, klein waren habe ich Tupperparties veranstaltet und Tupperware (das sind Vorrats-/Frischhaltebehälter aus Kunststoff) verkauft. Als dann auch mein Sohn in die Schule ging, wollte ich zumindest 3 Tage/Woche arbeiten und fand im Ort einen »Bürokeller« in einem Wohnhaus, in dem eine neue Firma entstand. Ich leistete auch hier sehr gute Arbeit und war nützlich beim Aufbau der Firma, vor allem durch mein System zur Datenpflege, damals wurden die Papierakten auf die (noch neuen) PCs übertragen. So hatte ich einige gute Ideen zur Arbeitsstrukturierung und hatte mir Computerkenntnisse über meinen Bruder und aus Büchern erworben, die mir halfen, die Software der Firma zu optimieren für den Bereich der Produktnachlässe in speziellen Produktkategorien – bald schon verdiente ich nicht mehr 8,50 DM sondern kam auf über 12 DM plus Urlaubsgeld – worüber Stillschweigen herrschte, da die anderen Mitarbeiter nicht so viel Gehalt bekamen. Das Gefühl, gebraucht zu werden, tat mir gut. Ich war dann bald auch mehr als nur drei Vormittage in der Woche da, und zwar jeden. Die Firma vergrößerte sich weiter und eines Tages bekam ich eine Anmerkung mit, ich sei. »nicht versiert« zu einer technischen Frage der PC-Nutzung, was mich sehr angefressen hat. Ich kündigte und kontaktierte das Arbeitsamt zu einer Schulung im »Office-Paket« für die Dauer von neun Monaten und bestand die Prüfung vor der IHK – und kehrte wieder in die vorherige Firma zurück.

Berufsende und Diagnose

Nach der neunmonatigen Fortbildung ging ich wieder zurück in die alte Firma und arbeitete dort noch rund 16 Monate. Mit dann 35 Lebensjahren wurde es mir wichtig, einen festen, unbefristeten Halbtagsjob zu haben, was bei dieser Firma nicht einrichtbar war. Ich suchte mir eine neue Stelle und fand diese im Büro einer Firma für Autoreifen. Hier konnte ich wieder einen Aufgabenbereich für mich allein – in Absprache nur mit meinem Chef – bearbeiten und dabei den Inhalt der PC-Weiterbildung gut einsetzen, weil hier eine der gelernten Software eingesetzt wurde. Darum störte es mich auch nicht, dass wir als Halbtagskräfte ein Büro zu dritt teilten, mit den Kollegen habe ich mich gut verstanden. Im Jahr 2004 hat die Firma dann ihren Sitz (ca. 100 km) verlagert und ich bekam als einzige der Mitarbeitenden das Angebot, im Homeoffice weiterzuarbeiten. Die anderen mussten entweder umziehen oder wurden entlassen. Diese scheinbare Bevorzugung war nicht einfach zu kommunizieren, die anderen dachten, ich hätte diese Möglichkeit unfair erreicht, bis mein Chef dies korrigierte. Die Verlagerung meiner Arbeit ins Homeoffice war so etwas wie der Anfang vom Ende dann knapp zwei Jahre später. Die Einrichtung des Büros in meinem Zuhause war zunächst problemlos, alle Unterlagen, Möbel und der Internetanschluss kamen zeitnah – aber leider funktionierte der PC lange Zeit nicht, es gab immer wieder technische Probleme und dadurch Mehrarbeit. Ich schrieb teilweise alles per Hand, um es irgendwann wieder abzutippen und Vorgänge nachzuarbeiten. In anderthalb Jahren sammelte ich 900 Überstunden an, ich war auch im Urlaub am PC, ich war an den Wochenenden am PC, setzte beides ein, um konzentriert und ohne ständige Telefonunterbrechungen arbeiten zu können. Ende 2004 kam es dann zu einem Zusammenbruch aus psychischer und physischer Erschöpfung, ich wusste manchmal nichtmals mehr die Namen meiner Kinder – und ich wollte immer noch weiterarbeiten, hielt mich mit Tabletten und therapeutischen Gesprächen gerade so auf einer unteren Funktionalität. Oft wusste ich einen Moment nach dem Erledigen einer Aufgabe jedoch schon nicht mehr, was ich gemacht hatte, wenn es mir konzentrativ ganz schlecht ging, habe ich Urlaub genommen oder meine Kinder haben mir assistiert. Ich war verantwortlich für 1000 Mitarbeitende in allen unseren 360 Niederlassungen und hatte ständig auch direkten Kontakt zur Lösung ihrer Bedarfe, z. B. an Arbeitskleidung, Tankkarten, bei Dienstwagenproblemen. Mein Erschöpfungszustand besserte sich nicht und wenn ich heute mit dem Wissen zurückblicke, dass nach meinem Wegfall meine halbe Stelle mit einem Kontingent von 1,5 Stellen neu besetzt wurde, also aus 50 % so 150 % wurden, ist dies dann auch sehr verständlich. Ich musste nur selten zum neuen Firmensitz fahren – um diese Autofahrt überhaupt ohne das Mitfahren meiner Tochter zu schaffen, habe ich mir zum 40. Geburtstag ein Navigationsgerät für das Auto gewünscht. Mit diesem bin ich dann voller Herzklopfen allein losgefahren, um mich dann dennoch vollkommen zu verirren auf der Reise und hilflos wortwörtlich auf der Strecke zu bleiben. Ich musste vom Hausmeister der Firma abgeholt werden, was mir sehr peinlich war; zudem waren meine KollegInnen, die lange auf mich warten mussten, gegenüber meinen Orientierungsschwierigkeiten unverständig und entsprechend sauer auf mich. Nach dieser Odyssee hat mich mein Chef nur noch sehr selten zum Hauptsitz kommen lassen und fuhr dann lieber selbst zu mir. Irgendwann habe ich die Arbeit mit ihren vielen Überstunden und Kommunikationszwängen des ständig schellenden Telefons nicht mehr geschafft und bin wieder völlig zusammengebrochen. Weinend habe ich mich verzweifelt an meinen Hausarzt gewendet und kam dann wenige Tage später in eine Akutklinik. Ich blieb 14 Tage dort in der Klinik und war für die behandelnden Ärzte ein Rätsel: Sie sagten mir, ich hätte keine Depression, es sei etwas anderes, sie können allerdings leider nicht sagen, was denn der Grund meines Leidens sei. Bevor eine weitere Diagnostik anschließen konnte, ließ ich mich auf eigene Verantwortung hin entlassen, weil meine Familie mich wieder zu Hause haben wollte. Entsprechend der Leere des Homeoffice begann ich diese wieder zu füllen und arbeitete weiter. Ich wollte durchaus eine Entlastung, aber das klappte nicht. Auch meine Idee, dass mich eine Auszubildende unterstützen könnte, die in relativer Nähe wohnte, wurde nicht genehmigt – vielleicht war ich aber auch zu zurückhaltend und schüchtern, so dass meine Anfrage nicht wirklich durchdacht worden ist von meinem Chef.

Im August 2004 rief mich mein Chef an und bat mich, zu ihm zu kommen, damit wir eine Lösung finden könnten, auch für die 900 Überstunden. Im Personalbüro präsentierte die Personalchefin mir dann aber keine Lösung, sondern meine Kündigung zum 31.12.2004. Unfairerweise sollte ich dieser nur »vorgeführt« werden, man wollte meine Reaktion sehen. Ich habe dann im Büro meines Chefs hemmungslos geweint, das war mein letzter Arbeitstag. Bereits am Montag kamen Mitarbeiter, die alle Unterlagen und Geräte mitnahmen. Statt mich krankschreiben zu lassen, wies ich die Leute noch in die Arbeitsdinge ein, ich nahm Urlaub und überstundenfrei bis zum 31.12. und bekam dann den Rest der Überstunden ausbezahlt. Klügere Menschen hätten sich wahrscheinlich gleich krankgemeldet und sich die ganzen 900 Stunden ausbezahlen lassen. Da ich nicht krankgemeldet, sondern »in Beschäftigung« war, als ich im November in eine Reha kam, war deren Ziel, mich zwei Monate später als gesund und damit arbeitsfähig dort zu entlassen. Auch in der Reha wurde mein Autismus nicht diagnostiziert, sondern alles als Depression betitelt. Ich war also arbeitslos nach der Reha und mein Hausarzt schrieb mich wieder krank ab Anfang 2005.

In der Reha habe ich meinen zweiten Mann kennengelernt, wir sind im Frühjahr 2006 zusammengezogen. Ich war zu dem Zeitpunkt immer noch im Krankenstand. Erst im Zusammenleben wurde mir mein Anderssein richtig bewusst, da es meinem Mann auffiel und wir viel darüber redeten. In dieser Phase habe ich auch die Rente beantragt. Ich wurde dann Anfang 2007 berentet, erst befristet und dann nach mehrfacher Überprüfung ganz. Bis 2010 habe ich Psychotherapie gemacht, aber auch der Therapeut fand den Grund meines Leidens nicht. Ich ging vor unserer Heirat im Jahr 2010 nochmals in eine Reha, galt dort als interessante Patientin, aber mehr wusste man auch nicht zu sagen, ich passte nicht in deren diagnostisches Raster. Es war mein Mann, der durch seine eigene Suche nach Gründen schließlich im Internet auf »Asperger-Autismus« gestoßen ist. Die Beschreibungen des Gesamtbildes passten vollständig auf mich, was die Stärken, wie auch die Schwächen betrifft. Anfang 2013 wurde dann der Asperger-Autismus an der Uniklinik Freiburg diagnostiziert. Der positive Befund hat zunächst einen Schock ausgelöst und vieles aus meinem Lebens bis zu diesem Zeitpunkt in Frage gestellt. Meine Art als Behinderung zu sehen, das wollte ich ablehnen, beschäftigte mich dann aber doch mit Autismus, um einen Umgang damit zu finden – auch mit meinem frühen Ende der Berufstätigkeit. Und auch einen guten Umgang, einen verstehbareren und verständlicheren mit meiner Familie und natürlich mit meinem Mann.

Christiane: Interview

Wenn Du Dich in ein neues Arbeits-/Wissensfeld einarbeiten musst, wie lernst Du die Inhalte am liebsten?
Selbstständig, ich habe mein eigenes Tempo und kann evtl. Fremdwörter nachlesen, die ich im Unterricht nicht verstehe. Kann beim Hören nicht gut den Inhalt aufnehmen; wenn ich lese, ist das besser.

Asperger sind oft pragmatisch und rational, was die Studien-/Berufswahl angeht. »Träume« werden hintangestellt. Stimmt das auch für Dich? Warum ist das so?
Ja. Ich habe keine Träume von etwas, da ich es mir nicht »vorstellen« kann. Dazu fehlt mir die Fantasie. Ich kann nur etwas »auch« machen, was ich schon gesehen habe.

Wo siehst Du Dich beruflich in 5 Jahren?
Ich bin bereits seit 2007 berentet.

Was löste berufliche Krisen aus? Wie wären diese im Nachhinein vielleicht verhinderbar gewesen?
Ich fand kein Ende bei der Arbeit. Hätte ich kein Homeoffice gehabt, hätte ich evtl. eine Hilfe bei der Arbeitseinteilung bekommen, so war ich auf mich alleine gestellt.

Welche Strategien hast Du für einen konfliktarmen und vielleicht sogar freundschaftlichen Umgang mit KollegInnen?
Ich hatte immer geschaut, dass ich einen Job hatte, bei dem ich mit keinem zusammenarbeiten musste. Ich habe darauf geachtet, ein eigenes Tätigkeitsfeld zu haben. Damit habe ich dann die Konflikte mit Kollegen wegen diverser Feinheiten (mache ich so und nicht anders) verhindert.

Viele Aspies haben eine Schwäche beim Wiedererkennen von Gesichtern und damit von Menschen. Du auch? Was ist ein guter Umgang mit dieser Schwäche?

Ja. Ich sage schon viele Jahre offen, dass ich mir keine Gesichter merken kann und verpacke es dann witzig und bitte darum, dass die Leute mich ansprechen sollen und mir sagen, wer sie sind und woher wir uns kennen. Das war als Tupperberaterin für mich sehr wichtig. Ich wollte ja nicht, dass die Leute dachten, ich sei »eingebildet« und kenne sie nur für die Vorführung.

Viele Aspies haben eine Schwäche beim Erkennen von Intentionen und Gefühlen von KollegInnen. Du auch? Was ist ein guter Umgang mit dieser Schwäche?
Ja. Wenn ich zu jemandem etwas sage, frage ich immer auch: »Ist das o. k. für Dich?«

Hast Du im Beruf Menschen wahrgenommen, die ähnlich »einsam« oder »seltsam« erschienen wie du selbst? Wie würdest Du damit umgehen, Asperger als KollegInnen zu haben?
Ja. Meinen letzten Chef hatte ich als »einsam« empfunden. Ich habe ihn oft »in Schutz« genommen, wenn andere über ihn schimpften.

Warum prägt das Gefühl der Einsamkeit oder des Nichtdazugehörens so oft das Leben? Wächst da nicht die Akzeptanz, halt ein Einzelgänger zu sein?
Da ich nicht wusste, warum ich nicht »dazugehörte«, habe ich den Schluss gezogen, dass ich halt ein Einzelgänger bin.

Hast Du auch das Gefühl, eine Art soziales Theater zu spielen, bei dem Du neurotypisches Verhalten kopierst? Welche Erfahrungen hast Du damit gemacht?
Früher hatte ich nicht das Gefühl, Theater zu spielen. Erst seit der FASTER-Gruppe, als man uns ermutigte, Theater zu spielen, merkte ich, dass ich das ja schon immer mache. Aber es war mir nicht bewusst. Ab da habe ich mich beobachtet und gemerkt, wieviel Theater ich eigentlich spiele. Und das war niederschmetternd. Ich merkte auf einmal, dass ich gar nicht ich bin. Ich bin lediglich eine Kopie von anderen Menschen in verschiedenen Situationen.

Es heißt ja oft, Aspies seien besonders ehrlich, hätten einen ausgeprägten Gerechtigkeitssinn. Trifft das auf Dich zu?
Bewusst zu lügen ist schwierig. Man merkt es mir sofort an, da ich dann drumherumrede. Früher war das anders. Da galt Lügen eher als Instrument, sich »draußen« zu bewegen. Mein Gerechtigkeitssinn war schon im-

mer da. Wenn jemand in meinen Augen ungerecht behandelt wurde und nicht anwesend war, habe ich immer die Person verteidigt. Ich habe immer versucht Argumente zu finden, warum der Angegriffene auch etwas Sinnvolles gesagt oder sinnvoll gehandelt hat. Ich wollte eigentlich immer einen Sinn darin erkennen, weil ich der Meinung bin, dass jeder dafür wichtige und für ihn richtige Sachen macht, auch wenn die anderen das nicht sehen oder nachvollziehen können.

Hast Du einen hohen Perfektionsanspruch an Dich in Deinem Job? Bist Du nur zufrieden, wenn Du alles perfekt erledigt hast?
Ja. Aber die Perfektion war im Nachhinein auch ein Teil am Zusammenbruch. Ich hatte den Anspruch an mich selbst und an die Arbeit von anderen.

Was schätzen Deine KollegInnen an Dir?
Das weiß ich nicht.

Kannst Du in einem Satz zusammenfassen, welche Rolle die Familie/der Partner für Dich beim Erfüllen der Berufstätigkeit spielt/e?
Es mussten schon alle mit anpacken, damit ich Beruf, Haushalt und Kinder schaffte.

Wie meinst Du wirkst Du auf andere Menschen? Eher empathisch oder unempathisch? Eher logisch denkend oder intuitiv handelnd? Woran machst Du das fest?
Auf andere wirke ich empathisch, da ich gut schauspielern kann. Früher wurde ich als logisch denkend wahrgenommen. Das kam daher, dass ich nicht sofort antwortete, sondern immer alles erst bedachte und dann sprach. Wahrscheinlich ist aber, dass ich einfach viel Zeit brauche und gar nicht spontan antworten kann.

An wen hast Du Dich mit Deinen psychischen Problemen wie Depression und/oder Ängsten gewandt? An wen wendest Du dich aktuell?
Früher an meine Freundin, die ich schon lange kenne. Als ich meinen zweiten Mann kennen lernte, habe ich mit ihm über meine psychischen Probleme und Ängste geredet. Allerdings bin ich seit meinem Zusammenbruch in Therapie.

Was war Auslöser dafür, das Asperger-Syndrom diagnostizieren zu lassen? Welche Auswirkungen hatte die Diagnose?

Da mein zweiter Mann von Anfang an sagte, dass ich ganz anders sei als alle, die er je kennen gelernt hatte, suchte er im Internet nach Antworten – nach damals 6 Jahren Therapie ohne nennenswerte Veränderungen – und fand die Seite mit dem Asperger-Syndrom. Meinem Therapeuten erzählte ich davon. Aber er hielt das für eine Modekrankheit. Daraufhin wollte ich es wissen und habe mich in der Aspergersprechstunde in der Uni Freiburg testen lassen. Das Ergebnis war eindeutig. Zuerst freute ich mich, dass mein »Anderssein« erforscht wurde und es ja dann auch sicher Lösungen in Form von Tabletten oder Therapie geben würde. Das Kind hatte einen Namen und wir konnten uns damit beschäftigen. Meinen Therapeuten habe ich dann gewechselt, da ich mich mit seiner Aussage »Modekrankheit« nicht ernst genommen fühlte. Meine Zuversicht schwand, je mehr ich über mich und meine Behinderung las. Meine Vergangenheit bekam plötzlich eine ganz andere »Note«. Was ich bisher als richtig gesehen habe, war plötzlich »asozial« und menschenverachtend. Ich stürzte von Monat zu Monat in Depressionen und Verachtung gegen mich und meine Familie. Hatten »die« mich doch so erzogen. Wo war ich da nur aufgewachsen? Ich musste mich jetzt mit meinem »Ich« beschäftigen und es gewaltig korrigieren. Oft hatte ich keinen Respekt mehr vor mir und wollte auch nicht mehr leben, da ich ja menschenverachtend bin und ich das aber auf keinen Fall wollte. Ich fand keine Lösung. Das war auch ein Problem meiner Behinderung. Da ich oft selber keine Lösungen finden kann, hilft mir mein Mann bei der Auslegung der Situation und mit dem Sortieren der Möglichkeiten. Damit habe ich wieder Zuversicht, dass wir es zusammen schaffen, mich angemessener durchs Leben gehen zu lassen, und ich mich nicht mehr verachte für das, was ich bin.

Hast Du an psychologischen, sozialen oder berufsfördernden Angeboten speziell für Aspies teilgenommen? Welche Erfahrungen hast Du gemacht?
Ja, ich habe an der FASTER-Gruppe, einem Sozialtraining für Asperger Autisten an der Uniklinik, teilgenommen. Meine Erfahrung war, dass es für das grobe Grundwissen über Aspies hilfreich war. Ich hätte mir allerdings gewünscht, dass danach noch weitere Sitzungen über die verschiedenen Lebensbereiche angeboten worden wären. Die FASTER-Gruppe hat praktisch für mich einen Ball ins Rollen gebracht, den ich alleine nicht halten konnte. Damals habe ich mir oft gewünscht, ich hätte nie etwas von Asperger gehört. Ich fühlte mich mit meinen vielen Fragen alleine gelassen und der Ball überrollte mich.

Leidest Du manchmal an Reizüberflutung? Wenn ja, wie gehst Du damit um?
Ja. Meiner Reizüberflutung durch Geräusche, unverständliches TV-Genuschel, Menschen, Gezappel gehe ich aus dem Wege, indem ich mich zurückziehe. Ich lese dann lieber als fernzusehen oder gehe kurz Luft schnappen, wenn z. B. Besuch da ist. Ich überlege auch im Vorab, ob und wie lange ich Besuch bzw. schwierige Situationen wie Stadtgewimmel überhaupt ertragen kann, und setzte ein Zeitlimit fest.

Was würdest Du Dir an Unterstützung (privat wie institutionell) wünschen, um mit den Schwierigkeiten im Berufsleben besser umgehen zu können oder diese zu lösen?
Meine private Unterstützung ist mein Mann. Ohne seine Auseinandersetzung mit der Behinderung und die damit verbundenen Lösungsstrategien wäre es für mich nicht möglich, ein Leben ohne Zusammenbruch zu führen. Ich fände es auch gut, wenn Arbeitgeber, Schule und Familienangehörige sachlich über die Schwierigkeiten im Alltag aufgeklärt wären und zusammen dann nach Lösungen suchen. Wobei ich nicht weiß, ob alle Asperger mit »Lösungsfindung« Schwierigkeiten haben.

Thomas

Eke nam Thomas. – *Ich heiße Thomas.*
Eke habu drítiki jari. – *Ich bin dreißig Jahre alt.*

Sprachsiedlungen

Mich interessieren Sprachen schon sehr lange, am Anfang faszinierte mich vor allem Dialekt. Mit sechzehn bin ich darauf gekommen, dass man manche Sprachen auch verstehen kann, ohne dass man sie gelernt hat. Zuerst ist es mir bei Mittelhochdeutsch aufgefallen und zwei Jahre später habe ich dann auch mit Althochdeutsch und Schwedisch angefangen. Ich kann aber beides nicht besonders gut, weil ich nach einer Weile auf *Latein* umgestiegen bin. Auf Lateinisch kann ich recht gut schreiben, ich habe dazu leider selten Gelegenheit, weil Gesprächspartner rar sind.

Ich lese auch in anderen Sprachen. Seit ein paar Jahren restauriere ich Berbice-Niederländisch. Das ist eine Kreolsprache[1], die erst spät aufgezeichnet wurde. Darum sind nicht viele Wörter bekannt. Mit Lautveränderungen leite ich aus anderen Sprachen möglichst geeignete zusätzliche Wörter ab.

Meine Idee mit den Sprachsiedlungen: Ursprünglich bin ich darauf gekommen, weil ich große Schwierigkeiten habe, Menschen zu finden, die mit mir täglich auf Latein schreiben. Ich bin also darauf gekommen, dass es leichter wäre, wenn alle, die eine Sprache verwenden wollen, auf einem Haufen hockten und gemeinsam in einer Sprachsiedlung leben, sie sich dort im Stil einer Selbstversorgung organisieren. Das Wichtigste wäre, dass man alle Tätigkeiten in der jeweiligen Sprache der Kleinsiedlung vollführen würde. Ich stelle mir vor, dass es nur ein richtiges Haus und vielleicht ein paar Hütten und Zelte für Gäste und solche Teilnehmer gäbe, die lieber öfter alleine wären. Die Sprachsiedlung wäre abgelegen, damit man nicht von anderen Sprachen gestört würde. Es gäbe eine Bibliothek mit spezifischen Büchern, man würde Kalligraphie machen und Geschichten schreiben. Neben Sprachforschung findet auch Sprachausbau statt, weil alle Sprachen entweder alt oder selten wären – für die vielen Aktivitäten ist jedoch ein großer Wortschatz nötig. Die Sprachsiedler wären motiviert, sich neue Wörter auszudenken, und müssten den vorhandenen Wortschatz voll ausnützen. Diese Siedlungen wären auch für Sprachaufenthalte eingerichtet, wie man sie sonst in andere Länder macht. Für Dauerbewohner wäre alles in der Siedlung gratis, weil sie ja mitarbeiten würden und auch Miteigentümer wären. Andere müssten nur das Nötigste bezahlen.

Man würde damit Sprachen wiederbeleben, aber eben nur mit wenigen Menschen, was bestimmt viel effizienter ist als die großen Wiederbelebungen, die sonst angestrebt werden. Es gibt viele sogenannte Kleinsprachen, die nur sehr wenige Menschen reden. Es ist also gar nicht nötig, dass eine Sprache sehr viele Menschen verwenden, solange man sie täglich verwenden kann.

---

1 Kreolsprachen sind Sprachen, die entstehen, wenn Sprecher zweier oder mehrerer unterschiedlicher Sprachen, die keine »Brückensprache« (Lingua franca) beherrschen, in intensivem Austausch miteinander stehen, so dass die einzelnen Sprachen sich mischen (»Pidgin«) und über mehrere Generationen hinweg allmählich zu eigenständigen neuen Sprachen werden. Typische Beispiele finden sich in ehemaligen Kolonialgebieten, z. B. Unserdeutsch im einstigen Deutsch-Neuguinea, Tok Pisin, Amts- und Nationalsprache im heutigen Papua-Neuguinea, Sranan in Suriname (ehem. niederländisch) oder das haitianische Kreol (Créole). In diesen Fällen entstammt der Wortschatz größtenteils europäischen Sprachen, die grammatischen Strukturen hingegen folgen ganz eigenen (z. B. afrikanischen oder ozeanischen) Regeln.

Man könnte auch anstreben, dass sich Sprachen vermischen, indem man mehr als eine Sprache in einem Haus verwendet. Mir würde es auch gefallen, wenn es ein Haus mit Griechisch, ein Haus mit Indisch und eines mit Lateinisch gäbe. Und dann könnte man einander besuchen. Man könnte sagen: »Spazieren wir heute zu den Griechen?« Und alle können alle drei Sprachen.

Mit *Berbice-Niederländisch* habe ich etwa 2005 begonnen. Ich habe mir von Anfang an gedacht, dass man aus dem Holländischen viel ergänzen könnte, habe aber nach Einarbeitung in die Grammatik bemerkt, dass der Unterschied doch sehr groß war. Ich bin mir also nicht mehr sicher, ob das machbar ist. Erst wollte ich viel mehr holländische Wörter hineinnehmen und auch mehr kalabrische. Über ein Wörterbuch für Seeländisch wollte ich Dialektwörter hineinbringen, weil die Lautung viel auf das Seeländische zurückgeht. Inzwischen versuche ich nur noch das zu übernehmen, bei dem es wahrscheinlich ist, dass die Sklaven das Wort früher gekannt haben. Spätere Lehnwörter versuche ich aus dem guyanischen und surinamischen Holländisch zu nehmen. Eine Hilfe ist auch Negerholländisch[2], das viele ähnliche Wörter hat, wenngleich sie sich anders entwickelt haben.

Eke bionto eni habu som Nederlands woto, wat eni habu dalki Nederlands ben kane, ofu habu sofele kane, wati eni mere bifi Birbisi Bifi ben. Eke korite kali mete Negerhollands. Fu mia mere Birbisi Bifi eke kiki mosli Sranám Bifi angga. Somtiti eke bionto, dati skrifu lansi si klankapu muti jènda mere haw. Di min vooral dat ori habu mere klinker. Eke ninte asi helemali sofele asi Saramaka Bifi kane. Da en kiliro bifi fan Sranám oko, keke Sranám Bifi. Fan dida eke lesit en gutu fan letre grupu kiama fan langtiti Atlántisi kiliro bifi: Eni wa habu mere klinker, ma helemali sofele kane.

[Übersetzung] *Meiner Meinung nach sind einige holländische Wörter, die aber eben zum Teil im heutigen Holländisch nicht vorkommen, oder seltener sind, dort normal in der Vewendung. In Negerholländisch habe ich mich weit eingearbeitet. Für die Erweiterung des Berbice-Niederländischen richte ich mich vor allem an Sranan Tongo. Manchmal überlege ich, ob die*

---

2 Negerholländisch (Negerhollands) ist ein Fachbegriff aus der niederländischen Sprachwissenschaft und bezeichnet eine kreolisierte Tochtersprache des Niederländischen, die bis vor etwa 80 Jahren auf den Amerikanischen Jungferninseln gesprochen wurde. Diese Sprachvariante des Niederländischen vereint Sprachgebräuche aus dem Englischen, Dänischen, Französischen, Spanischen mit afrikanischen Sprachen.

Schriftsprache lautlich altmodischer sein sollte. Das heißt vor allem, dass sie dann mehr Vokale hätte. Ich weiß nicht, ob gar so viele wie im Saramakkanischen. Das ist auch eine Kreolsprache von Surinam, wie Sranan Tongo. Dazu habe ich auch etwas über die Silbenstrukturen früher Stufen atlantischer Kreolsprachen gelesen: Es gab zwar mehr Vokale, aber nicht gar so viele.

Mein *eigenes Gotisch* ist eine Form des vereinfachten Gotisch. Mit der Entwicklung stehe ich nicht am Anfang, kann aber Beispielsätze zusammenstellen. Ich mische es auch mit Ungarisch. Eigentlich müsste ich dafür altes Ungarisch verwenden, damit sie zeitlich näher aneinander lägen. Wegen der vielen Selbstlaute und der Anfangsbetonung passen die beiden ziemlich gut zusammen. Es gibt auch in beiden einen Klang, den man auf Ungarisch ›gy‹ schreibt, auf Gotisch ›ddj‹.

Fugol siti bóm ũpa singu. Das heißt »Der Vogel sitzt auf dem Baum und singt«. Das sind alles gotische Wörter, die ich verändert habe. *Fugol* kommt von *fugls*. Ich lasse das *s* nach anderen Mitlauten am Schluss immer weg. Auf Deutsch ist das auch so. Das *o* ist ein Stützvokal, den ich zusätzlich eingefügt habe. In Hauptwörtern haben ungarische Wörter mit *u* in den Nachsilben am liebsten *o*, darum habe ich *o* genommen. Erst hatte ich nur *fugl* verwendet, dann *fugul*, und nachdem ich das vom *o* gelesen habe, habe ich es durch *o* ersetzt. *Singu* kommt von *siggwan*. Das normale Gotisch hat *gg* um *ng* darzustellen. Mir ist *ng* lieber, weil es eindeutiger ist. Die grammatischen Endungen lasse ich immer weg, daraus entsteht *singw*, und weil es leichter zu sprechen ist, mache ich aus dem *w* am Schluss ein *u*. Das habe ich schon früher mit anderen Stämmen auf *w* so gemacht. Ob man auf Gotisch überhaupt sagt, dass Vögel singen, weiß ich nicht. Baum heißt auf Gotisch eigentlich *bagms*, von einer gleichen Form stammt das deutsche Wort *Baum* ab. Weil Ungarisch kein *au* hat, habe ich das *ó* genommen. Die primären Diphthonge habe ich auch monophthongisiert. Darum ist auch in *ũpa* ein *ü* statt einem *iu*. *Siti* ist der Stamm von *sitjan*.

Nû gakannja fram meinamma libáimái jah meinamma kindáimái þizái bisaíhvan.
Nun berichte ich von meinem Leben und meiner Art, dieses zu betrachten.

Biografisches

Ich will nicht gar zu viel von mir erzählen, auch, weil ich dann von anderen Menschen ebenfalls mehr erzählen müsste. Ich bin leider für meine Geschichte, so im Sinn von Historie, kein Experte.

Wann ich die Diagnose Asperger-Autismus bekommen habe, weiß ich nicht mehr genau. Ich war um die vierundzwanzig Jahre alt – und jetzt bin ich bald dreißig. Schon vor der offiziellen Diagnose habe ich mir gedacht, dass ich solch eine Behinderung haben könnte, denn bereits als Kind musste ich an verschiedenen Therapien teilnehmen, bei denen es vor allem darum ging, dass ich in der Schule besser zurechtkomme. Es war von meinen aktiven Leistungen her sehr knapp, um auf eine normale Schule gehen zu können. Nach der Diagnose bekam ich von verschiedenen Seiten Hilfe, vom Institut für Sozialdienste, vom Bundessozialamt und selbst beim Arbeitsamt wurde ich wegen der Diagnose bevorzugt behandelt. Zwischenzeitlich nahm ich an einer Arbeitslosenbeschäftigung für Behinderte und psychisch Kranke teil. Zudem bekam ich dann Antidepressiva, leider gab es allerdings keine Schulung oder Ähnliches speziell zum Autismus.

Ein Unternehmen, für das ich zwei Jahre lang gearbeitet habe, hat optische Gläser mit Schichten bedampft, die vor allem aus verschiedenen Metallen bestanden. Ich habe dort die Maschinenteile mit sehr dünnem Blech oder mit Aluminiumfolie verpackt, damit diese geschützt sind während des Vorgangs. Nach dem Bedampfen musste ich die verpackten Teile der Apparatur wieder auspacken, alles in die Werkstatt tragen und nass sandstrahlen. Die Maschinenteile sind im Ofen sehr heiß geworden, und die Hitze hat sich in den Räumen ausgebreitet. Daher war es kein angenehmer Arbeitsplatz. Ich habe noch einige andere, kleinere Arbeiten dort gemacht, wie etwa den Luftbefeuchter geputzt, aber oft hatte ich auch nichts zu tun, was für mich unangenehm war, weil ich nicht als faul gelten wollte. Zudem habe ich mich gelangweilt. Obwohl es keinen guten Eindruck macht, habe ich in diesen Zwischenzeiten auch oft Latein gelernt. Dazu habe ich mir bereits im Zug auf der Hinfahrt einen Satz so weit eingeprägt, dass ich ihn mir danach in Gedanken einige Stunden wieder vorsagen konnte. Bücher hatte ich zusätzlich auch dabei.

Die meiste Zeit habe ich mich im Verpackungsraum aufgehalten. Für mich alleine ging es gut vom Ort her, aber wenn noch jemand in den Raum kam, musste ich schon sehr aufpassen, dass er mir nicht zu nahe käme. Ich weiß nicht, ob einige Arbeiter darauf geachtet haben, von mir räumlich Abstand zu halten, aber zumindest einer hat überhaupt keine Rücksicht genommen. Gegen Ende meiner Zeit dort, hat er sogar wegen meiner Intoleranz der Nähe mit mir geschimpft. Weil man mir insgesamt sehr oft nahe gekommen ist, ist es für mich immer schwerer zu ertragen geworden und ging dann gar nicht mehr.

In der Arbeitslosenbeschäftigung habe ich vor allem gestrickt, bin aber auch mitgegangen, wenn draußen etwas zu tragen war. Außerdem habe ich bei Kursen und sportlichen Betätigungen mitgemacht. Besonders in der Handarbeitsgruppe, haben die anderen Acht gegeben, dass sie mir nicht zu nahe kommen, wenn sie aufgestanden und an mir vorbeigelaufen sind. Gut war zudem, dass es für alle Sitzplätze beim Arbeiten gab und man nur selten aufstehen musste. Sehr froh bin ich auch, dass man mir in einem Beratungsgespräch empfohlen hat, eine Studienberechtigungsprüfung zu machen. Das tat ich, obwohl mir diese Möglichkeit eines Studiums damals unwahrscheinlich vorgekommen ist. Es hat es mich entsprechend erstaunt, dass das überhaupt gegangen ist und ich ein Studium aufnehmen konnte.

Meine Verwandten wissen alle um den Asperger-Autismus, und ich erzähle es auch sonst manchmal Leuten, damit es weniger Konflikte gibt. Mein Bruder ist zudem zur Immatrikulation an die Universität mitgekommen und hat dort meine Problemlage geschildert.

Erst gestern hat mich jemand etwas über Autismus gefragt. Ich habe ihm dann erklärt, dass viele Autisten einen Drang zum Ordnen haben, das bezieht sich auf Gegenstände, aber auch auf Kategorisierungen. Mir kommt es vor, als ob viele Menschen glauben, Autisten wären kompliziert. Dabei ist es aber eigentlich so, dass wir einfach denken, und deshalb auch alles in ein einfaches System bringen müssen, einfach auch, um die komplizierte Welt ertragen zu können.

Ich studiere Linguistik an der Uni in I. Das Studium fällt mir schwer, vor allem das Schreiben von Aufsätzen gelingt mit selten – aber ich kann mir Zeit lassen und habe seit kurzem aufgrund des Autismus eine eigene Tutorin, die ich allerdings gar nicht wollte. Beim Schreiben fällt es mir schwer, den Punkt zu finden, an dem alles gesagt ist. Ich glaube immer, dass noch etwas fehlt, und außerdem hängt das Gesagte noch nicht ausreichend zusammen, mir kommt es vor, als bestände der Text aus vielen ungeordneten, willkürlich, wenn nicht sogar zufällig, aufgereihten Versatzstücken. Ich schaue auf die Details, sie stimmen, aber bin überfordert, daraus das Gesamtbild zu sehen.

Die meisten ProfessorInnen wissen über meinen Autismus Bescheid, ich komme gut mit ihnen zurecht, aber habe auch Angst, sie zu enttäuschen. Dort bringe ich auch meine Idee mit den Sprachsiedlungen an, sie sehen dabei dann eher den bürokratischen Aufwand und damit die Hindernisse.

Es gibt Kommilitonen, mit denen ich ebenfalls ganz gut zurechtkomme, befreundet würde ich mich nur mit einem von ihnen nennen. Er schreibt

Fantasyromane, die auch beachtliche Illustrationen beinhalten und interessiert sich aber auch ein wenig für alte Sprachen. Er arbeitet auch ein wenig an eigenen Sprachen, aber nicht so ausführlich wie ich. Mit ihm kann ich zum Beispiel über Sindarin und Quenya sprechen. Sindarin ist das Elbisch, das nicht mehr gesprochen wird und Quenya ist eine verwandte Sprache, von der Sindarin nicht direkt abstammt, aber die als die alte Sprache zum Teil schriftlich verwendet wird.

Von meinem Wohnort, ich wohne bei meinen Eltern, benötige ich über zwei Stunden, bis ich an der Uni bin, das ist ebenfalls eine Belastung. Ich bin oft gezwungen, Verkehrsmittel zu verwenden, wenn ich aber hundert km/h schnell laufen könnte, ginge ich mit Sicherheit immer zu Fuß. Für mich ist es anstrengend, wenn viele Leute in den öffentlichen Verkehrsmitteln zusammen sind. Ich benötige eigentlich die Möglichkeit, ab und zu wegzugehen, um mich zu erholen.

Ich jongliere manchmal. Davon wird mein Kopf locker und es *hilft* gegen Enge. Ich ziehe ausgedachte Welten der wirklichen vor. Die Wirklichkeit ist mir zu alltäglich und auch zu schrecklich. Ich finde es heldenhafter, in einem Kampf mit einem Drachen zu sterben, als einer Arbeitslosigkeitsdepression zu erliegen. Zu *leben* finde ich aber besser als beide Arten des Niedergangs. Und ich mag Bücher mit hübschen Ausdrücken.

Thomas: Interview

Wenn Du Dich in ein neues Arbeits-/Wissensfeld einarbeiten musst, wie lernst Du die Inhalte am liebsten?
Ich lerne lieber alleine, dann kann ich bei dem Teil anfangen, der mich am meisten interessiert. Dadurch ist auch der Druck nicht so groß.

Es heißt, Asperger seien oft pragmatisch und rational, was die Studien-/Berufswahl angeht. »Träume« werden hintangestellt. Stimmt das auch für Dich? Warum ist das so?
Diese Aussage halte ich für falsch. Ich lerne vor allem das, was ich lernen will, und ein Beruf, der damit nicht sehr viel zu tun hat, der kommt für mich nicht in Frage.

Wo siehst Du Dich beruflich in 5 Jahren?

Ich glaube, dass ich in fünf Jahren immer noch am Studium herummurksen werde.

Was löste berufliche Krisen aus? Wie wären diese im Nachhinein vielleicht verhinderbar gewesen?
Sehr schlimm war bei mir beim Arbeiten, dass man mir immer zu nahe gekommen ist. Mich hat das so gestresst, dass ich es zu dieser Zeit auch nicht ertragen konnte, wenn jemand aus meiner Familie nahe an mir vorbeigelaufen ist. Wenn es möglich ist, würde ich daheim arbeiten. In der Arbeitslosenbeschäftigung hat man darauf aber Rücksicht genommen. Dadurch war ich dort deutlich ruhiger. Vielleicht hätte am Anfang jemand mitkommen können, um zu erklären, worauf man bei mir Rücksicht nehmen sollte.

Welche Strategien hast Du für einen konfliktarmen und vielleicht sogar freundschaftlichen Umgang mit KollegInnen?
Strategien habe ich keine. Wenn mir jemand etwas erzählt und die Inhalte nicht zu belastend sind, höre ich zu. Das kann auch lange gehen. Ich glaube, das hilft manchen, sie werden mich dann auch eher mögen.

Viele Aspies haben eine Schwäche beim Wiedererkennen von Gesichtern und damit von Menschen. Du auch? Was ist ein guter Umgang mit dieser Schwäche?
Bei mir ist es auch so. Ich finde das oft schade, weil ich dadurch nicht leicht ein zweites Mal mit jemandem reden kann, den ich nicht oft treffe. Oft merke ich mir die Inhalte von einem Gespräch besser, als wie der dazugehörige Mensch aussieht. Mir ist aufgefallen, dass ich mich sehr gut an Schreibstile erinnern kann, wenn ich mit jemandem schriftlichen Kontakt hatte. Im Schriftlichen fällt mir das Wiedererkennen leichter.

Viele Aspies haben eine Schwäche beim Erkennen von Intentionen und Gefühlen von KollegInnen. Du auch? Was ist ein guter Umgang mit dieser Schwäche?
Früher war das für mich schwierig, oft habe ich mich gewundert, aber meistens ein Verhalten wohl überhaupt nicht bemerkt. Inzwischen erkenne ich aber, wenn es jemandem nicht gut geht.

Hast Du im Beruf Menschen wahrgenommen, die ähnlich »einsam« oder »seltsam« erschienen wie Du selbst? Wie würdest Du damit umgehen, Asperger als KollegInnen zu haben?

Ein Freund von mir, an der Universität, ist auch Asperger. Und mit dem komme ich gut aus, weil er für mich normaler ist als die meisten anderen Menschen. Es ist für mich leichter mit so jemandem zu reden, weil man ihm nicht erst die Grundlagen des Denkens erklären muss, sondern gleich zum Thema kommen kann. Auch sonst mag ich es an Autisten sehr, dass man mit ihnen leichter sachlich und direkt etwas besprechen kann als mit anderen Menschen. Mit anderen, die einsam und seltsam auf mich wirken, fühle ich zwar mit, aber ich konnte da bislang nicht helfen, obwohl ich es gerne würde.

Warum prägt das Gefühl der Einsamkeit oder des Nichtdazugehörens so oft das Leben? Wächst da nicht die Akzeptanz, halt ein Einzelgänger zu sein?
Ich glaube, dass man als Autist oft einsam ist, liegt zu einem Teil daran, dass kaum jemand merkt, wenn man gerne reden würde. Ich empfinde mich oft als Zuseher, obwohl ich mich, wie bei einem Film, auch ins Geschehen hineinleben kann. Deswegen kann ich in ganz verschiedenen Gruppen gleichermaßen nicht dazugehören, ohne mich mehr fehl am Platz zu fühlen als sonst.

Hast Du auch das Gefühl, eine Art soziales Theater zu spielen, bei dem Du neurotypisches Verhalten kopierst? Welche Erfahrungen hast Du damit gemacht?
Ich mache das so wenig wie möglich, obwohl einem das viel Verachtung einbringt. Dabei mache ich nichts anderes als andere Menschen auch: mich natürlich zu verhalten. Wenn man einem Asperger sagt, er soll sich wie neurotypisch verhalten, heißt das, er soll sich unnatürlich verhalten.

Oft heißt es, Aspies seien ehrlichere Menschen als Neurotyptische und hätten einen stärkeren Gerechtigkeitssinn. Siehst Du das auch so, bzw. gilt das auch für Dich? Warum?
Ich glaube auch, dass wir vergleichsweise ehrliche Menschen sind. Ich versuche sogar immer noch ein bisschen ehrlicher zu werden, was aber schwierig ist, weil ich bei dem ganzen Durcheinander in meinem Kopf oft nicht weiß, was ich im Innersten denke. Wie es bei mir oder bei anderen Aspergern mit dem Gerechtigkeitssinn steht, weiß ich nicht.

Was schätzen Deine KollegInnen an Dir?
Mir haben schon ein paar Leute gesagt, dass ich besonders viel weiß und gute Fragen stelle. Der Freund, den ich bei der achten Frage erwähnt

habe, hat zu einer Mitstudentin gesagt, man merke bei mir auch, dass ich, wenn ich etwas frage, es auch wirklich wissen wolle.

Wie meinst Du wirkst Du auf andere Menschen? Eher empathisch oder unempathisch? Eher logisch denkend oder intuitiv handelnd? Woran machst Du das fest?
Ich kann das schwer einschätzen. Ich glaube, dass ich mir beim Reden Mühe gebe, haben schon einige bemerkt. Es kann sein, dass das empathisch wirkt. So lange ich mich nicht aufrege, bin ich meistens sehr ruhig. Ich glaube, dass man das auch bemerkt. Unser Nachbar hat es auch einmal erwähnt. Vielleicht schätzt man mich dadurch eher logisch denkend als intuitiv handelnd ein. Wer mich besser kennt, weiß aber auch, dass ich oft auch irgendwelchen Quatsch mache, der für andere schwer nachvollziehbar ist.

Wie gehst Du mit den Unvorhersehbarkeiten im Team um?
Ich versuche sie so gut wie möglich zu ignorieren.

Hast Du Schwierigkeiten, dem Arbeitsinhalt Struktur zu geben? Wie äußern sich diese? Was hilft Dir?
Ach, es geht schon halbwegs.

An wen hast Du Dich mit Deinen psychischen Problemen wie Depression und/oder Ängsten gewandt? An wen wendest Du Dich aktuell?
Manchmal habe ich meiner Mama davon erzählt. Das kommt immer noch vor. Eine Zeit lang hatte ich auch eine Therapeutin, mit der ich viel geredet habe. Inzwischen habe ich auch Freunde, mit denen ich schreiben kann. Ich versuche aber nicht zu vielen verschiedenen etwas zu erzählen. Diese Frage tut mir nicht gut.

Was war Auslöser dafür, das Asperger-Syndrom diagnostizieren zu lassen? Welche Auswirkungen hatte die Diagnose?
Eine Lehrerin hat bemerkt, dass es mir schlecht gegangen ist. Sie hat mir vorgeschlagen, dass ich zu einer Therapeutin gehen könnte. Ich war einverstanden. Und Mama ist dann mit mir das erste Mal dorthin gegangen. Erst später hat sich dann daraus ergeben, dass man auch eine Diagnose gemacht hat. An der Universität kann ich mir deswegen aussuchen, ob ich die Prüfungen schriftlich oder mündlich mache, und ich habe eine Tutorin zugewiesen bekommen.

Hast Du an psychologischen, sozialen oder berufsfördernden Angeboten speziell für Aspies teilgenommen? Welche Erfahrungen hast Du gemacht?
Nein. Würde ich aber schon.

Leidest Du an Reizüberflutung? Wie äußert sich das? Was ist Deine Strategie, um mit Situationen der Reizüberflutung umzugehen?
Ja, vor allem wenn ich an einem Ort mit zu vielen Menschen bin. Ich bekomme da Angst, weil ich die Menschen zu sehr spüre. Wenn es geht, renne ich dann weg.

Ulrich

Persönliches/Familie

Ich bin 55 Jahre alt und männlich.

Meine Mutter hat bis zu meiner Geburt in zwei verschiedenen Schuhfabriken als Produktionsarbeiterin gearbeitet. Das war von 1940 bis 1959. Als ich 5 Jahre alt war, hat meine Mutter eine Teilzeitstelle in einer Elektrofirma angenommen. In der Firma wurden unter anderem Bügeleisen hergestellt, sie arbeitete in der Montage am Fließband, später an einem Einzelarbeitsplatz bis zum Alter von 65 Jahren. In der DDR bekamen Frauen sonst schon mit 60 Jahren Rente. Über meinen Vater weiß ich nicht viel. Mutter hatte sich kurz nach meiner Geburt von ihm getrennt.

Meine Mutter hatte und wollte seit der Trennung von meinem Vater nie wieder eine Beziehung. Wir wohnten zusammen mit meinem Opa, dem Vater von meiner Mutter, in einer relativ großen Betriebswohnung auf dem Gelände der Firma. Das war sehr praktisch. Mein Opa war für mich wie ein Vater. Er war von Beruf Glasmaler, aber in Rente. Als Kind habe ich mit ihm viel gezeichnet, am liebsten Blumen. Im Kindergarten sollten wir einmal einen Blumenstrauß malen. Wenn die Erzieherin nicht selbst gesehen hätte, dass ich das Bild gemalt habe, niemand hätte mir geglaubt. Ich war den anderen weit voraus. Trotzdem war das Verhältnis zu meinem Opa nicht unproblematisch, er durfte mich nicht berühren und nicht mein Zimmer betreten. Ansonsten gab es noch die Schwester meiner Mutter und eine Cousine, zu denen ich etwas Vertrauen hatte.

Heutzutage lebe ich alleine, in einer Hütte in Waldnähe. Das Häuschen ist 1949 als Behelfsheim gebaut worden. Vorher bin ich zweimal im Ort umgezogen. In allen Wohnungen, die ich bisher hatte, war es zu laut, die Menschen heutzutage machen ständig störende Geräusche. Die meisten Menschen können Stille nicht ertragen. Ich brauche Stille. Eine Wohnung, die meinen autistischen Bedürfnissen gerecht wird, ist in Deutschland nicht zu finden und es wird immer schlimmer. Leider entstehen in der Nachbarschaft durch Straßenausbau immer mehr neue Einfamilienhäuser und mit der Ruhe und Abgeschiedenheit ist es bald vorbei. Mache mir jetzt schon Gedanken, mit Renteneintritt, ein neues Grundstück für einen Einsiedler zu suchen, oder auszuwandern. Bisher hatte ich noch keine Beziehung. Ich kann einfach nicht ständig mit anderen Menschen zusammen sein, das ist zu anstrengend. Eine Wochenendbeziehung mit einer Partnerin ist vielleicht noch vorstellbar und zu ertragen. Aber welche Frau möchte so eine Beziehung?

Die Autismusdiagnose (Asperger-Syndrom) und Schwerbehindertenausweis habe ich vor etwa drei Jahren bekommen. Angefangen hat es mit einer Suche im Internet, nach Ursachen warum ich noch Single bin. Als eine Erklärungsmöglichkeit stand dort etwas von Autismus. Ich hatte damals zwar schon einmal den Begriff gehört, aber keine Ahnung, was das ist, es war für mich nicht von Bedeutung. Die anderen Antworten waren aber auch nicht zufriedenstellend. Eines Tages habe ich mich doch etwas näher über Autismus informiert und meine Eigenarten darin wiedererkannt. Etwa ein halbes Jahr danach ging ich das erste Mal in die Selbsthilfegruppe Dresdner Autisten. Dort erfuhr ich, dass die Autismusambulanz der Uniklinik Dresden seit kurzem auch Erwachsene diagnostiziert. Nach einer Anmeldung und Wartezeit von einem Jahr, gefolgt von verschiedenen Tests über fast ein weiteres Jahr, bekam ich die Diagnose.

Schule

Ein Jahr Kindergartenbesuch von 6 bis 12 Uhr mit 5 bis 6 Jahren hat mir nicht gefallen, das bekam mir nicht, ich habe öfter Fieber bekommen. Zusätzlich besuchte ich noch die Vorschule, um die neue Umgebung kennen zu lernen. Eigentlich mochte ich überhaupt nicht in die Schule gehen, meine Mutter sollte mir zu Hause alles beibringen. Ich wollte schon lernen, nur nicht in der Schule bei fremden Lehrern und Kindern. Glücklicherweise gab es noch ein Mädchen aus dem Haus, in dem wir wohnten, wir hatten uns etwas angefreundet, und wir kamen beide in dieselbe Schulklasse. Das machte alles etwas leichter.

Bestechungsversuche mit der Zuckertüte machten es dennoch nicht besser. Der erste Lehrer für zwei Schuljahre war Herr W., ein gutmütiger, aber auch strenger älterer Mann von 65 Jahren. Leider war er öfter krank, dann gab es Vertretungsunterricht durch eine junge Lehrerin – frisch von der Uni, mit irgendwelchen doofen Spielen vor Schulschluss, die Gewinner durften zuerst nach Hause gehen. Das war Stress pur. Ich weiß den Namen nicht mehr, aber ich habe sie gehasst. In der 3. Klasse war Herr H. unser Klassenlehrer. Er war hauptsächlich Sportlehrer, aber er unterrichtete auch Werken, das machte ihn mir etwas sympathischer. Sport war nicht gerade mein Lieblingsfach. Seine Nerven waren für andere Unterrichtsfächer auch nicht mehr geeignet. Manchmal, wenn mich etwas begeistert, habe ich einen ziemlich starren Blick. Einmal ist Herr H. völlig durchgedreht, weil ich ihn zu lange angesehen habe, musste dann für den Rest der Stunde in eine Zimmerecke sehen. Herr H. war durch seine schwachen Nerven öfter krank, dann fiel zu meiner Freude Sport aus. Da fällt mir gerade der Begriff Sportfest ein. Einen ganzen Tag unter kreischenden Mitschülern zusehen, wie Leute im Kreis laufen, oder selbst im Kreis laufen müssen. Wo ist da das Fest? Unterricht war doch das kleinere Übel.

Ich bin mit 6 Jahren eingeschult worden, Abschluss nach der 10. Klasse polytechnische Oberschule, der damaligen Schulform in der DDR. Mein Lieblingsfach war Physik, in der schriftlichen und mündlichen Abschlussprüfung hatte ich eine 1. Der Lehrer war sehr streng, aber gerecht. Bei den meisten Schülern war er unbeliebt und gefürchtet. Ich hatte gern bei ihm Unterricht, ein klar strukturierter Ablauf ist mir am liebsten.

Nicht gern mochte ich alles, was mit Sprachen zu tun hat: Deutsch, Russisch, Englisch, aber gehasst habe ich weiterhin Sport. Zum Glück war ich ziemlich anfällig für Grippe und Mandelentzündung. Dadurch blieben mir einige Sporterlebnisse erspart. In der 8.und 9. Klasse hatten wir mit der nächstälteren Klasse zusammen Sport, meistens Fußball. Die aus der älteren Klasse waren dabei fast alle geistesgestört und gewalttätig. Manchmal habe ich heimlich das Spielfeld verlassen, es fiel sowieso nicht auf, wenn ich nicht da war. Am Sportplatzrand war ein Froschteich mit Schilf zugewachsen, da konnte man sich gut verstecken. Frösche beobachten ist auch viel interessanter.

Solcher Sport ist vorsätzliche Körperverletzung und sollte in der Schule verboten werden. Im Deutschunterricht war es auch öfter ziemlich schlimm. Einmal mussten wir aus einem Buch vorlesen. Die Vorlesefähigkeiten wurden auf Tonband aufgezeichnet und vor der Klasse ausgewertet. Der Lehrer hat nur versucht, bei mir alles Schlechte hervorzuheben, sogar wie ich atme. Vor Aufregung habe ich beim Umblättern eine Seite eingerissen. Der Lehrer war völlig außer sich und beschuldigte mich, es mit Absicht getan zu haben. Nach einem Erklärungsversuch war ich noch zittriger und habe gleich noch eine Seite eingerissen. Der Lehrer hatte keinerlei Verständnis oder Einfühlungsvermögen in meine Situation. In jenem Jahr bekam ich keine 1 in Betragen.

Dann gab es noch Nadelarbeit, auch für die Jungs. Habe ich gern gemacht, es war etwas Handwerkliches. Ich war auch ganz gut in Sticken und Häkeln. Einmal sollten wir einen Waschlappen stricken. Einige Jungs haben sich geweigert mitzumachen. Die gesamte Klasse musste nachsitzen. Mein Waschlappen war da bereits fertig und sah auch gut aus, also bin ich nach Hause gegangen, mir doch egal, wenn die Lehrerin mit einigen Schülern nicht klarkommt. Nicht mein Problem. Ich war meist so unauffällig, die Lehrerin hatte mein Gehen gar nicht bemerkt, nur die anderen in der Klasse. Noch am selben Tag erschien die Lehrerin bei uns zu Hause, um sich über mich und mein unsoziales Verhalten bei meiner Mutter zu beklagen. Meine Mutter hat die Lehrerin gefragt, aus welchem Grund sie mich in der Schule festhalten wollte: Ich solle ja nach dem Unterricht pünktlich nach Hause kommen. Die Lehrerin konnte keine vernünftige Erklärung abgeben. Damit war die Sache erledigt. In Betragen gab das allerdings keine gute Note. Ich glaube, bei den Schülern hat mir die Aktion Pluspunkte eingebracht. Ich wollte nur pünktlich zu Hause sein.

In den Sommerferien gab es immer die neuen Schulbücher für das kommende Schuljahr. Da ich sehr wissbegierig bin, habe ich immer heimlich die neuen Bücher durchgesehen. Das durften wir eigentlich nicht. Unter den Mitschülern gab es nur einen Freund und die Freundin, die aus dem Haus. Unsere Klasse war nicht groß, nur etwa 16 Kinder und die waren meistens sehr vernünftig, es gab nur sehr selten Prügeleien. Das Verhältnis untereinander war im Allgemeinen gut. Aus heutiger Sicht, wenn ich Kinder hätte, würde ich dennoch alles unternehmen, um ihnen solche Schulsysteme zu ersparen. Im Internet gibt es sehr gute Erfahrungsberichte von Eltern, deren Kinder nur durch ihr Leben gelernt haben, dann ohne

Probleme eine Abschlussprüfung bestanden haben und einen Beruf ausüben. Auch ein russisches Schulmodell, die Schetinin-Schule, finde ich sehr gut.

Pioniere/FDJ

Selbstverständlich war ich auch in der Pionierorganisation und später in der FDJ. In der DDR waren fast alle dabei. In unserer Klasse durfte nur ein Mitschüler aus religiösen Gründen nicht Mitglied sein. Ich selbst war zwar Mitglied, habe mich aber selten an Veranstaltungen beteiligt. In meiner Schulzeit wurde niemand zu etwas gezwungen. Leider gab es erst in der 10. Klasse für mich interessante Arbeitsgemeinschaften wie Elektronik und Zeichnen. In der FDJ haben wir öfter bei Bauarbeiten an der Schule geholfen. Ziegel für ein neues Heizhaus abgeladen oder Ähnliches. Dafür gab es auch manchmal eine gute Beurteilung im Zeugnisheft. Wie bei mir in der 9. Klasse »... ist ein technisch interessierter Schüler. Beim Bau des Physikkabinetts arbeitete er vorbildlich mit«. Diese Beurteilung war für den Erhalt der Lehrstelle auch sehr hilfreich. Wir waren der letzte Jahrgang, der keine vormilitärische Ausbildung in der Schule hatte.

Armeezeit

Wegen meines Interesses an Radios und Funktechnik habe ich mich bei der Musterung überreden lassen, drei Jahre als Unteroffizier in der NVA zu dienen. Meine Bedingung war, in einer Funkwerkstatt arbeiten zu dürfen. Kurze Zeit nach Abschluss der Lehre wurde ich an die Unteroffiziersschule der Luftstreitkräfte in Bad Düben eingezogen. Zu meinem Entsetzen erfuhr ich, dass keine Stelle für Funkmechaniker frei ist, sondern eine Ausbildung zum Flugzeugmechaniker meine Zukunft sein sollte. Da meine Bedingung nicht eingehalten wurde, habe ich die Ausbildung zum Unteroffizier verweigert. Zu meiner Überraschung gab es keine Probleme damit. Ich habe als Soldat dann nur meinen Grundwehrdienst von 18 Monaten an der Unteroffiziersschule geleistet. Wie immer wenn der Stress zu viel wird, werde ich anfällig für Erkältungen. In der Grundausbildung war ich wegen Grippe und einer sehr schlimmen Mandelentzündung im Krankenhaus. Nach der Grundausbildung ging es weiter mit Fahrschule. Danach wurde ich in eine Nachrichtenkompanie versetzt. Den Rest des ersten Halbjahres hatte ich als Soldat zusammen mit den Unteroffiziersschülern

Funkausbildung an einer Richtfunkstation. Die Ausbildung beinhaltete auch kleinere Reparaturen und Abgleicharbeiten, es war fast wie das Basteln zu Hause. Die gleiche Station wurde auch zivil vom Rundfunk verwendet. Die folgenden zwei Halbjahre war ich selbst Ausbilder. Urlaub gab es wegen der Ausbildung leider nur alle drei Monate, man fühlte sich wie im Gefängnis. Den Grundwehrdienst hatte ich ganz gut überstanden, aber es sollte noch schlimmer kommen.

In der DDR konnte man auch noch als Reservist eingezogen werden und es gab auch einen Mobilmachungsbefehl. Damit konnte man zu jeder Zeit von der Straße weggefangen werden und zu Manövern eingezogen werden. Weigern konnte man sich nicht. Mich hat man zweimal für drei Monate zur Reserve eingezogen. Erst zur Ausbildung auf einer Radarstation, das zweite Mal Auffrischungslehrgang auf einer Richtfunkstation. Das Essen war miserabel, die Unterbringung unerträglich. Zeitweise in einem Mannschaftszelt bei 10 Grad minus im Winter, in Dresden auf dem Flugplatz, 20 m neben der Landebahn. Zusammen mit Leuten, die einen Ausweg im Alkohol suchten und nachts in ihrem eigenen Erbrochenen lagen.

Zum Ende der DDR-Zeit hat man mich eines Tages von der Arbeit, ich hatte Nachtschicht, zu einer Mobilmachungsübung abgeholt. Wir wurden auf einem Armeegelände nicht weit von zu Hause in Zelten untergebracht. Dort haben wir 14 Tage mit Nichtstun verbracht. So stelle ich mir ein Kriegsgefangenlager vor. Man denkt darüber nach, was man falsch gemacht hat, wartet auf die nächste Mahlzeit und die Entlassung. Noch heute habe ich Albträume, in denen ich in einem Lager bin und nicht weiß, ob ich jemals wieder nach Hause komme.

Ausbildung

Schon als Kind mit etwa 5 Jahren interessierte ich mich für Basteleien mit Batterien und Glühlampen. Schon damals stand für mich fest, einmal Elektriker oder Elektroniker zu werden, nicht wie andere Kinder Lokführer oder Kosmonaut. Zu dem Betriebsgelände, auf dem wir wohnten, gehörte auch eine Mülldeponie. Als Kind habe ich viel Zeit auf der Deponie verbracht, der Zutritt war verboten, das war mir aber egal. Habe nach Elektroschrott gesucht, um etwas daraus zu basteln oder zu reparieren. Die Lehrer in der Schule haben versucht, mir meinen Berufswunsch auszureden, ich hätte keine Chance, eine Lehrstelle zu finden, für mich kam aber nichts anderes in Frage. Auch ein Pflichtbesuch im Berufsberatungszentrum änderte nichts.

In der 10. Klasse habe ich mich dann in meiner jetzigen Firma als Elektromonteur beworben. Es war meine einzige Bewerbung. Ich wurde angenommen, zu verdanken vermutlich auch dem Vater eines Freundes, der in der Werkstatt der Firma arbeitete und meine Begabung für Technik kannte. Die Werkstatt der Firma kannte ich auch schon seit der 8. Klasse durch die Schule. Damals gab es das Unterrichtsfach UTP (Unterrichtstag in der Produktion). Die Schüler mussten einfache Werkstücke mit Bohrmaschine, Säge und Fräse bearbeiten. Manche sagten, es sei Kinderarbeit und Ausbeutung, ich fand das alles sehr spannend und interessant.

In der Schule mussten wir den Lehrvertrag vorzeigen, mein Physiklehrer hat sich auch gefreut.

Es folgten zwei Jahre Berufsausbildung. Anfangs bereitete mir der Weg zur Berufsschule und den Ausbildungsbetrieben Probleme. Ich musste täglich 20 km mit der S-Bahn und der Straßenbahn fahren. Als Kind und Jugendlicher bin ich nie aus meinem Wohnort herausgekommen. Mit Bahnfahren kannte ich mich nicht aus. Wir Lehrlinge waren in der praktischen Ausbildung einzeln in verschiedenen Ausbildungsfirmen verteilt. Die anderen habe ich meistens nur in der Berufsschule gesehen. Zu den Lehrfacharbeitern in den Firmen hatte ich ein gutes Verhältnis. Manche fanden mich allerdings zu ruhig und schweigsam. In der Berufsschule gab es wieder Sportunterricht. Der Sportlehrer war von Orientierungslauf begeistert, also mussten wir meistens im Wald verschiedene Punkte suchen, an denen ein Stempel versteckt war, und eine Karte abstempeln. Das war auf jeden Fall besser als Fußball. Zur praktischen Facharbeiterprüfung bin ich sehr negativ aufgefallen. Eines Tages, beim Bauen des Prüfungsstückes, erschien der Lehrobermeister und wollte sehen, wie es mit der Arbeit vorangeht. Ich habe ihm nur guten Tag gesagt und mich wieder meiner Arbeit zugewandt, er ist daraufhin wieder gegangen. Zum nächsten Elternabend hat er sich bei meiner Mutter über mein unmögliches Verhalten beschwert. Ich hätte ihm meine Arbeit nicht gezeigt und erklärt. Kann ich doch nicht wissen, er hätte ja auch fragen können.

Für die Abschlussarbeit habe ich trotzdem eine »1« bekommen. Die schriftliche Hausarbeit fiel mir allerdings sehr schwer. Schreiben gehört nicht zu meinen Talenten, außerdem hatte ich überhaupt keine Vorstellung, was eine schriftliche Hausarbeit bedeutet. Es wurde mir auch ein Mentor benannt. Mit dem Begriff konnte ich nichts anfangen. Die Hausarbeit hat für eine »3« gereicht. Für einen Mentor hatte ich keine Verwendung. Heute bin ich schlauer, man hätte damals alles etwas besser erklären können.

1989 habe ich, von der Firma finanziert, einen zweiten Berufsabschluss als Farbfernsehtechniker im Fern-sehgerätewerk Staßfurt machen können. In den 90er Jahren habe ich auf eigene Kosten den Lehrgang SPS-Programmierer abgeschlossen.

Beruf

Heute arbeite ich immer noch in der gleichen Werkstatt, die ich schon von der Schule kannte, nur die Produktionshallen und Anlagen sind neu gebaut und die Eigentümer wechseln öfter. Meine Hauptaufgaben sind Wartung und Instandhaltung von Maschinen, gelegentlich auch Neu- und Umbauten mit Programmierung. Am liebsten sind mir anspruchsvolle Arbeiten, bei denen ich eigene Ideen verwirklichen kann. Ein älterer Kollege sagte einmal, ich soll mir eine Arbeit in der Forschung und Entwicklung suchen. Dazu ist es aber leider nicht gekommen. Probleme bereitet mir der Umgang mit Menschen, neue Mitarbeiter anlernen, Anfragen bei Fremdfirmen, Angebote einholen oder Ähnliches. Der Meister kennt mich und meine Stärken und Schwächen aber schon lange und erspart mir möglichst solche Aufgaben. Die Diagnose Asperger-Syndrom habe ich erst seit ca. 1,5 Jahren. In der Firma weiß niemand etwas davon, nur dass ich einen Schwerbehindertenausweis habe, aber nicht warum. Vielleicht erzähle ich es einmal, jetzt ist noch nicht der richtige Zeitpunkt dafür. Vermutlich werde ich bis zur Rente in der Firma bleiben. Wir haben gerade eine Mitteilung von der Geschäftsführung über einen neuen indischen Inhaber mit folgendem gekürzten Inhalt bekommen: Wir freuen uns darauf, mit Ihnen allen gemeinsam den Weg in eine erfolgreiche Zukunft zu gehen.

Freizeit

In meiner Freizeit beschäftige ich mich am liebsten mit elektronischen Basteleien. Meistens baue ich Radios mit Röhren. Radios faszinierten mich schon immer. Aber auch andere Sachen. Der erste Heimcomputer in den 80er Jahren war auch selbst gebaut. Außerdem beschäftige ich mich noch mit Selbstversorgung, Obst- und Gemüseanbau im eigenen Garten, Wildkräuter sammeln, Strom mit Solarmodulen und selbstgebauter Windmühle erzeugen. Im Urlaub habe ich endlich Zeit für meine Hobbys. Verreisen möchte ich nicht, das ist nur Stress und macht keine Freude. In meiner

Freizeit kann ich keine Menschen in meiner Umgebung ertragen. Brauche die Zeit, um mich von der Menschheit zu erholen. In die Selbsthilfegruppe gehe ich nur noch sehr selten. In Foren bin ich nur lesendes Mitglied.

Gesundheit

Einmal im Monat gehe ich zu einer Gesprächsgruppe in die Autismusambulanz Dresden. Außer verschiedenen Allergien habe ich keine gesundheitlichen Probleme. Ist aber noch erträglich. Arztbesuche versuche ich zu vermeiden. Nur zur Zahnärztin gehe ich regelmäßig. Meine Zähne zersplittern. Schon als Kind sind mir 4 Zähne gezogen worden, weil sie völlig kaputt waren. Damals war ich bei einer sehr guten Kinderzahnärztin. Eines Tages hat ein anderer Zahnarzt Vertretung gehabt. Er hat mich ohne Betäubung behandelt und mir unbeschreibliche Schmerzen zugefügt. Lange weigerte ich mich dann, zu zahnärztlichen Untersuchungen zu gehen. Erst mit etwa 30 Jahren habe ich es wieder gewagt und eine Zahnarztpraxis betreten. Der Zustand meiner Zähne war nach dieser Zeit auch extrem schlecht. Impfungen und Spritzen vertrage ich nicht. Werde meistens kurze Zeit danach ohnmächtig. Blut abnehmen macht mir nichts aus, nur wenn fremde Stoffe in den Körper hineinkommen, vertrage ich das nicht. Der Körper spürt scheinbar genau, welche Stoffe gut sind und was nicht.

Für die Gesundheit kann man selbst etwas tun, durch gesunde Lebensweise. Seit ca. 5 Jahren ernähre ich mich meistens vegan. Zur Arbeit fahre ich mit dem Fahrrad. Das Auto habe ich schon vor ca. 10 Jahren verkauft. Es ist ein zu großes Risiko, Auto zu fahren. Habe schon immer Probleme, die Fülle an Informationen schnell genug zu verarbeiten. Zurzeit mache ich mir Gedanken darüber, die Fahrerlaubnis freiwillig abzugeben. In manchen Städten bekommt man dafür sogar eine Jahreskarte für die Bahn geschenkt.

Ulrich: Interview

Wenn Du Dich in ein neues Arbeits-/Wissensfeld einarbeiten musst, wie lernst Du die Inhalte am liebsten?
Wenn ich etwas Neues lernen möchte, versuche ich, mir selbstständig das nötige Wissen aus Fachbüchern und heutzutage aus dem Internet anzueig-

nen. Unterricht in der Schule mag ich nicht. Meistens wird man mit zu viel unnützen Fakten belastet, die nicht gebraucht werden und schnell wieder vergessen werden. Fakten, die keinen praktischen Zusammenhang haben, kann ich mir nicht merken. In der Schule muss man meistens zuhören und mitschreiben. Das kann ich nicht. Es funktioniert nur zuhören und merken, was mir wichtig ist. Am effektivsten ist es bei mir, nach der Aneignung der nötigsten Grundlagen durch praktische Arbeit zu lernen.

Es heißt, Asperger seien oft pragmatisch und rational, was die Studien-/Berufswahl angeht. »Träume« werden hintangestellt. Stimmt das auch für Dich? Warum ist das so?
Die Frage ist schwer zu verstehen. Schon als kleines Kind wollte ich einmal etwas mit Elektrotechnik machen. Für andere Sachen habe ich keine Begabung. Es gab nur ein Ziel.

Wo siehst Du Dich beruflich in 5 Jahren?
In 5 Jahren bin ich 61 Jahre alt. Habe mir vorgenommen, mit 60 Jahren in den Ruhestand zu gehen. Vielleicht noch eine geringfügige Beschäftigung in meinem Beruf in der jetzigen Firma.

Viele Aspies haben eine Schwäche beim Wiedererkennen von Gesichtern und damit von Menschen. Du auch? Was ist ein guter Umgang mit dieser Schwäche?
Ich habe immer wieder große Probleme, auch langjährige gute Bekannte in einer Umgebung wiederzuerkennen, in der ich es nicht erwarte. Ich verbinde Personen mit einem bestimmten Ort, der Arbeitsstelle, Wohnung, Verein oder Ähnliches. Wenn mich die Leute dann ansprechen, erkenne ich sie meistens an der Stimme oder anderen Eigenarten wieder. Im Winter ist es besonders schlimm, weil meistens Mützen getragen werden und ich die Haare nicht sehen kann. Manchmal nehme ich andere Menschen in meiner Umgebung allerdings überhaupt nicht war, da sind die anderen auch manchmal beleidigt. Ich versuche dann, meine Behinderung zu erklären. Meistens funktioniert das ganz gut.

Hast Du auch das Gefühl, eine Art soziales Theater zu spielen, bei dem Du neurotypisches Verhalten kopierst? Welche Erfahrungen hast Du damit gemacht?
Früher habe ich es eher unbewusst versucht, seit der Diagnose versuche ich mehr ich selbst zu sein. Da bekommt man schon manchmal eine Bemerkung wie: »Du wirst immer komischer« oder: »Irgendwann sperren sie

dich ein«, zu hören. Ich glaube aber, ganz ohne soziales Theaterspielen funktioniert es in der heutigen Zeit im Beruf nicht. Früher gab es in fast jeder größeren Firma irgendwelche komische Käuze, auch in der DDR war es noch so. Sie machten eine für sie geeignete Arbeit, es war nichts Ungewöhnliches. Meistens wohnten die Leute sogar in der Firma. Heutzutage soll alles einem Standard entsprechen, sogar die Menschen, jede Abweichung vom Durchschnitt ist ein Störfaktor, der beseitigt werden muss.

An wen hast Du Dich mit Deinen psychischen Problemen wie Depression und/oder Ängsten gewandt? An wen wendest Du Dich aktuell?
Vor der Diagnose musste ich allein mit psychischen Problemen klarkommen. Ich war nicht der Mensch, der bei Problemen einen Gesprächspartner sucht. Seit der Diagnose gehe ich etwa einmal im Monat zur Therapiegruppe in die Autismusambulanz Dresden. Es ist auch möglich, einen persönlichen Termin außerhalb der Gruppe zu vereinbaren. Etwa ein Jahr lang bin ich auch noch regelmäßig zur Selbsthilfegruppe »Dresdner Autisten« gegangen. Wegen geänderter Arbeitszeiten ist es jetzt leider nicht mehr möglich.

Was war Auslöser dafür, das Asperger-Syndrom diagnostizieren zu lassen? Welche Auswirkungen hatte die Diagnose?
In der Vergangenheit gab es öfter Situationen, in denen ich mir nahestehenden Menschen nicht helfen konnte oder falsch gehandelt habe. Das verursacht noch heute Schuldgefühle. Die Diagnose ist für mich eine Erklärungshilfe, um einiges aus der Vergangenheit aufzuarbeiten. Seit der Diagnose kann ich meine Stärken und Schwächen besser einschätzen.

Was würdest Du Dir an Unterstützung (privat wie institutionell) wünschen, um mit den Schwierigkeiten im Berufsleben besser umgehen zu können oder diese zu lösen?
Ich persönlich wünsche mir ein Recht auf Teilzeitarbeit für Autisten. Bei uns in der Firma ist nur eine geringfügige Beschäftigung möglich. Ein sozialer Beistand, der mir aktuell vor Ort in der Firma bei solchen Problemen hilft, wäre vermutlich auch sehr nützlich. Ich musste leider die Erfahrung machen, dass Betriebsrat und Gewerkschaft keine kompetenten Ansprechpartner für Autisten sind.

Sind Asperger-Autisten zu exklusiv für Inklusion?

autWorker – autistisches Engagement für gesellschaftliche Veränderung

Im Jahr 2008 machte mich eine Teilnehmerin aus der Hamburger Selbsthilfegruppe auf ein Seminar an der Universität über interdisziplinäre Auseinandersetzungen mit aktuellen Befunden der Neurobiologie und Neuropsychologie aufmerksam. Unter vielem anderen sollte es da auch um Autismus gehen. In diesem Seminar wurde mir erst richtig bewusst, mit welchen Vorurteilen selbstreflektierte und wissenschaftlich gebildete Menschen dem Phänomen Autismus begegneten. Insbesondere erkannte ich das Dilemma, in das autistische Menschen durch eine Vorurteilsstruktur gebracht werden, die sie wahlweise wegen ihres Verhaltens, der mangelnden Kommunikationskompetenzen oder ihres fast »übermenschlichen« Wahrnehmungs- und Denkvermögens verklärt und sie somit verkannt werden. Mir fiel auf, dass diesen Vorurteilen der Gedanke zu Grunde lag, dass Menschen – normalerweise – ähnlich wahrnehmen und denken und sich deswegen auch ähnlich verhalten. Eine Idee, die ich selbst in der Tat nie auch nur andeutungsweise entwickelte; ich bin ja schließlich auch Autist.

In diesem Jahr hatte ich fünf Jahre lang Erfahrungen in der autistischen Selbsthilfe gemacht, vorwiegend mit Erwachsenen aus dem »Asperger-Teil« des Spektrums, aber nicht nur. Ein deutliches Fazit dieser Erfahrungen war, dass sich im Themenfeld Arbeit die mangelnde oder, besser formuliert, kaum bis gar nicht vorhandene Inklusion autistischer Menschen deutlich zeigt. Eine teilweise kaum zu fassende Kluft zwischen dem, wozu die Menschen fähig waren, was sie sich angeeignet hatten, und ihrer Arbeit. Ein Mathematiker, der in einer Kantine Töpfe schrubbte, ein Soziologe, der in einer Werkstatt gärtnerte, die ausgesprochen begabte Schriftstellerin, die in einer Werkstatt Handarbeiten tätigte, ausgebildete Menschen, die mit Mitte Dreißig ausgemustert, »frühverrentet« wurden. Und auch ich, der sich als Programmierer und Systemadministrator auf Probleme spezialisiert hatte, an denen andere gescheitert sind, und dennoch eine – gelinde ausgedrückt – prekäre Ökonomie lebte. Eine, die gerade in diesem Jahr, 2008, in eine tiefgreifende Krise geraten war. Zusammen mit der Mitaustistin aus der Selbsthilfegruppe, mit der ich die akademisch aufbereiteten Vorurteilsbildungen studieren durfte, reifte der Gedanke heran, dass sich daran etwas ändern muss und dass vor allen Dingen autistische Menschen diejenigen sein müssen, von denen diese Änderungen ausgehen. Im Herbst hatten ein paar Aktive aus der Autismus-Selbsthilfe während der Bundestagung von Autismus Deutschland ein Gespräch mir Torkil Sonne, dem Gründer der dänischen Firma specialisterne. Dabei wurde uns klar, dass sich im Bereich Autismus und Arbeit so schnell nichts ändern wird, wenn es niemand aktiv in die Hand nimmt sozusagen. Das war quasi der Grundstein des autWorker-Projekts, dem die Idee zu Grunde lag, dass Autisten ihre Belange selbst angehen und zu diesem Zweck eine autistische Firma gründen.

Gegen Ende 2008 hatte sich dieser Gedanke zu einem Konzept entwickelt, mit dem wir dann in den ersten Monaten des folgenden Jahres Mitstreiterinnen und Mitstreiter suchten und fanden. Aus den Selbsthilfegruppen wussten wir, dass diese einseitigen und negativen Autismusbilder, negativ im Sinne von exkludierend, auch die Selbstvorstellungen und das Selbstbewusstsein autistischer Menschen beeinflussten. Wir begannen daher im Sommer 2009 die Workshops »Autistische Fähigkeiten«, in denen zusammen mit den Teilnehmenden eine realistische Selbsteinschätzung erarbeitet werden sollte, unabhängig von den ansonsten kursierenden Vorstellungen und Vorurteilen. Wir wussten dabei alle nicht, was es mit diesen »autistischen Fähigkeiten« auf sich hatte. Klar war aus der Selbsthilfeerfahrung lediglich, dass Stärken und Schwächen bei autistischen Menschen offensichtlich unüblich ausgebildet sein müssen, dass sich viele Autistinnen ihrer Stärken gar nicht bewusst sind und dass Autisten in aller Regel weder emotionale und kommunikative Idioten noch lebende Computer sind, die Fledermäuse pfeifen hören können. Im ersten Jahr entwickelten wir diese Workshops zusammen mit der Kieler Selbsthilfegruppe, die sich als Fokusgruppe dafür angeboten hatte.

Bereits Anfang 2010 waren die Workshops so bekannt, dass sich bei uns Autistinnen oder deren Angehörige meldeten, weil sie oder ihre autistischen Zöglinge an den Workshops teilnehmen wollten. Wir führten die Workshops dann auch in Hamburg durch, wo sie zu einer ständigen Einrichtung wurden. Ende 2011 bis Anfang 2013 hatten wir eine Gelegenheit, die Workshops im Rahmen eines Projektes im Berufsbildungswerk Potsdam durchzuführen. Das war für uns kaum kostendeckend, brachte uns aber weitere wertvolle Erfahrungen. Der Rahmen der Workshops entpuppte sich dabei zunehmend als ein Rahmen, in dem so etwas wie eine »alternative« Autismusforschung stattfand. Eine Forschung über Autismus aus autistischer Sicht. Die Neigung sehr vieler Autisten, offen, sachbezogen und wertfrei zu diskutieren, erwies sich dabei als ausgesprochen hilfreich. Sie zeigte deutliche Synergien und trug dazu bei, dass die Workshops zu einem Gesprächsrahmen wurden, in dem es autistischen Menschen leichtfällt, sehr tiefgehende, konzentrierte Gespräche zu führen. Das funktionierte auch mit jungen Erwachsenen und Jugendlichen. Wir, zumindest diejenigen, die viele Workshops gaben, entwickelten eine gute Intuition dafür, diese Synergien autistischer Kommunikationsweisen zu unterstützen. Das gelang nicht immer, aber oft, sehr oft. Bis zum Frühjahr 2016 hatten wir etwa 700 bis 800 autistische Menschen in mehr als 120 Workshops, die teilweise bei autWorker in Hamburg, teilweise aber auch in diversen Berufsbildungswerken und Weiterbildungsstätten stattfanden. Auf diese Weise haben wir viel über Autismus gelernt, was nirgendwo sonst zu erfahren ist; wir haben Autismus auf eine neue Art und Weise verstehen gelernt.

Waren die typischen Teilnehmenden zu Beginn Erwachsene, die sich meist in beruflichen Umbruchsituationen befanden, sind es in den letzten Jahren hauptsächlich junge Erwachsene oder Jugendliche, die Möglichkeiten für ihren Einstieg in die Arbeitswelt suchten. Nicht selten kamen zu uns junge Menschen, die an anderen Orten, Arbeitsagenturen und Weiterbildungsträgern bereits als »nicht vermittelbar« ausgemustert wurden, manchmal auch Teilnehmende, die sehr wenig oder gar nicht sprachen. Meistens war die Teilnehmerstruktur in den Workshops ziemlich gemischt, Haupschulabgänger neben Hochschulabsolventen, alte und junge Teilnehmende mit den unterschiedlichsten Interessen und Neigungen. Die interessantesten Workshops waren in der Tat die besonders gemischten. Im Folgenden ein paar Beispiele, die »typische« Erfahrungen aus den Workshops widerspiegeln, allerdings insofern untypisch sind, dass die Betreffenden über längere Zeit von autWorker begleitet wurden.

Jonathan lernten wir im Sommer 2010 kennen; da war er 20 Jahre alt. Er besuchte zusammen mit seinem Bruder einen Fähigkeitenworkshop; weder er noch der Bruder sagten etwas in dem Workshop, nicht einmal ihre Namen. Am Ende allerdings fragte sein Bruder, welches denn nun die besonderen Fähigkeiten seines Bruders wären – was wir nicht beantworten konnten. Jonathan war in einem schlechten Zustand zu dieser Zeit; er kam mit vielen sozialen Situationen nicht zurecht. Er wohnte bei seiner Mutter und saß den ganzen Tag vor seinem Computer und spielte oder sah sich Dokumentationen im Fernseher an. Er hatte keine sozialen Kontakte. In der Arbeitsagentur wurde er als minderintelligent betrachtet und eine Jobvermittlung gar nicht erst in Betracht gezogen. Er hatte eine Art Sonderschule für hyperaktive Kinder besucht, obwohl er genau das Gegenteil von hyperaktiv war und ist, und konnte weder lesen noch schreiben. Mit Unbekannten sprach er gar nicht und ging mit Menschen überhaupt so um wie mit dem Hund seiner Mutter, auch mit mir. Schnell aber zeigte sich, dass er ein phänomenales Gedächtnis vor allen Dingen auch für Bilder hatte. Er kam mir manchmal vor wie eine Datenbank, in der vor allen Dingen die Dokus, die er gesehen hatte, abgespeichert waren. Er ist auch ein sehr rigider logischer Denker. Logische Erklärungen sind für ihn zentral und wenn er eingesehen hat, dass etwas wichtig ist zu tun, tat er es oft mit einer erstaunlichen Disziplin. So lernte er auch – weitgehend selbstständig – lesen und schreiben, als ihm klar wurde, dass das Sinn machen kann. Sein Wunsch war, seit seiner Jugendzeit, im Rettungsdienst zu arbeiten.

Uns war klar, dass er erst einmal ein paar soziale Fertigkeiten lernen musste, bevor an weitere Schritte zu denken war. Wir gründeten auch deswegen das erste autFlat, eine Wohngemeinschaft von autistischen Menschen, in die er dann einzog. Er bekam von uns eine Unterstützung, um seine Ausbildung zum Rettungssanitäter und entsprechende Praktika zu machen. Dabei war uns immer wichtig, dass die Initiativen von ihm ausgingen und er sein Leben auch selbst in die Hand nahm. 2014 zog er in eine Wohnung, wo er alleine lebt, und begann Anfang 2015, als Rettungssanitäter zu arbeiten. Das tut er immer noch und organisiert inzwischen sein Leben auch selbst. Durch die Arbeit hat er sich viel soziale Fähigkeiten angeeignet und auch ein hohes Maß an Selbstständigkeit.

Ein weiteres Beispiel ist Niklas. Er war wie Jonathan 20 Jahre alt, als wir ihn im Herbst 2013 kennenlernten, und hatte ebenfalls eine schwierige Schulzeit. Er hatte keine richtige Idee, was er arbeiten wollte, aber hatte vor, Softwareentwickler zu werden, weil er gerne am Computer spielte. Programmiererfahrung hatte er keine. Er war, als wir ihn kennenlernten, im dritten Jahr einer Weiterbildungsmaßnahme, die am Ende nicht erfolgreich war. Ihm wurden mehrmals Praktika, etwa in Supermärkten, vermittelt, die alle abgebrochen wurden oder auch sonst nicht weiterführten; am Ende drohte eine Werkstattempfehlung. Niklas war ziemlich frustriert und seine Mutter versuchte, alle Hebel sozusagen in Bewegung zu setzen, um das zu verhindern. autWorker war da quasi der letzte Strohhalm, der sich anbot. Die Praktika scheiterten, weil sie ihn auf der einen – sozialen – Seite überforderten, auf der anderen, eher fachlichen und sachbezogenen, aber deutlich unterforderten. Bereits beim ersten Gespräch wurde deutlich, dass Niklas ein »besonderes Verhältnis« zu Tabellen, insbesondere auch Busfahrplänen hatte. Er sah sie vor sich, wenn er davon erzählte, und konnte sie in Gedanken umsortieren. Er hatte einige Vorschläge zur Optimierung von Fahrplänen, insbesondere um die Umsteigezeiten zu verkürzen. Da wir da gerade einen guten Kontakt zu einem Busunternehmen hatten, schlugen wir ihm vor, dort als erster »offizieller« Autist zu arbeiten. Das erwies sich nach kurzer Zeit als sehr erfolgreich, so dass er nicht der einzige »offizielle« Autist in dem Unternehmen geblieben ist.

Das dritte Beispiel ist einer der Gründer von autWorker, Kolja; er war damals 21 Jahre alt und hatte gerade eine Ausbildung an einem Berufsbildungswerk abgeschlossen. Er wollte im Bereich Buchhaltung und Wirtschaft arbeiten, hatte aber nur einen Hauptschulabschluss und überhaupt die Befürchtung, nicht auf dem ersten Arbeitsmarkt arbeiten zu können. Er sprach sehr wenig, fast gar nicht, war aber immer ausgesprochen offen, ehrlich und freundlich. Er war sehr gut darin, Dinge zu ordnen und zu rechnen, aber auch sehr schlecht, seine Fähigkeiten zu zeigen. Er entschied sich, einen besseren Schulabschluss nachzuholen, und machte zuerst einen Realschulabschluss und danach Fachabitur auf dem zweiten Bildungsweg. Danach studierte er Wirtschaftswissenschaften, zog das Studium straff durch und schloss es im Spätsommer 2015 ab. Danach fing er – leider nur geringfügig beschäftigt – bei autWorker an und machte da die Buchhaltung. Ein Mitarbeiter, der an Ehrgeiz, Zuverlässigkeit und Genauigkeit nicht zu überbieten war. Obwohl er schon mehr sprach als früher, hakte die Kommunikation ab und an. Kein Problem für uns, da wir uns gut darauf einstellen konnten. Die Jahresabschlüsse, eine durchaus anspruchsvolle Bilanzbuchhaltung inkl. Lohn- und Mietenbuchhaltung, machte er perfekt, anders lässt sich das nicht sagen. Leider können wir ihn nicht weiter beschäftigen und versuchen ihn dabei zu unterstützen, im Arbeitsmarkt Fuß zu fassen und einen Arbeitgeber zu finden, der seine Fähigkeiten schätzen kann.

Wir haben aber auch gelernt, dass sich viele autistische Menschen grundsätzlich missverstanden und dadurch diskriminiert fühlen. Viele, die hochgradig motiviert sind, sich unglaublich anstrengen und bereit sind, alles zu geben, um einen wenigstens vernünftigen Job zu haben, das eigene Geld zu verdienen, in der eigenen Wohnung zu wohnen etc. Und bei allen, ohne Ausnahme, fanden wir Fähigkeiten und Stärken, die es lohnt, entfaltet, kultiviert und anerkannt zu werden. Selten waren es spektakuläre Fähigkeiten, um die es dabei ging, aber meistens doch recht spezielle. Spezielle Fähigkeiten, die eher versteckt daherkamen, oft auch von den Betreffenden selbst nicht erkannt wurden, ein gutes Bildergedächtnis, Analysefähigkeiten, Verständnis für andere Menschen und vieles mehr. Wir sind mit den Workshops in die Erfahrungswelt eingetaucht, von der Hans Asperger in seiner Habilitationsschrift berichtete und die eigenartigerweise weder in den gängigen Autismusbildern noch in der Autismusforschung zu finden ist – bis auf wenige Ausnahmen. Aber auch im Rahmen der Workshops selbst zeigten sich typisch autistische Fähigkeiten: Nämlich die Art und Weise zu kommunizieren. Stellt sie sich in nicht autistischen Umgebungen meistens als hindernd dar, erscheint sie unter Autistinnen selbst als ungemeine Stärke: sich produktiv, vorurteilsfrei und bedeutungsvoll austauschen zu können, so dass am Ende etwas dabei herauskommt, etwas gelernt und oft auch verändert wird. Die Art und Weise, wie Autismus in Erscheinung tritt, behindernd oder fördernd, als Schwäche oder als Stärke, hängt stark von der Umgebung ab, in der sich autistische Menschen befinden.

Daher war von vornherein die Öffentlichkeitsarbeit, insbesondere Menschen betreffend, die mit Autisten zu tun haben, ein weiterer wichtiger Aspekt der Arbeit von autWorker. Ich erinnere mich gut an die ersten Vorträge, die ich 2009 zum Thema »Autistische Fähigkeiten« hielt; da musste ich nicht selten rechtfertigen, dass dies überhaupt ein Thema ist, was nicht nur einen winzigen Bruchteil autistischer Menschen betrifft. Das hat sich seither deutlich geändert; autistische Fähigkeiten sind sozusagen in aller Munde, aber dennoch ist dieses Thema wissenschaftlich kaum ergründet. Projekte wie autWorker oder auch die Firma auticon, wo sehr viele autistische Menschen zu diesem Thema miteinander ins Gespräch kommen, sich selbst und andere Autistinnen erfahren, eröffnen Zugänge auch zu einer wissenschaftlichen Erforschung »dieser Seite« des Autismus.

Menschen wie beispielsweise Temple Grandin, Donna Williams oder Olga Bogdashina, die ihre eigene autistische Erfahrung mit wissenschaftlichem Hintergrundwissen und wissenschaftlichen Vorgehensweisen verbinden, geben Ideen, was sich dabei zeigen könnte. Uns bei autWorker ist es aber immer auch wichtig gewesen, die Erfahrungen weiterzugeben, die wir nicht nur in den Workshops, sondern auch in vielen Beratungsgesprächen, in der gemeinsam verbrachten Freizeit, bei der Begleitung autistischer Menschen beim Berufseinstieg und nicht zuletzt im Umgang miteinander im Projekt sammeln konnten. Vor allen Dingen auch deswegen, weil wir denken, dass es nicht nur den nicht autistischen Menschen die Welten, in denen Autisten leben, näherbringt, sondern auch, weil es auch für autistische Menschen wichtig ist, in einer Weise betrachtet zu werden, dass sie sich selbst dabei wiedererkennen können. autWorker hat viele Vorträge auf diversen Tagungen und Kongressen gehalten und Mitarbeiterschulungen gegeben, besonders beliebt die »querdenker«-Schulung, in der autistische und nicht autistische Perspektiven miteinander in Austausch gebracht werden. Die Öffentlichkeitsarbeit und die Präsenz bei unterschiedlichen Anlässen und in unterschiedlichen Einrichtungen haben wohl einen Teil dazu beigetragen, dass es selbstverständlicher geworden ist, über autistische Fähigkeiten zu sprechen.

Dieses Thema ist auf einen »fruchtbaren Boden gefallen«, um dafür ein Bild aus der Landwirtschaft zu bemühen; es entsprach und entspricht so etwas wie einem »Zeitgeist«. Der kommt aber nicht von ungefähr. Bedingt durch das Internet zum einen, durch zunehmende »Asperger-Syndrom«-Diagnosen andererseits, beides in den 1990er Jahren, entstand eine autistische Community, in der sich – massenweise – autistische Menschen außerhalb therapeutischer Kontexte, aber trotzdem mit dem Wissen um ihren Autismus begegneten. Und – das liegt sozusagen in der Natur autistischer Menschen – sich dabei gegenseitig erforschten. In derselben Zeit verliert sich die offizielle, im Wesentlichen neurobiologische Autismusforschung in Details und Aspekten, deren Relevanz zumindest umstritten ist. Der Drang zur Objektivierung der Forschung reduziert Autismus auf die Aspekte, die über das Verhalten der Menschen erkennbar sind; die aber von Autistin zu Autist und auch in deren Lebensspanne stark variieren können. Obendrein sind Normabweichungen im Verhalten von den Nomen und Vorstellungen der jeweiligen Umgebung abhängig. Uta Frith schrieb in einem Aufsatz etwa, dass die »Theory of Mind« ein hervorragendes Konzept sei, solange man nicht versuche, es in der Praxis zu fassen. In den Erfahrungen autistischer Menschen stehen dagegen andere Aspekte im Zentrum, vor allen Dingen ihre Wahrnehmung und ihr Denken betreffend. Ihre Erfahrungen und Reflexionen ermöglichen andere, bislang kaum beachtete und vermutlich auch für das Leben autistischer Menschen relevantere Zugänge zum Thema Autismus.

Autistische Menschen lernen aber im Austausch miteinander auch etwas anderes: Sie erkennen, dass andere autistische Menschen auf dieselben Barrieren treffen wie sie selbst, und lernen die oft nicht leicht erkennbaren Mechanismen kennen, die erfolgreich verhindern, dass sie auf ähnlich einfache Weise Zugänge haben zu Wohnungen, passenden Schulen und Ausbildungsstellen, passenden Plätze, um Leute zu treffen, passenden Jobs – wie die meisten anderen Menschen auch. Das ist eine Erfahrung, die autWorker insbesondere mit jungen autistischen Menschen sehr deutlich gemacht hat. Deren Probleme sind an erster Stelle häufig Überforderung, Frustration und das Gefühl, ständig gegen unsichtbare Mauer zu stoßen. Ein Gefühl, das ich selbst sehr gut kenne. Ohne diese Barrieren würden die meisten sehr gut mit ihrem Autismus leben.

Mit diesen Barrieren haben wir uns bei autWorker intensiv auseinandergesetzt. Nicht nur in Gesprächen und Diskussionen mit Menschen, die mit autistischen Menschen arbeiten, mit ihnen verwandt sind oder anderweitig mit ihnen zu tun haben. Sondern auch mit Vertretern von Unternehmen, Arbeitsagenturen, Integrationsfachdiensten und ähnlichen Einrichtungen. Dabei haben wir die durchaus positive Erfahrung gemacht, dass es möglich ist, zu den Themen Autismus, Inklusion autistischer Menschen und autistische Fähigkeiten ins Gespräch zu kommen. Allerdings haben wir dabei auch die Grenzen dieser Gespräche kennengelernt; wie mühsam es ist, auch nur kleine Veränderungen zu bewirken und wie träge Institutionen wie Unternehmen sein können, wenn es darum geht, umzudenken und die eigene Praxis zu verändern. Wir haben es insbesondere nicht geschafft, diese Barrieren zu überwinden, wenn es um unsere eigenen Belange gegangen ist. Viele Mitarbeiter bei autWorker leben selbst in beruflich so schwierigen und prekären Verhältnissen, dass es kaum zu leisten ist, sich dabei auch noch in einem so anspruchsvollen Projekt wie autWorker zu engagieren. Daher versuchten wir in den letzten Jahren, seit Ende 2011, eine finanzielle Basis für autWorker zu finden, die es ermöglicht, feste Stellen zu schaffen und den Aktiven im Projekt einen sicheren Rahmen für ihr Engagement zu geben. Wir dachten, wenn wir zeigten, wie gut und erfolgreich wir tätig sind, würde uns auch das gelingen, eine Basisfinanzierung für unser Projekt zu finden. Unsere Erfahrung zeigte aber, dass all diese Einrichtungen, die für die Inklusion arbeitsloser, behinderter oder autistischer Menschen zuständig sind, und vor allen Dingen auch die Unternehmen, in erster Linie für ihren Selbsterhalt eintreten. Für ein kleines Nischenprojekt, das eine kleine exklusive Zielgruppe, die Autistinnen, im Visier hat, bleibt da nichts übrig. Eine Leiterin einer niedersächsischen Arbeitsagentur brachte das während einer Veranstaltung mal auf den Punkt: »Für Autisten gibt es keine Extrawurst«. Dass es auch anders gehen kann, zeigt unser Partnerprojekt in Örebro, Schweden, die »Autistisk Initiativ«. Wir hatten sie 2014 mit Konzepten, Diskussionen, Erfahrungen und als Referenzprojekt unterstützt, so dass sie von einer staatlichen Stiftung für drei Jahre eine Finanzierung erhalten haben und mit mittlerweile sieben autistischen Mitarbeiterinnen tätig sind.

Im Frühjahr 2015 führten wir in Hamburg einen Fachtag mit dem Titel »Zu exklusiv für Inklusion?« durch. Wir verzichteten auf die üblichen Fachbeiträge und ließen stattdessen beteiligte Menschen selbst aus ihren Erfahrungen berichten: autistische Menschen, Menschen von Berufsbildungswerken, Werkstätten, Arbeitsagenturen und Weiterbildungsträgern und Vetreterinnen von Unternehmen. Als ein Ergebnis des Fachtages setzte sich die Hamburger Inklusionsbeauftragte persönlich dafür ein, dass autWorker in der Hamburger Inklusionslandschaft eine Verankerung und Finanzierung finden sollte. Es folgten Gespräche und Verhandlungen, die am Ende dabei stehen blieben, dass man doch leider keine Möglichkeit sehen konnte oder gerade den Bedarf nicht hatte oder mit anderen Problemen beschäftigt war. Autistische Menschen sind dann doch zu wenig, zu leise und zu speziell, als dass man ihnen eine »Extrawurst« zukommen lassen möchte. Zeit für uns, autWorker, innezuhalten, unsere Erfahrungen zu bewerten und nach neuen Ansätzen zu suchen, das Thema voranzubringen.

Eines ist auf jeden Fall in den mehr als sieben Jahren autWorker klar geworden: Ohne autistisches Engagement wird es noch sehr lange dauern, bis autistische Menschen angemessene Chancen und Möglichkeiten nicht nur für ihr Berufsleben bekommen.

Hajo Seng